A vossa tristeza se converterá em alegria. (Jesus)

DICIONÁRIO DE GRAMÁTICA

CONTÉM MAIS DE 2.700 VERBETES

DICIONÁRIO DE GRAMÁTICA

CONTÉM MAIS DE 2.700 VERBETES

3ª edição

RENATO AQUINO

Niterói, RJ
2016

 © 2016, Editora Impetus Ltda.

Editora Impetus Ltda.
Rua Alexandre Moura, 51 – Gragoatá – Niterói – RJ
CEP: 24210-200 – Telefax: (21) 2621-7007

PROJETO GRÁFICO: EDITORA IMPETUS LTDA.
EDITORAÇÃO ELETRÔNICA: EDITORA IMPETUS LTDA.
CAPA: EDITORA IMPETUS LTDA.
REVISÃO DE PORTUGUÊS: DO AUTOR.
IMPRESSÃO E ENCADERNAÇÃO: EDITORA E GRÁFICA VOZES LTDA.

CONSELHO EDITORIAL:
ANA PAULA CALDEIRA • BENJAMIN CESAR DE AZEVEDO COSTA
ED LUIZ FERRARI • EUGÊNIO ROSA DE ARAÚJO • FÁBIO ZAMBITTE IBRAHIM
FERNANDA PONTES PIMENTEL • IZEQUIAS ESTEVAM DOS SANTOS
MARCELO LEONARDO TAVARES • RENATO MONTEIRO DE AQUINO
ROGÉRIO GRECO • WILLIAM DOUGLAS

A657d
    Aquino, Renato
    Dicionário de gramática : contém mais de 2.700 verbetes / Renato Aquino. – 3ª ed. – Niterói, RJ : Impetus, 2015.
    448 p.; 17 x 24 cm.

    ISBN: 978-85-7626-838-3

    1. Língua portuguesa – Gramática – Dicionarios. I. Título.

    CDD – 469.503

O autor é seu professor; respeite-o: não faça cópia ilegal.
TODOS OS DIREITOS RESERVADOS – É proibida a reprodução, salvo pequenos trechos, mencionando-se a fonte. A violação dos direitos autorais (Lei nº 9.610/1998) é crime (art. 184 do Código Penal). Depósito legal na Biblioteca Nacional, conforme Decreto nº 1.825, de 20/12/1907.
A **Editora Impetus** informa que quaisquer vícios do produto concernentes aos conceitos doutrinários, às concepções ideológicas, às referências, à originalidade e à atualização da obra são de total responsabilidade do autor/atualizador.

www.impetus.com.br

"A morte não surpreende o sábio:
ele sempre está pronto para agir."

(La Fontaine)

DEDICATÓRIA

À querida família, apoio incondicional de todas as horas; aos amigos, que não me abandonam; a todos que me servem de exemplo, por suas atitudes superiores; a Deus, nosso Pai, sem cuja misericórdia nem sequer existiríamos.

APRESENTAÇÃO

Este dicionário apresenta, de forma direta e concisa, os principais fatos gramaticais do nosso idioma. Prestará serviços inestimáveis aos estudantes e aos amantes da língua portuguesa. Por apresentar noções de Linguística e Filologia, poderá ser útil também àqueles que fazem cursos de Letras e aos professores de Português em geral. É farta a exemplificação de regência, concordância, crase, pontuação, flexão verbal e outros assuntos fundamentais da língua. Ele foi planejado para que o leitor localize com facilidade o assunto desejado. Assim, quando necessário, existem duas ou mais entradas para um mesmo assunto. Digamos, por exemplo, que se queira explicação sobre o pronome apassivador. O leitor poderá procurar em apassivador, apassivadora ou partícula apassivadora, pois os três verbetes remetem a pronome apassivador, onde ocorrem a explicação e a exemplificação. Portanto, no máximo em duas consultas a pessoa terá localizado o que procura. Pelo menos foi a nossa intenção ao elaborar esta obra que agora oferecemos ao público.

O autor.

O AUTOR

- Mestre em Filologia Românica pela UFRJ.
- Ex-professor de Língua Portuguesa e Literatura Brasileira do Colégio Militar do Rio de Janeiro.
- Ex-professor de Língua Portuguesa da Secretaria de Estado de Educação do Rio de Janeiro.
- Ex-professor de Língua Portuguesa da Secretaria Municipal de Educação do Rio de Janeiro.
- Professor de vários cursos do Rio de Janeiro e outros estados.
- Fiscal de atividades econômicas (aposentado) do município do Rio de Janeiro.

Outras obras do autor
- Português para Concursos. 29ª ed. Editora Impetus.
- Redação para Concursos. 14ª ed. Editora Impetus.
- Interpretação de Textos. 15ª ed. Editora Impetus.
- Gramática Objetiva da Língua Portuguesa. 5ª ed. Editora Campus/Elsevier.
- Português – Questões Comentadas. 2ª ed. Editora Impetus.
- Manual de Português e Redação Jurídica. 5ª ed. (com William Douglas). Editora Impetus.
- Amor e Luz (poesias). Editora Pongetti.
- Espelho da Alma (sonetos, trovas e outros poemas). Editora Impetus.

A

A¹

Primeira letra do alfabeto português.

A²

Vocábulo de variadas classes gramaticais.

1. Artigo definido

Acompanha substantivo e concorda com ele:

Pedimos <u>a</u> conta.

Desenhei <u>as</u> árvores.

2. Pronome substantivo demonstrativo

Sinônimo de aquela; antecede **que** ou **de**:

Mostre-me <u>a</u> que você guardou.

Quero <u>a</u> de cor escura.

3. Pronome pessoal oblíquo átono

Sinônimo de **ela**; normalmente, é complemento verbal:

Coloquei-<u>a</u> na mesa.

4. Preposição essencial

Palavra de ligação; tem inúmeros valores semânticos.

a) Lugar:

Fomos <u>a</u> São Paulo.

b) Tempo futuro:

Viajarei daqui <u>a</u> dois meses

Nota: Com ideia de passado, usa-se o verbo **haver**:

Estive lá <u>há</u> dois meses.

c) Instrumento:

Só pintava <u>a</u> óleo.

d) Preço:

O livro sairá <u>a</u> cem reais.

À

e) Meio:

Passeavam a cavalo.

f) Fim:

Ela saiu a trabalhar.

g) Modo:

Comunicava-se aos berros.

À

Contração da preposição **a** com outro **a**, geralmente artigo ou pronome demonstrativo. V. **crase** (3):

Iremos à feira. (preposição mais artigo)

Referiu-se à que ficara no balcão. (preposição mais demonstrativo)

A-

Prefixo de origem grega, latina ou árabe, com inúmeras significações. Não aceita o hífen:

anormal, acéfalo, apodecer, abeirar

A BAIXO

Locução adverbial antônima de "de alto":

Olharam-me de alto a baixo.

Costuma ser confundida com o advérbio **abaixo**, que significa "embaixo", "em posição ou categoria inferior":

Procure os documentos mais abaixo.

Estamos todos abaixo dele.

A CERCA DE

O mesmo que "a aproximadamente":

Estávamos **a cerca de** dois quilômetros.

Notas:

1ª) Existe também **há cerca de**, em que **há**, verbo **haver**, indica tempo decorrido ou significa "existir":

Não o vejo há cerca de dois anos.

Aqui há cerca de cem pessoas.

2ª) Não confunda com **acerca de**, que significa "sobre", "a respeito de":

Conversaram acerca de outros problemas.

A CIMA

Locução adverbial antônima de "de baixo":

Lavamos a parede de baixo a cima.

Em qualquer outra situação, usa-se **acima**:

> Ele vive acima dessas futilidades.
> Isso foi apresentado acima.
> Acima de tudo, ele é poeta.

A CONTRARIO SENSU

Expressão latina que significa "em sentido contrário".

A CORES

V. **em cores**.

A CURTO PRAZO

V. **em curto prazo**.

À DE

Crase. V. **à que.**

A DOMICÍLIO

V. **em domicílio.**

A FORTIORI

Expressão latina que significa "com mais razão".

À FRANÇA

Crase. A palavra **França** pode estar antecedida ou não pelo artigo. Assim, o acento de crase se torna facultativo, quando existe também a preposição **a**:

> Ele viajou à França. (veio da França)
> Ele viajou a França. (veio de França)

Nota: O mesmo se dá com as palavras Europa, Ásia, África, Espanha, Inglaterra, Escócia e Holanda.

A LONGO PRAZO

V. **em longo prazo**.

À LUCIANA

Crase. Os nomes de pessoas podem ser precedidos ou não pelo artigo. Assim, como diante de Luciana o artigo é **a**, optativo, o acento de crase se torna facultativo, caso haja também a preposição **a**:

> Mandei uma carta à Luciana. (ao Manuel)
> Mandei uma carta a Luciana. (a Manuel)

A MAIOR PARTE DE

Concordância verbal. V. **a maioria de**.

A MAIORIA DE

Concordância verbal. Quando seguida de palavra no plural, a concordância do verbo se faz ou com o núcleo **maioria**, ou com a palavra seguinte. O mesmo se dá com **a**

maior parte de, **grande parte de**, **boa parte de** e semelhantes, os chamados coletivos partitivos:

>A maioria dos estudantes conversava.

>A maioria dos estudantes conversavam.

Nota: Não havendo palavra no plural, o verbo fica obrigatoriamente no singular:

>A maioria saiu.

>A maioria da turma saiu.

A MÉDIO PRAZO

V. **em médio prazo**.

À MINHA

Crase. O acento de crase é facultativo diante dos pronomes adjetivos possessivos, desde que femininos e no singular. A outra exigência, evidentemente, é que haja também a preposição a. Isso ocorre porque os pronomes possessivos podem ou não ser usados com artigo:

>Dei um presente à minha amiga. (ao meu amigo)

>Dei um presente a minha amiga. (a meu amigo)

Se o pronome estiver no plural, teremos:

1. crase obrigatória com **às** (preposição mais artigo):

>Dei um presente às minhas amigas. (aos meus amigos)

2. crase proibida com **a** (apenas preposição):

>Dei um presente a minhas amigas. (a meus amigos)

A NÍVEL DE

V. **em nível de**.

A OLHOS VISTOS

Concordância nominal. Expressão usada atualmente como invariável:

>Ele crescia a olhos vistos.

>Ela crescia a olhos vistos.

Nota: Admite, no entanto, embora pouco usada, a flexão do particípio:

>Ele crescia a olhos visto.

>Ela crescia a olhos vista.

A POSTERIORI

Expressão latina que significa "posteriormente", "depois de uma argumentação".

A PRINCÍPIO

Expressão que significa "no começo":

>A princípio tudo ia muito bem.

Não deve ser confundida com **em princípio**, que significa "teoricamente", "em tese":

>Em princípio, ele é ótimo tio.

A PRIORI
Expressão latina que significa "previamente", "antes de qualquer argumentação".

À PROCURA DE
Crase. Usa-se o acento de crase nas locuções prepositivas formadas por palavras femininas:

Ele saiu à procura de um médico.

Ficamos à frente de tudo.

Estava à beira de um ataque de nervos.

As locuções **à procura de**, **à frente de** e **à beira de** têm valor de preposição, pois ligam palavras dentro da oração. Se o substantivo for masculino, não haverá o acento. É o que ocorre na frase "Ficamos a par de tudo".

À PROPORÇÃO QUE
Crase. Emprega-se o acento indicativo de crase nas locuções conjuntivas formadas por palavras femininas:

Seremos felizes à proporção que ajudarmos aos outros.

Aprenderemos à medida que estudarmos.

As locuções **à proporção que** e **à medida que** têm valor de conjunção, porque ligam duas orações no período. Ambas indicam proporção e são as únicas em português com acento de crase.

A QUAL
Flexão de feminino do pronome relativo **o qual**.

À QUAL
Crase. União da preposição **a** com o pronome relativo **a qual**:

Carla é a pessoa a a qual me refiri.

Carla é a pessoa à qual me refiri.

Veja que a preposição **a**, exigida pelo verbo **referir-se**, se une ao **a** do pronome **a qual**, sendo essa união marcada pelo acento de crase.

À QUE
Crase. Antes de **que**, para que haja acento de crase, é necessário que existam a preposição **a** (pedida por uma palavra anterior) e o pronome demonstrativo **a** (pode ser trocado por **aquela**):

Referi-me à que ficou na estante. (a a que ficou, a aquela que ficou)

Observe que se pode dizer "ao que ficou na estante". O mesmo de dá com **à de**.

À TOA
Crase. Locução adverbial formada por palavra feminina. Por isso, o **a** leva acento de crase. Significa "ao léu", "em vão":

Aquele homem sempre viveu à toa.

Fiz sacrifício à toa.

Nota: Existe, também, a locução adjetiva **à toa**. Cuidado para não confundir as duas. O acento de crase não se encaixa em nenhuma regra:

Mostrou-se um indivíduo à toa. (sem caráter)

A VISTA

Crase. V. às claras.

AB-

Prefixo de origem latina que significa "afastamento"; pede hífen antes de **h**, **b** e **r**: ab-rogar; abdicar

ABAIXO

V. **a baixo**.

ABAULAR

Conjugação. Nas formas rizotônicas, tem o **u** acentuado, por formar hiato.

Pres. ind.: abaúlo, abaúlas, abaúla, abaulamos, abaulais, abaúlam
Pres. subj.: abaúle, abaúles, abaúle, abaulemos, abauleis, abaúlem
Imper. afirm.: abaúla, abaúle, abaulemos, abaulai, abaúlem
Imper. neg.: não abaúles, não abaúle, não abaulemos, não abauleis, não abaúlem

Não oferece dificuldade nos demais tempos. Da mesma forma se conjuga o verbo saudar.

ABEIRAR-SE

Conjugação. Segue o modelo de **aleijar** (q. v.).

ABENÇOAR

1. Conjugação. Os verbos terminados em **oar** são regulares, mas é necessário atentar para sua pronúncia. O **o** do radical tem som fechado: abençoo, abençoa, abençoe; não se usa acento no hiato **oo**.

Pres. ind.: abençoo, abençoas, abençoa, abençoamos, abençoais, abençoam
Pret. perf.: abençoei, abençoaste, abençoou, abençoamos, abençoastes, abençoaram
Pres. subj.: abençoe, abençoes, abençoe, abençoemos, abençoeis, abençoem
Imper. afirm.: abençoa, abençoe, abençoemos, abençoai, abençoem
Imper. neg.: não abençoes, não abençoe, não abençoemos, não abençoeis, não abençoem

Por ele se conjugam, entre outros, abotoar, assoar, coar, magoar, perdoar, soar e voar.

2. Regência verbal. Verbo transitivo direto. V. **adorar**:

Abençoei o garoto.

Abençoei-o.

ABERTA

Tipo de sílaba. V. **travada**.

ABERTAS, vogais

V. **vogal²** (3).

ABERTO¹
Particípio de **abrir**. Não existe a forma **abrido**:
> O morador tinha aberto a casa.

ABERTO²
Timbre da vogal, em oposição a **fechado**. V. **timbre**.

ABERTURA
Maior ou menor afastamento das mandíbulas, durante a fala; é a abertura da boca. Não confundir com **abrimento** (q. v.).

ABLATIVO
Filologia. No latim, é o caso da declinação que marca os adjuntos adverbiais. Assim, palavra ou expressão com a terminação do ablativo indica circunstâncias, como lugar, causa, tempo etc.

ABLAUT
O mesmo que **apofonia** (q. v.).

ABOLIR
Conjugação. Verbo defectivo. Não possui a primeira pessoa do singular do presente do indicativo e não se conjuga no presente do subjuntivo. Consequentemente, só possui, no imperativo afirmativo, as pessoas oriundas do presente do indicativo. Nos demais tempos, é completo.

Pres. ind.: aboles, abole, abolimos, abolis, abolem
Pret. perf.: aboli, aboliste, aboliu, abolimos, abolistes, aboliram
Pret. imperf.: abolia, abolias, abolia, abolíamos, abolíeis, aboliam
Pret. m.-q.-perf.: abolira, aboliras, abolira, abolíramos, abolíreis, aboliram
Fut. pres.: abolirei, abolirás, abolirá, aboliremos, abolireis, abolirão
Fut. pret.: aboliria, abolirias, aboliria, aboliríamos, aboliríeis, aboliriam
Pres. subj.: não há.
Imperf. subj.: abolisse, abolisses, abolisse, abolíssemos, abolísseis, abolissem
Fut. subj.: abolir, abolires, abolir, abolirmos, abolirdes, abolirem
Imper. afirm.: abole, aboli
Imper. neg.: não há
Inf. impess.: abolir
Inf. pess.: abolir, abolires, abolir, abolirmos, abolirdes, abolirem
Ger.: abolindo
Part.: abolido

Outros verbos defectivos que têm as mesmas características, ou seja, ausência da primeira pessoa do singular e derivados: aturdir, banir, bramir, brandir, carpir, colorir, demolir, extorquir, feder, fruir, haurir, retorquir, soer, ungir, viger.

ABOTOAR
Conjugação. V. **abençoar**.

ABRANDAMENTO

V. **lenização** e **sonorização**.

ABREVIAÇÃO

Formação de palavras. Emprego de parte de uma palavra, geralmente uma ou duas sílabas. É processo de formação de palavras:

> foto, cine, Flu, pólio

ABREVIAR

Conjugação. Verbo regular terminado em **iar**. Quase todos os verbo desse grupo são regulares. Excetuam-se mediar, ansiar, remediar, incendiar, odiar e intermediar. V. **ansiar**.

Pres. ind.: abrevio, abrevias, abrevia, abreviamos, abreviais, abreviam

Pret. perf.: abreviei, abreviaste, abreviou, abreviamos, abreviastes, abeviaram

Pret. imperf.: abreviava, abreviavas, abreviava, abreviávamos, abreviáveis, abreviavam

Pret. m.-q.-perf.: abreviara, abreviaras, abreviara, abreviáramos, abreviáreis, abreviaram

Fut. pres.: abreviarei, abreviarás, abreviará, abreviaremos, abreviareis, abreviarão

Fut. pret.: abreviaria, abreviarias, abreviaria, abreviaríamos, abreviaríeis, abreviariam

Pres. subj.: abrevie, abrevies, abrevie, abreviemos, abrevieis, abreviem

Imperf. subj.: abreviasse, abreviasses, abreviasse, abreviássemos, abreviásseis, abreviassem

Fut. subj.: abreviar, abreviares, abreviar, abreviarmos, abreviardes, abreviarem

Imper. afirm.: abrevia, abrevie, abreviemos, abreviai, abreviem

Imper. neg.: não abrevies, não abrevie, não abreviemos, não abrevieis, não abreviem

Inf. impess.: abreviar

Inf. pess.: abreviar, abreviares, abreviar, abreviarmos, abreviardes, abreviarem

Ger.: abreviando

Part.: abreviado

Esse tipo de verbo não pode ser confundido com os que terminam em **ear**, que apresentam o ditongo **ei** nas formas rizotônicas. V. **bloquear**.

Da mesma forma se conjugam os verbos afiar, arriar, avaliar, confiar, copiar, criar, enviar, historiar, obviar, premiar, renunciar e muitos outros.

ABREVIATURA

Tipo de **braquigrafia** (q. v.) que consiste na redução de uma palavra com a finalidade de poupar espaço. Geralmente vai até parte de uma sílaba e termina por um ponto:

> adj. (adjetivo), ant. (antigo), doc. (documento), ger. (gerúndio), pl. (plural)

Notas:

1ª) O acento gráfico se mantém na abreviatura:

> elétr. (elétrico), gír. (gíria), tôn. (tônico)

2ª) Nos símbolos técnicos, não se usa o ponto nem o **s** do plural:

> cm (centímetro/centímetros), h (hora/horas), l (litro/litros)

Abreviaturas importantes

abs. – absoluto

adv. – advérbio

ap. – apartamento

apart. – apartamento

autom. – automóvel

btl – batalhão

cálc. – cálculo

cap. – capitão ou capítulo

cat. – catálogo

cav. – cavalaria

cavº. – cavaleiro

cel. – coronel

cent. – centavo

compl. – complemento

dif. – diferente

dipl. – diploma

dr. – doutor

drª. – doutora

E. – editor

ed. – edição

exc. – exceto ou exceção

for. – forense

fut. – futuro ou futebol

g – grama(s)

g. – grau(s)

gr. – grau(s), grátis, grego ou grosa

gen. – general

hom. – homônimo

i. é – isto é

i. e. – *id est* (isto é)

imper – imperativo, imperial

imperf. – imperfeito

ind. – indicativo, indireto ou indiano

lat. – latitude, latim ou latinismo

mª – mesma ou minha

máq. – máquina

maq. – maquinista

mens. – mensal

mg – miligrama(s)

ms. – manuscrito

obrº – obrigado

opc. – opcional

p. – página

pág. – página

pp. – páginas

págs. – páginas

peq. – pequeno

pg. – pago ou pagou

sr. – senhor

srª – senhora

sup. – superlativo ou superior

top. – topônimo

ABRIMENTO

Na pronúncia de um fonema, é a abertura dos órgãos articulatórios. Há diferentes graus de abrimento, não apenas em relação às vogais, mas também em relação às consoantes. O menor grau de abrimento é o das consoantes oclusivas; o maior, o da vogal **a**. O mesmo que **apertura**, sendo este um termo adaptado do francês *aperture*, criado pelo linguista francês Ferdinand de Saussure. É preferível o termo **abrimento**.

ABRIR

Conjugação. Sua única irregularidade é o particípio: **aberto**. Não existe **abrido**. O mesmo se diz dos verbos entreabrir e reabrir.

AB-RUPTO

A ortografia atual dá preferência a essa forma, com hífen. Admite-se, no entanto, a grafia **abrupto**, em que o prefixo **ab-** continua a ser destacado na pronúncia. Errado pronunciar **a-brup-to**.

ABSOLUTA

V. **oração absoluta**.

ABSOLUTO

V. **grau**.

ABSTRATO

Classificação de substantivo. É aquele cuja existência depende de outro. Opõe-se a **concreto** (q. v.). São, basicamente, os sentimentos, as ações, as qualidades e os estados:

saudade, casamento, beleza, doença.

Nota: Para que exista saudade, casamento, beleza e doença, é necessária a existência de determinados seres: pessoas, animais, vegetais etc.

ABUNDANTE

Nome dado ao verbo que tem mais de uma forma para o mesmo caso, geralmente o particípio. Veja os verbos aceitar, acender, expulsar, fritar, ganhar, gastar, matar, morrer, haver, construir, destruir, entupir e desentupir.

ACALANTO

Composição curta e singela destinada a embalar o sono. As cantigas de ninar são acalantos.

ACASO

Palavra que significa "porventura". O mesmo que **por acaso**. Não deve ser confundida com **caso**, conjunção condicional, sinônima de **se**:

Acaso você trouxe o material?

(Por ventura você trouxe o material?)

Caso precise, peça ajuda.

(Se precisar, peça ajuda.)

Nota: Podem aparecer juntas, em frases como "Se acaso quiseres, eu te levarei". O que não pode ocorrer é a união de **se** e **caso**. Assim, comete grave erro quem diz "Se caso deixarem, eu irei".

ACEITAR

Conjugação. Verbo abundante. Possui duas formas de particípio: aceitado e aceito:

Ele tinha aceitado o convite.

Não fui aceito na empresa.

ACENDER
Conjugação. Verbo abundante. Possui dois particípios: acendido e aceso:

>Carlos havia acendido a luz.
>
>O fogo já foi aceso.

ACENTO
Maior intensidade ou altura que distingue uma sílaba das outras, numa dada palavra. Há vários tipos de acento.

1. De altura (ou de tom)

Consiste na elevação do timbre da voz por causa de uma maior tensão nas cordas vocais. Conhecido como acento **musical** ou **cromático**. A palavra **cromático** se justifica pela associação natural, que se faz em Linguística, entre a cor e o timbre. V. **cor**[2].

2. De quantidade (ou de duração)

Consiste no destaque de uma sílaba do vocábulo, em relação às sílabas vizinhas, por causa de sua maior duração.

3. De intensidade (ou icto)

Consiste em maior força na emissão de determinada vogal, dita tônica.

O português é uma língua intensiva ou de icto, pois apresenta apenas acentos de intensidade. Esse tipo de acento pode ser:

a) principal: o que marca a sílaba tônica, a mais forte da palavra; é o que distingue as palavras oxítonas, paroxítonas e proparoxítonas.

>can**tar**, bon**da**de, **ré**plica

b) secundário: o que aparece em palavras derivadas de outras em que ele era o principal; distingue a sílaba subtônica:

>**so**lidamente, arbi**tra**riamente, pa**pei**zinhos

ACENTO AGUDO
Acentuação gráfica. V. **acento gráfico**.

ACENTO CIRCUNFLEXO
Acentuação gráfica. V. **acento gráfico**.

ACENTO CROMÁTICO
O mesmo que **acento musical**. V. **acento** (1).

ACENTO GRÁFICO
Sinal diacrítico que serve, em determinadas situações, para:

1. marcar a sílaba tônica: agudo (´) e circunflexo (^):

>árvore, polonês.

2. marcar o fenômeno da crase; nesse caso, chama-se acento grave (`):

>Ele foi à praia.

ACENTO GRAVE

V. **acento gráfico** (2).

ACENTO MUSICAL

O mesmo que **acento cromático**. V. **acento** (1).

ACENTOS DIFERENCIAIS

Acentuação gráfica. Acentos gráficos que não se enquadram em regra alguma de acentuação.

1. De intensidade

Marca a diferença de pronúncia (forte e fraca) entre duas palavras de mesma grafia. Atualmente, existe apenas no verbo **pôr** (tônico), para diferençá-lo da preposição **por** (átona); é acento obrigatório:

> Quero pôr meu nome na lista.
>
> Vocês sempre seguem por um caminho difícil.

2. De timbre

Marca a diferença de timbre (aberto e fechado) das vogais tônicas de duas palavras de mesma grafia.

a) Obrigatório em **pôde**, pretérito perfeito de **poder**, para diferençar de **pode**, presente do indicativo do mesmo verbo:

> Ontem meu amigo não pôde fazer nada.
>
> Agora ninguém pode ajudar-me.

b) Facultativo no substantivo **fôrma**, para diferençá-lo de **forma**, que tem som aberto:

> Traga-me a fôrma (ou forma) do bolo.
>
> Esta é a melhor forma de agir.

ACENTUAÇÃO GRÁFICA

Emprego de acentos gráficos de acordo com as regras da língua, que, por razões didáticas, podem ser agrupadas da seguinte forma:

1. Regras gerais

As que dependem do tipo da palavra: oxítonas, paroxítonas, proparoxítonas e monossílabos tônicos. V. esses verbetes.

2. Casos especiais

Aquelas que não dependem do tipo da palavra: ditongos abertos, hiatos **oo** e **ee**, letras **i**, **u**, trema, **ter** e **vir** e acentos diferenciais. V. esses verbetes.

ACERCA DE

V. **a cerca de**.

ACESSÓRIOS

São os seguintes termos da oração: adjunto adnominal, adjunto adverbial e aposto. V. esses verbetes.

ACIDENTAL, preposição

Palavra que funciona excepcionalmente como preposição (q. v.). São preposições acidentais: durante, como, conforme, fora, mediante, que, segundo etc.:

Agi conforme a situação.

Estudava durante a noite.

Temos que voltar logo.

ACIMA

V. **a cima**.

AÇOITAR

Conjugação. Mantém o ditongo **oi**, fechado, em todas as formas.

Pres. ind.: açoito, açoitas, açoita, açoitamos, açoitais, açoitam

Pres. subj.: açoite, açoites, açoite, açoitemos, açoiteis, açoitem

Imper. afirm.: açoita, açoite, açoitemos, açoitai, açoitem

Imper. neg.: não açoites, não açoite, não açoitemos, não açoiteis, não açoitem

Pronuncie: açôito, açôitas, açôite, açôitem etc. O mesmo ocorre com os verbos noivar e pernoitar.

ACONTECER

Conjugação. Verbo defectivo. Só possui a 3ª pessoa (singular e plural), em todos os tempos.

Pres. ind.: acontece, acontecem

Pret. perf.: aconteceu, aconteceram

Pret. imperf.: acontecia, aconteciam

Pres. subj.: aconteça, aconteçam

O mesmo se dá com o verbo ocorrer.

ACONTECIMENTO

Tipologia textual. V. **narração**.

ACRÉSCIMO[1]

V. **adjunto adverbial** (20).

ACRÉSCIMO[2]

Regência nominal. Pede as preposições **a** ou **de**:

Solicitei um acréscimo ao pedido.

Houve um acréscimo de tempo.

ACROGRAFIA

V. **sigla**.

ACROSSEMIA

V. **sigla**.

ACRÓSTICO

Tipo de poema em que as iniciais de cada verso constituem o nome de alguém ou mesmo uma frase inteira:

Amiga de todos nós...

Nunca, em momentos difíceis,

Abandonou-nos a sós.

ACUDIR

Conjugação. A letra **u** do radical se mantém durante a conjugação, com exceção do presente do indicativo; neste tempo, ela se transforma em **o** na 2ª e na 3ª pessoas do singular e na 3ª pessoa do plural.

Pres. ind.: acudo, acodes, acode, acudimos, acudis, acodem

Pret. perf.: acudi, acudiste, acudiu, acudimos, acudistes, acudiram

Pret. imperf.: acudia, acudias, acudia, acudíamos, acudíeis, acudiam

Pret. m.-q.-perf.: acudira, acudiras, acudira, acudíramos, acudíreis, acudiram

Fut. pres.: acudirei, acudirás, acudirá, acudiremos, acudireis, acudirão

Fut. pret.: acudiria, acudirias, acudiria, acudiríamos, acudiríeis, acudiriam

Pres. subj.: acuda, acudas, acuda, acudamos, acudais, acudam

Imperf. subj.: acudisse, acudisses, acudisse, acudíssemos, acudísseis, acudissem

Fut. subj.: acudir, acudires, acudir, acudirmos, acudirdes, acudirem

Imper. afirm.: acode, acuda, acudamos, acudi, acudam

Imper. neg.: não acudas, não acuda, não acudamos, não acudais, não acudam

Inf. impess.: acudir

Inf. pess.: acudir, acudires, acudir, acudirmos, acudirdes, acudirem

Ger.: acudindo

Part.: acudido

Apresentam a mesma irregularidade os verbos bulir, cuspir, escapulir, fugir, sacudir, sumir e subir.

ACULTURAÇÃO

Adaptação de alguém ou de um grupo a um novo contexto sociolinguístico ou sociocultural. Fala-se, por exemplo, em indígenas aculturados, aqueles que sofreram aculturação.

ACUMULATIVAS

São assim chamadas as desinências do pretérito perfeito: i, ste, u, mos, stes, m. Elas acumulam as funções de modo-temporais e número-pessoais. Para alguns estudiosos, no entanto, devem ser classificadas apenas como número-pessoais. V. **desinências verbais**.

ACURATIVO, verbo

V. **aspecto**.

ACUSATIVO

Filologia. Na declinação do latim, é o caso que expressa o objeto direto. É o chamado caso lexogênico, ou seja, aquele do qual provêm, em sua maioria, as palavras da língua portuguesa.

ACUTIZAÇÃO

Deslocamento do acento tônico de uma palavra para a última sílaba. O mesmo que **oxitonização**.

AD-

Prefixo de origem latina com o sentido de "proximidade". Pede hífen antes de palavra iniciada por **h**, **d** ou **r**:

ad-digital, ad-rogar, ad-rogação; advérbio, adjunto

Nota: São raras essas palavras com hífen. Não confundir com aquelas em que **ad** não é prefixo, mas parte do radical. É o caso, por exemplo, de adrenalina.

AD HOC

Expressão latina que significa "para tal fim", "para isso".

AD LIBITUM

Expressão latina que significa "a seu critério", à sua vontade".

AD REFERENDUM

Expressão latina que significa "sujeito à aprovação", "para apreciação posterior".

AD USUM

Expressão latina que significa "conforme o uso".

ADÁGIO

Frase popular que expressa um conselho ou um ensinamento moral. O mesmo que **provérbio**, **refrão** e **anexim**.

Nota: Refrão também é o mesmo que **estribilho** (q. v.).

ADAPTAR

Conjugação. Mantém-se o encontro consonantal **pt** em todas as formas de sua conjugação.

Pres. ind.: adapto, adaptas, adapta, adaptamos, adaptais, adaptam
Pret. perf.: adaptei, adaptaste, adaptou, adaptamos, adaptastes, adaptaram
Pres. subj.: adapte, adaptes, adapte, adaptemos, adapteis, adaptem
Imper. afirm.: adapta, adapte, adaptemos, adaptai, adaptem
Imper. neg.: não adaptes, não adapte, não adaptemos, não adapteis, não adaptem

Nota: Não se deve pronunciar um **i**, separando o grupo consonantal e criando a sílaba tônica **pi**: ada**pi**to.

Do mesmo modo se conjugam os verbos captar, optar, raptar e reptar.

ADENTRAR

Regência verbal. Verbo transitivo direto. Está errado o emprego da preposição **em**:

Adentramos nos aposentos. (errado)
Adentramos os aposentos. (certo)

ADEQUAR

Conjugação. Verbo defectivo. No presente do indicativo, só se conjuga na 1ª e 2ª pessoas do plural; não se conjuga no presente do subjuntivo. Consequentemente, o imperativo possui apenas uma forma. É completo nos outros tempos.

Pres. ind.: adequamos, adequais
Pret. perf.: adequei, adequaste, adequou, adequamos, adequastes, adequaram
Pret. imperf.: adequava, adequavas, adequava, adequávamos, adequáveis, adequavam
Pret. m.-q.-perf.: adequara, adequaras, adequara, adequáramos, adequáreis, adequaram
Fut. pres.: adequarei, adequarás, adequará, adequaremos, adequareis, adequarão
Fut. pret.: adequaria, adequarias, adequaria, adequaríamos, adequaríeis, adequariam
Pres. subj.: não há.
Imperf. subj.: adequasse, adequasses, adequasse, adequássemos, adequásseis, adequassem
Fut. subj.: adequar, adequares, adequar, adequarmos, adequardes, adequarem
Imper. afirm.: adequai
Imper. neg.: não há.
Inf. impess.: adequar
Inf. pess.: adequar, adequares, adequar, adequarmos, adequardes, adequarem
Ger.: adequando
Part.: adequado

Outros verbos que têm a mesma defectividade, ou seja, a mesma ausência de formas: adir, computar, falir, lenir, precaver-se, reaver e remir.

ADERIR

Conjugação. No presente do indicativo, a letra **e** do radical passa a **i** na 1ª pessoa do singular; a mesma alteração ocorre em todas as pessoas do presente do subjuntivo e nas pessoas correspondentes do imperativo.

Pres. ind.: adiro, aderes, adere, aderimos, aderis, aderem
Pret. perf.: aderi, aderiste, aderiu, aderimos, aderistes, aderiram
Pret. imperf.: aderia, aderias, aderia, aderíamos, aderíeis, aderiam
Pret. m.-q.-perf.: aderira, aderiras, aderira, aderíramos, aderíreis, aderiram
Fut. pres.: aderirei, aderirás, aderirá, aderiremos, aderireis, aderirão
Fut. pret.: aderiria, aderirias, aderiria, aderiríamos, aderiríeis, adeririam
Pres. subj.: adira, adiras, adira, adiramos, adirais, adiram
Imperf. subj.: aderisse, aderisses, aderisse, aderíssemos, aderísseis, aderissem
Fut. subj.: aderir, aderires, aderir, aderirmos, aderirdes, aderirem
Imper. afirm.: adere, adira, adiramos, aderi, adiram
Imper. neg.: não adiras, não adira, não adiramos, não adirais, não adiram
Inf. impess.: aderir
Inf. pess.: aderir, aderires, aderir, aderirmos, aderirdes, aderirem
Ger.: aderindo
Part.: aderido

Conjugam-se pelo verbo **aderir**, entre outros, os seguintes verbos: advertir, aferir, compelir, competir, concernir, deferir, despir, diferir, digerir, discernir, divergir, expelir, ferir, gerir, impelir, inserir, interferir, preterir, referir, referir-se, repelir, repetir, seguir, servir e vestir.

ADIR

Conjugação. Verbo defectivo. V. **adequar**.

ADITIVA

1. Conjunção. V. **conjunção coordenativa** (1).

2. Oração. V. **oração coordenada** (1).

ADJAZER

Conjugação. Conjuga-se como **jazer** (q. v.).

ADJETIVA

1. V. **locução** (1).

2. Oração. V. **oração subordinada** (2).

3. Qualquer palavra ou expressão que se ligue a um substantivo na frase. Diz-se, nesse caso, palavra adjetiva ou de valor adjetivo:

> <u>Meu</u> irmão vendeu o carro.
>
> Ele é <u>um ótimo</u> estudante.
>
> Ganhei <u>dois</u> bancos <u>de concreto</u>.

ADJETIVAÇÃO

1. Emprego de adjetivos:

> A árvore frondosa nos dá sombras agradáveis.

Nota: As palavras **frondosa** e **agradáveis** estão adjetivando os substantivos **árvore** e **sombras**.

2. Transformação de uma locução em um adjetivo:

> O aparelho trata as águas <u>da chuva</u>.
>
> O aparelho trata as águas <u>pluviais</u>.

3. Emprego de palavras de outras classes gramaticais em substituição a um adjetivo:

> Comprou sandálias <u>abóbora</u>.
>
> Jamais vi uma criança <u>assim</u>.

Nota: O substantivo **abóbora** e o advérbio **assim** estão usados no lugar de adjetivos.

ADJETIVO

Classe gramatical variável que transmite ao substantivo, pronome substantivo ou numeral substantivo uma qualidade, estado, característica ou aspecto:

> O rapaz é <u>alto</u>.
>
> Algumas ficaram <u>tristes</u>.
>
> Os dois estão <u>nervosos</u>.

Notas:

1ª) Alguns adjetivos são invariáveis em gênero, como os terminados em **e** ou **r**:

> Homem <u>inteligente</u>. Mulher <u>inteligente</u>.
>
> Material <u>superior</u>. Espécie <u>superior</u>.

ADJETIVO COMPOSTO

2ª) Os terminados em **s**, quando paroxítonos, são invariáveis em gênero e número:

Carro simples. Casa simples. Carros simples. Casas simples.

3ª) O adjetivo sempre funciona como **adjunto adnominal** ou **predicativo**. Veja esses verbetes.

ADJETIVO COMPOSTO

Dois ou mais adjetivos, ligados por hífen, representando um único adjetivo.

atividade luso-brasileira

Nota: Para o plural do adjetivo composto, v. **plural dos compostos**.

ADJETIVO VERBAL

Nome dado por alguns autores ao adjetivo proveniente de verbo:

Água fervente, homem confiante

ADJUNTO

Termo genérico que designa aquilo que se coloca ao lado de uma palavra para modificá-la.

ADJUNTO ADNOMINAL

Termo da oração que se liga a um nome substantivo. É representado por artigo, adjetivo, pronome adjetivo, numeral adjetivo, locução adjetiva e oração subordinada adjetiva. Veja esses verbetes:

O pássaro voou.

A bela menina saiu.

Minha camisa é nova.

Tenho duas irmãs.

A casa de pedra está vazia.

É uma pessoa que se cuida.

Nota: Quando representado por locução adjetiva, pode o adjunto adnominal confundir-se com o **complemento nominal** (q. v.).

ADJUNTO ADVERBIAL

Termo da oração que se liga geralmente ao verbo (às vezes também ao adjetivo ou ao advérbio). É representado por advérbio, locução adverbial, pronome relativo ou oração subordinada adverbial:

Ficaremos aqui.

Chegamos à noite.

A escola onde estudamos é ótima.

Estava feliz porque foi aprovado.

Nota: Há inúmeros tipos de adjuntos adverbiais. Eis os mais importantes:

1. De afirmação:

Farei realmente esse trabalho.

ADJUNTO ADVERBIAL

2. De negação:

Não te esperarei.

3. De dúvida:

Talvez eu vá.

4. De lugar:

A casa fica na colina.

5. De tempo:

Ontem choveu.

6. De modo:

Todos saíram às pressas.

7. De intensidade:

Eles falavam muito.

8. De causa:

Tremiam de frio.

9. De condição:

Sem esforço, nada conseguirás.

10. De conformidade:

Fez tudo conforme as recomendações.

11. De concessão:

Apesar do barulho, conseguiu concentrar-se.

12. De companhia:

Saiu com os primos.

13. De instrumento:

Pintou a varanda com um pequeno pincel.

14. De meio:

Conversaram por telefone.

15. De favor:

Lutou em prol da liberdade de expressão.

16. De preço ou valor:

A casa custou cem mil reais.

17. De assunto:

Conversavam sobre política.

18. De fim ou finalidade:

Vivia para o estudo.

19. De substituição:

Ele fez o trabalho pelo amigo.

20. De acréscimo:

Foram cinco avisos, além dos meus.

21. De matéria:

Essa mesa é feita de madeira.

22. De reciprocidade:

Nada existe entre mim e você.

ADNOMINAL

V. **adjunto adnominal**.

ADOÇÃO LINGUÍSTICA

O mesmo que **empréstimo** (q. v.).

ADORAR

Regência verbal. Verbo transitivo direto. Não aceita o pronome **lhe** como complemento:

Adoro o trabalho.

Adoro meu filho.

Adoro-o.

Adoro a ele. (e não lhe)

Nota: A preposição **a** só pode ser empregada em situações especiais, como com a palavra **Deus** e semelhantes ou com pronomes pessoais ou indefinidos. Nesse caso, temos objeto direto preposicionado:

Adoro a Deus.

Adoro a ti.

Adoro a todos.

No caso dos pronomes pessoais (mim, ti, ele etc.), a preposição é obrigatória, embora se trate de objeto direto preposicionado.

Tudo o que foi dito vale para muitos outros verbos, entre os quais amar, estimar, louvar, abençoar, parabenizar, detestar, odiar e prezar.

ADSTRATO

Filologia. Língua que exerce influência sobre outra, falada na mesma região ou em região vizinha. Por exemplo, o espanhol dos países platinos sobre o português do sul do Brasil; o tupi sobre o português, no período colonial; o espanhol sobre o galego, na Galícia etc.

ADULTA

Modalidade de língua utilizada pelas pessoas na fase adulta, que se caracteriza por um vocabulário adquirido pelas experiências da vida, diferentemente do que ocorre com a modalidade infantil. V. **infantil**.

ADVERBIAL

1. Adjunto. V. **adjunto adverbial**.

2. Locução. V. **locução** (2)

3. Oração. V. **oração subordinada** (3).

ADVERBIALIZAÇÃO

Passagem de adjetivo a advérbio. Em português, isso se dá, geralmente, com o sufixo adverbializador **mente**:

> fácil – facilmente

ADVÉRBIO

Classe gramatical que se liga ao verbo, adjetivo ou outro advérbio, atribuindo-lhes uma circunstância qualquer. Na análise sintática, é sempre um adjunto adverbial.

Há sete tipos de advérbios em português.

1. Afirmação: sim, realmente, certamente etc.

2. Negação: não

3. Dúvida: talvez, possivelmente, provavelmente, quiçá etc.

4. Tempo: ontem, agora, já, nunca, jamais, sempre etc.

5. Lugar: lá, ali, aí, acolá, além etc.

6. Modo: depressa, bem, tranquilamente etc.

7. Intensidade: muito, pouco, bem, bastante, tanto etc.

ADVÉRBIO INTERROGATIVO

Advérbio que introduz uma interrogação direta ou indireta.

1. De lugar: onde?

> Onde está a carta?
> Diga-me onde está a carta.

2. De tempo: quando?

> Quando isso aconteceu?
> Não sabemos quando isso aconteceu.

3. De modo: como?

> Como será a festa?
> Desconheço como será a festa.

4. De causa: por que?

> Por que ele desistiu?
> Não sei por que ele desistiu.

5. De preço ou valor: quanto?

> Quanto custa o material?
> Diga-me quanto custa o material.

Nota: A interrogação indireta se forma da direta. Desaparece, naturalmente, o ponto de interrogação.

ADVERSATIVA

1. Conjunção. V. **conjunção coordenativa** (2).

2. Oração. V. **oração coordenada** (2).

ADVERTIR

Conjugação. Conjuga-se como **aderir** (q. v.).

ADVIR

Conjugação. Conjuga-se como **vir** (q. v.).

AFÉRESE

1. Gramática Histórica. Tipo de **metaplasmo** (q. v.) que consiste na queda de fonema no início da palavra, ocorrida geralmente na passagem do latim para o português:

> **a**cumem > gume, **a**ttonitu > tonto

2. Versificação. Redução de palavras, nos moldes do item **1**, utilizada por alguns poetas, para que elas se ajustem ao número de sílabas métricas dos versos:

> "Vejo-as inda passar, pálidas e belas..." (Raimundo Corrêa)

A palavra **ainda** perdeu sua sílaba inicial, para que o verso passasse a ter dez sílabas métricas, como os demais.

AFERIR

Conjugação. Segue o modelo de **aderir** (q. v.).

AFETAR

Regência verbal. Verbo transitivo direto. Não pede a preposição **a**:

> Sua atitude não afetou o amigo.

AFIAR

Conjugação. Verbo regular. V. **abreviar**.

AFIRMAÇÃO

1. Advérbio. V. **advérbio** (1).

2. Adjunto adverbial. V. **adjunto adverbial** (1).

AFIRMATIVO

> V. **imperativo** (1).

AFIXO

Estrutura das palavras. Elemento que se junta ao radical de uma palavra para constituir uma outra, dela derivada. Há quatro tipos.

1. Prefixo

Afixo colocado antes do radical:

> **dis**por, **in**feliz, **bis**neto

2. Sufixo

Afixo colocado depois do radical:

> grand**eza**, form**oso**, leal**dade**

3. Interfixo

Afixo que se une ao radical, ligando-o a outro afixo:

lod**aç**al

Observe que o radical **lod** não se liga diretamente ao sufixo **al**. O elemento mórfico **aç** se coloca entre eles. Os gramáticos brasileiros costumam ignorar a existência do interfixo, chamando todo o elemento final de sufixo.

4. Infixo

Afixo que se insere no interior de uma palavra, modificando-lhe o sentido. Encontram--se alguns infixos em latim, como o infixo nasal **n**. Não há infixos na língua portuguesa, embora alguns assim considerem os interfixos. Outros veem na consoante de ligação **z** um infixo. Não nos parece viável tal análise, uma vez que não há alteração de sentido na raiz quando a ela se une o **z**.

AFORISMO

Frase curta, de fundo moral. O mesmo que **apotegma, sentença** e **máxima**.

AFRICADA

Combinação de consoante oclusiva com fricativa. Em português ocorre na pronúncia carioca de **t** e **d** seguidos de **i**. Assim, a palavra **tio** soa, de maneira africada, como **tchio**, ou seja, uma ligação íntima entre o som de **t** (oclusivo) com o som de **ch** (fricativa). Na realidade, trata-se de uma variante do fonema /Tê/, e não de dois fonemas distintos.

AFRICANISMO

Palavra ou expressão de origem africana usada em português, notadamente no do Brasil:

chuchu, samba, bengala, orixá, zebra, cochilar, tanga

AFROUXAR

Conjugação. Mantém o ditongo **ou** em toda a conjugação, inclusive nas formas rizotônicas. Nestas, existe a tendência popular de eliminá-lo, em favor de ó.

Pres. ind.: afrouxo, afrouxas, afrouxa, afrouxamos, afrouxais, afrouxam

Pret. perf.: afrouxei, afrouxaste, afrouxou, afrouxamos, afrouxastes, afrouxaram

Pret. imperf.: afrouxava, afrouxavas, afrouxava, afrouxávamos, afrouxáveis, afrouxavam

Pret. m.-q.-perf.: afrouxara, afrouxaras, afrouxara, afrouxáramos, afrouxáreis, afrouxaram

Fut. pres.: afrouxarei, afrouxarás, afrouxará, afrouxaremos, afrouxareis, afrouxarão

Fut. pret.: afrouxaria, afrouxarias, afrouxaria, afrouxaríamos, afrouxaríeis, afrouxariam

Pres. subj.: afrouxe, afrouxes, afrouxe, afrouxemos, afrouxeis, afrouxem

Imperf. subj.: afrouxasse, afrouxasses, afrouxasse, afrouxássemos, afrouxásseis, afrouxassem

Fut. subj.: afrouxar, afrouxares, afrouxar, afrouxarmos, afrouxardes, afrouxarem

Imper. afirm.: afrouxa, afrouxe, afrouxemos, afrouxai, afrouxem

Imper. neg.: não afrouxes, não afrouxe, não afrouxemos, não afrouxeis, não afrouxem

Inf. impess.: afrouxar

Inf. pess.: afrouxar, afrouxares, afrouxar, afrouxarmos, afrouxardes, afrouxarem

Ger.: afrouxando

Part.: afrouxado

AGENTE

Por ele se conjugam os verbos estourar, roubar, pousar, poupar, dourar, repousar e muitos outros.

AGENTE

Aquele que pratica a ação verbal. O contrário de paciente. Com verbo na voz ativa, o agente é o sujeito. Na passiva, é o agente da passiva.

AGENTE DA PASSIVA

1. Termo integrante da oração. Indica aquele que pratica a ação quando o verbo está na voz passiva analítica ou verbal. É introduzido pela preposição **por** (e contrações) ou, mais raramente, pela preposição **de**:

O atleta foi visto por muitas pessoas.

Sempre fui respeitado pela empresa.

Carlos é amado de todos.

Nota: Na mudança da voz, o agente da passiva passa a sujeito. Assim, passando-se para a voz ativa, as três frases seriam: "Muitas pessoas viram o atleta", "A empresa sempre me respeitou" e "Todos amam Carlos".

2. Oração subordinada substantiva que desempenha a função de agente da passiva da oração principal. Não consta na Nomenclatura Gramatical Brasileira:

O livro foi lido por quem gosta da matéria.

Nota: A prova de que se trata de agente da passiva é que, mudando-se a voz verbal, a oração passa a sujeito da principal:

Quem gosta da matéria leu o livro.

AGLUTINAÇÃO

V. **composição** (2).

AGLUTINANTE

Língua cujas palavras apresentam raízes justapostas, sendo que uma tem a ideia central, funcionando as outras como verdadeiros afixos a expressar acidentes da ideia principal. O turco, por exemplo, é uma língua aglutinante. A língua aglutinante distingue-se da **isolante** (q. v.) e da **flexional**. V. **flexional**[2].

AGRADAR

Regência verbal. Há duas regências possíveis.

1. Transitivo direto, com o sentido de "fazer agrado, carinho":

A menina agradou o irmãozinho.

2. Transitivo indireto, com o sentido de "ser agradável"; rege a preposição **a**:

Essa conversa não agradou aos trabalhadores.

AGRADECIDO

Concordância nominal. O mesmo que **obrigado** (q. v.).

ÁGRAFA

V. **língua** (1).

AGREDIR

Conjugação. Muda o **e** do radical para **i** nas formas rizotônicas do presente do indicativo e em todo o presente do subjuntivo, bem como nas formas correspondentes do imperativo.

Pres. ind.: agrido, agrides, agride, agredimos, agredis, agridem
Pret. perf.: agredi, agrediste, agrediu, agredimos, agredistes, agrediram
Pret. imperf.: agredia, agredias, agredia, agredíamos, agredíeis, agrediam
Pret. m.-q.-perf.: agredira, agrediras, agredira, agredíramos, agredíreis, agrediram
Fut. pres.: agredirei, agredirás, agredirá, agrediremos, agredireis, agredirão
Fut. pret.: agrediria, agredirias, agrediria, agrediríamos, agrediríeis, agrediriam
Pres. subj.: agrida, agridas, agrida, agridamos, agridais, agridam
Imperf. subj.: agredisse, agredisses, agredisse, agredíssemos, agredísseis, agredissem
Fut. subj.: agredir, agredires, agredir, agredirmos, agredirdes, agredirem
Imper. afirm.: agride, agrida, agridamos, agredi, agridam
Imper. neg.: não agridas, não agrida, não agridamos, não agridais, não agridam
Inf. impess.: agredir
Inf. pess.: agredir, agredires, agredir, agredirmos, agredirdes, agredirem
Ger.: agredindo
Part.: agredido

Por ele se conjugam progredir, regredir, transgredir, denegrir e prevenir.

AGREGAÇÃO

União do artigo ao substantivo, por causa de uma falsa análise. Por exemplo, o artigo árabe **al** aparece integrando uma série de palavras em português, como **alface** e **alfazema**. É o contrário de **desagregação** e **deglutinação** (q. v.).

AGUAR

Conjugação. A vogal **a** inicial é tônica nas formas rizotônicas.

Pres. ind.: águo, águas, água, aguamos, aguais, águam
Pret. perf.: aguei, aguaste, aguou, aguamos, aguastes, aguaram
Pret. imperf.: aguava, aguavas, aguava, aguávamos, aguáveis, aguavam
Pret. m.-q.-perf.: aguara, aguaras, aguara, aguáramos, aguáreis, aguaram
Fut. pres.: aguarei, aguarás, aguará, aguaremos, aguareis, aguarão
Fut. pret.: aguaria, aguarias, aguaria, aguaríamos, aguaríeis, aguariam
Pres. subj.: águe, águes, águe, aguemos, agueis, águem.
Imperf. subj.: aguasse, aguasses, aguasse, aguássemos, aguásseis, aguassem
Fut. subj.: aguar, aguares, aguar, aguarmos, aguardes, aguarem
Imper. afirm.: água, águe, aguemos, aguai, águem
Imper. neg.: não águes, não águe, não aguemos, não agueis, não águem
Inf. impess.: aguar
Inf. pessoal: aguar, aguares, aguar, aguarmos, aguardes, aguarem
Ger.: aguando
Part.: aguado

Da mesma forma se conjugam os verbos desaguar, enxaguar e minguar.

AGUDAS

Versificação. Rimas que ocorrem entre palavras oxítonas ou monossílabos tônicos. O mesmo que **masculinas**:

> "Corre, brisa, pressurosa
> Sobre esses plainos de **anil**,
> Vai brincar pelas campinas
> Pelos vergéis do **Brasil**." (Casimiro de Abreu)

AGUDO

V. **acento gráfico** (1).

AGUDOS

Versificação. Versos terminados por palavras oxítonas ou monossílabos tônicos:

> "... Na verde rama do **amor**!" (Castro Alves)
> "... Buscando, entre visões, o eterno **Bem**." (Antero de Quental)

AJUDAR

Regência verbal. Indiferentemente transitivo direto ou transitivo indireto; rege a preposição **a**:

> Ajudei o menino.
> Ajudei ao menino.

ALBA

Composição poética do período trovadoresco; trata da alvorada.

ALEGÓRICO MORAL

V. **poema alegórico moral**.

ALEIJAR

Conjugação. Em toda a conjugação, mantém o ditongo **ei**. Há uma tendência popular de, nas formas rizotônicas, monotongar o ditongo, ou seja, pronunciando como uma única vogal aberta: **é**.

Pres. ind.: aleijo, aleijas, aleija, aleijamos, aleijais, aleijam
Pret. perf.: aleijei, aleijaste, aleijou, aleijamos, aleijastes, aleijaram
Pret. imperf.: aleijava, aleijavas, aleijava, aleijávamos, aleijáveis, aleijavam
Pret. m.-q.-perf.: aleijara, aleijaras, aleijara, aleijáramos, aleijáreis, aleijaram
Fut. pres.: aleijarei, aleijarás, aleijará, aleijaremos, aleijareis, aleijarão
Fut. pret.: aleijaria, aleijarias, aleijaria, aleijaríamos, aleijaríeis, aleijariam
Pres. subj.: aleije, aleijes, aleije, aleijemos, aleijeis, aleijem
Imperf. subj.: aleijasse, aleijasses, aleijasse, aleijássemos, aleijásseis, aleijassem
Fut. subj.: aleijar, aleijares, aleijar, aleijarmos, aleijardes, aleijarem
Imper. afirm.: aleija, aleije, aleijemos, aleijai, aleijem
Imper. neg.: não aleijes, não aleije, não aleijemos, não aleijeis, não aleijem
Inf. impess.: aleijar

Inf. pess.: aleijar, aleijares, aleijar, aleijarmos, aleijardes, aleijarem
Ger.: aleijando
Part.: aleijado

Como ele se conjugam, entre outros, os verbos abeirar-se, embandeirar, inteirar e peneirar.

ALÉM

Advérbio de lugar:

Além se encontra uma floresta.

ALÉM-

Prefixo de origem latina que significa "da parte de lá"; exige hífen:

além-mar, além-túmulo

Exceções: Nas palavras **alentejo** e **alentejano**.

ALERTA

Concordância nominal. É advérbio, e não adjetivo. Portanto, palavra invariável:

Todos continuavam alerta.

Nota: Se for substantivado, irá, como qualquer palavra, ao plural:

o alerta – os alertas

ALEXANDRINO

Versificação. Verso de doze sílabas métricas, também chamado **dodecassílabo**.

1. Clássico

Com a sexta e a décima segunda sílabas tônicas; a sexta sílaba deve pertencer a uma palavra oxítona ou a um monossílabo tônico; também pode ser de uma paroxítona, desde que esta termine por vogal, que se unirá à vogal da palavra seguinte:

"Que resta do esplen**dor** de outrora? Quase **na**da..." (Manuel Bandeira)

"...através dessa **pe**dra em que nasce o meu **di**a." (Jorge de Lima)

Nota: As duas partes do alexandrino clássico são chamadas de **hemistíquios**; o corte (a sexta sílaba) que divide o verso em dois hemistíquios chama-se **cesura**.

2. Romântico

Com acentuação predominante na quarta, na oitava e na décima segunda sílabas:

"O bandei**ran**te deca**iu** – é funcio**ná**rio." (Manuel Bandeira)

3. Moderno

Quando não se enquadra nos anteriores:

"E não me canso de procurar em teu corpo..." (J. G. de Araújo Jorge)

ALFABÉTICA

V. **escrita**[1] (1).

ALFABETO

Conjunto de letras que representam graficamente uma língua. A palavra é formada por **alfa** e **beta**, as duas letras iniciais do grego. O alfabeto português é basicamente o latino, tendo este como base o grego, e se constitui de 26 letras, sendo 21 consoantes e 5 vogais.

ALFABETO FONÉTICO

Conjunto de caracteres usados na transcrição fonética. Numa palavra como **racha**, existem cinco letras, de acordo com o alfabeto usual. Porém, a palavra é formada por apenas quatro fonemas: /Rê/, /a/, /Xê/, /a/. Assim, numa transcrição fonética escreveríamos /RAXA/ ou /RAS'A/, segundo alguns. Na realidade, há várias propostas de alfabeto fonético. V. **transcrição fonética**.

ÁLIBI

Acentuação gráfica. Atualmente, a palavra é acentuada. Gramáticas antigas não admitiam o acento por se tratar de um latinismo. Hoje considera-se **álibi** palavra da língua portuguesa, proveniente do latim *alibi*.

ALITERAÇÃO

Estilística. Repetição de fonemas consonantais:

"Ruem por terra as emperradas portas." (Bocage)

Foi fácil fazer farofa.

Não quero coisas caras, querida.

Notas:

1ª) A aliteração pode ajudar na compreensão do texto. Na conhecida frase "O rato roeu a roupa do rei de Roma", a repetição do **r** lembra bem o som produzido pelo ato de roer. Dessa forma, a aliteração passa a constituir caso de **onomatopeia** (q. v.).

2ª) Alguns autores chamam de **colisão** a aliteração que não tem fins estilísticos, chegando, às vezes, a criar sons desagradáveis. Há colisão nos dois últimos exemplos.

ALITERADA

Versificação. Entende-se por rima aliterada:

1. o emprego do recurso estilístico da aliteração em um ou mais versos:

"Forte, fiel, façanhoso,

Fazendo feitos famosos..." (Garcia de Rezende)

2. a repetição de uma consoante, que pode ser final ou não, nas palavras finais dos versos:

"Sinto perfume e orvalho – imagens tênues

Que inventa a solidão, para fazer-se

De repente saudade. E vejo em tudo

Essas cansadas lágrimas antigas,

Essas longas histórias sucessivas

Com seus berços e guerras – glórias? – túmulos." (Cecília Meireles)

ALJAMIA

Filologia. Nome que os mouros, invasores da Península Ibérica, davam à língua dos **moçárabes** (q. v.). Era escrita em caracteres árabes.

ALOFONE

Variante de um fonema. Em português, a pronúncia arrastada da consoante **d**, quando seguida de **i**, não implica mudança de significado: **dia** (pronúncia padrão) – **djia** (pronúncia variante). Se houvesse mudança de sentido, teria havido troca de fonemas, e não a presença de um alofone.

ALOMORFE

Variante de um morfema (radical, vogal temática etc.). Por exemplo, o radical **mut**, de **mutação**, é alomorfe de **mud**, da palavra primitiva, **mudar**; a vogal temática **i**, da forma verbal **queria**, é alomorfe de **e**, vogal temática do infinitivo, **querer**.

ALÓTROPOS

Gramática Histórica. Formas provenientes de uma mesma palavra, geralmente latina. É o fenômeno da **divergência**. Por exemplo, são alótropos **regra** e **régua**, provenientes do latim **regula**. Os alótropos são conhecidos, em gramática histórica, também como **divergentes** ou **formas divergentes**.

ALTAS

V. **vogal**^{2} (5)

ALTERNADAS

Versificação. Quanto à posição na estrofe, rimas alternadas são aquelas que obedecem ao esquema abab, ou seja, o primeiro verso rimando com o terceiro, e o segundo com o quarto. Também chamadas de **cruzadas**.

> "E como é branca de graça
> A paisagem que não sei,
> Vista de trás da vidraça
> Do lar que nunca terei!" (Fernando Pessoa)

ALTERNATIVA

1. Conjunção. V. **conjunção coordenativa** (4).

2. Oração. V. **oração coordenada** (4).

ALTURA

V. **acento** (1).

ALUDIR

Regência verbal. Verbo transitivo indireto. Exige a preposição **a** e não aceita **lhe** como complemento:

> Aludi aos participantes.
> Aludi a eles.

ALUSÃO

Regência nominal. Substantivo que pede complemento nominal introduzido pela preposição **a**:

> Fizeram alusão a meu caso.

ALVEOLARES, consoantes
V. **consoante²** (2).

AMAR
Regência verbal. Verbo transitivo direto. V. **adorar**.
> Ela sempre amou o marido.
> Ela sempre o amou.

AMBIENTE
Tipologia textual. V. **narração**.

AMBIGUIDADE
Vício de linguagem que consiste no duplo sentido de determinadas frases em função de sua má construção. O mesmo que **anfibologia**:
> Carlos falou com Henrique que sua prima tinha viajado.
> A prima é de Carlos ou de Henrique?

ANACOLUTO
Estilística. Figura de linguagem que consiste na quebra da estruturação sintática de uma frase, o que implica a presença de um termo sem função sintática no texto:
> Eu, pouca gente me teria perguntado isso.

A palavra **eu** está sem função sintática, podendo ser retirada da frase. Seu emprego serve para chamar a atenção do leitor para ela. O anacoluto às vezes se confunde com o **pleonasmo** (q. v.).

Veja o belo anacoluto criado pelo poeta brasileiro Casimiro de Abreu, em que os dois primeiros versos do quarteto ficam soltos, sem análise:
> "No berço, pendente dos ramos floridos,
> Em que eu pequenino feliz dormitava:
> Quem é que esse berço, com todo o cuidado,
> Cantando cantigas alegre embalava?
>> – Minha mãe! –"

ANADIPLOSE
Estilística. Figura de linguagem que consiste na repetição de uma palavra ou expressão no fim de um verso e no início do seguinte:
> "Coroai-me em verdade
>> De rosas –
> Rosas que se apagam." (Fernando Pessoa)

ANÁFORA¹
Estilística. Figura de linguagem que consiste na repetição de uma palavra ou expressão no início de cada verso, frase ou membro de frase:
> "Já fui loura, já fui morena,
> Já fui Margarida e Beatriz.

> Já fui Maria e Madalena.
> Só não pude ser como quis." (Cecília Meireles)

Nota: Alguns autores chamam de **epanáfora** a anáfora em que o termo se repete em todos os versos, frases ou membros de frase:

> "Ai, choro de clarineta!
> Ai, clarineta de prata!
> Ai, noite úmida de lua..." (Cecília Meireles)

ANÁFORA²

Linguística. Emprego de termo, dito **anafórico**, que se refere a outro já expresso no texto:

> Trouxe o material e **o** coloquei na gaveta.
> Estou triste, mas **isso** não me impede de sorrir.

ANAFÓRICO

Linguística. V. **anáfora**.

ANAGRAMA

Formação de uma palavra com as mesmas letras de outra. Quando o anagrama ocorre da última letra até a primeira, temos um **palíndromo** (q. v.):

> Márcia – Maricá, podre – poder.

ANÁLISE

Decomposição de um complexo linguístico em seus constituintes. Pode ser:

1. Fonológica
A que decompõe a palavra em sílabas e fonemas.

2. Etimológica
Apresenta a cadeia evolutiva de uma palavra da língua de origem até o português.

3. Gramatical
Nome comum para as análises léxica e morfológica.

4. Léxica ou lexicológica
Distingue e classifica as palavras segundo seu valor gramatical (substantivo, verbo etc.).

5. Mórfica ou morfológica
Distingue e classifica os morfemas (radical, afixos, vogal temática etc.).

6. Sêmica
Analisa a significação de morfemas, palavras e frases. Por isso, compreende as análises léxica, morfológica e sintática.

7. Sintática
Divide e classifica as orações de um período e os termos que as compõem.

ANALÍTICA[1]

V. **voz verbal** (2).

ANALÍTICA[2], língua

O mesmo que **isolante** (q. v.).

ANALÍTICO

V. **grau**.

ANALOGIA

Gramática Histórica. Modificação que sofre uma palavra por influência de outra. O mesmo que **câmbio analógico**. Por exemplo, a forma verbal **sou**, do latim **sum**, ocorre em português por analogia com **estou**. Em outras palavras, **sou** não é evolução fonética de **sum**; a palavra passou a ser usada por influência de **estou**. Diz-se, então, que **sou** é forma analógica ou criação analógica. Outro exemplo é a palavra **boníssimo**. O superlativo absoluto sintético de **bom** é **ótimo**, de origem latina. **Boníssimo** surgiu na língua por analogia com outros superlativos terminados em **-íssimo**. Da mesma forma que **sou**, **boníssimo** é forma ou criação analógica.

ANALÓGICO, dicionário

O mesmo que **ideológico**. V. **dicionário** (3).

ANAPTIXE

Gramática Histórica. Tipo especial de **epêntese** (q. v.) que consiste na intercalação de uma vogal, chamada **vogal de apoio**, para desfazer um grupo consonantal. O mesmo que **suarabácti**:

> grupa > garupa, prão > porão, bratta > barata.

Nota: A anaptixe ocorre, como se vê pelos exemplos, durante a evolução da palavra até o português. Porém, é também um recurso utilizado hoje em dia pelo povo, na tentativa de simplificar a pronúncia das palavras. Por isso se ouve por aí adevogado, peneu etc.

ANARTRIA

O mesmo que **disartria** (q. v.).

ANÁSTROFE

Estilística. Figura que consiste em se inverter o termo regente e o termo regido, este com preposição:

> Trouxe do livro uma página.
> "Da tarde morta o murmurar se cala." (Casimiro de Abreu)

ANDAR

1. Conjugação. Verbo regular, paradigma da primeira conjugação. V. **conjugação**[2].

2. Regência verbal.

a) Intransitivo, com o sentido de "caminhar":

> O vendedor anda muito.

b) Verbo de ligação, quando indica estado; é acompanhado de um predicativo do sujeito:

O vendedor anda doente.

ANEXIM

O mesmo que **adágio** (q. v.).

ANEXO

Concordância nominal. Pode ser verbo ou adjetivo. Como adjetivo concorda normalmente com o termo a que se refere. Se aparecer antecedido da preposição **em**, ficará no masculino singular:

A carta anexa deve ser lida logo.

Mandei anexos os documentos solicitados.

Seguem em anexo as certidões.

ANFIBOLOGIA

O mesmo que **ambiguidade** (q. v.).

ANGLICISMO

Palavra ou expressão emprestada da língua inglesa e adaptada fonética e graficamente ao português. É o anglicismo léxico:

time, iate, basquetebol, bife

Nota: O anglicismo pode ocorrer também na sintaxe. Por exemplo, dizer Estrela Hotel, em vez de Hotel Estrela, que é o normal na língua portuguesa.

ANIMADO

Subcategoria dos substantivos que denotam seres vivos, homens ou animais. Opõe-se a **inanimado**. Distinguem-se os dois grupos, animados e inanimados, basicamente por:

1. Quem para os animados e **que** (ou **o que**) para os inanimados:

Veja quem está ali.

Que você trouxe?

O que está na gaveta?

2. Oposição de gênero: masculino e feminino, somente para os animados:

menino – menina, jacaré macho – jacaré fêmea

3. Emprego de palavras específicas para cada subcategoria:

falar, escrever, sorrir, feliz, humilde etc., para os animados

brotar, germinar, desfolhado etc., para os inanimados.

ANÔMALO

Verbo de grande irregularidade; tem mais de um radical. São anômalos apenas os verbos **ser** e **ir**.

ANOTADA, edição

Filologia. V. **edição** (1).

ANSIAR

Conjugação. Verbo que, embora termine em **iar**, não segue o paradigma da sua conjugação. Nas formas rizotônicas acrescenta um **i**, típico dos verbos terminados em **ear**.

Pres. ind.: anseio, anseias, anseia, ansiamos, ansiais, anseiam

Pret. perf.: ansiei, ansiaste, ansiou, ansiamos, ansiastes, ansiaram

Pret. imperf.: ansiava, ansiavas, ansiava, ansiávamos, ansiáveis, ansiavam

Pret. m.-q.-perf.: ansiara, ansiaras, ansiara, ansiáramos, ansiáreis, ansiaram

Fut. pres.: ansiarei, ansiarás, ansiará, ansiaremos, ansiareis, ansiarão

Fut. pret.: ansiaria, ansiarias, ansiaria, ansiaríamos, ansiaríeis, ansiariam

Pres. subj.: anseie, anseies, anseie, ansiemos, ansieis, anseiem

Imperf. subj.: ansiasse, ansiasses, ansiasse, ansiássemos, ansiásseis, ansiassem

Fut. subj.: ansiar, ansiares, ansiar, ansiarmos, ansiardes, ansiarem

Imper. afirm.: anseia, anseie, ansiemos, ansiai, anseiem

Imper. neg.: não anseies, não anseie, não ansiemos, não ansieis, não anseiem

Inf. impess.: ansiar

Inf. pess.: ansiar, ansiares, ansiar, ansiarmos, ansiardes, ansiarem

Ger.: ansiando

Part.: ansiado

Por ele se conjugam os verbos mediar, remediar, incendiar, odiar e intermediar.

ANTANÁCLASE

Estilística. Repetição de homônimos ou de palavra usada com sentidos diferentes. Ocorre também antanáclase quando uma palavra se alterna com outra que é parte dela. O mesmo que **diáfora**:

> Tudo parece vão quando se vão os sonhos.
>
> "O tempo não me dá tempo
>
> De bem o tempo fruir..." (Luiz Otávio)
>
> Todo texto é pretexto para criar.

ANTE

Preposição que significa "diante de":

> Estávamos ante um problema.

ANTE-

Prefixo de origem latina com o sentido de "anterioridade". Pede hífen quando a palavra a que se liga começa por **h** ou **e**:

> ante-histórico, ante-estreia; anterrosto, antessentir, antedatar, anteprojeto

ANTECEDENTE

Termo que aparece antes de outro, dito **consequente**, com o qual se relaciona na frase. Em gramática é usado quase sempre para designar o vocábulo substituído adiante pelo pronome relativo:

> O jovem que se apresentou estava tranquilo.
>
> jovem – antecedente do pronome relativo **que**.

ANTECIPAÇÃO

Colocação na frase de um termo antes da sua posição normal:

De manhã o menino estudou.

Nota: A antecipação é às vezes explorada pelo escritor, que com ela consegue efeitos expressivos. V. **prolepse**.

ANTERIORES, vogais

O mesmo que **palatais**. V. **vogal²** (1).

ANTI-

Prefixo de origem grega que traduz ideia de "oposição". Pede hífen antes de **h** e **i**:

anti-higiênico, anti-inflamatório; antirroubo, antissocial, antiácido, antibélico

ANTICLÍMAX

Estilística. É a apresentação regressiva das ideias. O mesmo que **gradação descendente**:

Gritava, falava, sussurrava.

ANTÍFRASE

Estilística. V. **ironia**.

ANTILOGIA

Estilística. O mesmo que **paradoxo** (q. v.).

ANTIMETÁBOLE

Estilística. Repetição de palavras postas em ordem diversa, de tal forma que se estabelece um contraste:

"Os frades dominavam com as armas da inteligência, e os militares com a inteligência das armas." (Pedro Dinis)

ANTIPATIZAR

Regência verbal. Verbo transitivo indireto; rege a preposição **com**. Não pode ser pronominal:

Eu antipatizava com suas teorias. (certo)

Eu me antipatizava com suas teorias. (errado)

ANTÍTESE

Estilística. É o emprego de palavras ou expressões de sentido contrário. O mesmo que **contraste**.

"Era o porvir em frente do passado,

A liberdade em frente à escravidão." (Castro Alves)

ANTONÍMIA

Semântica. Emprego de **antônimos** (q. v.)

ANTÔNIMOS

Semântica. Palavras de sentido oposto:

muito e pouco, fácil e difícil, perto e longe

ANTONOMÁSIA

Estilística. Troca de um nome próprio por uma qualidade, uma circunstância ou uma característica sua. É um tipo de **perífrase** (q. v.).

O pintor de A Última Ceia era um gênio.

pintor de A Última Ceia = Leonardo da Vinci.

ANTROPÔNIMO

Substantivo próprio referente a pessoa. Constituído de prenome, que é o nome próprio individual, e sobrenome ou apelido, que situa o indivíduo numa dada família. Assim, em **João de Almeida**, temos o prenome **João** e o sobrenome **Almeida**.

Nota: Hoje em dia, costuma-se usar simplesmente **nome**, em lugar de **prenome**.

ANUIR

1. Conjugação. Verbo regular. V. **atribuir**.

2. Regência verbal. Verbo transitivo indireto; rege as preposições **a** ou **em**:

Carlos anuiu ao convite dos tios.

Não pretendo anuir no compromisso.

AO

Combinação da preposição **a** com:

1. o artigo definido **o**:

Iremos ao circo.

2. o pronome demonstrativo **o**.

Refiro-me ao que você pediu.

AO ENCONTRO DE

Encerra a ideia de "a favor de":

Isso vem ao encontro da minha ideia.

Foi ao encontro do amigo. (encontrar-se com ele)

Nota: Não confunda **ao encontro de** com **de encontro a**. Esta última tem o sentido de "ir contra":

O ônibus foi de encontro ao muro.

O manifesto vai de encontro ao regulamento da empresa.

AO INVÉS DE

Expressão que significa "ao contrário de":

Ao invés de trabalhar, ficou vagabundeando.

Observe que trabalhar e vagabundear são coisas opostas.

Nota: Não se confunda essa expressão com uma outra, **em vez de**, que encerra tão somente uma ideia de substituição:

> Em vez de arroz, comeu macarrão.

AONDE

V. **onde**.

APANIGUAR

Conjugação. Segue o modelo de **apaziguar** (q. v.).

APARATO CRÍTICO

Filologia. Conjunto de notas explicativas acrescentadas à edição de um texto, com objetivo crítico e sob os aspectos filológico, literário e histórico. Não pode faltar em determinadas edições, como na de textos arcaicos.

APARELHO FONADOR

Conjunto de órgãos humanos que permitem ao homem falar. Tais órgãos são de três tipos:

1. Respiratórios

Permitem a emissão da corrente de ar; o principal é o par de pulmões.

2. Fonadores

Permitem que a corrente de ar se transforme em voz; os mais importantes são as cordas vocais, um par de músculos flexíveis situados na laringe e que causam a sonorização da corrente de ar.

3. Articulatórios

Os que, articulando-se entre si, determinam a produção dos fonemas. Os principais são a língua, os lábios, a arcada dentária, o palato duro, o véu palatino e as fossas nasais.

APARENTADAS

Línguas que evoluíram de uma mesma língua:

> português, espanhol e italiano

APASSIVADOR, pronome

V. **pronome apassivador**.

APASSIVADORA, partícula

V. **pronome apassivador**.

APAZIGUAR

Conjugação. Tem o **u** tônico na formas rizotônicas.

Pres. ind.: apaziguo (ú), apaziguas (ú), apazigua (ú), apaziguamos, apaziguais, apaziguam (ú)

Pret. perf.: apaziguei, apaziguaste, apaziguou, apaziguamos, apaziguastes, apaziguaram

Pret. imperf.: apaziguava, apaziguavas, apaziguava, apaziguávamos, apaziguáveis, apaziguavam

Pret. m.-q.-perf.: apaziguara, apaziguaras, apaziguara, apaziguáramos, apaziguáreis, apaziguaram

Fut. pres.: apaziguarei, apaziguarás, apaziguará, apaziguaremos, apaziguareis, apaziguarão

Fut. pret.: apaziguaria, apaziguarias, apaziguaria, apaziguaríamos, apaziguaríeis, apaziguariam

Pres. subj.: apazigue (ú), apazigues (ú), apazigue (ú), apaziguemos, apazigueis, apaziguem (ú)

Imperf. subj.: apaziguasse, apaziguasses, apaziguasse, apaziguássemos, apaziguásseis, apaziguassem

Fut. subj.: apaziguar, apaziguares, apaziguar, apaziguarmos, apaziguardes, apaziguarem

Imper. afirm.: apazigua (ú), apazigue (u), apaziguemos, apaziguai, apaziguem (ú)

Imper. neg.: não apazigues (ú), não apazigue (ú), não apaziguemos, não apazigueis, não apaziguem (ú)

Inf. impess.: apaziguar

Inf. pess.: apaziguar, apaziguares, apaziguar, apaziguarmos, apaziguardes, apaziguarem

Ger.: apaziguando

Part.: apaziguado

Como apaziguar se conjugam apaniguar, averiguar, santiguar e obliquar.

APEAR

Conjugação. Segue o modelo de **bloquear** (q. v.).

APELAR

Regência verbal.

1. Transitivo indireto, com o sentido de "recorrer"; rege a preposição **para**, e não **a**:
  Apelei para o professor.

2. Transitivo indireto, significando "interpor recurso"; rege a preposição **de**:
  Apelamos da sentença.

APELATIVA

Funções da linguagem. Uma das três funções do linguista Karl Bühler. Segundo ele, é a função da linguagem voltada para o receptor da mensagem. Apresenta um emprego comum de imperativos e vocativos e é a função típica da publicidade. Corresponde à função **conativa** (q. v.), na divisão proposta por Roman Jakobson:
  Carlos, não faça isso!

APELATIVO[1]

Veja **aposto** (4).

APELATIVO[2]

O que se opõe ao próprio. É o mesmo que **substantivo comum**.

APELATIVO[3]

Diz-se do termo utilizado para interpelar, chamar o interlocutor. Corresponde ao vocativo, e sua presença caracteriza a função apelativa.

APELIDO[1]

O mesmo que **sobrenome**. V. **antropônimo**.

APELIDO²

Qualquer palavra a que se dá um cunho de carinho, no tratamento dispensado às pessoas. O mesmo que **hipocorístico**:

mamãe, benzinho

Nota: O hipocorístico pode ser formado do próprio nome da pessoa. Aliás, essa é uma pratica bastante comum:

Zezé, Nando, Toninho, Janjão, Chico

APERTURA

V. **abrimento**.

APIADAR-SE

Conjugação. V. **apiedar-se**.

APICAL

V. **ápice**.

ÁPICE

Extremidade da ponta da língua, usada na articulação de determinados sons. O som produzido dessa forma é conhecido como **apical**.

ÁPICE DE SÍLABA

A vogal que constitui um ditongo ou tritongo.

ÁPICES

O mesmo que **trema** (q. v.).

APIEDAR-SE

Conjugação. Verbo essencialmente pronominal, ou seja, só se conjuga com o pronome. É verbo regular.

Pres. ind.: apiedo-me, apiedas-te, apieda-se, apiedamo-nos, apiedais-vos, apiedam-se

Pret. perf.: apiedei-me, apiedaste-te, apiedou-se, apiedamo-nos, apiedastes-vos, apiedaram-se

Pres. subj.: eu me apiede, tu te apiedes, ele se apiede, nós nos apiedemos, vós vos apiedeis, eles se apiedem

Imper. afirm.: apieda-te, apiede-se, apiedemo-nos, apiedai-vos, apiedem-se

Imper. neg.: não te apiedes, não se apiede, não nos apiedemos, não vos apiedeis, não se apiedem

Notas:

1ª) No presente do subjuntivo, é necessário o emprego da próclise (pronome antes do verbo), uma vez que esse tempo é sempre antecedido por uma palavra atrativa, geralmente a conjunção **que**. O mesmo para o imperativo negativo, que exige o **não**.

2ª) **Apiadar-se** é forma arcaica de **apiedar-se**. Algumas pessoas fazem confusão entre os dois. No português atual, deve-se usar apenas **apiedar-se**.

APÓCOPE

1. Gramática Histórica. Queda de um ou mais fonemas no final do vocábulo:

amat > ama

Nota: No português popular do Brasil, encontramos inúmeras apócopes: cantá, dizê, pô etc.

2. Versificação. Redução de uma palavra, nos moldes do item **1**, que alguns poetas fazem para que o verso se ajuste aos outros quanto ao número de sílabas, ou simplesmente para conferir-lhe maior expressividade:

"Mas firme era a sua alma como mármor..." (Gonçalves de Magalhães)

mármor = mármore

APÓCRIFO[1]

Escrito que não pertence à época ou autor a ele atribuídos, ou cuja autoria não se pode precisar.

APÓCRIFO[2]

Texto religioso destituído de autoridade canônica.

APÓDOSE

O mesmo que **condicionada**. Oração principal que, ligada a uma subordinada condicional, indica a conclusão ou a consequência desta, chamada **prótase** ou **condicionante**:

Se você estudar mais, fará boa prova.

Fará boa prova → apódose ou condicionada

Se você estudar mais → prótase ou condicionante

Nota: O período que apresenta apódose e prótase chama-se **hipotético**.

APOFONIA

Gramática Histórica. Modificação sofrida pela vogal da sílaba inicial de uma palavra, quando a ela se une um prefixo. O mesmo que **deflexão**, **inflexão** e *ablaut*:

in + b**a**rba = imb**e**rbe

APORTUGUESAMENTO

Adaptação fonética, morfológica ou gráfica de uma palavra ou locução de língua estrangeira à estrutura do português:

abajur (do francês *abat-jour*)

bife (do inglês *beef*)

lasanha (do italiano *lasagna*)

APÓS

1. Preposição com o sentido de "depois de":

Após ele, ninguém entrou.

2. Advérbio com o sentido de "depois", "em seguida":

Ele chegou logo após.

APOSIÇÃO
Uso de palavra, expressão ou oração na função de aposto.

APOSIOPESE
Estilística. O mesmo que **reticência** (q. v.).

APOSITIVA
Oração subordinada substantiva que funciona como aposto da oração principal. Aparece geralmente depois de dois-pontos. Pode ser desenvolvida ou reduzida.

Só nos pediram uma coisa: que trabalhássemos bem. (desenvolvida).

Queria algo: ser médico. (reduzida de infinitivo)

APOSSÍNCLISE
Colocação pronominal. Tipo especial de **próclise** (q. v.) em que o pronome átono fica entre duas palavras atrativas:

Talvez lhe não mostre o problema.

APOSTILA
Redação oficial. Anotação feita, geralmente no verso do documento, com o fim de interpretá-lo, esclarecê-lo ou mesmo completá-lo. É de responsabilidade da autoridade que expede o documento ou de quem recebe delegação de poderes para fazê-lo.

APOSTO
Termo acessório da oração, que atribui a um substantivo uma explicação qualquer. Pode ser:

1. Explicativo

Aquele que simplesmente explica o termo a que se liga. Aparece entre vírgulas, entre travessões ou depois de dois-pontos:

Olavo Bilac, grande poeta parnasiano, escreveu O Caçador de Esmeraldas.

2. Distributivo ou enumerativo

Aquele que explica fazendo uma distribuição. Admite os mesmos sinais de pontuação do explicativo:

Encontrei dois amigos: Manuel e Vítor.

3. Resumitivo ou recapitulativo

O que resume um grupo de palavras em coordenação. É representado por palavras como **tudo**, **todos**, **ninguém**. Aparece precedido por uma vírgula:

Doença, miséria, traição, tudo o fazia mais forte ainda.

4. Especificativo ou apelativo

O que individualiza ou especifica alguém ou algo anteriormente citado. Não aceita sinais de pontuação. Pode estar preposicionado:

O planeta Terra é azul.

O mês de julho é muito frio.

5. Referente a uma oração

Aposto representado por palavras como **coisa**, **fato**, **o** (demonstrativo), o qual não remete a uma palavra específica, mas a toda a oração que passou. É seguido por pronome relativo:

> Carlos estudou a tarde inteira, fato que o deixou realmente preparado.
> Ele explicou a matéria, o que me ajudou muito.

APÓSTROFE

Estilística. Figura de linguagem que corresponde a um chamamento:

> Senhores, não caminhem sobre aquelas pedras.
> "Que querias tu, afinal, meu velho mestre de primeiras letras?" (M. de Assis)

APÓSTROFO

Pontuação. Sinal gráfico (') utilizado para indicar supressão de fonema:

> caixa d'água

APOTEGMA

> O mesmo que **aforismo** (q. v.).

APRAZER

Conjugação. Perde a vogal temática na terceira pessoa do singular do presente do indicativo: **apraz**. No pretérito perfeito e derivados, o radical é **aprouv**.

Pres. ind.: aprazo, aprazes, apraz, aprazemos, aprazeis, aprazem
Pret. perf.: aprouve, aprouveste, aprouve, aprouvemos, aprouvestes, aprouveram
Pret. imperf.: aprazia, aprazias, aprazia, aprazíamos, aprazíeis, apraziam
Pret. m.-q.-perf.: aprouvera, aprouveras, aprouvera, aprouvéramos, aprouvéreis, aprouveram
Fut. pres.: aprazerei, aprazerás, aprazerá, aprazeremos, aprazereis, aprazerão
Fut. pret.: aprazeria, aprazerias, aprazeria, aprazeríamos, aprazeríeis, aprazeriam
Pres. subj.: apraza, aprazas, apraza, aprazamos, aprazais, aprazam
Imperf. subj.: aprouvesse, aprouvesses, aprouvesse, aprouvéssemos, aprouvésseis, aprouvessem
Fut. subj.: aprouver, aprouveres, aprouver, aprouvermos, aprouverdes, aprouverem
Imper. afirm.: não há.
Imper. neg.: não há.
Inf. impess.: aprazer
Inf. pess.: aprazer, aprazeres, aprazer, aprazermos, aprazerdes, aprazerem
Ger.: aprazendo
Part.: aprazido

Nota: É mais usado na terceira pessoa do singular. É como pronominal que costuma aparecer em todas as pessoas.

Por ele se conjugam desprazer e desaprazer.

APROPINQUAR

Conjugação. O **u** é sempre pronunciado e átono.

Pres. ind.: apropínquo, apropínquas, apropínqua, apropinquamos, apropinquais, apropínquam
Pret. perf.: apropinquei, apropinquaste, apropinquou, apropinquamos, apropinquastes, apro-
    pinquaram

Pres. subj.: apropinque, apropinques, apropinque, apropinquemos, apropinqueis, apropinquem

Imper. afirm.: apropínqua, apropinque, apropinquemos, apropinquai, apropinquem

Imper. neg.: não apropinques, não apropinque, não apropinquemos, não apropinqueis, não apropinquem

Nota: No presente do subjuntivo, contrariando as regras de acentuação gráfica, não há acento nas formas rizotônicas, embora as formas verbais sejam paroxítonas terminadas em ditongo. Assim, escreve-se **apropinque**, e não **apropínque**, da mesma maneira que as demais.

APUD

Palavra latina que significa "junto de", "estraído da obra de".

APUD AUTA

Expressão latina que significa "nos autos".

ÀQUELE

Crase. Contração da preposição **a** com o **a** inicial do pronome demonstrativo **aquele**:

Mostrei o desenho a aquele professor.

Mostrei o desenho àquele professor.

Observe que a preposição **a**, exigida pelo verbo **mostrar**, se une ao pronome demonstrativo, dando origem ao acento de crase. O mesmo se dá com as flexões (aqueles, aquela, aquelas) e aquilo.

AQUÉM-

Prefixo de origem latina que significa "na parte de cá"; exige hífen.

aquém-mar, aquém-fronteira

Exceções: aquentejo, aquentejano.

AR

Teoria da comunicação. Canal natural das comunicações em que o receptor recebe a mensagem através de sua audição: língua falada e sons de um modo geral. Na ausência do ar, evidentemente, o receptor não ouviria, sendo impossível a comunicação. V. **canal** (1).

ARABISMO

Palavra ou expressão de origem árabe utilizada na língua portuguesa. A grande maioria apresenta o artigo árabe **al**, às vezes reduzido a um simples **a**:

alface (do árabe al-khass), algodão (do árabe al-kutun), azeite (do árabe al-zait)

ARBITRARIEDADE

Linguística. V. **signo linguístico** (1).

ARBITRÁRIO

Linguística. O mesmo que **imotivado**. V. **signo linguístico** (1).

ARCAICO, latim
V. **latim** (2).

ARCAÍSMO
Emprego de palavra, forma ou construção que deixaram de ser usadas na língua corrente. Pode ser léxico, morfológico ou sintático. Em outras palavras, diz-se que há arcaísmo quando termos obsoletos são empregados por alguém:

coita (sofrimento) → arcaísmo léxico

estê (esteja) → arcaísmo morfológico

A menina tinha estudada. → arcaísmo sintático

ARCAIZANTE
Que contém ou emprega arcaísmos. Alguns escritores empregam, por motivos estilísticos, arcaísmos em suas obras. Gonçalves Dias, grande poeta romântico, escreve em seu famoso I-Juca-Pirama:

"Meu pai a meu lado

Já cego e quebrado,

De penas ralado,

Firmava-se em mi..."

(mi, forma arcaica de mim)

ARGUIR
Conjugação. O **u** é tônico nas formas rizotônicas.

Pres. ind.: arguo (ú), arguis (ú), argui (ú), arguimos, arguis, arguem (ú)

Pret. perf.: argui, arguiste, arguiu, arguimos, arguistes, arguiram

Pres. subj.: argua (ú), arguas (ú), argua (ú), arguamos, arguais, arguam (ú)

Imper. afirm.: argui (ú), argua (ú), arguamos, argui, arguam (ú)

Imper. neg.: não arguas (ú), não argua (ú), não arguamos, não arguais, não arguam (ú)

ARGUMENTATIVO
1. Tipologia textual. Texto em que o autor defende suas ideias por meio de argumentos. É característico da **dissertação** (q. v.).

2. Discurso que se desenvolve por meio de recursos lógicos.

ARQUI-
Prefixo de origem grega que significa "primazia", "superioridade!"; exige hífen quando se liga a palavra iniciada por **h** ou **i**:

arqui-hipérbole, arqui-inimigo; arquirrival, arquissinagoga, arquiduque, arqui-potente

ARQUIFONEMA
V. **neutralização**.

ARREAR
Conjugação. Segue o modelo de **bloquear** (q. v.).

ARREMEDO
Regência nominal. Rege a preposição **de**:
Foi um grotesco arremedo de contrato.

ARREPENDIDO
Regência nominal. Pede complemento introduzido pela preposição **de**:
Estava arrependido de seus atos.

ARRIAR
Conjugação. Verbo regular. V. **abreviar**.

ARRIZOTÔNICA
V. **forma rizotônica**.

ARTICULAÇÃO[1]
Posição dos órgãos da fonação durante a emissão de um som.

1. Catástase ou intensão
A simples tomada de posição dos órgãos fonadores.

2. Articulação sistente ou tensão
Permanência nessa posição, quando então ocorre a fonação, a emissão do fonema.

3. Metástese ou distensão
Retorno à posição de repouso.

ARTICULAÇÃO[2]
Modo de articulação. V. **consoante**[2] (1).

ARTICULAÇÃO[3]
Zona de articulação. V. **consoante**[2] (2) e **vogal**[2] (1).

ARTICULAÇÃO SISTENTE
O mesmo que **tensão**. V. **articulação**[1] (2).

ARTIFICIAL, língua
O mesmo que **não natural**. V. **língua** (2).

ARTIGO
Partícula que precede o substantivo, indicando-lhe o gênero e o número.

1. Definido
Aquele que determina um substantivo, definindo-o. É o artigo **o** (e suas flexões):
o caderno, a mesa, os amigos, as garotas

2. Indefinido

Aquele que determina o substantivo, deixando-o com sentido vago, indefinido. Ligado a uma pessoa, por exemplo, passa a ideia de alguém desconhecido. É o artigo **um** (e suas flexões).

> um aluno, uma caneta, uns livros, umas flores

Nota: Pode o artigo definido confundir-se com o numeral cardinal **um**. V. **cardinal**.

ÀS CLARAS

Crase. Usa-se o acento indicativo de crase nas locuções adverbiais formadas por palavra feminina:

> Fizemos tudo às claras.
> Preencheu o formulário às pressas.
> Às vezes precisávamos de um mecânico.
> O carro dobrou à direita.

As locuções **às claras**, **às pressas**, **às vezes** e **à direita** têm valor de advérbio. São locuções adverbiais e, portanto, pedem o acento de crase.

Notas:

1ª) Se o substantivo for masculino, não haverá o acento:

> Já estávamos a caminho.

2ª) As locuções adverbiais de instrumento não devem ter o acento de crase. Há, no entanto, algumas opiniões em contrário.

> Pintou a casa a tinta.

> Escreveu o bilhete a caneta.

3ª) É preferível, no português atual, não usar o acento de crase na expressão **a vista**, contrário de **a prazo**. Também aqui há opiniões contrárias:

> Comprou as roupas a vista.

ÀS DUAS HORAS

Crase. Usa-se o acento de crase diante da palavra **hora**, clara ou oculta, quando ela indica o momento em que acontece alguma coisa:

> Ele chegará às duas horas.
> Voltaremos às três.

Notas

1ª) Também haverá acento se o numeral for **uma**:

> O trem chegará à uma hora.

2ª) Com preposição antes, o acento não será usado. Isso ocorre porque, depois de preposição (com exceção de **até**), não se usa a preposição **a** e, consequentemente, **à**:

> Estive lá **desde** as dez horas. (e não **às**)

> Chegarei **após** as nove horas. (e não **às**)

ASCENDENTE, gradação

Estilística. O mesmo que **clímax** (q. v.).

ASPAS

Pontuação. Sinais gráficos (" ") que, em um texto escrito, servem para:

1. emoldurar uma citação:

Diz-nos a sabedoria oriental: "O melhor educador é o que conseguiu educar-se a si mesmo."

2. destacar palavras estrangeiras não aportuguesadas:

Usava "petit-pois" em todas as saladas.

3. isolar as gírias:

Ele é uma "fera" no assunto.

4. evidenciar os neologismos:

Teu colega é muito "gingoso". (cheio de ginga)

5. indicar uma ironia:

Ele é um "gênio". (quando se quer dizer o contrário)

6. fazer menção a uma palavra:

A palavra "como" tem muitas funções.

ASPECTO

Categoria gramatical que expressa a duração do processo verbal. Realiza-se por meio de um verbo auxiliar chamado **acurativo**, que se liga, para tal, ao infinitivo ou gerúndio.

1. Incoativo

Início de ação:

Começamos a ler o projeto.

2. Permansivo

Continuidade de ação:

Continuo a buscar novos rumos.

3. Durativo, cursivo, progressivo ou continuativo

Ação em desenvolvimento ou demorada:

Marcos continua fazendo ginástica.

4. Cessativo ou conclusivo

Fim de ação:

Ele parou de escrever.

5. Frequentativo ou iterativo

Ação repetida:

Meu pai costuma ler à noite.

6. Iminencial

Ação prestes a ocorrer:

Estava para começar a corrida.

Nota: Além do acurativo, existe o verbo auxiliar modal. V. **modal[1]**.

ASPERGIR

Conjugação. Na primeira pessoa do singular do presente do indicativo, o **e** passa a **i**, bem como em todo o presente do subjuntivo e nas pessoas do imperativo dele formadas.

Pres. ind.: aspirjo, asperges, asperge, aspergimos, aspergis, aspergem

Pret. perf.: aspergi, aspergiste, aspergiu, aspergimos, aspergistes, aspergiram

Pres. subj.: aspirja, aspirjas, aspirja, aspirjamos,aspirjais, aspirjam

Imper. afirm.: asperge, aspirja, aspirjamos, aspergi, aspirjam

Imper. neg.: não aspirjas, não aspirja, não aspirjamos, não aspirjais, não aspirjam

Nota: A primeira pessoa **aspirjo** é pouco usada. Vem sendo substituída indevidamente por **asperjo**, que é flexão do arcaico **asperger**.

ASPIRAÇÃO

Respiração audível, espécie de sopro, que ocorre durante a emissão de determinados fonemas. É semelhante, talvez, ao sopro que se dá nas mãos para aquecê-las. Existe em inglês, alemão, esperanto, árabe etc. Não há em português.

ASPIRADO

Diz-se do fonema emitido com **aspiração** (q. v.).

ASPIRAR

Regência verbal

1. Transitivo direto com o sentido de "inspirar", "sorver":

Aspirei o perfume das rosas.

2. Transitivo indireto, regendo a preposição **a**, com o sentido de "desejar", "almejar". Não aceita o pronome **lhe** como complemento:

Sempre aspirei a uma vida de paz.

ASSEMÂNTICO

Desprovido de significação. Pode ser um fonema (sempre assemântico), uma palavra, uma expressão ou uma frase:

O lodo astucioso desaprovou o azul do céu.

Embora gramaticalmente correta, é uma frase assemântica, por não ter qualquer significação.

ASSERTIVA, frase

O mesmo que **declarativa** (q. v.).

ASSIBILAÇÃO

Gramática Histórica. Transformação de uma consoante oclusiva em uma sibilante. Por exemplo, o latim **centum** (pronúncia: kentum) deu em português **cem**. O som /Kê/ (oclusivo) passando a /Sê/ (sibilante) caracteriza a assibilação.

ASSIDUIDADE

Regência nominal. Pede complemento introduzido pelas preposições **a** ou **em**:

Faltou assiduidade às reuniões.

Não tinham assiduidade em nada.

ASSÍDUO

Regência nominal. Pede complemento introduzido pelas preposições **a** ou **em**:

Seja mais assíduo aos jogos.

Preciso de um funcionário assíduo em tudo.

ASSILÁBICO

Fonema que não é centro de sílaba, função desenvolvida pela vogal, fonema dito **silábico**. As consoantes e as semivogais são fonemas assilábicos.

ASSIMILAÇÃO

Gramática Histórica. Identidade que passa a haver entre dois fonemas, em virtude da influência que um, mais forte, exerce sobre o outro. O fonema que determina a mudança do outro chama-se **assimilador** ou **assimilante**; o que se transforma, **assimilado**. A assimilação pode ocorrer com vogais ou consoantes.

1. Assimilação total

Um fonema se iguala a outro:

pe**r**sicu > pe**s**sicu > pêssego

2. Assimilação parcial

Um fonema se aproxima do outro:

auru > **o**uro

3. Assimilação progressiva

O fonema assimilador está antes do assimilado:

amaram**l**o > amaram-**n**o

4. Assimilação regressiva

O fonema assimilador está depois do assimilado:

e**r**sa > e**s**sa

ASSIMILADO

Gramática Histórica. V. **assimilação**.

ASSIMILADOR

Gramática Histórica. V. **assimilação**.

ASSIMILANTE

Gramática Histórica. V. **assimilação**.

ASSINDÉTICA

O mesmo que **inicial**. V. **oração coordenada**.

ASSÍNDETO

Estilística. Figura de linguagem que consiste na omissão das conjunções coordenativas, principalmente **e**. É o oposto do **polissíndeto** (q. v.).

Entrei, fiz comida, li o livro.

Nota: A omissão da conjunção **e**, que normalmente ligaria as duas orações finais, constitui o assíndeto.

ASSISTIR

Regência verbal. Verbo de transitividade variada.

1. Transitivo direto ou indireto, indiferentemente, com o sentido de "dar assistência", "amparar"; quando indireto, rege a preposição **a**:

O médico assistiu o paciente.

O médico assistiu ao paciente.

2. Transitivo indireto significando "ver", "presenciar"; rege a preposição **a**:

Assistiremos ao debate.

3. Transitivo indireto com o sentido de "caber", "competir"; rege a preposição **a**:

Não assiste a ninguém esse direito.

Não lhe assiste esse direito.

4. Intransitivo, com o sentido de "morar"; rege a preposição **em**:

Eduardo assistia em Paris.

ASSOAR

Conjugação. Conjuga-se como **abençoar** (q. v.).

ASSONÂNCIA

Repetição, em sílaba tônica, de sons vocálicos iguais. O mesmo que **eco**.

1. Estilística. Figura de linguagem, quando a repetição tem valor expressivo e é usada com critério pelo escritor:

"Sou um mul**a**to n**a**to no sentido l**a**to..." (Caetano Veloso)

2. Vício de linguagem, quando a repetição é de mau gosto, enfadonha:

Não há ilusão no coração do garotão.

ASSUNTO

V. **adjunto adverbial** (17).

ASTERISCO

O mesmo que **estrelinha**. Sinal gráfico (*) usado para:

1. assinalar palavra ou frase sobre a qual se fará adiante alguma referência, no final do texto ou no rodapé da página.

2. indicar, quando empregado antes da palavra, que a forma apresentada é hipotética, não documentada. Isso costuma ocorrer em obras sobre etimologia.

ATA

Redação oficial. Documento que registra, de modo claro e resumido, o que de mais importante ocorre numa reunião. Tem valor jurídico. Deve ser redigida sem abertura de parágrafos, abreviaturas e rasuras. Os números são escritos por extenso.

ATÉ

1. Palavra denotativa de inclusão, com o sentido de "inclusive", "também":

> Pediu tudo, até água mineral.

> Todos irão, até eu. (e não "até mim")

2. Preposição que indica limite de tempo, no espaço ou nas ações:

> Ele veio até mim. (e não "até eu")

> Estudarei até sábado.

> Corri até ficar sem forças.

Nota: Admite a posposição da preposição **a**, o que leva a uma condição de crase facultativa:

> Caminhei até o campo. Caminhei até ao campo.

> Caminhei até a fábrica. Caminhei até à fábrica.

ATEMÁTICO

> Vocábulo que não tem **vogal temática** (q. v.).

ATENDER

Regência verbal.

1. Transitivo direto ou indireto, indiferentemente, se o complemento for pessoa; rege a preposição **a**:

> Atendi o rapaz.

> Atendi ao rapaz.

2. Transitivo indireto, com a preposição **a**, se o complemento for coisa:

> A criança atendeu ao telefone.

ATENUAÇÃO

Estilística. V. **lítotes** e **eufemismo**.

ATENUAR

Regência verbal. Verbo transitivo direto. Não aceita a preposição **a**:

> Atenuamos o problema.

ATER-SE

Conjugação. Verbo pronominal. Segue a conjugação de **ter** (q. v.).

ATESTADO

Redação oficial. Documento por meio do qual alguém, responsabilizando-se por seu ato, declara fato de seu conhecimento, como a idoneidade moral de alguém.

ATIVA, voz
V. **voz verbal** (1).

ATIVO
Diz-se do sujeito que pratica a ação verbal:
Olavo resolveu todas as questões.

ATLAS LINGUÍSTICO
Dialetologia. V. **mapa linguístico**.

ÁTONA
V. **sílaba** (1).

ÁTONAS, vogais
V. **vogal²** (2).

ATONICIDADE
Ausência de tonicidade, de acento tônico. É a propriedade de um vocábulo (ou sílaba) de ser átono. São palavras átonas: a maioria das preposições, os pronomes oblíquos átonos, os artigos, algumas conjunções etc. Uma palavra átona se apoia na palavra que segue, ou na anterior, numa situação de próclise ou de ênclise:
Mesa **de** pedra. (Pronúncia: mesa dipedra)
Perdi-**me na** mata. (Pronúncia: perdimi namata)

ÁTONO¹, vocábulo
Desprovido de tonicidade, inacentuado. O contrário de **tônico**. Aquele em que há **atonicidade** (q. v.).

1. Monossílabo átono
Palavra de uma sílaba desprovida de tonicidade:
Espero **que** cheguem logo.

2. Dissílabo átono
Palavra de duas sílabas desprovida de tonicidade:
Chorou **porque** caiu.

ÁTONO²
Tipo de pronome pessoal oblíquo. V. **pessoal²** (2).

ATRATIVA, concordância
V. **concordância nominal** e **concordância verbal**.

ATRIBUIR
Conjugação. Verbo regular, como os demais terminados em **uir**. Assim, no presente do indicativo, é errada a terminação **ue** (atribue), comum no linguajar do povo. Essa terminação ocorre no presente do subjuntivo de alguns verbos da primeira conjugação, como **averiguar** e **apaziguar**.

ATRIBUTIVO

Pres. ind.: atribuo, atribuis, atribui, atribuímos, atribuís, atribuem
Pret. perf.: atribuí, atribuíste, atribuiu, atribuímos, atribuístes, atribuíram
Pret. imperf.: atribuía, atribuías, atribuía, atribuíamos, atribuíeis, atribuíam
Pret. m.-q.-perf.: atribuíra, atribuíras, atribuíra, atribuíramos, atribuíreis, atribuíram
Fut. pres.: atribuirei, atribuirás, atribuirá, atribuiremos, atribuireis, atribuirão
Fut. pret.: atribuiria, atribuirias, atribuiria, atribuiríamos, atribuiríeis, atribuiriam
Pres. subj.: atribua, atribuas, atribua, atribuamos, atribuais, atribuam
Imperf. subj.: atribuísse, atribuísses, atribuísse, atribuíssemos, atribuísseis, atribuíssem
Fut. subj.: atribuir, atribuíres, atribuir, atribuirmos, atribuirdes, atribuírem
Imper. afirm.: atribui, atribua, atribuamos, atribuí, atribuam
Imper. neg.: não atribuas, não atribua, não atribuamos, não atribuais, não atribuam
Inf. impess.: atribuir
Inf. pess.: atribuir, atribuíres, atribuir, atribuirmos, atribuirdes, atribuírem
Ger.: atribuindo
Part.: atribuído

Da mesma forma que atribuir, conjugam-se, entre outros, os verbos anuir, concluir, constituir, contribuir, desobstruir, diluir, diminuir, excluir, incluir, influir, instruir, obstruir, poluir, retribuir e substituir.

Nota: **Construir** e **destruir** (v. esses verbetes) são as exceções.

ATRIBUTIVO

Tipo de **adjunto adnominal** (q. v.) que atribui ao substantivo uma qualidade:
pessoa <u>educada</u>, jovem <u>inteligente</u>, casa <u>bonita</u>

Nota: Quando serve para definir o substantivo, recebe o nome de **restritivo**:
livro **de português**, cidade **litorânea**

ATRIBUTO

Nome genérico para qualidade ou estado que se atribui ao substantivo. Quando diretamente, chama-se adjunto adnominal. Quando através de verbo, predicativo:
Estava na sala uma mulher **alta**.
Essa mulher é **alta**.

ATURDIR

Conjugação. Verbo defectivo. Conjuga-se como **abolir** (q. v.).

AUMENTATIVO

V. **grau** (1).

AUTO

Abreviação (q. v.) de automóvel:
O auto dobrou à esquerda.

Nota: Pode formar palavras compostas:
autolocadora, autopista, autódromo

53

AUTO-

Prefixo de origem grega que significa "de si mesmo", "por si mesmo". Pede hífen antes de **h** e **o**:

auto-hipnose, auto-observação, auto-oxidação; autorretrato, autosserviço, autopunição, autotransplante, autogestão, autoanálise.

AUXILIAR

Verbo que, ligado a um outro, chamado **principal**, constitui uma locução verbal. Os mais comuns são **ser**, **estar**, **ter** e **haver**:

<u>Estou</u> lendo um novo livro.

<u>Hei</u> de conseguir o contrato.

AVALIAR

1. Conjugação. Verbo regular. V. **abreviar**.

2. Regência verbal. Verbo tansitivo direto. Não aceita a preposição **a**:

O supervisor avaliou o estagiário.

AVERIGUAR

Conjugação. Conjuga-se da mesma forma que **apaziguar** (q. v.).

AVIR-SE

Conjugação. Verbo pronominal. Segue a conjugação de **vir** (q. v.).

AVISAR

Regência verbal.

1. Transitivo direto e indireto, com objeto direto de pessoa e indireto de coisa; rege a preposição **de**:

Avisei o funcionário do perigo.

Avisei-o do perigo.

2. Transitivo direto e indireto, com objeto direto de coisa e indireto de pessoa; rege a preposição **a**:

Avisei o perigo ao funcionário.

Avisei-lhe o perigo.

Nota: Fica errado o emprego de dois objetos diretos, ou de dois indiretos:

Avisei-o o perigo.

Avisei-lhe do perigo.

AXIOMA

1. Linguística. Conjunto de formas corretas, porém não demonstradas, de uma teoria ou de um sistema linguístico.

2. Filosofia. Premissa evidente que se admite como verdadeira, sem exigência de demonstração.

3. O mesmo que **máxima**. V. **máxima** (2).

B

B

Segunda letra do alfabeto português.

BAILADA

O mesmo que **cantiga paralelística** (q. v.).

BAIXA, vogal

V. **vogal²** (5).

BAIXO CALÃO

Tipo de **calão** (q. v.) caracterizado por emprego de termos grosseiros ou obscenos.

BAIXO-LATIM

V. **latim** (1).

BALADA

Poema narrativo, simples e melancólico, que geralmente trata de assuntos fantásticos ou lendários.

BANIR

Conjugação. Verbo defectivo. Segue o modelo de **abolir** (q. v.).

BARATO

Concordância nominal. Palavra que pode flexionar-se ou não, de acordo com sua classe gramatical. Assim, temos:

1. Como adjetivo, é variável. Isso ocorre quando se liga diretamente ao substantivo, ou quando, na função de predicativo, acompanha verbo de ligação:

> Tenho sapatos baratos.
>
> Meus paletós são baratos.
>
> As revistas ficaram baratas.

2. Como advérbio, é invariável. Nesse caso, liga-se a verbo que não seja de ligação:

> Comprei barato as camisas.

Nota: A palavra **caro** tem o mesmo tratamento na concordância nominal.

BARBARISMO

Vício de linguagem que consiste em erro de pronúncia, de grafia ou de flexão. Há três tipos.

1. Cacoépia

Erro de pronúncia:

Meu irmão é destro. (pronunciado déstro, em vez de dêstro, que é o certo)

Trouxe a malmita. (em vez de marmita)

2. Silabada

Também erro de pronúncia, em que se muda a posição da sílaba tônica:

prototipo (em vez de protótipo)

íbero (em vez de ibero)

3. Cacografia

Erro de grafia ou flexão:

excessão (no lugar de exceção)

cabo (no lugar de caibo)

BÁRBARO, latim

V. **latim** (3).

BÁRBAROS¹

História. V. **invasão dos bárbaros**.

BÁRBAROS²

Versificação. Nome dado aos versos com mais de doze sílabas métricas:

"Sabereis que corri atrás da estrela como um Mago..." (Jorge de Lima)

O verso tem quatorze sílabas.

BARCAROLA

Poema antigo, sentimental, que sempre alude a caminhos por água. Presta-se naturalmente a acompanhamento musical.

BASCO

Filologia. Língua falada pelos **bascos** (q. v.), muito antiga e de origem desconhecida. O mesmo que **vasconço**.

BASCOS

História. Um dos povos mais antigos que habitaram a Península Ibérica antes dos romanos. Os bascos existem até hoje, vivendo numa região encravada entre a Espanha e a França, conhecida como País Basco.

BASE¹

Constituinte principal de uma palavra. O mesmo que **radical** (q. v.).

BASE²

O mesmo que **vogal silábica** (q. v.).

BASE DE DITONGO

A vogal que, seguida ou antecedida por uma semivogal, constitui o ditongo:

p**a**i, légu**a**

BASE DE TRITONGO

A vogal que, ladeada por duas semivogais, constitui o tritongo:

Urugu**a**i, sagu**ã**o

BASTANTE

Concordância nominal. De acordo com sua classe gramatical, pode flexionar-se ou não. Assim, temos:

1. Como pronome adjetivo indefinido, concorda em número com o substantivo a que se liga. Equivale a "muito":

Tenho bastantes amigos. (muitos amigos)

2. Como adjetivo, concorda com o substantivo a que se liga. Ao contrário do pronome indefinido, aparece depois do substantivo. Significa "suficiente":

Recebi livros bastantes. (livros suficientes)

3. Como advérbio de intensidade, é invariável. Isso ocorre quando se liga a um verbo, um adjetivo ou um advérbio. Equivale a "muito":

A criança chorou bastante. (chorou muito)

Mônica é bastante inteligente. (muito inteligente)

O jovem fala bastante bem. (muito bem)

BATER

Concordância verbal. Na indicação das horas, concorda com o numeral que introduz o sujeito da oração:

Já bateram sete horas.

Já bateu uma hora.

Notas:

1ª) Se houver uma palavra como **relógio** ou **sino**, na função de sujeito, a concordância normal será com essa palavra:

O relógio já bateu três horas.

Os relógios já bateram uma hora.

2ª) Se relógio (ou sino) estiver em função de adjunto adverbial, ou seja, com a preposição **em**, a concordância voltará a ser feita com o numeral:

No relógio já bateu uma hora.

No relógio já bateram três horas.

O mesmo vale para os verbos **dar**, **soar** e **tocar**.

BATOLOGIA

Repetição desagradável, inútil e enfadonha de palavras, frases ou pensamentos:

A natureza é nossa amiga. Precisamos da natureza, mas é contra a natureza que o homem tem se colocado.

BEM

1. Advérbio de modo.

O contrário de "mal":

Rodrigo se conduz bem.

2. Advérbio de intensidade.

Equivale a "muito":

Teresa é bem elegante.

3. Substantivo.

Com algum determinante:

O bem sempre vence.

BEM-

Prefixo de origem latina com significados variados. Exige hífen:

bem-aventurado, bem-humorado, bem-vindo, bem-estar

Exceções: benfeitor, benfeitoria, benfazejo, bendizer, bendito, benquerer, benquerido, benquisto, benfazer e benfeito.

Nota: Admite-se, ao lado de benquerer, a forma com hífen: bem-querer. Na atualidade, dá-se preferência a benquerer. O particípio pode ser bem-querido ou benquisto.

BENDIZER

Conjugação. Segue a conjugação do verbo **dizer** (q. v.).

BENEFICIÁRIO

Linguística. Diz-se daquele que se beneficia com a ação indicada pelo verbo:

Dei um presente a <u>Maria</u>.

<u>Carlos</u> se recuperou.

BENFAZER

Conjugação. Verbo derivado de **fazer** (q. v.) que, na atualidade, só se emprega no infinitivo e no particípio: benfazer e benfeito.

BENQUERER

Conjugação. Conjuga-se como o verbo primitivo, **querer** (q. v.). Tem, no entanto, dois particípios: benquerido e benquisto. Variante não recomendável hoje em dia: bem-querer.

BI-

Prefixo de origem latina que significa "duas vezes". Pede hífen antes de **h** e **i**:

bi-harmônico, bi-iodeto; bicampeão, bicolor, bissecular

BILABIAIS, consoantes

V. **consoante²** (2).

BILÍNGUE¹

V. **dicionário** (5).

BILÍNGUE²

Pessoa ou comunidade que usa regularmente duas línguas.

BILINGUISMO

Capacidade de uma pessoa ou grupo se expressar, indiferentemente e de acordo com a situação, em dois idiomas distintos, como se ambos fossem sua língua materna. Difere da **diglossia**, que é a existência, numa sociedade, de duas línguas, com funções diversas em virtude das classes sociais, sendo que apenas uma goza de prestígio social.

BINÁRIO

Qualquer complexo linguístico constituído de dois elementos. Por exemplo, o gênero é binário: masculino e feminino; o mesmo para o número: singular e plural; também para a oração: sujeito e predicado.

BISESDRÚXULO

Vocábulo fonético (q. v.) cujo acento tônico recai na sílaba anterior à antepenúltima. Ocorre na união de verbo com pronome ou pronomes átonos, união que se conhece como vocábulo fonético, já que não se trata de apenas uma palavra:

> Mostra-se-lhe (vocábulo fonético: móstraselhe)
>
> Comprávamo-lo (vocábulo fonético: comprávamolo)

Nota: Em português não há palavras bisesdrúxulas.

BISSÊMICA

Palavra com dois sentidos, de acordo com os contextos. Por exemplo, o verbo **alugar**, que tem dois sentidos praticamente opostos: dar ou tomar de aluguel.

BLOCO LINGUÍSTICO

O mesmo que **família linguística**. V. **cognatos**.

BLOQUEAR

Conjugação. Os verbos terminados em EAR, como este, apresentam o ditongo **ei** nas formas rizotônicas.

Pres. ind.: bloqueio, bloqueias, bloqueia, bloqueamos, bloqueais, bloqueiam

Pret. perf.: bloqueei, bloqueaste, bloqueou, bloqueamos, bloqueastes, bloquearam

Pret. imperf.: bloqueava, bloqueavas, bloqueava, bloqueávamos, bloqueáveis, bloqueavam

Pret. m.-q.-perf.: bloqueara, bloquearas, bloqueara, bloqueáramos, bloqueáreis, bloquearam

Fut. pres.: bloquearei, bloquearás, bloqueará, bloquearemos, bloqueareis, bloquearão

Fut. pret.: bloquearia, bloquearias, bloquearia, bloqueariamos, bloqueariéis, bloqueariam

Pres. subj.: bloqueie, bloqueies, bloqueie, bloqueemos, bloqueeis, bloqueiem

Imperf. subj.: bloqueasse, bloqueasses, bloqueasse, bloqueássemos, bloqueásseis, bloqueassem
Fut. subj.: bloquear, bloqueares, bloquear, bloquearmos, bloqueardes, bloquearem
Imper. afirm.: bloqueia, bloqueie, bloqueemos, bloqueai, bloqueiem
Imper. neg.: não bloqueies, não bloqueie, não bloqueemos, não bloqueeis, não bloqueiem
Inf. impess.: bloquear
Inf. pess.: bloquear, bloqueares, bloquear, bloquearmos, bloqueardes, bloquearem
Ger.: bloqueando
Part.: bloqueado

Nota: Os verbos **idear** e **estrear** têm esse ditongo aberto:
ideio, ideias, ideia; estreie, estreies, estreie etc. Pronúncia: idéio, idéias etc.

Seguem o modelo de bloquear, entre outros, os verbos apear, arrear, cear, falsear, folhear, golpear, hastear, ladear, margear, nomear, ombrear, passear, pentear, rodear, recear, recrear, saborear e semear.

BOA PARTE DE
Concordância verbal. V. **a maioria de**.

BORDÃO
Palavra, expressão ou frase que o indivíduo repete ao escrever ou falar.

BRAMIR
Conjugação. Verbo defectivo. Segue o modelo de **abolir** (q. v.).

BRANCOS
Versificação. Versos sem rima. O mesmo que **soltos**:
"Sinto, ao roçar dos ombros,
O calor que se transfunde
E a curva medrosa e boa
Do teu braço." (Francisco Karam)

BRANDIR
Conjugação. Verbo defectivo. Segue o modelo de **abolir** (q. v.).

BRAQUIA
O contrário de **mácron** (q. v.).

BRAQUIGRAFIA
Grafia reduzida de uma palavra. Pode ser **abreviatura** (q. v.) ou **sigla** (q. v.).

BRAQUILOGIA
Encurtamento de frase, que pode ocorrer num sem-número de situações. Por exemplo, os casos de **elipse** (q. v.), **zeugma** (q. v.) e **comparação** (v. **comparação**[1]).
Permanecíamos lá, os olhos no firmamento. (elipse)
Você estuda Física: ele, Matemática. (zeugma)
Paula corre mais que a irmã. (comparação)

Na primeira frase, omitiram-se as palavras **nós**, **com** e **postos**; na segunda, **estuda**; na terceira, **corre**.

Caso comum de braquilogia ocorre com certas expressões que indicam cores. Por exemplo, "camisas da cor da cinza" passou, por braquilogia, a "camisas cinza".

BRASILEIRISMO

Diz-se de qualquer fato linguístico típico do português usado no Brasil, em contraste com o fato linguístico correspondente utilizado em Portugal, chamado **lusitanismo** ou **lusismo**. Pode ser:

1. fonológico: **atônito**, quando em Portugal se diz **atónito**.

2. morfológico: **quer**, quando em Portugal se diz **quere**.

3. sintático: **quero lhe falar**, colocação de pronome não usada em Portugal.

4. lexical: **aipim**, palavra de origem tupi, utilizada no Brasil.

BREVE

Fonema que se opõe a um outro, de mesmos traços distintivos, mas de maior duração, chamado **longo**. Só existe nas línguas que têm oposição fonológica de duração. Nessas línguas, como latim, inglês e italiano, a alternância entre breve e longo estabelece diferença de sentido.

BUCAL

Termo empregado eventualmente, na fonética articulatória, no lugar de oral. Por exemplo, diz-se cavidade bucal, e não cavidade oral.

BUCÓLICO, poema

O mesmo que **campestre** e **pastoril**. V. **poema bucólico**.

BULIR

Conjugação. Conjuga-se da mesma forma que **acudir** (q. v.).

BURLESCO, poema

V. **poema burlesco**.

BUSCA

Regência nominal. Substantivo que rege a preposição **de**:

> Saiu em busca de uma resposta.

C

C

Terceira letra do alfabeto português.

CABER

Conjugação. O radical da primeira pessoa do singular do presente do indicativo é **caib**, bem como de todo o presente do subjuntivo e das formas correspondentes do imperativo. O radical do pretérito perfeito e seus derivados é **coub**. Nos demais casos, mantém-se o radical **cab**, do infinitivo.

Pres. ind.: caibo, cabes, cabe, cabemos, cabeis, cabem
Pret. perf.: coube, coubeste, coube, coubemos, coubestes, couberam
Pret. imperf.: cabia, cabias, cabia, cabíamos, cabíeis, cabiam
Pret. m.-q.-perf.: coubera, couberas, coubera, coubéramos, coubéreis, couberam
Fut. pres.: caberei, caberás, caberá, caberemos, cabereis, caberão
Fut. pret.: caberia, caberias, caberia, caberíamos, caberíeis, caberiam
Pres. subj.: caiba, caibas, caiba, caibamos, caibais, caibam
Imperf. subj.: coubesse, coubesses, coubesse, coubéssemos, coubésseis, coubessem
Fut. sub.: couber, couberes, couber, coubermos, couberdes, couberem
Imper. afirm.: cabe, caiba, caibamos, cabei, caibam
Imper. neg.: não caibas, não caiba, não caibamos, não caibais, não caibam
Inf. impess.: caber
Inf. pess.: caber, caberes, caber, cabermos, caberdes, caberem
Ger.: cabendo
Part.: cabido

CAÇOAR

Conjugação. Conjuga-se como **abençoar** (q. v.).

CACOÉPIA

V. **barbarismo** (1).

CACOETE

Vício que consiste na repetição exaustiva, por parte de um falante, de determinada palavra ou expressão:

Então ele disse que era tarde e então desistiu do passeio.

CACÓFATO
V. **cacofonia**.

CACOFONIA
Contato entre a sílaba final de uma palavra e a inicial da seguinte, do qual surge uma nova palavra, estranha ou ridícula:

nosso hino (suíno), alma minha (maminha), boca dela (cadela)

Nota: Quando a palavra é indelicada, temos o **cacófato**:

Ele toca gado.

CACOGRAFIA
V. **barbarismo** (3).

CADEIA
Emprego linear e sucessivo de elementos, como fonemas, palavras ou frases. O mesmo que **sequência**.

CADEIA EVOLUTIVA
Gramática Histórica. Nome dado à sequência de formas linguísticas a partir de uma inicial, chamada **étimo** (q. v.), culminando na forma atual de uma determinada palavra. Para indicar a transformação de uma forma em outra, usa-se o sinal >. Para indicar o contrário, <.:

ponere > põer > poer > pôr

metu > medo

nodu > noo > nó

ipse > isse > esse

CADÊNCIA[1]
Estilística. Ritmo das palavras na fala, na poesia e na oratória, de acordo com o número de sílabas e a acentuação tônica ou de duração.

CADÊNCIA[2]
Linguística. Relaxamento e abaixamento da entonação que marca o final de uma unidade linguística (palavra, oração etc.).

CAIXA DE RESSONÂNCIA
Cada uma das cavidades do aparelho respiratório onde o som é produzido. O mesmo que **ressonador**.

CALÃO
Linguagem caracterizada por deformações e um vocabulário especial, primitivamente utilizada pelos ciganos em Portugal. Depois passou a designar a linguagem dos malfeitores, em virtude do contato destes com os ciganos. A intensificação do calão, ou seja, o uso de termos grosseiros ou obscenos, é conhecida como **baixo calão**.

CALIFASIA
Parte dos estudos linguísticos que trata da boa pronúncia das palavras.

CALIGRAFIA

Primitivamente era a técnica de escrever elegantemente, com cuidado, para que se distinguissem bem os **grafemas** (q. v.). Significa "bom talhe de letra", não necessariamente bonita, mas capaz de fazer perfeitas distinções. A ideia de bonito, contida no elemento grego **cali**, perdeu-se no tempo.

CÂMBIO ANALÓGICO

V. **analogia**.

CÂMBIOS

O mesmo que **mudanças**. V. **evolução**.

CAMPESTRE, poema

O mesmo que **bucólico** e **pastoril**. V. **poema bucólico**.

CAMPO SEMÂNTICO

Semântica. Associação de palavras que, em termos de sentido, possuem alguma identificação:

martelo, alicate, formão, torno

criança, pureza, ingenuidade, menino

CAMPUS

Palavra latina usada em português para designar o conjunto de terrenos e edifícios de uma universidade. Seu plural é *campi*.

CANAL

Teoria da comunicação. Elemento, suporte físico através do qual a mensagem é levada ao receptor.

1. Canais naturais: ar e luz, conforme a comunicação seja falada ou escrita.

2. Canais não naturais: folha de papel e tinta com que a mensagem foi escrita, as partes do corpo humano utilizadas numa comunicação, como a cabeça, os dedos etc.

CANÇÃO

Composição poética de formação variada, de acordo com a época. As atuais, chamadas modernas ou românticas, são simples e expressivas, versando sobre diferentes assuntos. A canção pode ser amorosa, religiosa, patriótica, nostálgica guerreira etc.

1. Canção-redonda

Aquela em que são iguais o primeiro e o último verso.

2. Canção de gesta

A que narra feitos memoráveis, heroicos. O mesmo que **gesta**.

CANÔNICA

Diz-se da frase ou forma da língua que corresponde ao modelo mais usual da gramática. Em português, a forma dita canônica é sujeito, verbo e complemento.

CANTIGA
Poema lírico destinado ao canto.

CANTIGA PARALELÍSTICA
Aquela que apresenta o recurso do paralelismo. V. **paralelismo²**. O mesmo que **pura**, **bailada** ou **retornada**.

CAPTAR
Conjugação. V. **adaptar**.

CARDINAL
Tipo de **numeral** (q. v.) que determina a quantidade de seres:

um, dois, dez, trinta, cem, duzentos, mil, mil e quinhentos.

O numeral cardinal **um** (e flexões) pode confundir-se com o artigo indefinido **um** (e flexões). V. **artigo**. O cardinal expressa quantidade; o artigo, indefinição. Assim, com palavras que exijam uma quantificação, **um** é numeral.

Comprei um quilo de arroz.

Andamos uma légua.

O artigo equivale a **algum** e admite a posposição da palavra **qualquer**:

Encontrei um menino. (algum menino, um menino qualquer)

Caso haja oposição a outra ou outras palavras que indiquem número, teremos numeral:

Encontrei um menino e três adultos.

CARO
Concordância nominal. V. **barato**

CARPE DIEM
Expressão latina que significa "aproveita o dia".

CARPIR
Conjugação. Verbo defectivo. Conjuga-se como **abolir** (q. v.).

CARTA LINGUÍSTICA
Dialetologia. O mesmo que **mapa linguístico** (q. v.).

CASA
Crase. A palavra **casa**, quando não vem determinada na frase e corresponde ao próprio lar, não admite o acento de crase antes dela:

Irei a casa logo mais.

Nota: Em outras situações, poderá o acento ocorrer, caso haja o encontro da preposição **a** com o artigo definido **a**:

Irei à casa antiga em novembro.

(Irei a a casa antiga)

CASO¹

Filologia. Categoria gramatical de flexão, existente no latim e em outras línguas, como o alemão, o húngaro e o russo, que determina a função sintática do nome. No latim há seis casos: nominativo, genitivo, acusativo, dativo, ablativo e vocativo. V. esses verbetes.

Nota: Em português, há resquícios de caso nos pronomes pessoais. **Eu** e **tu** atuam como sujeito; **mim**, **me**, **ti** e **te**, como complementos. Por isso se diz "pronomes do caso reto" e "pronomes do caso oblíquo", correspondendo os primeiros ao nominativo, e os últimos, ao acusativo ou dativo. Hoje é preferível não usar a palavra **caso**, embora seu emprego não possa ser dado como incorreto.

CASO²

V. **acaso**.

CASTELHANISMO

O mesmo que **espanholismo** (q. v.).

CASTELHANO

O mesmo que **espanhol** (q. v.).

CASTICISMO

Atitude, diante de uma determinada língua, que consiste em preservar os padrões tradicionais de correção, rejeitando firmemente a influência estrangeira, os neologismo e as gírias. O mesmo que **purismo**.

CATACRESE

Estilística. Extensão de sentido de uma palavra, que ocorre para preencher uma lacuna vocabular. É uma variante da **metáfora** (q. v.):

Embarcar no ônibus.

Observe que embarcar é "entrar em um barco". Não existe uma palavra específica para entrar no ônibus.

Nota: Também são catacreses expressões do tipo dente de alho, leito de rio, pé de cadeira etc.

CATÁFORA

Linguística. Ligação de um termo, dito **catafórico**, com algo que ainda vai aparecer no texto:

Isto precisa ficar bem claro: não haverá intolerâncias.

CATAFÓRICO

Linguística. V. **catáfora**.

CATALÃO

Filologia. Língua românica falada na Espanha (Catalunha e Valença), em Andorra e nas ilhas Baleares.

CATÁSTASE

O mesmo que **intensão**. V. **articulação**¹ (1).

CATEGORIAS GRAMATICAIS[1]

Indicações de gênero, número, caso, pessoa, aspecto, voz, tempo e modo. V. esses verbetes. Os três primeiros dizem respeito ao nome; os demais, ao verbo, que também tem a categoria de número.

CATEGORIAS GRAMATICAIS[2]

Designação antiga das classes gramaticais.

CAUSA

O que provoca um efeito ou consequência.

1. Em gramática, se um termo, seja oração ou não, indica uma causa, um outro deverá indicar a consequência:

Ele chorou porque perdeu o brinquedo.

A segunda oração é a causa do que ocorreu na primeira, indicando esta a consequência.

2. Advérbio interrogativo. V. **advérbio interrogativo** (4).

3. Adjunto adverbial. V. **adjunto adverbial** (8).

CAUSA EFICIENTE

Complemento de causa eficiente é o antigo nome do **agente da passiva** (q. v.).

CAUSA MORTIS

Expressão latina que significa "causa da morte".

CAUSAL

1. Conjunção. V. **conjunção subordinativa** (1).

2. Oração subordinada adverbial que indica a causa do que ocorre na oração principal. Quando desenvolvida, começa por uma conjunção subordinativa causal. Pode ser desenvolvida ou reduzida.

Já que estamos reunidos, faremos a limpeza. (desenvolvida)

Chegando cedo, pude assistir ao jogo. (reduzida de gerúndio)

Nota: A oração subordinada adverbial causal iniciada por **que**, **pois** ou **porque** pode confundir--se com a coordenada sindética explicativa. Assim, temos o seguinte:

a) Será coordenada explicativa se o verbo da primeira oração estiver no imperativo:

Ande devagar, porque estou cansado.

b) Também será coordenada explicativa se indicar uma justificativa, uma explicação do que se afirmou na primeira oração:

Ele chorou, porque os olhos estão vermelhos.

Se dissermos, no entanto, "Ele chorou porque perdeu o brinquedo", a segunda oração indicará, nitidamente, a causa do que ocorre na primeira. É, nesse caso, subordinada adverbial causal.

CAUSATIVOS

Verbos que transmitem a ação verbal a outro. O mesmo que **factitivos**. São causativos os verbos **mandar**, **fazer** e **deixar**, quando seguidos de infinitivo, com o qual não formam locução verbal:

Mandei o menino sair.

Ele fez subir o balão.

Deixei-o entrar.

Observe que **o menino**, **o balão** e **o** funcionam como sujeito do verbo no infinitivo, que pertence à segunda oração. O mesmo se dá com os verbos **sensitivos** (q. v.).

Nota: Quando seguido da preposição **de**, o verbo **deixar** não é causativo, antes constituindo com o infinitivo uma locução verbal:

Marcos deixou de reclamar.

CAVALGAMENTO

Versificação. O mesmo que *enjambement* (q. v.).

CAVIDADE

Espaço interno dos órgãos fonadores. Há várias cavidades, sendo as mais significativas a bucal e a nasal, que funcionam como caixas de ressonância. V. **caixa de ressonância**. Para as cavidades bucal e nasal, v. **consoante²** (4).

CEAR

Conjugação. Segue o modelo de **bloquear** (q. v.).

CEDILHA

Notação gráfica que se coloca sob a letra **c** e que confere a ela, diante de **a**, **o** e **u**, o som sibilante do **s** inicial.

CEDILHADO

Em que se colocou **cedilha** (q. v.).

CELTAS

História. Povo que invadiu, por volta do século V a.C, a Península Ibérica. Miscigenou--se com os **iberos** (q. v.), originando um grupo étnico conhecido como **celtibero**.

CELTIBERO

História. V. **celtas**.

CENTRAL, vogal

O mesmo que **média**. V. **vogal²** (1).

CERCA DE

Concordância verbal. Expressão que significa "aproximadamente". Leva o verbo a concordar com o numeral. O mesmo se dá com **perto de**:

Cerca de trinta funcionários participaram da reunião.

Perto de quinze cientistas estudavam o problema.

Nota: Com o verbo **ser** mais palavra no plural, a concordância é opcional:

Era cerca de vinte horas. Eram cerca de vinte horas.

Era perto de quinze pessoas. Eram perto de quinze pessoas.

CERTEZA

Regência nominal. Rege as preposições **de** ou **em**:

Tenho certeza da vitória.

Não há certeza nas atividades mundanas.

CERTIFICAR

Regência verbal.

1. Transitivo direto e indireto, com objeto direto de pessoa e indireto de coisa; rege a preposição **de**:

Ele certificou o amigo do encontro.

Ele certificou-o do encontro.

2. Transitivo direto e indireto, com objeto direto de coisa e indireto de pessoa; rege a preposição **a**:

Ele certificou o encontro ao amigo.

Ele certificou-lhe o encontro.

Nota: Não pode ser usado com dois objetos diretos ou dois indiretos:

Ele certificou-o o encontro.

Ele certificou-lhe do encontro.

CERTO

Regência nominal. Adjetivo que rege a preposição **de**:

Ele estava certo da aprovação.

CERZIR

Conjugação. O **e** passa a **i** nas formas rizotônicas e em todo o presente do subjuntivo, bem como nas formas correspondentes do imperativo.

Pres. ind.: cirzo, cirzes, cirze, cerzimos, cerzis, cirzem

Pret. perf.: cerzi, cerziste, cerziu, cerzimos, cerzistes, cerziram

Pret. imperf.: cerzia, cerzias, cerzia, cerzíamos, cerzíeis, cerziam

Pret. m.-q.-perf.: cerzira, cerziras, cerzira, cerzíramos, cerzíreis, cerziram

Fut. pres.: cerzirei, cerzirás, cerzirá, cerziremos, cerzireis, cerzirão

Fut. pret.: cerziria, cerzirias, cerziria, cerziríamos, cerziríeis, cerziriam

Pres. subj.: cirza, cirzas, cirza, cirzamos, cirzais, cirzam

Imperf. subj.: cerzisse, cerzisses, cerzisse, cerzíssemos, cerzísseis, cerzissem

Fut. subj.: cerzir, cerzires, cerzir, cerzirmos, cerzirdes, cerzirem

Imper. afirm.: cirze, cirza, cirzamos, cerzi, cirzam

Imper. neg.: não cirzas, não cirza, não cirzamos, não cirzais, não cirzam

Inf. impess.: cerzir

Inf. pess.: cerzir, cerzires, cerzir, cerzirmos, cerzirdes, cerzirem

Ger.: cerzindo

Part.: cerzido

CESSATIVO
V. **aspecto** (4).

CESURA
Versificação. Pausa que divide o verso em duas partes, de acordo com a exigência do ritmo. V. **alexandrino**.

CHAMAR
Regência verbal.

1. Transitivo direto com o sentido de "convocar", "pedir a presença de":
> Chamamos o funcionário à tesouraria.
> Chamei-o logo.

2. Transitivo indireto com o sentido de "invocar"; exige a preposição **por**:
> Chamei por toda a família.

3. Transitivo direto ou indireto, indiferentemente, quando significa "qualificar", "apelidar"; terá, então, um predicativo do objeto (direto ou indireto), que pode ser ou não introduzido pela preposição **de**:
> Chamei-o louco.
> Chamei-o de louco.
> Chamei-lhe louco.
> Chamei-lhe de louco.

Nota: Se o complemento for um substantivo, é preferível o emprego da preposição, pois sem ela a frase ficará ambígua.
> Chamei o homem louco.
> Chamei o homem de louco. (preferível)

CHAPA
O mesmo que **chavão** (q. v.).

CHAVÃO
Palavra, expressão ou frase de uso muito constante. O mesmo que **clichê**, **chapa** e **lugar-comum**:
> o rei dos animais, o astro rei, o precioso líquido.

CHAVE
Pontuação. Notação gráfica, { ou }, que indica reunião de itens que formam um grupo. Equivale ao sinal de dois-pontos, mas leva sobre ele a vantagem do realce visual:
> Flores: rosa, margarida, orquídea, lírio.

CHAVE DE OURO
Versificação. Verso final que concentra todo o conteúdo poético de uma composição.

CHEGAR
Regência verbal

1. Transitivo indireto, regendo a preposição **a**:
> Chegou às culminâncias do saber.

2. Intransitivo, regendo as preposições **a** ou **de**:
> Chegamos ao curso. (e não no curso)
> Carlos chegou de São Paulo.

3. Verbo de ligação, quando acompanhado de predicativo do sujeito; rege a preposição **a**:
> Ele chegou a chefe.

CHEIRAR
Regência verbal.

1. Transitivo direto, com o sentido de "tomar o cheiro de":
> O homem cheirou a maçã.

2. Transitivo indireto, significando "exalar cheiro"; rege a preposição **a**:
> Suas mãos cheiravam a peixe.

3. Transitivo indireto, significando "ter aparência"; rege a preposição **a**:
> Aquilo cheirava a golpe.

CHIANTE
Diz-se da consoante cuja emissão se assemelha a um chiado. Chiantes são as consoantes palatais /Xê/ e /Jê/.

CHULA
Modalidade de língua caracterizada por vocábulos grosseiros, impróprios a pessoas educadas.

CIENTIFICAR
Regência verbal.

1. Transitivo direto e indireto, com objeto direto de pessoa e indireto de coisa; rege a preposição **de**:
> Cientifiquei a cozinheira do pedido.
> Cientifiquei-a do pedido.

2. Transitivo direto e indireto, com objeto direto de coisa e indireto de pessoa; rege a preposição **a**:
> Cientifiquei o pedido à cozinheira.
> Cientifiquei-lhe o pedido.

Nota: É inadmissível o emprego de dois objetos diretos ou dois indiretos:

> Cientifiquei-a o pedido.
>
> Cientifiquei-lhe do pedido.

CIRCULAR

Redação oficial. Nome dado a toda forma de correspondência, de texto idêntico e mesmo número e data, enviada a diversos destinatários. Assim, podem ser circulares o ofício (q. v.), a carta, o telegrasma etc.

CIRCULARES

Diz-se das definições em que a primeira remete à segunda e vice-versa, sem que, na prática, se saia do lugar:

> Cão é o macho da cadela; cadela é a fêmea do cão.

Nota: A circularidade das definições é típica dos dicionários, mas não a do exemplo, que constitui um vício, um círculo vicioso. Em um dicionário ela é sentida quando uma palavra remete a outra, e esta, a uma terceira.

CIRCUM-

Prefixo de origem latina que significa "em volta", "perto de". Pede hífen antes de **vogal**, **h, m e n**::

> circum-ambiente, circum-hospitalar, circum-merididano; circumpolar, circunvizinho

CIRCUNDAR

Conjugação. Embora seja verbo derivado de **dar**, não segue a conjugação deste. É verbo regular.

Pres. ind.: circundo, circundas, circunda, circundamos, circundais, circundam
Pret. perf.: circundei, circundaste, circundou, circundamos, circundastes, circundaram

CIRCUNFLEXO

V. **acento gráfico** (1).

CIRCUNLÓQUIO

Estilística. O mesmo que **perífrase** (q. v.).

CIRCUNSCREVER

Conjugação. Segue a conjugação de **escrever** (q. v.).

CITAÇÃO

Pontuação. A citação de uma frase deve se dar após o sinal de dois-pontos, ficando a frase entre aspas; a primeira palavra se grafa com inicial maiúscula:

> Disse Henry Ford: "Os dias prósperos não vêm por acaso; nascem de muita fadiga e muita persistência."

Nota: Pode a citação também:

1. ocorrer no meio da frase, sendo incorporada à fala do narrador, porém mantendo as aspas:

> Ao afirmar que "digno de admiração é aquele que, tendo tropeçado ao dar o primeiro passo, levanta-se e segue em frente", Carlos Fox nos ensina a não desanimar.

2. aparecer sob a forma de um aposto, no meio do período e entre vírgulas ou travessões; igualmente, mantém as aspas.

> Uma frase, "Só sei que nada sei", é muito citada nas universidades.

CLAREZA

Capacidade de fazer-se entender com facilidade, tanto na língua falada quanto na escrita.

CLASSE

Conjunto de elementos linguísticos com uma ou mais propriedades essenciais em comum.

CLASSES GRAMATICAIS

Em português existem dez classes gramaticais: substantivo, verbo, artigo, pronome, numeral, adjetivo (variáveis); advérbio, preposição, conjunção, interjeição (invariáveis). V. esses verbetes. As classes variáveis são aquelas que admitem flexão (gênero, número, tempo etc.); invariáveis, as que não se flexionam.

As classes gramaticais ou de palavras, antes chamadas **categorias gramaticais**, se dividem em:

1. classes básicas ou principais: substantivo e verbo.

2. classes dependentes ou adjuntas:

a) do substantivo: artigo, numeral, adjetivo e pronome adjetivo;

b) do verbo: advérbio.

3. classes conectivas ou de relação: preposição e conjunção.

4. interjeições.

Nota: Entre as classes básicas pode figurar o pronome, desde que ele substitua um substantivo. Nesse caso, chama-se pronome substantivo. O mesmo se dá com o numeral, embora seja raro o numeral substantivo.

CLÁSSICO¹

Modalidade de latim. V. **latim** (4).

CLÁSSICO²

1. Período da língua tomado como referência e norma, em que ela apresenta grande e marcante estabilidade de formas gramaticais.

2. Qualquer autor do período clássico.

3. Escritor que tem uma linguagem disciplinada, coerente e precisa, mesmo que fora do período considerado clássico.

CLÁSSICO³

Versificação. V. **alexandrino** (1).

CLASSIFICAÇÃO¹

Linguística. Distribuição das unidades linguísticas em classes ou categorias de mesmas propriedades semânticas, distribucionais etc.

CLASSIFICAÇÃO²

Linguística. Agrupamento de línguas de acordo com determinados critérios. Assim, temos:

1. Classificação genética

A que reúne línguas em função do parentesco. Por exemplo, as línguas germânicas, como alemão e inglês.

2. Classificação geográfica

A que agrupa línguas de acordo com o espaço geográfico em que são faladas.

3. Classificação tipológica ou estrutural

A que reúne línguas em função de sua estrutura interna. V. **aglutinante**, **flexional²** e **isolante**.

CLASSIFICADOR¹

Diz-se do afixo que indica a classe da palavra:

certeza (-eza, que indica substantivo abstrato)

CLASSIFICADOR²

Morfema ou lexema que identifica o nome ou o verbo, de acordo com certas classes (gênero, modo etc.):

artista alto (alto, que identifica o gênero da palavra)

CLICHÊ

O mesmo que **chavão** (q. v.).

CLÍMAX¹

Parte do texto que concentra as palavras de maior efeito expressivo, em que os acontecimentos ganham o máximo de tensão, prenunciando o desfecho.

CLÍMAX²

Estilística. Apresentação progressiva das ideias. O mesmo que **gradação ascendente**:

Estávamos nervosos, preocupados, desesperados com a situação.

"Um coração chagado de desejos

Latejando, batendo, restrugindo..." (Vicente de Carvalho)

CLIQUE

Fonema produzido pela inspiração do ar, ao invés da expiração, que é, digamos, o comum. Poucas línguas no mundo têm esse tipo de fonema. Em português, os sons produzidos pelo beijo ou no incitamento de certos animais lembram o clique, mas, por não terem traços distintivos, não podem ser considerados fonemas.

CLISE
Colocação pronominal. Denominação genérica de próclise, ênclise e mesóclise. V. esses verbetes.

CLÍTICO[1]
Colocação pronominal. Pronome pessoal oblíquo átono, que funciona como complemento verbal. São pronomes átonos: me, te, se, o, lhe, nos e vos. O pronome átono pode ser usado antes do verbo (proclítico), depois do verbo (enclítico) e dentro do verbo (mesoclítico). V. **próclise**, **ênclise** e **mesóclise**.

CLÍTICO[2]
Palavra átona que depende fonologicamente de outra, à qual se liga como se fosse uma de suas sílabas:

mesa **de** pedra (mesa dipedra)

CLIVADA
V. **oração clivada**.

CLIVAGEM
V. **oração clivada**.

CO-
Prefixo de origem latina que significa "contiguidade", "companhia". Não admite hífen:

coaluno, codevedor, coeducação, correlação, coabitar, coexistir, coirmão

COALESCÊNCIA
Gramática Histórica. O mesmo que **monotongação**. Transformação de ditongo em vogal, na evolução do latim para o português. A essa vogal se dá o nome de **monotongo**:

aequale > **i**gual, c**ae**cu > c**e**go

Nota: Na língua popular, há evidente tendência de transformar ditongos em vogais:

ouro > **o**ro, mad**ei**ra > mad**e**ra, r**ou**ba > r**o**ba

COAR
Conjugação. Conjuga-se como **abençoar** (q. v.).

COBRIR
Conjugação. A letra **o** passa a **u** na 1ª pessoa do singular do presente do indicativo; consequentemente, a transformação se dá em todo o presente do subjuntivo e nas formas correspondentes do imperativo. Nos demais tempos, o **o** se mantém. O particípio é irregular: coberto.

75

CODIALETO

Pres. ind.: cubro, cobres, cobre, cobrimos, cobris, cobrem
Pret. perf.: cobri, cobriste, cobriu, cobrimos, cobristes, cobriram
Pret. imperf.: cobria, cobrias, cobria, cobríamos, cobríeis, cobriam
Pret. m.-q.-perf.: cobrira, cobriras, cobrira, cobríramos, cobríreis, cobriram
Fut. pres.: cobrirei, cobrirás, cobrirá, cobriremos, cobrireis, cobrirão
Fut. pret.: cobriria, cobririas, cobriria, cobriríamos, cobriríeis, cobririam
Pres. subj.: cubra, cubras, cubra, cubramos, cubrais, cubram
Imperf. subj.: cobrisse, cobrisses, cobrisse, cobríssemos, cobrísseis, cobrissem
Fut. subj.: cobrir, cobrires, cobrir, cobrirmos, cobrirdes, cobrirem
Imper. afirm.: cobre, cubra, cubramos, cobri, cubram
Imper. neg.: não cubras, não cubra, não cubramos, não cubrais, não cubram
Inf. impess.: cobrir
Inf. pess.: cobrir, cobrires, cobrir, cobrirmos, cobrirdes, cobrirem
Ger.: cobrindo
Part.: coberto

Da mesma forma se conjugam os verbos descobrir, dormir (particípio regular: dormido), encobrir, engolir (particípio regular: engolido), recobrir e tossir (particípio regular: tossido).

CODIALETO

Filologia. Em relação a uma língua nacional, é o dialeto que existiu ao lado dela, formando os dois, à época, uma unidade linguística. Serve de exemplo o galego, falado na Galícia, Espanha. Primitivamente, havia o galego-português, ou galaico-português, comum a Portugal e à Espanha. Com a independência de Portugal, a variante portuguesa foi evoluindo, até chegar à condição de língua nacional. Enquanto isso, a variante galega, subordinada politicamente ao castelhano, não evoluiu, sendo hoje considerada um codialeto do português.

CÓDICE

1. Manuscrito antigo, em pergaminho, com a forma de um livro moderno.

2. Compilação de manuscritos, documentos históricos ou leis.

CODICOLOGIA

Ciência que estuda, material e historicamente, os códices. A escrita em si é estudada pela **Paleografia**.

CODIFICAÇÃO

Teoria da comunicação. Processo de seleção, escolha de sinais do código, os quais são introduzidos no canal. Em outras palavras, é a transformação da mensagem numa forma codificada, de tal forma que é possível a comunicação. O mesmo que **encodização**, termo menos utilizado.

CODIFICADOR

Teoria da comunicação. Aquele que codifica a mensagem, ou seja, transmite-a a um receptor. O mesmo que **emissor**, **falante** e **transmissor**.

CODIFICAR
Teoria da comunicação. Transformar, por meio de um código, uma mensagem numa sequência de sinais propícios à transmissão em um determinado canal.

CÓDIGO
Teoria da comunicação. Meio utilizado para transmitir a mensagem. O mais comum é a língua falada ou escrita. Existe também o código dos gestos, dos sinais, dos sons não verbais (apitos, por exemplo), das cores etc.

COERÊNCIA
Sentido lógico de um texto. V. **coesão**.

COESÃO
Em gramática, é a ligação existente entre as partes de um enunciado qualquer. Os elementos conectores, ou conectivos, estabelecem vínculos entre os vocábulos ou entre as orações de um determinado período. A ausência dessa ligação perfeita pode gerar a incoerência, ou seja, a falta de coerência:

Pedro correu vinte quilômetros, porém ficou muito cansado.

Eis uma frase sem coerência, uma vez que quem corre vinte quilômetros fica, normalmente, cansado. Assim, observa-se que a conjunção **porém**, adversativa, não deveria ter sido empregada, pois deixa a frase sem a devida coesão, que gera a falta de coerência.

Se dissermos, no entanto, "Pedro correu vinte quilômetros, portanto ficou muito cansado", ou, mantendo o **porém**, "Pedro correu vinte quilômetros, porém não ficou muito cansado", teremos frases lógicas, coerentes, uma vez que não lhes falta a coesão.

COESIVA
Diz-se da palavra que se refere a outra no texto, já que promove a coesão textual:

Meu pai quer assistir ao jogo. Vou pedir-lhe que me espere em casa.

A palavra **lhe**, que tem como **referente** o termo **meu pai**, é palavra coesiva. V. **referência**[1].

COGNATO, objeto direto
O mesmo que **interno**. V. **objeto direto** (4).

COGNATOS
Palavras que apresentam o mesmo radical, ou seja, pertencem à mesma **família linguística**, **família de palavras** ou **família léxica**; alguns também usam o termo **bloco linguístico**:

falar, falante, falador, falastrão, fala, falatório

mudar, mutação, mudança, imutável

ferro, ferrugem, enferrujar, ferrete, ferreiro

terra, terreiro, terreno, enterrar, enterro

COINÉ
Filologia.

1. Língua comum a que se reduziram os vários dialetos gregos.

2. Por extensão, qualquer língua comum que tenha se formado de um grupo de línguas ou dialetos.

COISA
Tipologia textual. V. **descrição**.

COLAÇÃO
Filologia. Segunda fase de uma edição crítica. V. **edição** (2).

COLACIONAR
Filologia. Confrontar manuscritos de um texto, com o objetivo de conseguir a cópia mais adequada; fazer **colação** (q. v.).

COLCHETES
Pontuação. Sinais gráficos ([ ]) usados para:

1. isolar uma construção dentro da qual já tenham sido empregados parênteses:

> Algumas pedras preciosas [naquela época chamadas semipreciosas, como a rodonita (silicato de manganês)] foram usadas no pagamento da dívida.

2. indicar uma transcrição fonética:

> [kaza], transcrição fonética de **casa**.

Nota: Na transcrição fonética, também podem ser usadas barras oblíquas. Para casa, por exemplo, /kaza/.

COLETIVO
Grupo de seres, que podem ser ou não da mesma espécie:

> enxame, multidão, rebanho

Coletivos importantes

alcateia – de lobos	girândola – de foguetes de artifício
antologia – de textos escolhidos	junta – de bois, médicos ou examinadores
arquipélago – de ilhas	manada – de bois, búfalos ou elefantes
banca – de examinadores	matilha – de cães de caça
banda – de músicos	molho – de chaves ou verduras
buquê – de flores	multidão – de pessoas
cáfila – de camelos	ninhada – de pintos
caravana – de viajantes ou peregrinos	penca – de bananas ou chaves
cardume – de peixes	pinacoteca – de quadros
constelação – de estrelas	plêiade – de pessoas ilustres
correição – de formigas	quadrilha – de bandidos

crestomatia – de textos escolhidos

elenco – de atores

enxame – de abelhas

esquadra – de navios de guerra

esquadrilha – de aviões ou pequenos navios de guerra

fato – de cabras

feixe – de lenha ou capim

florilégio – de textos escolhidos

ramalhete – de flores

rebanho – de ovelhas ou bois

récua – de bestas de carga

réstia – de cebolas ou alhos

roda – de pessoas

seleta – de textos escolhidos

súcia – de gente ordinária, em geral

turma – de estudantes, trabalhadores ou médicos

vara – de porcos

COLISÃO

V. **aliteração**.

COLOCAÇÃO

Na gramática, dá-se o nome de colocação à disposição dos vocábulos na frase. Na língua portuguesa, como em qualquer outra, há naturalmente limitações sintáticas. A frase "Meu pai está doente" permite colocações outras do tipo "Está doente meu pai" e "Doente está meu pai", o que dá ao escritor boas opções de construção. Porém a língua portuguesa o impede de dizer "Doente meu está pai".

COLOCAÇÃO PRONOMINAL

O mesmo que **topologia pronominal**. Colocação dos pronomes átonos conforme estejam antes, depois ou dentro dos verbos. Em função disso, temos em português, respectivamente, a **próclise**, a **ênclise** e a **mesóclise**. V. esses verbetes. V. também **topologia nas locuções verbais**, **apossínclise** e **sinenclítico**.

COLOQUIAL

Modalidade de língua relaxada, sem preocupação com o rigor da gramática, eminentemente de comunicação. O mesmo que **informal**, **corrente** e **familiar**. Opõe--se à **culta** (q. v.).

COLÓQUIO

O mesmo que **diálogo** (q. v.).

COLORAR

Conjugação. V. **colorir**.

COLORIR

Conjugação. Verbo defectivo. V. **abolir**.

Nota: Não deve ser confundido com **colorar**, que é completo: coloro, coloras, colora; colore, colores, colore etc.

COM
Preposição.

1. Sentidos mais comuns:

a) Companhia:

Irei com meu colega.

b) Instrumento:

Machucou-se com a tesoura.

c) Causa:

Perdeu tudo com as enchentes.

d) Modo:

Agiu com cautela.

e) Matéria:

Ele faz jóias com ouro.

2. Concordância verbal. Quando liga os núcleos do sujeito, o verbo pode ficar no singular ou no plural:

O pai com o filho chegaram cedo.

O pai com o filho chegou cedo.

Nota: É mais frequente o verbo no plural. O singular se dá com mais naturalidade quando o termo iniciado por **com** está entre vírgulas:

O pai, com o filho, chegou cedo.

COM NÓS E CONOSCO

V. **emprego de pronomes** (3)

COM QUANTO

Preposição **com** mais o pronome **quanto**:

Com quanto dinheiro vamos viajar?

Não se confunda com a palavra **conquanto**, conjunção concessiva, sinônima de **embora**:

Conquanto gritasse, ninguém apareceu. (embora gritasse)

COM TUDO

Preposição **com** mais o pronome **tudo**:

Ele se diverte com tudo que você diz.

Não se confunda com a palavra **contudo**, conjunção adversativa, sinônima de **porém**:

Comprou um novo vestido, contudo preferiu não usá-lo. (porém preferiu)

COM VÓS E CONVOSCO

V. **emprego de pronomes (3).**

COMA

Pontuação. Sinônimo desusado de **vírgula** (q. v.); é palava feminina.

COMBINAÇÃO

V. **contração**.

COMER

Conjugação. Verbo regular, paradigma da segunda conjugação. V. **conjugação²**.

COMIGO

V. **emprego de pronomes** (2).

COMINAÇÃO

Estilística. Explosão emocional, espécie de maldição ou ameaça. O mesmo que **diatribe**, **imprecação** e **objurgatória**:

> "Nem mais um passo, cobardes!
> Nem mais um passo, ladrões!" (Castro Alves)
> "Dorme, cidade maldita,
> Teu sono de escravidão!..." (Castro Alves)

COMITATIVO

Diz-se do caso que indica acompanhamento.

COMO

Palavra de muitas classes e funções. Vamos reuni-las.

1. Advérbio interrogativo de modo

Aparece em interrogações diretas ou indiretas. Função sintática: adjunto adverbial de modo:

> <u>Como</u> ocorreu o acidente?
> Não sabemos <u>como</u> ocorreu o acidente.

2. Advérbio de intensidade

Em frases exclamativas, diretas ou indiretas; é sinônimo de "quanto". Função sintática: adjunto adverbial de intensidade:

> <u>Como</u> está tranquila a madrugada!
> Veja <u>como</u> está tranquila a madrugada.

3. Pronome relativo

Equivalendo a "pelo qual" (e flexões); tem antecedente e inicia oração subordinada adjetiva. Função sintática: adjunto adverbial de modo:

> Agradou-me a maneira <u>como</u> você se conduziu.

4. Substantivo

Precedido por um determinante. Tem funções sintáticas variadas, como qualquer substantivo:

> O <u>como</u> tem várias funções. (núcleo do sujeito)

COMPANHIA

5. Flexão do verbo **comer**.
Função sintática: núcleo do predicado:
Não <u>como</u> carne.

6. Interjeição
Com ponto de exclamação:
<u>Como</u>! Isso não pode ocorrer!

7. Conjunção subordinativa causal
Equivale a "porque" e aparece sempre no início do período:
<u>Como</u> fazia frio, pegou o cobertor.

8. Conjunção subordinativa comparativa
Equivale a "quanto" ou "que nem" (coloquial):
O tigre é tão feroz <u>como</u> a onça.
A menina fala baixo <u>como</u> a mãe.

9. Conjunção subordinativa conformativa
Equivale a "conforme":
A menina fala baixo <u>como</u> diz a mãe.

10. Conjunção coordenativa aditiva
Equivale a "e"; aparece em correlação com **não só** ou **tanto**:
Não só compõe, <u>como</u> canta. (compõe e canta)
Tanto ensina, <u>como</u> aprende. (ensina e aprende)

11. Preposição acidental
Equivale a "na condição de"; pode ser retirado da frase:
Marcos viajou <u>como</u> convidado.

COMPANHIA
V. **adjunto adverbial** (12).

COMPARAÇÃO[1]
Construção sintática em que um elemento é posto em confronto com outro. V. **grau** (2).

COMPARAÇÃO[2]
Filologia. Técnica de pesquisa que consiste na análise de fatos de várias línguas, com o objetivo de mostrar a sua origem comum. O mesmo que **comparatismo** ou **comparativismo**.

COMPARAÇÃO[3]
Estilística. Confronto de dois ou mais seres que têm alguma coisa em comum. O mesmo que **símile**:
"O meu olhar é nítido como um girassol." (Fernando Pessoa)
"...Como a lua por noite embalsamada,
Entre as nuvens do amor ela dormia!" (Álvares de Azevedo)

COMPARADA

Gramática ou Linguística Comparada é um dos dois ramos da Linguística; o outro é a Linguística Descritiva. Confronta o vocabulário (inclusive o usual) de duas ou mais línguas. Foi por meio dela que se pôde descobrir o parentesco das línguas. O mesmo que **comparativa**. V. **Linguística** (1) e **Gramática** (4).

COMPARATISMO

Filologia. V. **comparação²**.

COMPARATISTA

Linguista especializado nos estudos da Linguística (ou Gramática) Comparada.

COMPARATIVA¹

V. **comparada**.

COMPARATIVA²

1. Conjunção. V. **conjunção subordinativa** (2).

2. Oração subordinada adverbial que estabelece uma comparação com a oração principal:

>Carlos agiu como uma criança.
>Ela grita mais que a irmã.
>Ele estuda tanto quanto eu trabalho.

Nota: Geralmente o verbo da oração comparativa é o mesmo da principal, ficando subentendido. É o que se vê nos dois primeiros exemplos.

COMPARATIVISMO

Filologia. V. **comparação²**.

COMPARATIVO

V. **grau** (2).

COMPARECER

Regência verbal. Verbo transitivo indireto; rege as preposições **a** ou **em**:

>Comparecemos à reunião.
>Comparecemos na reunião.

COMPATÍVEL

Regência nominal. Pede complemento introduzido por **com**:

>Isso não é compatível com a história do clube.

COMPELIR

Conjugação. Segue o modelo de **aderir** (q. v.).

COMPETÊNCIA

Linguística. Termo usado para designar o conhecimento que uma pessoa tem da sua língua, ou seja, o sistema de regras interiorizado que constitui seu conhecimento linguístico. É a capacidade que ele tem de construir, reconhecer e compreender as frases gramaticais. Opõe-se a **desempenho** ou *performance*, que é a realização, ou seja, os enunciados reais da fala.

COMPETIR
Conjugação. Segue o modelo de **aderir** (q. v.).

COMPLEMENTO
1. Verbal:
Complemento de um verbo:
Encontrei <u>meus óculos</u>.

2. Nominal
Complemento de um nome:
Tenho necessidade <u>de ajuda</u>.

Nota: O complemento verbal pode ser **objeto direto** (q. v.) ou **objeto indireto** (q. v.). O complemento de um nome se chama **complemento nominal** (q. v.).

COMPLEMENTO NOMINAL
Um dos termos integrantes da oração. Complemento de um substantivo abstrato, adjetivo ou advérbio:
Tenho certeza <u>de sua ajuda</u>.
Estava pronto <u>para tudo</u>.
Relativamente <u>a seu problema</u>, tenho algo a dizer.

Pode confundir-se com um tipo de **adjunto adnominal** (q. v.). Veja algumas diferenças:

1. Substantivo concreto pede adjunto adnominal:
Comprei uma bola <u>de borracha</u>.

2. Adjetivo e advérbio pedem complemento nominal:
É algo digno <u>de nota</u>.
Estava longe <u>da mesa</u>.

3. Se a retirada do termo prejudicar ou mudar o sentido, será complemento nominal:
Tenho sede <u>de vitória</u>.

4. Se admitir pergunta semelhante à que se faz para achar o objeto indireto, será complemento nominal:
Tenho confiança <u>em meu irmão</u>.
Veja: quem tem confiança tem confiança em alguém. Em quem?

5. Se admitir a troca por um adjetivo, será adjunto adnominal.
Atividade <u>de paz</u>. (pacífica)

6. Se for substantivo abstrato proveniente de um verbo, teremos:
a) complemento nominal, em caso de termo passivo:
A pesquisa <u>da vacina</u> foi concluída.

b) adjunto adnominal, em caso de termo ativo:

A pesquisa do cientista salvou muitas vidas.

COMPLETIVA NOMINAL

Oração subordinada substantiva que atua como complemento nominal da oração principal. Pode ser desenvolvida ou reduzida:

Tinha certeza de que seria avisado. (desenvolvida)

Estou pronto para ser utilizado. (reduzida de infinitivo)

COMPONENTE

1. Linguística. Cada um dos elementos em que se pode dividir uma unidade linguística.

2. Cada uma das partes que compõem a gramática: morfologia, sintaxe etc.

COMPOR

Conjugação. Segue a conjugação de **pôr** (q. v.).

COMPORTAMENTO VERBAL

Linguística. Atividade do falante que consiste na emissão e no entendimento de enunciados linguísticos.

COMPOSIÇÃO

Formação das palavras. União de duas ou mais palavras para constituir uma outra, de diferente sentido. A palavra assim formada se diz **composta** e apresenta mais de um **radical** (q. v.); opõe-se à palavra **simples**, que tem apenas um radical. Há dois tipos de composição.

1. Por justaposição

Palavra composta em que os elementos não sofrem alteração fonética, ficando um ao lado do outro, cada um mantendo sua acentuação original. Pode ter hífen:

sempre-viva, guarda-chuva, passatempo, girassol

2. Por aglutinação

Palavra composta em que pelo menos um dos elementos constituintes sofre alteração fonética, podendo haver acréscimo ou perda de fonemas. A acentuação é única, ou seja, recai predominantemente sobre uma sílaba. Nunca apresenta hífen:

alvinegro, cabisbaixo, petróleo, boquiaberto

COMPOSTA¹

V. **formação de palavras** e **composição**.

COMPOSTA²

Versificação. Tipo de estrofe. O mesmo que **heterométrica** (q. v.).

COMPOSTO¹

V. **tempo composto**.

COMPOSTO²

Classificação de substantivo ou adjetivo. É aquele que tem mais de um radical:
pedra-sabão, luso-brasileiro, mandachuva

Nota: Opõe-se a **simples**, o que tem apenas um radical:

terra, muro, amoroso, grande

COMPOSTO³

Tipo de sujeito que apresenta mais de um núcleo:

O cão e o gato corriam pelo quintal.

Eu e ela fomos à praia.

Estavam no salão o cantor e o músico.

Nota: Para a concordância do sujeito composto, veja **concordância verbal**.

COMPRAZER

Conjugação. Conjuga-se da mesma forma que **jazer** (q. v.). Para alguns autores, é verbo abundante, admitindo no pretérito perfeito e derivados dois radicais: **comprouv** e **compraz**. É preferível, sem dúvida, de acordo com Otelo Reis e Celso Cunha, a forma regular **compraz**.

Pres. ind.: comprazo, comprazes, compraz, comprazemos, comprazeis, comprazem
Pret. perf.: comprazi, comprazeste, comprazeu, comprazemos, comprazestes, comprazeram

COMPUTAR

Conjugação. Verbo defectivo. Conjuga-se como **adequar** (q. v.).

COMUM¹

Classificação de substantivo. É aquele que designa toda uma espécie, sem individualizar. Grafa-se com inicial minúscula. Alguns autores o chamam de **apelativo**:

menino, cidade, país.

Nota: Aquele que designa um único ser em especial chama-se **próprio**. Grafa-se com inicial maiúscula:

José, Cuiabá, Argentina

COMUM², língua

Veja **língua** (3).

COMUM DE DOIS GÊNEROS

Tipo de substantivo uniforme quanto ao gênero. V. **gênero** (1).

COMUNICAÇÃO

V. **teoria da comunicação**.

COMUNIDADE LINGUÍSTICA

Grupo de pessoas que, num dado momento, se utilizam da mesma língua ou dialeto para comunicar-se entre si.

COMUTAÇÃO¹

Linguística. Troca, numa dada sequência, de um elemento linguístico por outro, para saber se assim se obtém um elemento linguístico diverso. Tomemos, para exemplo, a palavra **bola**. Se trocarmos o primeiro fonema, /Bê/, representado pela letra **b**, por /Mê/ e /Sê/, teremos novas palavras, que são **mola** e **sola**. Assim, deduz-se que as letras **b**, **m** e **s** estão representando fonemas diferentes nas palavras **bola**, **mola** e **sola**.

COMUTAÇÃO²

Gramática Histórica. O mesmo que **metátese** (q. v.).

CONATIVA

Funções da linguagem. Uma das seis funções da linguagem apresentadas pelo linguista Roman Jakobson. Procura convencer o receptor, no qual está centrada. É comum a utilização de imperativos e vocativos. Equivale à função **apelativa** (q. v.) de Karl Bühler:

> Compre agora a sua casa.
>
> Diga a verdade, menino!

CONCATENAÇÃO

Repetição, em cada trecho da frase, de palavra do trecho anterior:

> O pensamento gera a palavra; a palavra leva ao trabalho; o trabalho confere a felicidade.

CONCEITO

V. **signo linguístico**.

CONCERNIR

Conjugação. Segue o modelo de **aderir** (q. v.).

CONCESSÃO

V. **adjunto adverbial** (11).

CONCESSIVA

1. Conjunção. V. **conjunção subordinativa** (3).

2. Oração subordinada adverbial que expressa ideia contrária, antagônica em relação à principal. Pode ser desenvolvida ou reduzida:

> Embora estivesse nervoso, fez uma boa palestra. (desenvolvida)
>
> Apesar de ser estrangeiro, foi bem recebido na equipe. (reduzida de infinitivo)

CONCISÃO

Capacidade do falante de manifestar-se com poucas palavras, sem que a clareza seja prejudicada. O contrário de **prolixidade**.

CONCISO

Em que há **concisão** (q. v.). Sucinto; claro, exato. O contrário de **prolixo**.

CONCLUIR
Conjugação. Segue o modelo de **atribuir** (q. v.).

CONCLUSÃO
Tipologia textual. O mesmo que **fecho**. V. **dissertação** (3).

CONCLUSIVA
1. Conjunção. V. **conjunção** coordenativa (3).

2. Oração. V. **oração coordenada** (3).

CONCLUSIVO, aspecto
V. **aspecto** (4).

CONCORDÂNCIA IDEOLÓGICA
Estilística. V. **silepse**.

CONCORDÂNCIA NOMINAL
Concordância que existe entre o substantivo (ou pronome substantivo) e seus determinantes (artigo, pronome adjetivo, numeral e adjetivo). A regra geral diz que o substantivo e seus determinantes concordam em número e gênero (com exceção das palavras que são uniformes quanto ao gênero):

> o livro, os livros, a caneta, as canetas
>
> meu amigo, meus amigos, minha amiga, minhas amigas
>
> um carro, dois carros, uma casa, duas casas
>
> homem alto, homens altos, mulher alta, mulheres altas

Com dois ou mais substantivos para um único adjetivo, existem duas situações distintas.

1. Concordância gramatical, rígida ou lógica

Quando ela se faz com todos os substantivos. Nesse caso, se pelo menos um substantivo for masculino, o adjetivo irá ao masculino plural:

> tapete e capacho novos
>
> cortina e toalha novas
>
> tapete e cortina novos
>
> cortina e tapete novos
>
> tapetes e cortinas novos

2. Concordância atrativa ou por atração

Quando ela se faz com a palavra mais próxima:

> tapete e capacho novo
>
> cortina e toalha nova
>
> tapete e cortina nova
>
> cortina e tapete novo

cortinas e tapete novo

tapete e cortinas novas

tapetes e cortina nova

tapetes e cortinas novas

Notas:

1ª) Se o adjetivo vem antes do substantivo, temos o seguinte:

a) A concordância deve ser por atração, a menos que se trate de nomes próprios ou de parentesco, quando então se fará a gramatical:

belo gramado e varanda

bela varanda e gramado

simpáticas tia e sobrinha

inteligentes Antônio e Maurício

b) A concordância pode ser gramatical ou atrativa, caso haja artigo entre o substantivo e o adjetivo:

Considero inteligentes o jornalista e o escritor. (gramatical)

Considero inteligente o jornalista e o escritor. (atrativa)

2ª) Se o adjetivo não puder referir-se a todos os substantivos, só caberá a concordância atrativa:

leite e café preto

Para o restante do ponto, veja os verbetes bastante, barato, alerta, menos, próprio[1], anexo, obrigado, quite, leso, incluso, possível, tal qual, é proibido, só, um e outro, a olhos vistos, haja vista, meio[2], todo, todo-poderoso, de forma que, nenhum, pseudo-, monstro, junto, dois milhões de pessoas e plural das cores.

CONCORDÂNCIA VERBAL

Concordância que existe entre o verbo e seu sujeito (ou predicativo). A regra geral da concordância verbal diz que o verbo concorda em número e pessoa com o sujeito:

O carro derrapou.

As flores cobriam o telhado.

Tu precisas de ajuda.

O leão e o tigre são animais ferozes.

Como se vê pelo último exemplo, o sujeito composto leva o verbo ao plural. É, pode-se dizer, o primeiro caso especial de concordância verbal. Assim, sendo o sujeito composto, temos o seguinte:

1. Concordância gramatical, rígida ou lógica

Concordância com todos os núcleos do sujeito:

O avô e o neto participaram da formatura.

2. Concordância atrativa ou por atração

Concordância feita com o mais próximo, o que ocorre quando o sujeito se pospõe ao verbo, ou seja, na ordem inversa:

Participou da formatura o avô e o neto.

Nesse caso, também é correta a concordância gramatical:

Participaram da formatura o avô e o neto.

CONCRETO

Notas:

1ª) Se o sujeito for constituído de núcleos sinônimos ou em gradação, o verbo ficará no singular; há, no entanto, gramáticos que também admitem o plural:

> O orgulho e a soberba fazia dele um desequilibrado.
>
> O receio, o medo, o pavor tirou-lhe por completo a paz.

2ª) Se o sujeito for constituído de pessoas gramaticais diferentes, irá ao plural naquela que tiver preferência (a primeira sobre a segunda e a terceira; a segunda sobre a terceira):

> Eu, tu e ele faremos o trabalho.
>
> Tu e ele fareis o trabalho.

Neste último caso, admite-se a terceira pessoa do plural: farão.

3ª) Se o sujeito for resumido por palavras como **tudo**, **nada**, **ninguém** etc., concordará com essas palavras, que atuam como aposto:

> Trabalho, estudo, lazer tudo contribuiu para sua formação.

4ª) Se os núcleos do sujeito forem ligados por **nem** ou por **ou**, há duas situações distintas.

a) Se o fato puder ser atribuído a todos os núcleos, o verbo irá ao plural:

> Nem a falta de dinheiro, nem a pouca saúde conseguiam desanimá-lo.
>
> Se Rodolfo ou Júlio reclamassem, o pátio seria lavado.

Mas se os núcleos forem de pessoas gramaticais diferentes, o verbo irá ao plural na pessoa que tiver preferência:

> Nem tu nem eu precisaremos do rádio.
>
> Eu ou ele faremos o que for possível.

b) Se o fato só puder ser atribuído a um dos núcleos, o verbo ficará no singular:

> Nem Margarida nem Luciana conseguirá o primeiro lugar.
>
> Manuel ou Ricardo conquistará a vaga.

Mas se as pessoas gramaticais forem diferentes, o verbo deverá concordar com o núcleo mais próximo:

> Nem tu nem eu serei eleito presidente.
>
> Ele ou tu ganharás a medalha.

Para outros casos de concordância verbal, veja os verbetes haver, fazer, pronome apasivador, dar, quem, Os Lusíadas, um e outro, um ou outro, nem um nem outro, qual de nós, a maioria de, ser, parecer, com, um terço dos alunos, um por cento, mais de, dois milhões de pessoas.

CONCRETO

Classificação de substantivo. É aquele que tem existência independente de outros seres. São as pessoas, os animais, os vegetais, os minerais etc. Pode-se dizer também que concreto é todo ser, mesmo que fictício. Opõe-se a **abstrato** (q. v.):

> criança, cavalo, laranja, pedra, água, ar, fada, saci etc.

Nota: São concretos Deus, espírito, alma e semelhantes; também o são os nomes de personagens de livros, revistas, jornais, filmes e desenhos animados, tais como Luluzinha, Pateta, Pepe Legal, Zorro etc.

CONDIÇÃO
Veja **adjunto adverbial** (9).

CONDICIONADA
O mesmo que **apódose** (q. v.).

CONDICIONAL[1]
1. Conjunção. V. **conjunção subordinativa** (4).

2. Oração subordinada adverbial que indica a condição do que se diz na oração principal. Pode ser desenvolvida ou reduzida:

> Chegaremos à estação <u>se caminharmos por ali</u>. (desenvolvida)
> <u>Trabalhando mais</u>, poderá progredir. (reduzida de gerúndio)

CONDICIONAL[2], modo
Nome antigo do atual futuro do pretérito.

CONDICIONANTE
O mesmo que **prótase**. V. **apódose**.

CONDIZER
Conjugação. Segue a conjugação de **dizer** (q. v.).

CONDOER-SE
Conjugação. Verbo pronominal. Formado de **doer-se**, conjuga-se, como este, da mesma forma que **moer** (q. v.):

Pres. ind.: eu me condoo, tu te condóis, ele se condói, nós nos condoemos, vós vos condoeis, eles se condoem

Pret. perf.: eu me condoí, tu te condoeste, ele se condoeu, nós nos condoemos, vós vos condoestes, eles se condoeram.

CONECTIVO
1. Palavra que estabelece ligação entre palavras ou orações. O mesmo que **elemento conector**. São conectivos a preposição, a conjunção e o pronome relativo.

2. Verbo de ligação.

CONEXA, oração
V. **oração conexa**.

CONEXÃO
Ligação por conectivo. Diz-se, então, conexão por conjunções, conexão por preposições e conexão por pronomes relativos.

CONFIANÇA
Regência nominal. Pede complemento introduzido por **em** ou **de**:

> Não tinha confiança no vizinho.
> Tenha a confiança de pedir aumento.

CONFIANTE

Regência nominal. Pede complemento regido pela preposição **em**:

Estou confiante em um resultado positivo.

CONFIAR

Conjugação. Verbo regular. V. **abreviar**.

CONFORMATIVA

1. Conjunção. V. **conjunção subordinativa** (5).

2. Oração subordinada adverbial que indica acordo, conformidade com o que se diz na oração principal:

Jogamos conforme nos pediram.

Preencheu o formulário como lhe haviam ensinado.

CONFORME

Regência nominal. Adjetivo que rege as preposições **a**, **com** ou **em**:

Foi um gesto conforme ao de sua mãe. (semelhante)

Sua resposta está conforme com sua filosofia de vida. (coerente)

Todo o grupo estava conforme naquela entrevista. (de acordo)

Nota: A palavra **conforme**, aqui, é adjetivo. Não a confunda com a conjunção conformativa, equivalente a **segundo**:

Agi conforme determinaram

CONFORMIDADE

V. **adjunto adverbial** (10).

CONGLOMERADO VERBAL

Estrutura significativa e inseparável formada por um verbo e outro elemento. O grupo, muitas vezes, equivale a um verbo simples:

Não parava de cantar vitória. (gabar-se)

Ele deve entrar na linha. (endireitar-se)

Não pode perder a cabeça. (descontrolar-se)

O guri vai pintar o sete. (bagunçar)

Vamos matar a fome. (comer)

Vou passar um sabão. (repreender)

Não é preciso apertar o cinto. (passar fome)

Ele não quer abaixar a crista. (submeter-se)

Está prestes a perder o leme. (denortear-se; perder o comando)

CONJUGAÇÃO[1]

Conjunto de verbos que têm a mesma **vogal temática** (q. v.).

1. Primeira conjugação

Quando a vogal temática é **a**:

and**a**r, fal**a**r, fic**a**r, volt**a**r

2. Segunda conjugação

Quando a vogal temática é **e**:

vend**e**r, diz**e**r, quer**e**r, proced**e**r

Nota: Pertencem a essa conjugação o verbo **pôr** e seus derivados; a vogal temática, **e**, não aparece no infinitivo, mas pode ser encontrada durante sua flexão: põ**e**s, pus**e**sse, compus**e**rem, depus**e**ra.

3. Terceira conjugação

Quando a vogal temática é **i**:

part**i**r, sorr**i**r, ped**i**r, sent**i**r

CONJUGAÇÃO²

Ordenação das variadas flexões do verbo.

Vamos pegar para modelos três verbos regulares, um de cada conjugação: andar, comer e partir. Todos os outros regulares seguem o paradigma (modelo) da conjugação, com as mesmas desinências verbais. Assim, sabendo conjugar o modelo, a pessoa sabe conjugar qualquer verbo regular.

Presente do indicativo:

ando, andas, anda, andamos, andais, andam

como, comes, come, comemos, comeis, comem

parto, partes, parte, partimos, partis, partem

Pretérito perfeito:

andei, andaste, andou, andamos, andastes, andaram

comi, comeste, comeu, comemos, comestes, comeram

parti, partiste, partiu, partimos, partistes, partiram

Pretérito imperfeito:

andava, andavas, andava, andávamos, andáveis, andavam

comia, comias, comia, comíamos, comíeis, comiam

partia, partias, partia, partíamos, partíeis, partiam

Pretérito mais-que-perfeito:

andara, andaras, andara, andáramos, andáreis, andaram

comera, comeras, comera, comêramos, comêreis, comeram

partira, partiras, partira, partíramos, partíreis, partiram

Futuro do presente:

andarei, andarás, andará, andaremos, andareis, andarão

comerei, comerás, comerá, comeremos, comereis, comerão

partirei, partirás, partirá, partiremos, partireis, partirão

Futuro do pretérito:

andaria, andarias, andaria, andaríamos, andaríeis, andariam

comeria, comerias, comeria, comeríamos, comeríeis, comeriam

partiria, partirias, partiria, partiríamos, partiríeis, partiriam

CONJUGAÇÃO PERIFRÁSTICA

Presente do subjuntivo:
> ande, andes, ande, andemos, andeis, andem
> coma, comas, coma, comamos, comais, comam
> parta, partas, parta, partamos, partais, partam

Imperfeito do subjuntivo:
> andasse, andasses, andasse, andássemos, andásseis, andassem
> comesse, comesses, comesse, comêssemos, comêsseis, comessem
> partisse, partisses, partisse, partíssemos, partísseis, partissem

Futuro do subjuntivo:
> andar, andares, andar, andarmos, andardes, andarem
> comer, comeres, comer, comermos, comerdes, comerem
> partir, partires, partir, partirmos, partirdes, partirem

Imperativo afirmativo:
> anda, ande, andemos, andai, andem
> come, coma, comamos, comei, comam
> parte, parta, partamos, parti, partam

Imperativo negativo:
> não andes, não ande, não andemos, não andeis, não andem
> não comas, não coma, não comamos, não comais, não comam
> não partas, não parta, não partamos, não partais, não partam

Infinitivo impessoal:
> andar, comer, partir

Infinitivo pessoal:
> andar, andares, andar, andarmos, andardes, andarem
> comer, comeres, comer, comermos, comerdes, comerem
> partir, partires, partir, partirmos, partirdes, partirem

Gerúndio: andando, comendo, partindo
Particípio: andado, comido, partido

Nota: Os verbos irregulares são mostrados ao longo do livro, destacando-se sempre o que for mais problemático em cada um. Para os tempos compostos, v. o verbete **tempo composto**.

CONJUGAÇÃO PERIFRÁSTICA

Tipo de locução verbal formada por um verbo principal no infinitivo ou gerúndio. O verbo auxiliar indica as categorias gramaticais de modo, tempo, pessoa, número e aspecto:
> Devo falar. Estavam brincando. Tinha de fazer.

Nota: Na conjugação perifrástica, o verbo principal pode estar em **tempo composto** (q. v.). Por outro lado, o auxiliar pode estar numa forma perifrástica:
> Deve <u>ter trabalhado</u>. (tempo composto)
> <u>Podia estar</u> ventando. (forma perifrástica)

CONJUNÇÃO

Palavra sem função sintática que liga duas orações no período:

As pessoas responderam que não sabiam de nada.

Nota: As conjunções **e**, **nem** e **ou** podem ligar duas palavras dentro de uma oração:

Joaquim e Manuel são portugueses.

CONJUNÇÃO COORDENATIVA

Conjunção que introduz uma oração coordenada sindética, ligando-a a uma outra, dita assindética ou inicial.

1. Aditiva

Inicia oração com valor de adição. Principais: e, nem, não só... mas também.

2. Adversativa

Inicia oração com ideia adversa, contrária. Principais: mas, porém, contudo, todavia, e (igual a mas), no entanto, entretanto.

3. Conclusiva

Inicia oração com valor de conclusão. Principais: logo, portanto, por isso, pois (esta, entre vírgulas).

4. Alternativa

Inicia oração que indica opção, alternativa. Principais: ou, ou... ou, ora... ora. já... já, quer... quer.

5. Explicativa

Inicia oração com valor de explicação, justificativa. Principais: pois, porque, porquanto, que.

CONJUNÇÃO SUBORDINATIVA

Conjunção que introduz uma oração subordinada, ligando-a a uma outra, dita principal.

1. Causal

Inicia oração adverbial com valor de causa. Principais: pois, que, como, porque, já que, uma vez que, porquanto.

2. Comparativa

Inicia oração adverbial que indica comparação. Principais: que, como, quanto.

3. Concessiva

Inicia oração adverbial com valor de concessão. Principais: embora, conquanto, mesmo que, ainda que, se bem que, apesar de que.

4. Condicional

Inicia oração adverbial com valor de condição. Principais: se, caso, sem que, uma vez que, desde que.

CONJUNTIVA

5. Conformativa

Inicia oração adverbial com valor de conformidade, acordo. Principais: conforme, como, segundo, consoante.

6. Consecutiva

Inicia oração adverbial com valor de consequência. É a palavra **que** (depois de tal, tanto, tão, tamanho).

7. Final

Inicia oração adverbial com valor de finalidade. Principais: para que, a fim de que, porque (igual a para que).

8. Proporcional

Inicia oração adverbial que indica proporção. Principais: à proporção que, à medida que, ao passo que, quanto mais... mais, quanto menos... menos.

9. Temporal

Inicia oração adverbial com valor de tempo. Principais: quando, como, que, mal, desde que, logo que, assim que.

10. Integrante

Diferentemente das anteriores, inicia oração substantiva. Só há duas: que e se.

CONJUNTIVA

V. **locução** (3).

CONJUNTIVO

Termo em desuso equivalente a **subjuntivo** (modo). V. **flexão verbal** (4).

CONJUNTO ABERTO

Aquele que tem número ilimitado de componentes. Por exemplo, os substantivos, os adjetivos e os verbos. Opõe-se a **conjunto fechado**, de número limitado, como os artigos, os pronomes pessoais e os tempos verbais.

CONJUNTO FECHADO

V. **conjunto aberto**.

CONOTAÇÃO[1]

Aquilo que uma palavra ou objeto sugere. O mesmo que **implicação**. Por exemplo, **veludo** traz uma conotação de maciez; **mãe**, de amor e proteção; **sol**, de calor e vida.

CONOTAÇÃO[2]

Semântica. Emprego especial, não literal, de uma palavra. É a base da linguagem figurada. Opõe-se à **denotação**, sendo esta o emprego comum de uma palavra, com sua significação precisa, real.

CONOTATIVO

Semântica. Em que há **conotação** (q. v.). O contrário de **denotativo**:

Aquela menina é uma rosa.

A palavra **rosa**, aqui, tem um sentido especial, que não o da flor propriamente dita. Na verdade, uma menina não pode, literalmente, ser uma rosa. Diz-se, então, que **rosa** tem valor conotativo, é um exemplo de conotação. Agora, se dissermos "Há uma rosa no vaso", **rosa**, que aqui é realmente a flor, tem valor denotativo, é um exemplo de denotação.

CONQUANTO

V. **com quanto**.

CONSECUÇÃO

O que ocorre em função de outra coisa. O mesmo que **consequência**.

CONSECUTIVA

1. Conjunção. V. **conjunção subordinativa** (6).

2. Oração subordinada adverbial que expressa consecução, consequência. Vem, quando desenvolvida, antecedida por **tão**, **tal**, **tanto**, **tamanho**:

> Falou tanto <u>que perdeu a voz</u>. (desenvolvida)
> Era tal a sua animação <u>que contagiou a todos</u>. (desenvolvida)
> Gritou <u>a ponto de acordar o vizinho</u>. (reduzida de infinitivo)

Nota: Às vezes a palavra **tão** fica subentendida:

> É alto <u>que parece um poste</u>.

CONSEQUÊNCIA

V. **causa** e **consecução**.

CONSEQUENTE

V. **antecedente**.

CONSIGNAR

Conjugação. A vogal **i** é tônica nas formas rizotônicas. Assim, não existe a pronúncia **consiguíno**, com o acréscimo do fonema **i**. Pronuncie **consígno**.

Pres. ind.: consigno, consignas, consigna, consignamos, consignais, consignam

Pret.perf.: consignei, consignaste, consignou, consignamos, consinastes, consignaram

Pret. imperf.: consignava, consignavas, consignava, consignávamos, consignáveis, consignavam

Pret. m.-q.-perf.: consignara, consignaras, consignara, consignáramos, consignáreis, consignaram

Fut. pres.: consignarei, consignarás, consignará, consignaremos, consignareis, consignarão

Fut. pret.: consignaria, consignarias, consignaria, consignaríamos, consignaríeis, consignariam

Pres. subj.: consigne, consignes, consigne, consignemos, consigneis, consignem

Imperf. subj.: consignasse, consignasses, consignasse, consignássemos, consignásseis, consignassem

Fut. subj.: consignar, consignares, consignar, consignarmos, consignardes, consignarem

Imper. afirm.: consigna, consigne, consignemos, consignai, consignem

Imper. neg.: não consignes, não consigne, não consignemos, não consigneis, não consignem

Inf. impess.: consignar
Inf.: pess.: consignar, consignares, consignar, consignarmos, consignardes, consignarem
Ger.: consignando
Part.: consignado

Da mesma forma que consignar conjugam-se os verbos dignar-se, estagnar, impugnar, indignar-se, persignar-se, pugnar, repugnar e resignar-se.

CONSISTIR

Regência verbal. Verbo transitivo indireto que rege a preposição **em**, e não **de**:

A vida consiste em lutas constantes.

CONSIGO

V. **emprego de pronomes** (2).

CONSOANTE[1]

Tipo de letra que se opõe à vogal. Em português há vinte e uma consoantes: b, c, d, f, g, h, j, k, l, m, n, p, q, r, s, t, v, w, x, y e z. As consoantes k, w e y têm uso restrito na língua, aparecendo em situações especiais, como em palavras derivadas de nomes estrangeiros:

kantismo (de Kant), wagneriano (de Wagner), yeatsiano (de Yeats).

CONSOANTE[2]

Fonema pronunciado com a interrupção parcial (consoante constritiva) ou total (consoante oclusiva) da corrente de ar. O mesmo que **fonema consonantal**.

Classificação

1. Quanto ao modo de articulação

Em função da corrente de ar durante a emissão.

a) Oclusivas

As pronunciadas em explosão, por causa da interrupção total da corrente de ar durante sua emissão:

/Pê/, /Bê/, /Tê/, /Dê/, /Kê/, /GUê/

b) Constritivas

As pronunciadas de maneira arrastada, em virtude da interrupção parcial da corrente de ar. Podem ser:

- fricativas:

/Fê/, /Vê/, /Sê/, /Zê/, /Xê/, /Jê/

- laterais:

/Lê/, /LHê/

- vibrantes:

/Rê/, /RRê/

CONSOANTE DE APOIO

2. Quanto à zona de articulação

Posição de lábios e língua na pronúncia.

a) Bilabiais: lábio tocando lábio:

/Pê/, /Bê/, /Mê/

b) Labiodentais: dentes superiores tocando o lábio inferior:

/Fê/, /Vê/

c) Linguodentais: língua tocando os dentes superiores:

/Tê/, /Dê/, /Nê/

d) Alveolares: língua tocando os alvéolos (gengivas), ou se aproximando deles:

/Sê/, /Zê/, /Lê/, /Rê/

e) Palatais: dorso da língua tocando o palato (céu da boca):

/Xê/, /Jê/, /LHê/, /NHê/

f) Velares: língua se encolhendo na direção da garganta:

/Kê/, /GUê/, /RRê/

3. Quanto ao papel das cordas vocais

Por causa da possível vibração das cordas vocais.

a) Surdas: sem vibração das cordas:

/Pê/, /Tê/, /Kê/, /Fê/, /Sê/, /Xê/

b) Sonoras: com vibração das cordas:

Todas as outras

4. Quanto ao papel das cavidades bucal e nasal

a) Nasais:

/Mê/, /Nê/, /NHê/

b) Orais:

Todas as outras

Nota: Existem classificações especiais para determinadas consoantes. V. os verbetes africada, chiante, líquida e sibilante.

CONSOANTE DE APOIO

Versificação. Consoante imediatamente anterior à vogal tônica da rima.

beleza – natureza, ilusão – compreensão

CONSOANTE DE LIGAÇÃO

Estrutura das palavras. Consoante colocada entre o radical e o sufixo, destituída de significação, que tem por finalidade facilitar a pronúncia. Também chamada **consoante eufônica**:

paulada, chaleira, cafezinho

CONSOANTE DOBRADA

Aquela que se pronuncia com duração maior do que a da consoante simples, como ocorre no italiano. É o mesmo que **consoante geminada**. Não existe, porém, em português. Em palavras como **carro** e **passo**, os grupos **rr** e **ss** não constituem consoantes dobradas, e sim dígrafos.

CONSOANTE EUFÔNICA

Estrutura das palavras. O mesmo que **consoante de ligação** (q. v.).

CONSOANTE GEMINADA

V. **consoante dobrada**.

CONSOANTE MUDA

No encontro formado por duas consoantes separáveis na grafia, a primeira se chama consoante muda. É terminologia obsoleta.

> di**g**no, a**d**vogado, pa**c**to

CONSOANTES

Versificação. Rimas em que há identidade total a partir da vogal tônica. O mesmo que **soantes** e **perfeitas**:

> "Se junto de mim te v**ejo**
> Abre-te a boca um boc**ejo**,
> Só pelo baile suspiras!" (Casimiro de Abreu)

CONSONANTAL[1]

Relativo a consoante.

CONSONANTAL[2], encontro

V. **encontro consonantal**.

CONSONANTAL[3], fonema

O mesmo que **consoante**. V. **consoante**[2].

CONSONÂNTICA, escrita

V. **escrita** (3).

CONSONÂNTICO, encontro

O mesmo que **encontro consonantal** (q. v.).

CONSONANTISMO

Gramática Histórica. Conjunto das mudanças fonéticas ocorridas com as consoantes na passagem de uma língua para suas derivadas. Por exemplo, a consoante latina **c** (antes de **e** ou **i**) passa a **z**: a**c**etu > a**z**edo.

CONSONANTIZAÇÃO

Gramática Histórica. Passagem de fonema vocálico a consonantal. Geralmente se dá com as semivogais:

iam > já, uinu > vinho

CONSTAR

Regência verbal.

1. Transitivo indireto, regendo a preposição **em**, e não **de**, com o sentido de "estar registrado":

A palavra consta nos dicionários.

2. Transitivo indireto, regendo a preposição **de**, com o sentido de "constituir-se":

A peça consta de três atos.

3. Intransitivo, seguido de oração substantiva subjetiva, com o sentido de "ser do conhecimento de":

Consta que ele se mudou.

CONSTITUINTE

Redação oficial. O mesmo que **outorgante** e **mandante**. V. **procuração**.

CONSTITUINTES

Linguística. Nome dado aos elementos formais que constituem uma forma linguística complexa, que pode ser uma palavra, uma expressão, uma oração etc. São trazidos pela análise, só terminando esta quando se chega aos **constituintes imediatos**, isto é, aqueles que se ligam a uma forma simples sem intermediários. Por exemplo, em **moças** há dois constituintes ligados ao radical: **a** e **s**. A forma complexa é **moça**, sendo o **a** um constituinte imediato da raiz **moç-**; **s** é um constituinte que se liga à forma complexa.

CONSTITUINTES IMEDIATOS

Linguística. V. **constituintes**.

CONSTITUIR

Conjugação. Segue o modelo de **atribuir** (q. v.).

CONSTRITIVAS, consoantes

V. **consoante²** (1).

CONSTRUÇÃO

Reunião dos elementos formais em um **sintagma** (q. v.). Pode ser vocabular ou sintática. Por exemplo, em **cantássemos** os elementos estão dispostos numa construção vocabular: radical, vogal temática, desinência modo-temporal (sse) e desinência número--pessoal (mos). É impossível subverter essa ordem. Por outro lado, numa frase como "Aquele menino chorou", temos elementos dispostos numa construção sintática típica da língua portuguesa. Igualmente não permite algo como "menino aquele chorou", uma vez que essa construção não está de acordo com a estrutura do português.

CONSTRUIR

Conjugação. Verbo abundante. Tem formas duplas na segunda e na terceira pessoas do singular e na terceira pessoa do plural do presente do indicativo.

Pres. ind.: construo, constróis (ou construis), constrói (ou construi), construímos, construís, constroem (ou construem)

Pret. perf.: construí, construíste, construiu, construímos, construístes, construíram

Pret. imperf.: construía, construías, construía, construíamos, construíeis, construíam

Pret. m.-q.-perf.: construíra, construíras, construíra, construíramos, construíreis, construíram

Fut. pres.: construirei, construirás, construirá, construiremos, construireis, construirão

Fut. pret.: construiria, construirias, construiria, construiríamos, construiríeis, construiriam

Pres. subj.: construa, construas, construa, construamos, construais, construam

Imperf.: subj.: construísse, construísses, construísse, construíssemos, construísseis, construíssem

Fut. subj.: construir, construíres, construir, construirmos, construirdes, construírem

Imper. afirm.: constrói (ou construi), construa, construamos, construí, construam

Imper. neg.: não construas, não construa, não construamos, não construais, não construam

Inf. impess.: construir

Inf. pess.: construir, construíres, construir, construirmos, construirdes, construírem

Ger.: construindo

Part.: construído

Por ele se conjugam os verbos destruir e reconstruir.

CONTÁGIO

Influência que uma palavra tem sobre outra com a qual mantém contato. Por exemplo, de "forte como um touro" surgiu, por contágio, touro com o sentido de forte. É um processo metafórico (caso de touro) ou metonímico, como em "lâmina de barbear Gillet", que nos deu gilete, com o sentido de lâmina. Também há contágio no fenômeno da **assimilação** (q. v.), estudado em Gramática Histórica.

CONTAMINAÇÃO

Desenvolvimento de uma forma, que muitas vezes é contrária aos padrões da língua culta, pela mistura de duas outras. O mesmo que **cruzamento**:

Avisei o funcionário do perigo.

Avisei ao funcionário o perigo.

Avisei ao funcionário do perigo.

Esta última exemplifica o fenômeno da contaminação, neste caso sintática, pois representa uma união das anteriores. Diz-se que ela está errada quanto à regência, pois o verbo ficou com dois objetos indiretos.

CONTATO

Linguística. Palavra que designa a situação de línguas ou dialetos que se encontram em continuidade geográfica, influenciando-se mutuamente.

CONTEMPORÂNEO

Regência nominal. Pede complemento iniciado pela preposição **de**:

Meu pai foi contemporâneo de Rui Barbosa.

CONTER
Conjugação. Segue o modelo de **ter** (q. v.).

CONTEÚDO
A significação de uma forma linguística.

CONTEXTO[1]
Conjunto de fatores auxiliares que levam à compreensão de uma enunciação linguística. Só em função do contexto é possível depreender a significação precisa das palavras. Por exemplo, uma frase como "A criança escondeu a manga" precisa de um contexto que defina a que manga o falante está se referindo: à fruta ou a uma parte da camisa.

As palavras, em geral, têm um significado básico, relativamente estável. Mas, no contexto em que elas aparecem, novos valores podem surgir. Até a entonação pode, em dados contextos, trazer a elas significados distintos. Por exemplo, **fogo** em situações como "– O que está faltando para assar a carne? – Fogo." e "– O que está acontecendo? – Fogo!"

CONTEXTO[2]
Teoria da comunicação. O mesmo que **referente**. V. **referente**[2].

CONTEXTUAL
Relativo a contexto.

CONTEXTUALIZAÇÃO
O ato de **contextualizar** (q. v.).

CONTEXTUALIZAR
1. Incluir num texto.

2. Criar um texto que contenha determinada palavra ou expressão para tirar dúvidas a seu respeito.

CONTINUATIVO, aspecto
V. **aspecto** (3).

CONTRA
Preposição que indica, em geral, "oposição":

Ele estava contra o chefe.

CONTRA-
Prefixo de origem latina que indica "oposição" ou "ação conjunta". Pede hífen antes de **h** e **a**:

contra-habitual, contra-aviso, contra-ataque; contraindicação, contrarregra, contrassenha, contramão, contratorpedeiro

CONTRAÇÃO

União ou aglutinação de dois vocábulos gramaticais. Alguns preferem o termo **combinação**, que, para Mattoso Câmara, é inexpressivo. Há vários tipos de contração.

1. Crase

Vogais iguais aglutinando-se em uma só:

pede > pee > pé (ee → é)

2. Elisão

Vogais diferentes, com desaparecimento de uma:

de + intro > dentro

3. Assimilação

Fonemas diferentes e contíguos, em que um se iguala ao outro:

persicu > pessicu (depois pêssego)

4. Ditongação

Passagem de hiato a ditongo:

lenço alvo (na leitura: lençualvo, com o ditongo /wa/)

A Gramática Normativa do português destaca dois tipos de contração:

a) de algumas preposições com artigos ou pronomes:

do, na, daquele, num, noutro

Nota: Para a união da preposição **a** com o artigo ou pronome demonstrativo **o** (**ao**), parece-nos mais apropriado o termo **combinação**, por não ter havido propriamente uma aglutinação, e sim justaposição dos elementos.

b) do pronome pessoal oblíquo **o** (e flexões) com outros pronomes oblíquos:

mo (me + o), ta (te + a), lho (lhe ou lhes + o), no-la (nos + a)

CONTRADIZER

Conjugação. Segue a conjugação de **dizer** (q. v.).

CONTRASTE

Estilística. V. **antítese**.

CONTRIBUIR

Conjugação. Segue o modelo de **atribuir** (q. v.).

CONTUDO

V. **com tudo**.

CONVERGÊNCIA[1]

Linguística. Processo de alteração de dialetos que se tornam mais parecidos uns com os outros.

CONVERGÊNCIA[2]

Gramática Histórica. Identidade fonética entre palavras oriundas de étimos diferentes. Há, por exemplo, convergência nas palavras **rio** (verbo) e **rio** (substantivo). Elas provêm, respectivamente, de **rideo** e **rivum**. Assim, diz-se que **rio** e **rio** são formas convergentes.

CONVERGENTES, formas

V. **convergência²**.

CONVERSÃO

Formação de palavras. Mudança da classe ou subclasse de uma palavra. O mesmo que **derivação imprópria**:

Ele esperava um **sim**. (de advérbio a substantivo)

O senhor **Pereira** acaba de chegar. (de substantivo comum a próprio)

CONVIR

1. Conjugação. Segue a conjugação do primitivo, **vir** (q. v.).

2. Regência verbal.

a) Transitivo indireto, regendo a preposição **a**:

Esse trabalho não convém a você.

b) Intransitivo, com sujeito oracional:

Convém que todos estejam presentes.

COORDENAÇÃO

União de termos sintaticamente equivalentes. Tais termos, independentes entre si, podem ser palavras, expressões ou orações. O mesmo que **parataxe**:

Levou água, comida e cobertores.

Estava sem coragem, sem alegria, sem disposição.

Entrou e saiu logo.

COORDENADA

V. **oração coordenada**.

COORDENATIVA

V. **conjunção coordenativa**.

COPIAR

Conjugação. Verbo regular. V. **abreviar**.

COPLA

Versificação. Estrofe de quatro versos octossílabos com rima obrigatória nos versos pares.

CÓPULA

Qualquer conectivo, inclusive o verbo de ligação, chamado por isso mesmo de copulativo.

COPULATIVA

Diz-se da função dos verbos de ligação.

COPULATIVO
Verbo de ligação. V. **cópula** e **verbo de ligação**.

COR¹

1. Teoria da comunicação. A cor pode servir de código para que se estabeleça uma comunicação, ou seja, para que o receptor consiga decodificar, entender a mensagem. Por exemplo, a cor vermelha dos sinais de trânsito passa ao motorista a ideia de que ele tem de parar o veículo.

2. Estilística. A cor, em virtude de determinados fatores, pode simbolizar alguma coisa. Por exemplo, o branco é o símbolo da pureza.

COR²
Linguística. O mesmo que **timbre** (q. v.). Suposta correspondência entre as impressões acústicas e as visuais. Por isso, em Linguística, se diz às vezes vogal clara, vogal escura, cor grave etc.

CORDAS VOCAIS¹
V. **aparelho fonador** (2).

CORDAS VOCAIS²
Vibração das cordas. V. **consoante²** (3).

CORPO
Tipologia textual. O mesmo que **desenvolvimento**. V. **dissertação** (2).

CORPUS
Palavra latina muito usada em Linguística. Designa o conjunto de dados linguísticos que pode servir para uma descrição linguística ou para a verificação de uma hipótese sobre a língua a que ele pertence. É, portanto, uma amostra da língua, e não a língua em si. É a amostra sobre a qual trabalham os linguistas.

CORREÇÃO
Obediência à norma gramatical de uma língua. A noção de certo e errado se prende ao uso linguístico da camada social dominante sistematizado pelo que se conhece como Gramática Normativa. Esta não considera, para a fixação do que é correto, apenas a gramaticalidade, mas também a clareza, a concisão e a elegância do indivíduo ao falar e escrever.

CORRELAÇÃO
Construção sintática de duas partes, seja na coordenação, seja na subordinação, relacionadas entre si, de maneira que a enunciação de uma leva à enunciação de outra. Na coordenação, por exemplo, temos a correlação **não só... mas também**, em frases do tipo "Não só estuda, mas também trabalha". Por outro lado, na subordinação, temos a correlação das palavras **tão**, **tal**, **tanto** e **tamanho** com a conjunção subordinativa

que, em frases como "Correu tanto que tropeçou". A cada termo que constitui uma correlação dá-se o nome de **correlativo**.

CORRELATIVO
V. **correlação**.

CORRENTE, língua
V. **coloquial**.

CORRESPONDÊNCIA
Filologia. Identidade ou semelhança formal entre palavras ou estruturas de línguas distintas, porém afins. Assim, diz-se que há correspondência entre o espanhol *pueblo* e o português **povo**, entre o inglês *hand* e o alemão *hand*, entre o italiano *pace* e o português **paz** etc.

CORRESPONDÊNCIA FONÉTICA
Nome que alguns linguistas dão à lei fonética. V. **lei**.

CORRESPONDER
Regência verbal. Verbo transitivo indireto; rege a preposição **a**:
> Sua versão não corresponde à realidade.

CORRESPONDER-SE
Regência verbal. Verbo transitivo indireto; rege a preposição **com**:
> Correspondeu-se com a irmã.

CORROER
Conjugação. Segue o modelo de **moer** (q. v.).

CRASE
1. Versificação.
> União de duas vogais iguais entre o final de uma palavra e o início da seguinte. V. **sinalefa²**:
> > "O vento varri**a a**s luzes..." (Manuel Bandeira)

Observe a pronúncia: varrias luzes. O desaparecimento do primeiro **a** recebe o nome de crase.

2. Gramática Histórica.
> União de duas vogais iguais em uma só:
> > leer > ler, door > dor, coor > cor

3. Contração da preposição **a** com um outro **a**, dando origem ao sinal gráfico conhecido como acento grave, acento de crase ou acento indicativo de crase. Assim, para que haja o acento de crase, é necessário que existam os dois **as**:
> > Ele se dirigiu a a tesouraria.
> > Ele se dirigiu à tesouraria.

107

CRASE

O verbo **dirigir-se** pede a preposição **a** (dirigir-se a alguém ou a algum lugar). A palavra **tesouraria** é um substantivo feminino, cujo artigo, evidentemente, é **a**. Assim, houve a contração dos dois elementos, originando-se a palavra **à**. Pode-se, dessa forma, deduzir que o substantivo na frente do qual aparece um à tem de ser feminino. Vejamos como se pode verificar a existência ou não da crase, com o consequente emprego do acento grave.

a) Sendo um substantivo comum no feminino, troca-se por um masculino qualquer. Se aparecer **ao**, haverá o acento:

> Iremos **à** praia. (ao mercado, ao banco, ao colégio)
>
> Pedimos isso **à** enfermeira. (ao enfermeiro)
>
> Compramos **a** pasta. (o caderno, o livro, o material)

Notas:

1ª) Coisa troca-se por coisa; pessoa, por pessoa.

2ª) Pode o substantivo feminino estar oculto. Palavras como moda, rua, avenida, praça, editora etc. às vezes ficam subentendidas:

> Usava cabelos à Roberto Carlos (à moda Roberto Carlos).
>
> Encaminhou-se à Presidente Vargas. (à Avenida Presidente Vargas)
>
> Leve o material à Barão de Piratininga. (à Rua Barão de Piratininga)

3ª) Se a palavra não pode estar antecedida pelo artigo **a**, não haverá crase:

> Irei a alguma cidade do interior. (pronome indefinido)
>
> Seguiremos a pé. (palavra masculina)
>
> Diga a ela. (pronome pessoal)
>
> Pôs-se a cantar. (verbo)
>
> Mostrei o erro a Vossa Senhoria. (pronome de tratamento)
>
> Refiro-me a uma pessoa dali. (artigo indefinido)
>
> Pedimos a essa mulher. (pronome demonstrativo)
>
> Tomei o remédio gota a gota. (palavra repetida)
>
> Falei a pessoas do escritório. (**a**, singular, diante de plural)

b) Sendo um substantivo próprio de lugar, troca-se o verbo que pede a preposição **a** pelo verbo **vir**, que pede **de**. Se quiser, troque por outro verbo que peça preposição, desde que não seja **a**. Aparecendo **da** (ou outra contração), existe o acento; caso contrário, não existe:

> Ele foi **à** Itália. (veio da Itália)
>
> Chegaremos logo **à** Argentina. (viremos da Argentina)
>
> Ele viajava **a** Brasília. (vinha de Brasília)

Para situações especiais de crase consulte os verbetes às duas horas, àquele, à que, à qual, casa, distância, terra, vultos históricos, à minha, até (nota), à França, à Luciana, das cinco às oito horas, às claras, à procura de e à proporção que.

CRER
Conjugação. Este verbo possui algumas pessoas que parecem estranhas, talvez por ser ele menos usado que seu sinônimo **acreditar**. Como tudo na língua é uma questão de costume, as pessoas tendem a recusar formas corretas como **cri**, **creu** e **cria**.

Pres. ind.: creio, crês, crê, cremos, credes, crêem
Pret. perf.: cri, creste, creu, cremos, crestes, creram
Pret. imperf.: cria, crias, cria, críamos, críeis, criam
Pret. m.-q.-perf.: crera, creras, crera, crêramos, crêreis, creram
Fut. pres.: crerei, crerás, crerá, creremos, crereis, crerão
Fut. pret.: creria, crerias, creria, creríamos, creríeis, creriam
Pres. subj.: creia, creias, creia, creiamos, creiais, creiam
Imperf. subj.: cresse, cresses, cresse, crêssemos, crêsseis, cressem
Fut. subj.: crer, creres, crer, crermos, crerdes, crerem
Imper. afirm.: crê, creia, creiamos, crede, creiam
Imper. neg.: não creias, não creia, não creiamos, não creiais, não creiam
Inf. impess.: crer
Inf. pess.: crer, creres, crer, crermos, crerdes, crerem
Ger.: crendo
Part.: crido

Da mesma forma que ele, conjugam-se descrer, ler, reler e tresler.

CRESCENTE
V. **ditongo** (1).

CRIAÇÃO ANALÓGICA
V. **analogia**.

CRIAÇÃO ROMÂNICA
Qualquer fato gramatical que date da época dos romances (ou romanços), as línguas intermediárias entre o latim e as línguas dele derivadas, como o português. Opõe-se a tudo aquilo que provenha diretamente do latim.

CRIAR
Conjugação. Verbo regular. V. **abreviar**.

CRIOULO
Filologia. Idioma rudimentar, fruto da fusão de uma língua indígena com uma língua de civilização. Às vezes é apenas uma língua de emergência, com fins meramente comerciais, resumindo-se ao essencial para uma comunicação entre os negociantes e seus clientes.

CRIPTANÁLISE
Filologia. Decifração de mensagens cujo código é desconhecido. O filólogo que atua na criptanálise é o criptanalista.

CRIPTANALISTA
V. **criptanálise**.

109

CRIPTOGRAFIA

Alteração promovida em uma língua escrita para torná-la incompreensível, exceto para aqueles que conhecem a sua chave. Quando a alteração se faz na língua falada, recebe o nome de **criptolalia**.

CRIPTOLALIA

V. **criptografia**.

CRÍTICA, edição

Filologia. V. **edição** (2).

CRÍTICA TEXTUAL

Procedimento do linguística que tem por fim reconstruir um texto; é a procura pela forma original de um texto. O mesmo que **ecdótica**.

CROMÁTICO, acento

O mesmo que **acento musical**. V. **acento** (1).

CRONÔNIMO

Designação de divisões do tempo: dias da semana, meses, eras históricas e épocas:
segunda-feira, março, Idade Média, Quinhentos (o século XVI)

CRUZADAS, rimas

Versificação. O mesmo que **alternadas** (q. v.).

CRUZAMENTO

O mesmo que **contaminação** (q. v.).

CUIDADOSO

Regência nominal. Pede complemento regido pelas preposições **com**, **em** ou **de**.
Era cuidadoso com os pais.
Serei cuidadoso em tudo.
Sempre fui cuidadoso de você.

CULTA

Modalidade de língua que segue o padrão formal, erudito. É a que se aprende nas escolas e faculdades e tem como elemento regulador a Gramática Normativa. Opõe-se à **coloquial** (q. v.). O mesmo que **formal**.

CULTISMO[1]

Emprego de linguagem escorreita, esmerada.

CULTISMO[2]

O mesmo que **vocábulo erudito**. V. **erudito**.

CUNEIFORME, escrita

V. **escrita** (2).

CURRICULUM VITAE

Expressão latina que significa "correr de vida", ou seja, conjunto de informações particulares de alguém que se candidata a algo. Plural: ***curricula vitae***.

CURSIVO, aspecto

V. **aspecto** (3).

CURVA ORAL

Linguística. Registro gráfico da voz feito em um aparelho especial chamado **quimógrafo**.

CUSPIR

Conjugação. Segue o modelo de **acudir** (q. v.).

CUSTAR

Regência verbal.

1. Intransitivo, acompanhado de adjunto adverbial de preço:

A máquina custa quatrocentos reais.

2. Intransitivo, com o sentido de "demorar":

Custou, mas encontrou a resposta.

3. Transitivo indireto, com o sentido de "ser custoso", "ser difícil"; rege a preposição **a** e está sempre seguido de um infinitivo, cuja oração é o seu sujeito:

Custou ao balconista entender a minha ideia.

Nota: A oração infinitiva (entender a minha ideia) é o sujeito de **custou**; a pessoa (nesse caso, ao balconista) aparece sempre como objeto indireto. Popularmente se diz "O balconista custou a entender a minha ideia", construção que não tem guarida na modalidade culta do português.

D

D

Quarta letra do alfabeto português.

DÁLMATA

Filologia. O mesmo que **dalmático** (q. v.).

DALMÁTICO

Filologia. Língua românica desaparecida nos fins do século XIX, na antiga Dalmácia, região em que existiu a Iugoslávia, hoje dividida em vários países. O mesmo que **dálmata**.

DAR

1. Conjugação. A vogal **a** do infinitivo passa a **e**, não apenas no presente do subjuntivo, como ocorre normalmente com os verbos dessa conjugação, mas também no pretérito perfeito e seus derivados. É um dos raros verbos em que na primeira pessoa do singular do presente do indicativo aparece um ditongo, e não a desinência **o**.

Pres. ind.: dou, dás, dá, damos, dais, dão
Pret. perf.: dei, deste, deu, demos, destes, deram
Pret. imperf.: dava, davas, dava, dávamos, dáveis, davam
Pret. m.-q.-perf.: dera, deras, dera, déramos, déreis, deram
Fut. pres.: darei, darás, dará, daremos, dareis, darão
Fut. pret.: daria, darias, daria, daríamos, daríeis, dariam
Pres. subj.: dê, dês, dê, demos, deis, deem
Imperf.: subj.: desse, desses, desse, déssemos, désseis, dessem
Fut. subj.: der, deres, der, dermos, derdes, derem
Imper. afirm.: dá, dê, demos, dai, deem
Imper. neg.: não dês, não dê, não demos, não deis, não deem
Inf. impess.: dar
Inf. pess.: dar, dares, dar, darmos, dardes, darem
Ger.: dando
Part.: dado

Por ele se conjuga desdar.
2. Concordância verbal. Nas indicações de hora, tem comportamento idêntico ao de **bater** (q. v.).

DAR À LUZ UM FILHO

Tal é a expressão correta em português, equivalente a "parir". Não existe, na língua culta, "dar a luz a um filho".

DAS CINCO ÀS OITO HORAS

Crase. Em expressões desse tipo, o acento de crase é obrigatório. Ele traduz a ideia de que algo vai ocorrer entre as cinco e as oito horas. Não a confunda com uma outra, "de cinco a oito horas", em que o acento não aparece, pois a palavra **a**, singular, está diante de plural. O sentido é outro, indica duração, o tempo que algo leva para ocorrer.

DATA VENIA

Expressão latina que significa "com a devida permissão".

DATAÇÃO[1]

Pontuação. Usa-se vírgula para separar o nome do lugar:

Maricá, 18 de julho de 2007.

DATAÇÃO[2]

Lexicografia. O primeiro aparecimento por escrito de uma palavra é normalmente acompanhado da data, seguida da referência da obra em que esse registro ocorreu:

Barco – De barca. Em 919, Dipl, doc. nº 22, p.14.

DATIVO

Filologia. Na declinação do latim, é o caso que expressa o objeto indireto e o complemento nominal.

DATIVO ÉTICO

O mesmo que **objeto indireto de interesse**. V. **objeto indireto** (5).

DE

Preposição de inúmeros sentidos.

1. Lugar:

Cheguei de Portugal.

2. Tempo:

Sairemos de tarde.

3. Posse:

Achei o anel de minha irmã.

4. Causa:

Tremia de frio.

5. Modo:

Ele voltou de costas.

DE CINCO A OITO HORAS

6. Assunto:

Falávamos de negócios.

7. Meio:

Só viajava de trem.

8. Instrumento:

Ele apanhou de vara.

9. Conteúdo:

Tomou uma taça de vinho.

10. Fim:

Pediu alguma coisa de comer.

11. Matéria:

Ganhou um cordão de prata.

12. Dimensão:

Era uma sala de quarenta metros quadrados.

13. Preço:

Mandou-me uma joia de vinte mil reais.

DE CINCO A OITO HORAS

Crase. V. **das cinco às oito horas**.

DE CONTATO, língua

V. **língua** (6).

DE CUJUS

Expressão latina usada em português com o sentido de "o morto", "o falecido". É redução de ***de cujus successione agitur***, que equivale a "de cuja sucessão se trata".

DE ENCONTRO A

V. **ao encontro de**.

DE FÉRIAS

Expressão correta, equivalente a "em férias".

O gerente está de férias.

O gerente está em férias.

DE FORMA QUE

Concordância nominal. Locução em que o substantivo é sempre singular. Não existe, pois, "de formas que". O mesmo se dá com **de modo que** e **de maneira que**.

DE GREVE

V. **em greve**.

DE JURE

Expressão latina que significa "de direito".

DE MANEIRA QUE

Concordância nominal. V. **de forma que**.

DE MODO QUE

Concordância nominal. V. **de forma que**.

DEBORDAMENTO[1]

Versificação. O mesmo que *enjambement* (q.v.).

DEBORDAMENTO[2]

Linguística. Possibilidade de ocorrência de dois fonemas de um par opositivo, em determinados ambientes fonológicos, sem que haja alteração de sentido.

menino (m**e**nino e m**i**nino)

abençoar (abenç**o**ar e abenç**u**ar)

O debordamento se verifica também em formas variantes legítimas, como sapé e sapê.

Nota: Pode ser confundido com a **neutralização** (q. v.).

DECASSÍLABO

Versificação. Verso de dez sílabas métricas.

1. Heroico

Com acentuação predominante na sexta e na décima sílabas métricas:

"Um grupo desta**ca**va-se amo**ro**so..." (Castro Alves)

2. Sáfico

Com acentuação predominante na quarta, na oitava e na décima sílabas métricas:

"Como a cri**an**ça que ba**nha**da em **pran**tos..." (Casimiro de Abreu)

3. Imperfeito

Com acentuação predominante na quarta e na décima sílabas métricas, havendo um acento secundário na oitava:

"...Que o sangue **po**dre das car**nifici**nas..." (Augusto dos Anjos)

DÉCIMA

Versificação. Estrofe de dez versos:

"Às vezes quebra o silêncio

Ronco estrídulo, feroz.

Será o rugir das matas,

Ou da plebe a imensa voz?...

Treme a terra hirta e sombria...

São as vascas da agonia

DECLARATIVA

Da liberdade no chão?...
Ou do povo o braço ousado
Que, sob montes calcado,
Abala-os como um Titão?!..." (Castro Alves)

DECLARATIVA

Diz-se da frase que apenas cita um fato, sem que o falante dê sua opinião ou demonstre seus sentimentos em relação a ele. Opõe-se à interrogativa, à exclamativa e à imperativa. V. esses verbetes. O mesmo que **assertiva** e **enunciativa**:

O acidente ocorreu ontem.

Há árvores naquela rua.

DECLARATIVO, verbo

O mesmo que *dicendi* (q. v.).

DECLINAÇÃO

Filologia. Conjunto das alternâncias de forma que os nomes apresentam em latim, conforme sua função sintática na frase. A cada forma assumida dá-se o nome de **caso** (v. **caso¹**). Os nomes da língua latina, de acordo com o **tema** (v. **tema²**), se distribuem por cinco declinações. Contudo, no latim utilizado pelo povo romano em seu dia a dia, as declinações se reduziram a três.

DECODIFICAÇÃO

Teoria da comunicação. Identificação e interpretação, por parte do receptor, da mensagem enviada. Forma variante: **descodificação**. O mesmo que **decodização**, termo pouco utilizado.

DECODIFICADOR

Teoria da comunicação. Aquele que recebe, identifica e interpreta a mensagem enviada pelo emissor. O mesmo que **destinatário**, **ouvinte** e **receptor**. Forma variante: **descodificador**.

DECODIFICAR

Teoria da comunicação. Ato de identificar e interpretar a mensagem enviada pelo emissor. Forma variante: **descodificar**.

DECODIZAÇÃO

Teoria da comunicação. O mesmo que **decodificação** (q. v.).

DECOMPOSIÇÃO

Processo de separação dos elementos que constituem uma palavra:

fal/á/sse/mos, cas/a/ment/o, flor/ist/a

DECRESCENTE

V. **ditongo** (2).

116

DECRETO

Redação oficial. Ato escrito, emanado do chefe do Poder Executivo ou de outra autoridade competente, utilizado para uma infinidade de coisas, como determinar a execução de normas, declarar ou constituir situações, criar órgãos provisórios, atribuir, modificar ou extinguir direitos ou obrigações etc. O decreto dispõe sobre assunto de interesse geral ou particular.

DEFECTIVIDADE

V. **defectivo**.

DEFECTIVO

Verbo de conjugação incompleta. A **defectividade**, ou seja, a ausência de determinadas formas, ocorre na maioria das vezes no presente do indicativo; consequentemente, uma boa parte desses verbos não possui presente do subjuntivo. São verbos defectivos: abolir, acontecer, adequar, adir, aturdir, banir, bramir, brandir, carpir, colorir, computar, demolir, doer, extorquir, falir, feder, fruir, haurir, lenir, ocorrer, precaver-se, reaver, remir, retorquir, soer, ungir, viger. V. esses verbetes.

DEFERIR

Conjugação. Segue o modelo de **aderir** (q. v.).

DÉFICIT

Acentuação gráfica. No português atual, a palavra é acentuada. Antes se dizia que, por ser um latinismo, não poderia levar acento. O VOLP, no entanto, registra *deficit*, num retrocesso desaconselhável.

DEFINIDO

V. **artigo** (1).

DEFLEXÃO

O mesmo que **apofonia** (q. v.).

DEFORMAÇÃO

Qualquer alteração no corpo fônico de uma palavra:
metereologia, largatixa, prostação

DEGEMINAÇÃO

Gramática Histórica. Simplificação de consoante geminada:
pello > pelo

DEGENERAÇÃO

Gramática Histórica. Passagem da consoante oclusiva /Bê/ à constritiva /Vê/:
faba > fava

DEGLUTINAÇÃO

Gramática Histórica. Tipo de **aférese** (q. v.) em que se separam de um vocábulo os fonemas iniciais **o** ou **a**, por serem eles confundidos com o artigo. Pode-se dizer, também, que houve uma **metanálise** (q. v.). O mesmo que **desagregação**:

> obispo > bispo, abatina > batina.

DEGRADAÇÃO SEMÂNTICA

Degradação do significado de uma palavra. Por exemplo, **rapariga**, que passou a significar, em determinados lugares, "prostituta".

DÊITICO

Em que há **dêixis** (q. v.).

DÊIXIS

Faculdade de certos vocábulos, como advérbios e pronomes demonstrativos, de nomear os seres mostrando-os, contrariamente aos nomes, os quais designam os seres, nomeando-os. Quando se diz, por exemplo, "este sofá", o pronome **este** serve para mostrar o sofá, localizando-o no espaço, ou seja, com a pessoa que fala. Com "esse sofá" tem-se a ideia de outra localização, ou seja, perto da pessoa com quem se fala. Já "aquele sofá" traz a ideia de um afastamento maior, longe das duas primeiras pessoas. Assim, diz-se que tais pronomes são dêiticos. O mesmo ocorre com certos advérbios, aqui, aí, ali, lá e acolá, que se prestam a uma localização. A **anáfora** (v. **anáfora²**) e a **catáfora** (q. v.) são casos especiais de dêixis.

DELTACISMO

Defeito na emissão dos fonemas consonantais /Tê/ e /Dê/, que leva à confusão entre os dois.

DEMOLIR

Conjugação. Verbo defectivo. V. **abolir**.

DEMONSTRATIVO

Pronome, tanto substantivo quanto adjetivo, que serve para mostrar, situando o ser no tempo e no espaço. É, portanto, pronome dêitico. V. **dêixis**.

São pronomes demonstrativos:

1. Variáveis:

a) Este, esse e aquele (e flexões):

> Este papel é novo.
> Essa ave está ferida.
> Quero aqueles lenços.

b) O (e flexões), mesmo (e flexões), próprio (e flexões) e tal (tais):

> O que eu pedi eles trouxeram.
> Fizemos a mesma proposta.
> Ela própria quis falar.
> Tais atitudes me desagradam.

2. Invariáveis: isto, isso, aquilo:

> Isso não está correto.

DEMÓTICO

Filologia. O mesmo que **romaico** (q. v.).

DENEGRIR

Conjugação. Segue o modelo de **agredir** (q. v.).

DENOTAÇÃO

Semântica. V. **conotação²**.

DENOTATIVA

> V. **palavra denotativa**.

DENOTATIVO

Semântica. V. **conotativo**.

DENTAL

Fonema consonantal emitido com a intervenção dos dentes. Em português são dentais as labiodentais e as linguodentais. V. **consoante²**.

DEPARAR

Regência verbal. Transitivo direto ou indireto, regendo a preposição **com**:

> Mariana deparou um homem muito alto.
>
> Mariana deparou com um homem muito alto.

Nota: Como pronominal, é sempre transitivo indireto, com a preposição **com**:

> Mariana deparou-se com um homem muito alto.

DEPENDENTE

> V. **oração subordinada**.

DEPOÊNCIA

> V. **depoente**.

DEPOENTE

Filologia. Em latim, é o verbo de forma passiva e sentido ativo. Há resquícios de depoência em certos particípios. Por exemplo, quando se diz "homem lido", em que o particípio, de forma passiva, equivale a "que lê ou leu muito", de sentido ativo.

DEPOR

Conjugação. Segue a conjugação do verbo primitivo, **pôr** (q. v.).

DEPRECAÇÃO

Estilística. Figura de linguagem que consiste num pedido fervoroso, numa súplica comovente ou, simplesmente, num convite. O mesmo que **obsecração**:

> "–Entra, Irene. Você não precisa pedir licença." (Manuel Bandeira)
>
> "Perdoa, minha mãe – eu te amo ainda!" (Álvares de Azevedo)

DEPRECIATIVO

O mesmo que **pejorativo** (q. v.).

DERIVAÇÃO

Formação de palavras. Processo de formação em que geralmente se junta a um radical um afixo, nome comum a prefixo e sufixo. Diz-se, assim, que uma palavra como **beleza** é derivada, pois se formou a partir de uma palavra, dita primitiva, com o acréscimo do sufixo **-eza**. Há cinco tipos de derivação.

1. Prefixal ou por prefixação

Quando se acrescenta um prefixo:

> **bi**campeão, **des**colar

2. Sufixal ou por sufixação

Quando se acrescenta um sufixo:

> grand**eza**, sul**ista**

3. Prefixal e sufixal ou por prefixação e sufixação

Quando se acrescenta um prefixo e um sufixo:

> **des**leal**dade**, **in**feliz**mente**

Nota: A palavra pode ter prefixo e sufixo e ser apenas prefixal ou sufixal. Verifica-se qual foi a última entrada, para fazer a análise. Assim, a palavra **anormal** é derivada prefixal, pois se formou de **normal**. É o prefixo que entra por último, já que não existe **anorma**.

4. Parassintética, por parassíntese ou parassintetismo

Quando se acrescentam prefixo e sufixo ao mesmo tempo; não se pode retirar apenas um afixo:

> **en**jaul**ado**, **a**pedr**ejar**

Não é possível retirar apenas o prefixo ou o sufixo de **enjaulado** e **apedrejar**, uma vez que não existem **enjaula**, **jaulado**, **apedra** e **pedrejar**. Foi necessário que os afixos dessas palavras se unissem simultaneamente a seus radicais.

Nota: Alguns gramáticos veem nas palavras formadas com prefixos, com exceção da parassíntese, casos de composição, por corresponderem os prefixos a preposições portuguesas ou latinas, modificando substancialmente o sentido do radical.

5. Regressiva, por regressão, deverbal ou pós-verbal

Quando a palavra primitiva, geralmente um verbo, se reduz:

> dança (de dançar), rebate (de rebater), canto (de cantar)

Como se vê pelos exemplos, as terminações do infinitivo são substituídas por **a**, **e** e **o**.

DERIVAÇÃO DE TEMPOS

Notas:

1ª) Há algumas palavras regressivas com base em substantivos. Por exemplo, **sarampo**, cuja primitiva é **sarampão**.

2ª) Quando o substantivo é concreto, o verbo é que se diz derivado:

âncora – ancorar (derivado sufixal)

DERIVAÇÃO DE TEMPOS

O presente do indicativo, o pretérito perfeito e o infinitivo impessoal são formas ou tempos primitivos do verbo, ou seja, dão origem aos demais tempos, deles derivados. Assim, vejamos:

1. Presente do indicativo

O radical da primeira pessoa do singular dá origem ao presente do subjuntivo e às formas do imperativo dele extraídas:

caibo: caiba, caibas, caiba, caibamos, caibais, caibam

2. Pretérito perfeito

A segunda pessoa do singular origina o pretérito mais-que-perfeito, o imperfeito do subjuntivo e o futuro do subjuntivo:

coubeste: coubera, couberas, couber etc.; coubesse, coubesses, coubesse etc.; couber, couberes, couber etc.

3. Infinitivo impessoal

De seu radical forma-se o pretérito imperfeito, o futuro do presente, o futuro do pretérito, o infinitivo pessoal, o gerúndio e o particípio.

caber: cabia, cabias, cabia etc.; caberei, caberás, caberá etc.; caberia, caberias, caberia etc.; caber, caberes, caber etc.; cabendo; cabido.

DERIVAÇÃO DEVERBAL

Formação de palavras. V. **derivação** (5).

DERIVAÇÃO IMPRÓPRIA

Formação de palavras. O mesmo que **conversão** (q. v.).

DERIVAÇÃO PARASSINTÉTICA

Formação de palavras. V. **derivação** (4).

DERIVAÇÃO PÓS-VERBAL

Formação das palavras. V. **derivação** (5).

DERIVAÇÃO REGRESSIVA

Formação de palavras. V. **derivação** (5).

DERIVADA, palavra

Formação de palavras. V. **formação de palavras** e **derivação**.

DESAFIO
Disputa verbal entre cantadores, por meio de versos cantados.

DESAGRADÁVEL
Regência nominal. Pede complemento introduzido pelas preposições **a**, **de** ou **para**:
Era uma imagem desagradável aos olhos.
Temos um trabalho desagradável de fazer.
Essa missão só é desagradável para os estrangeiros.

DESAGREGAÇÃO
Gramática Histórica. O mesmo que **deglutinação** (q. v.).

DESAGUAR
Conjugação. Segue o modelo de **aguar** (q. v.).

DESALENTADO
Regência nominal. Pede complemento introduzido pela preposição **com**:
Estava desalentado com as reações do grupo.

DESAPRAZER
Conjugação. Segue o modelo de **aprazer** (q. v.).

DESAVIR-SE
Conjugação. Verbo pronominal. Conjuga-se como o primitivo, **vir** (q. v.).

DESCENDENTE, gradação
Estilística. O mesmo que **anticlímax** (q. v.).

DESCOBERTA
Regência nominal. Pede complemento introduzido pela preposição **de**:
A descoberta de novas fórmulas é iminente.

DESCOBRIR
Conjugação. Segue o modelo de **cobrir** (q. v.).

DESCODIFICAÇÃO
Teoria da comunicação. Forma variante de **decodificação** (q. v.).

DESCODIFICADOR
Teoria da comunicação. Forma variante de **decodificador** (q. v.).

DESCODIFICAR
Teoria da comunicação. Forma variante de **decodificar** (q. v.).

DESCOMPRAZER

Conjugação. Segue o modelo de **jazer** (q. v.). Alguns autores o consideram abundante, admitindo os radicais **descompraz** e **descomprouv**, para o pretérito perfeito e seus derivados. É preferível, sem dúvida, segundo nos ensinam Otelo Reis e Celso Cunha, a forma regular **descompraz**: descomprazi, descomprazeste, descomprazeu etc.

DESCRER

Conjugação. Segue o modelo de **crer** (q. v.).

DESCREVER

Conjugação. Segue o modelo de **escrever** (q. v.).

DESCRIÇÃO

Tipologia textual. Tipo de redação cujo centro é o objeto, a coisa, a pessoa.

1. Descrição de objetos:

> As paredes estavam manchadas, e o piso, bastante desgastado, mostrava-se escorregadio.

2. Descrição de pessoas:

a) Física:

> Sua irmãzinha tinha olhos azuis e um sorriso radiante. Os cabelos louros caíam-lhe sobre os ombros delicados, e as pequenas mãos lembravam algumas pinturas de Rafael.

b) Psicológica, moral, sentimental etc.

> Carla estava agitada, trêmula, à beira de um ataque de nervos. O descontrole emocional, que há muito não demonstrava, deixava-a absolutamente cega.

DESCRITIVA[1]

O mesmo que **expositiva** e **sincrônica**. V. **Gramática** (2).

DESCRITIVA[2]

O mesmo que **sincrônica**. V. **Linguística** (2).

DESDAR

Conjugação. Segue a conjugação do verbo primitivo, **dar** (q. v.).

DESDE

Preposição que pode indicar:

1. lugar:

> Vieram conversando desde São Paulo.

2. tempo:

> Está preocupado desde ontem.

DESDE QUE
Locução conjuntiva subordinativa que pode expressar:

1. tempo:
>Mora no bairro desde que nasceu.

2. condição:
>Serás aprovado, desde que estudes.

DESDIZER
Conjugação. Segue a conjugação de **dizer** (q. v.).

DESEJO
Regência nominal. Pede complemento introduzido pela preposição **de**:
>É compreensível seu desejo de paz.

DESEJOSO
Regência nominal. Pede complemento iniciado pela preposição **de**:
>Estava desejoso de conversar com alguém.

DESEMPENHO
Linguística. V. **competência** e *langue*.

DESENCANTO
Regência nominal. Pede complemento introduzido pela preposição **por**:
>Desenvolveu grande desencanto pela política.

DESENTUPIR
Conjugação. Verbo abundante. Conjuga-se como **entupir** (q. v.).

DESENVOLVIDA
V. **oração desenvolvida**.

DESENVOLVIMENTO
Tipologia textual. O mesmo que **corpo**. V. **dissertação** (2).

DESFRUTAR
Regência verbal. Verbo transitivo direto. Não deve ser usado com a preposição **de**:
>Desfrutarei a sua presença amiga.

DESIGNAÇÃO
V. **palavra denotativa** (1).

DESINÊNCIA
Estrutura das palavras. **Morfema** (q. v.) que indica a flexão da palavra (número, gênero, pessoa, tempo e modo).

DESINÊNCIAS NOMINAIS

Estrutura das palavras. Morfemas que indicam o gênero e o número dos nomes. A desinência de gênero é **a**, e a de número, **s**.

menin**a**, professor**a**, livro**s**, mare**s**

Notas:

1ª) O **o** do masculino (menino, lobo etc.) é uma vogal temática nominal. Alguns autores, no entanto, a têm considerado desinência de gênero, por haver a oposição: menino/menina, lobo/loba.

2ª) Em palavras cujo plural se faz em **es**, como **mares**, o **e** é vogal temática nominal, sendo o **s**, sozinho, a desinência de número. Há, entretanto, gramáticos que consideram esse **e** parte da desinência de número, que seria então **es**.

DESINÊNCIAS VERBAIS

Estrutura das palavras. Morfemas que indicam as flexões do verbo. Há dois tipos.

1. Desinências número-pessoais

As que indicam o número e a pessoa em que se encontra a forma verbal. Estão sempre no final da palavra. São as seguintes:

1ª pessoa do singular: O, I (vend**o**, ande**i**)

2ª pessoa do singular: S, STE, ES (estuda**s**, corre**ste**, amar**es**)

3ª pessoa do singular: U (levanto**u**)

1ª pessoa do plural: MOS (vence**mos**)

2ª pessoa do plural: IS, STES, DES (volta**is**, sorri**stes**, falar**des**)

3ª pessoa do plural: M, RAM, EM, O (louva**m**, anda**ram**, pedir**em**, verã**o**)

Notas:

1ª) Quase sempre a desinência da terceira pessoa do singular é zero. Usa-se para isso o símbolo Ø.

2ª) A 3ª pessoa do plural do pretérito perfeito é igual à do mais-que-perfeito. Porém, a divisão da palavra em morfemas é outra:

Pretérito perfeito: vend/e/**ram**

Pretérito mais-que-perfeito: vend/e/ra/**m**

2. Desinências modo-temporais

As que indicam o modo e o tempo em que se encontram as formas verbais. Aparecem logo após a vogal temática ou, quando essa não existe, depois do radical. São as seguintes:

Presente do indicativo: não há

Pretérito perfeito: não há

Pretérito imperfeito: VA, VE (1ª conjugação); A, E (2ª e 3ª conjugações)

Pretérito mais-que-perfeito: RA, RE (átonas)

Futuro do presente: RA, RE (tônicas)

Futuro do pretérito: RIA, RIE

Presente do subjuntivo: E (1ª conjugação); A (2ª e 3ª conjugações)

Imperfeito do subjuntivo: SSE

DESNASALAÇÃO

Futuro do subjuntivo: R
Infinitivo (pessoal ou impessoal): R
Gerúndio: NDO
Particípio: D, S, T, NDO (este, somente de **vir** e seus derivados)

Abaixo, alguns exemplos. As modo-temporais aparecem sublinhadas; as número--pessoais, em negrito:

vend-**o**	and-a-<u>ra</u>	chor-e-**i**	estud-a-<u>sse</u>
vend-e-**s**	and-a-<u>ra</u>-**s**	chor-a-**ste**	estud-a-<u>sse</u>-**s**
vend-e	and-a-<u>ra</u>	chor-o-**u**	estud-a-<u>sse</u>
vend-e-**mos**	and-á-<u>ra</u>-**mos**	chor-a-**mos**	estud-á-<u>sse</u>-**mos**
vend-e-**is**	and-á-<u>re</u>-**is**	chor-a-**stes**	estud-á-<u>sse</u>-**is**
vend-e-**m**	and-a-<u>ra</u>-**m**	chor-a-**ram**	estud-a-<u>sse</u>-**m**

Nota: As desinências do pretérito perfeito (terceiro exemplo) são, como dissemos, número--pessoais, sendo zero (Ø) a desinência modo-temporal. Alguns gramáticos, porém, classificam--nas como acumulativas, ou seja, ao mesmo tempo número-pessoais e modo-temporais. São válidas as duas análises. O que não se pode fazer é classificá-las como modo-temporais.

DESNASALAÇÃO

Gramática Histórica. Perda da nasalidade de um fonema. Também se diz **desnasalização**:
mensa > mesa

Nota: Na linguagem coloquial, aparece a desnasalação em palavras como home (homem) e Roraima (pronunciada Roráima, em vez de Rorãima).

DESNASALIZAÇÃO

Gramática Histórica. O mesmo que **desnasalação** (q. v.).

DESOBEDECER

Regência verbal. Verbo transitivo indireto; rege a preposição **a**:
Não desobedecemos ao decreto.

Nota: Mesmo sendo transitivo indireto, admite voz passiva:
O decreto não foi desobedecido por nós.

DESOBSTRUIR

Conjugação. Segue o modelo de **atribuir** (q. v.).

DESPALATALIZAÇÃO

Perda da palatalidade de um fonema. Ocorre na linguagem coloquial. Por exemplo, pronunciar **compania**, eliminando o som palatal representado pelo **nh**.

DESPIR

Conjugação. Segue a conjugação de **aderir** (q. v.).

126

DESPOLIR
Conjugação. Segue a conjugação de **polir** (q. v.).

DESPRAZER
Conjugação. Segue o modelo de **aprazer** (q. v.).

DESPREOCUPADO
Regência nominal. Pede complemento introduzido pela preposição **de**:
> Vivo despreocupado desse tripo de problema.

DESPREZADO
Regência nominal. Pede complemento introduzido pelas preposições **de** e **por**:
> Ele é desprezado de todos.
> Desprezado por muitas pessoas, soube mostrar seu valor.

DESQUERER
Conjugação. Segue o modelo de **querer** (q. v.).

DESTINATÁRIO
Teoria da comunicação. O mesmo que **decodificador** (q. v.).

DESTRUIR
Conjugação. Verbo abundante. Conjuga-se como **construir** (q. v.).

DESVALER
Conjugação. Conjuga-se como **valer** (q. v.).

DESVANTAGEM
Regência nominal. Pede complemento introduzido pela preposição **de**:
> Ele tem a desvantagem de não falar outra língua.

DETER
Conjugação. Segue a conjugação de **ter** (q. v.).

DETERMINADO
> V. **sintagma**.

DETERMINANTE
> V. **sintagma**.

DETESTAR
Regência verbal. Verbo transitivo direto:
> Detesto esse tapete.
> Detesto-o.

DEVERBAL, derivação
Formação de palavras. O mesmo que **pós-verbal**. V. **derivação** (5).

DI-

Prefixo de origem grega que significa "dois"; prefixo de origem latina que significa "separação", "negação", "movimento para diversos lados". Pede hífen antes de **h** e **i**:

di-hídrico, di-iodeto; dígrafo, diglossia, dissílabo

DIÁCOPE

Estilística. Repetição de uma palavra intercalada por outra ou outras:

Fale, João, fale mais um pouco.

"Tu, só tu, puro Amor, com força crua..." (Camões)

DIACRÍTICO

V. **sinal diacrítico**.

DIACRONIA

Gramática Histórica. Estudo de uma língua através dos tempos. Opõe-se à **sincronia**, que é o estudo da língua num dado momento de sua história. A Gramática Histórica é diacrônica, pois estuda as transformações de uma língua em sua evolução. Já a Gramática Descritiva e a Normativa são sincrônicas, porquanto a estudam em uma de suas fases.

DIACRÔNICA[1]

O mesmo que **histórica**. V. **Gramática** (3).

DIACRÔNICA[2]

O mesmo que **histórica**. V. **Linguística** (1).

DIÁFORA

Estilística. O mesmo que **antanáclase** (q. v.).

DIALETAÇÃO

Linguística. Formação de dialetos; diversificação de uma língua em variedades regionais ou sociais. O mesmo que **dialetalização**.

DIALETAL

Linguística. Relativo a **dialeto** (q. v.).

DIALETALIZAÇÃO

Linguística. O mesmo que **dialetação** (q. v.).

DIALETO

Linguística. Modificação regional de uma língua. Não é um simples **regionalismo** (q. v.), mas quase uma língua autônoma. Possui um sistema léxico, sintático e fonético próprio, mas é usado num ambiente restrito, o que não impede que se desenvolva entre seus usuários um forte sentimento de comunidade. Há, no entanto, alguma controvérsia sobre o assunto entre os estudiosos. Até que ponto se pode dizer que se trata de um dialeto, e não de uma língua? O limite entre os dois nem sempre se percebe. Talvez a diferenciação melhor seja a da importância social. Uma língua tem maior tradição literária do que o dialeto que, como dissemos, tem uma atuação mais restrita na sociedade.

DIALETOLOGIA

Linguística. Parte da Linguística, baseada na pesquisa de campo, que estuda sistematicamente os dialetos a partir do levantamento de traços regionais de uma língua. Compara os diferentes dialetos de uma língua, estabelecendo fronteiras geográficas entre eles. Através de mapas ou atlas linguísticos, apresenta as linhas isoglóssicas ou isoglossas que delimitam as fronteiras dialetais. É o mesmo que **Geografia Linguística** e **Geolinguística**.

DIALOGISMO

Estilística. Figura que consiste na fala de uma pessoa consigo mesma, sob a forma de um diálogo.

DIÁLOGO

Fala entre duas ou mais pessoas. O mesmo que **colóquio**. Cada fala é precedida de travessão. Não é adequado o emprego de aspas.

> – Ainda não me sinto preparado.
> – Então, estude melhor o assunto.

DIÁSTOLE

Gramática Histórica. O mesmo que **éctase**. V. **hiperbibasmo** (2).

DIÁTESE

O mesmo que **voz verbal** (q. v.).

DIATRIBE

Estilística. O mesmo que **cominação** (q. v.).

DICENDI

Verbo usado no discurso direto e no indireto para apresentar a fala do personagem. É o mesmo que **declarativo**. São *dicendi* ou declarativos verbos como declarar, afirmar, dizer, responder, retrucar etc. V. *sentiendi*:

> – Estarei em casa às nove horas, afirmou o filho.
> Ele declarou que ia participar do concurso.

DICIONÁRIO

Registro, em ordem alfabética, do vocabulário de uma língua e seus significados. Essa definição, na realidade, seria do dicionário mais comum, que podemos chamar de geral ou unilíngue (monolíngue). Há, no entanto, outros tipos de dicionários.

1. Dicionário etimológico

> O que dá a origem das palavras.

2. Dicionário técnico

Aquele que relaciona as palavras utilizadas em uma determinada ciência, com seus significados.

3. Dicionário analógico ou ideológico

Aquele que relaciona grupos de palavras com ideias afins.

4. Dicionário de sinônimos e antônimos

5. Dicionário especial

O que trata de um assunto específico (de rimas, de regência, de palavras cruzadas etc.) ou do vocabulário de uma língua e sua versão para uma ou mais línguas estrangeiras (bilíngue, plurilíngue).

6. Dicionário de gramática ou gramatical

O que expõe assuntos da gramática com a devida explicação.

7. Dicionário onomástico

Aquele que relaciona nomes próprios e seus significados.

DIÉRESE

Versificação. Transformação, dentro de uma palavra, de ditongo em hiato, por necessidade de metrificação. Com isso, o verso ganha uma sílaba, podendo ajustar-se aos demais do poema:

> "– Mas dor que tem prazeres – S**au**dade!..." (Almeida Garret)

O encontro **au** da palavra **saudade** deve ser pronunciado como hiato (sa-u-da-de), para que o verso passe a ter dez sílabas, como os demais da estrofe em que está localizado.

DIFERENCIAL, acento

Acentuação gráfica. V. **acentos diferenciais**.

DIFERIR

Conjugação. Segue o modelo de **aderir** (q. v.).

DIGERIR

Conjugação. Segue o modelo de **aderir** (q. v.).

DIGLOSSIA

V. **bilinguismo**.

DIGNAR-SE

Conjugação. Conjuga-se como **consignar** (q. v.).

DIGNO

Regência nominal. Adjetivo que pede complemento introduzido pela preposição **de**:

> Ele é digno de confiança.

DÍGRAFO

União de duas letras representando um único fonema. O mesmo que **digrama**.

1. Dígrafos consonantais: rr, ss, sc, sç, xc, ch, lh, nh, qu (quando o u não é pronunciado):
ca**rr**o, pê**ss**ego, cre**sc**er, de**sç**a, e**xc**eto, **ch**ave, fi**lh**o, ni**nh**o, **qu**ilo

2. Dígrafos vocálicos ou nasais: am, an, em, en, im, in, om, on, um, un:
s**am**ba, c**an**to, ex**em**plo, v**en**to, ass**im**, c**in**to, b**om**ba, c**on**ta, álb**um**, m**un**do.

Nota: Na divisão silábica, separam-se os dígrafos **rr**, **ss**, **sc**, **sç** e **xc**; os demais são inseparáveis.
cor-rer, rus-so, nas-cer, cres-ça, ex-ce-der
fi-cha, fi-lho, so-nho, que-ro, tan-to, len-to, mon-te

DIGRAMA

O mesmo que **dígrafo** (q. v.).

DILAÇÃO

Passagem de traços de um fonema para o fonema vizinho. Por exemplo, na palavra **muito** a nasalidade do **m** passa para o **u**.

DILOGIA

Emprego de palavra com dois sentidos diferentes:
Ela me agradou (foi agradável) porque agradou (acariciou) meu filho.

DILUIR

Conjugação. Segue a conjugação de **atribuir** (q. v.).

DIMINUIR

Conjugação. Segue a conjugação de **atribuir** (q. v.).

DIMINUTIVO

V. **grau** (1).

DINÂMICA

Linguística. Propriedade que têm as línguas de estar em contínuo movimento. Por isso, todas as línguas se transformam, gradativamente, ao longo do tempo. Foi esse caráter dinâmico do latim, por exemplo, que possibilitou o surgimento das línguas românicas, entre elas o português.

DIPLOMÁTICA, edição

Filologia. O mesmo que **paleográfica**. V. **edição** (5).

DIRETA, ordem

V. **ordem** (1).

DIRETO[1], discurso

V. **narração**.

DIRETO[2], objeto

V. **objeto direto**.

DIRETO[3], transitivo

V. **transitivo direto**.

DIRETO E INDIRETO, transitivo

V. **transitivo direto e indireto**.

DISARTRIA

Dificuldade de articular as palavras. Defeito da fala por causa de lesão neurológica. O mesmo que **anartria**.

DISAUDIA

Defeito de audição.

DISCERNIR

Conjugação. Segue o modelo de **aderir** (q. v.).

DISCIPLINA GRAMATICAL

Conjunto de preceitos estabelecidos para impor uma norma gramatical ao falantes de uma língua. Normalmente ela é transmitida nas escolas e faculdades, com base na atividade dos gramáticos.

DISCURSO[1]

Linguística. Língua atualizada pela fala ou pela escrita; é a linguagem posta em ação pelo falante. Corresponde em português à *parole*, de Saussure. V. *langue*.

DISCURSO[2]

Literatura. Gênero de prosa manifestado oralmente diante de um plateia. Compõe-se normalmente de:

1. exórdio: apresentação do tema;

2. exposição do assunto;

3. confirmação ou prova do que foi exposto;

4. peroração: despedida e síntese do que foi exposto ou conclusões a que se chega.

DISCURSO[3]

Tipologia textual. V. **narração**.

DISFEMISMO

Emprego de palavra ou expressão depreciativa, deselegante, sarcástica ou mesmo chula, em substituição ao termo comum:

> Ele ficou **pau da vida** (por enraivecido)
> Ele **esticou a canela**. (por morreu)

Nota: Também se considera disfemismo o emprego de palavras ou expressões com valor agressivo ou pejorativo:

> gorducho, professorzinho, velhote

DISFONIA

Perturbação da voz no que concerne ao aspecto melódico. Por exemplo, a rouquidão.

DISLALIA

Erro de fala proveniente da falta de aprendizagem ou aprendizagem defeituosa. Por exemplo **tauba** e **auga**, em vez de **tábua** e **água**. Esse tipo de dislalia recebe o nome de **metátese** (q. v.).

DISPOR

Conjugação. Conjuga-se como **pôr** (q. v.).

DISSERTAÇÃO

Tipologia textual. Tipo de composição cujo centro é a ideia. Nele, encontram-se as manifestações pessoais do autor, suas ideias, seus argumentos. Pode, por isso mesmo, ser chamado de texto argumentativo ou opinativo. A dissertação ou texto dissertativo, quando completa, apresenta a seguinte estrutura:

1. Introdução

Representada normalmente por um parágrafo de pequena extensão, no qual se lança a ideia ou ideias que servirão de base para o texto:

> "É impossível conceituar a Vida dentro do esquema de nossas categorias mentais, por isso que ela transborda dos limites logicamente impostos por qualquer definição. Em sua essência, ela é intraduzível na linguagem etiológica e teleológica; ela não conhece nem tempo, nem espaço, nem princípio, nem fim." (In O Primado do Espírito, de R. C. Romanelli)

Nota: É o parágrafo introdutório de um texto de um grande linguista e filósofo brasileiro.

2. Desenvolvimento ou corpo

Ampliação e defesa do que aparece na introdução; é a fase da argumentação, da defesa das ideias.

3. Conclusão ou fecho

Parágrafo curto com que o autor encerra sua composição. As técnicas de fechamento são muitas, mas é importante que o parágrafo seja de pequena extensão, comparado com o restante da redação:

> "O Amor é o mais elevado atributo da Vida, ou melhor, é a Vida mesma. Viver plenamente significa amar dentro desse Amor que nos comunica o sentimento de nossa identidade com o Infinito e nos faz solidários com todos os seres da Criação."

Nota: Parágrafo conclusivo do mesmo texto acima citado.

DISSERTAR[1]

Expor algum assunto de maneira sistemática, oralmente ou por escrito; discorrer sobre um determinado tema.

DISSERTAR[2]

Tipologia textual. Fazer **dissertação** (q. v.).

DISSILÁBICO

O mesmo que **dissílabo** (q. v.).

DISSÍLABO

1. Vocábulo de duas sílabas:

capa, bolo, suco

2. Versificação. Verso constituído de duas sílabas métricas:

"Tu, ontem,

Na dança

Que cansa..." (Casimiro de Abreu)

Nota: São versos raros em português. Esses três do exemplo iniciam um poema de Casimiro de Abreu constituído apenas por dissílabos.

DISSÍLABOS ÁTONOS

Vocábulos de duas sílabas desprovidos de tonicidade. São poucos na língua portuguesa.

Vamos para casa.

Entramos porque ia chover.

DISSIMILAÇÃO

Gramática Histórica. Diversificação ou queda de um fonema em virtude da existência de fonema igual ou semelhante, próximo ou contíguo a ele, na palavra. Pode ocorrer com vogais ou consoantes.

1. Dissimilação vocálica

Quando o fonema que se dissimila é uma vogal:

tem**o**roso > tem**e**roso

2. Dissimilação consonantal

Quando o fonema que se dissimila é uma consoante:

ra**r**u > ra**l**o

3. Dissimilação progressiva

Quando o fonema que se dissimila está depois do dissimilador:

rost**r**u > rosto (queda do **r**)

4. Dissimilação regressiva

Quando o fonema que se dissimila está antes do dissimilador:

pa**r**avra > pa**l**avra

DISTÂNCIA

Crase. Numa expressão adverbial, só se emprega **à** diante dessa palavra quando ela aparece especificada, ou seja, quando se diz qual é a distância:

Ficamos **a** distância.

Ficamos **a** grande distância.

Ficamos à distância de quarenta metros.

DISTENSÃO

Nota: Nos três exemplos, **distância** faz parte de uma locução. Não é o caso da frase "Refiro-se à distância que percorreremos", em que **distância** é objeto indireto e, portanto, aceita o **à**. Aqui ela é uma palavra como qualquer outra da língua.

DISTENSÃO
O mesmo que **metástese**. V. **articulação**[1] (3).

DÍSTICO
Versificação. Estrofe de dois versos. O mesmo que **parelha**:
> "Lágrima tão ideal, tão límpida que, ao vê-la,
> De perto era um diamante e de longe uma estrela." (Guerra Junqueiro)

DISTINTIVO
Linguística. V. **traço distintivo**.

DISTRIBUIÇÃO
Linguística. Aparecimento sistemático de uma forma linguística em determinados contextos, com exclusão de outros. É um fenômeno linguístico geral que ocorre em todos os planos da linguagem.

1. Na morfologia

Os prefixos sempre antecedem o vocábulo, diferentemente dos sufixos, que se colocam no final:
> ex-diretor, e não diretorex

2. Na sintaxe

Os artigos sempre antecedem o substantivo:
> o jornal, e não jornal o

3. Na semântica

Para que se dê ao vocábulo um determinado sentido, é necessário que se faça a devida colocação na frase:
> certo homem, homem certo

Caso se deseje conferir à palavra **certo** o valor de indeterminação, só é possível colocá-la antes do substantivo; uma outra distribuição, ou seja, a colocação após ele, apresentará um sentido diferente.

DISTRIBUTIVO[1]
O mesmo que **enumerativo**. V. **aposto** (2).

DISTRIBUTIVO[2]
Vocábulo que exprime ideia de repartição de objetos, tomados cada um em particular. Os numerais e certos pronomes e conjunções têm essa característica em português. Assim, cada, cada um, este, esse, aquele são pronomes distributivos; ou... ou, ora... ora etc. são conjunções distributivas:
> Dois irão pela direita; três, pela esquerda.
> Cada pessoa trará uma ferramenta.

Este aluno fará a redação; aquele, um teste.

Ou dizes a verdade, ou serás excluído do grupo.

DITOGRAFIA

Tipo de erro cometido por copistas de manuscritos que consiste na repetição de um trecho qualquer.

DITOLOGIA

Duplicidade de formas, podendo os significados ser iguais ou diferentes. As formas divergentes ou **alótropos** (q. v.) são um tipo de ditologia. A ditologia, que para alguns é o mesmo que **divergência**, na realidade é mais ampla. Sob esse aspecto, **sobrenatural** e **supernatural**, que não se enquadram nos casos de divergência, ou seja, não são alótropos, exemplificam a ditologia.

DITONGAÇÃO[1]

Versificação. O mesmo que **sinérese** (q. v.).

DITONGAÇÃO[2]

Gramática Histórica. Passagem de vogal simples ou hiato a ditongo:

>   pexe > peixe (de vogal a ditongo)
>   meo > meu (de hiato a ditongo)

DITONGO

Encontro de vogal e semivogal, ou vice-versa.

1. Crescente

Semivogal mais vogal:

>   pátr**ia**

2. Decrescente

Vogal mais semivogal:

>   mad**ei**ra

3. Oral

Sem ressonância nas fossas nasais:

>   lír**io**, p**ai**

4. Nasal

Com ressonância nas fossas nasais:

>   q**uan**do, são

A base do ditongo é a vogal, chamada vogal **silábica**. As semivogais são assilábicas. Chama-se **pospositiva** ou **subjuntiva** a semivogal que se segue à vogal, no ditongo decrescente. Opõe-se à **prepositiva**, semivogal que antecede a vogal, no ditongo crescente. Por exemplo, na palavra **lei**, que tem ditongo decrescente, o fonema /ê/ é a vogal, a base do ditongo, enquanto o fonema /y/ é a semivogal pospositiva. Já em **língua**, a vogal ou base é /a/, enquanto o fonema /w/ é a semivogal prepositiva.

DITONGOS ABERTOS

Notas:

1ª) O ditongo é grupo indivisível, seja qual for sua posição na palavra:

a-m**ei**-xa, **ou**-ro, c**ai**-xa, lín-**gua**, in-fân-c**ia**

2ª) Versificação. Na escansão dos versos, o ditongo crescente se une à vogal seguinte; o decrescente, não:

pá/tr**ia a**/ma/da (o ditongo crescente **ia** forma sílaba métrica com o **a**)

es/t**ou**/ **a**/qui (o ditongo decrescente **ou** não forma sílaba métrica com o **a**)

DITONGOS ABERTOS

Acentuação gráfica. Acentuam-se os ditongos abertos éi, éu, ói, desde que tônicos e no final da palavra:

papéis, troféu, herói

geleia, plateia, heroico

Nota: Não se acentuam, em qualquer posição da palavra, os ditongos fechados **ei**, **eu** e **oi**, a menos que a palavra se enquadre numa regra geral de acentuação (oxítonas, paroxítonas, proparoxítonas ou monossílabos tônicos):

meia, fariseu, afoito; plêiade (palavra proparoxítona)

DIVERGÊNCIA

Gramática Histórica. V. **alótropos**.

DIVERGENTES

Gramática Histórica. O mesmo que **alótropos** (q. v.).

DIVERGIR

Conjugação. Segue o modelo de **aderir** (q. v.).

DIVISÃO SILÁBICA

Divisão feita das sílabas de uma palavra, normalmente quando se muda de linha. O mesmo que **separação silábica** e **silabação**. Basicamente, as palavras são separadas em sílabas de acordo com a pronúncia, com as pausas naturais que a pessoa percebe ao falar pausadamente:

ca-mi-sa, bo-che-cha, tran-sa-ma-zô-ni-co, Pa-ra-guai

Nota: Consulte, por favor, os verbetes dígrafo, ditongo, tritongo, hiato, encontro consonantal, -sub e abrupto.

DIZER

Conjugação. Na primeira pessoa do singular do presente do indicativo, o radical passa a **dig**; consequentemente, em todo o presente do subjuntivo e nas formas do imperativo correspondentes. No pretérito perfeito (e derivados), passa a **diss**. Só possui particípio irregular: dito.

Pres. ind.: digo, dizes, diz, dizemos, dizeis, dizem

Pret. perf.: disse, disseste, disse, dissemos, dissestes, disseram

Pret. imperf.: dizia, dizias, dizia, dizíamos, dizíeis, diziam

Pret. m.-q.-perf.: dissera, disseras, dissera, disséramos, disséreis, disseram

137

DO QUE

Fut. pres.: direi, dirás, dirá, diremos, direis, dirão
Fut. pret.: diria, dirias, diria, diríamos, diríeis, diriam
Pres. subj.: diga, digas, diga, digamos, digais, digam
Imperf. subj.: dissesse, dissesses, dissesse, disséssemos, dissésseis, dissessem
Fut. subj.: disser, disseres, disser, dissermos, disserdes, disserem
Imper. afirm.: dize (ou diz), diga, digamos, dizei, digam
Imper. neg.: não digas, não diga, não digamos, não digais, não digam
Inf. impess.: dizer
Inf. pess.: dizer, dizeres, dizer, dizermos, dizerdes, dizerem
Ger.: dizendo
Part.: dito

Por ele se conjugam os verbos bendizer, condizer, contradizer, desdizer, entredizer, interdizer, maldizer, predizer, redizer e tresdizer.

DO QUE

Conjunção comparativa equivalente a **que**. Ambas são corretas, sendo esse **do** um expletivo:

> Esse assunto é mais interessante do que aquele.

> Esse assunto é mais interessante que aquele.

DOBRADA, consoante

O mesmo que **dupla** (q. v.).

DODECASSÍLABO

Versificação. O mesmo que **alexandrino** (q. v.).

DOER

Conjugação. Verbo defectivo que só se conjuga na terceira pessoa (singular e plural), em todos os tempos. Segue a conjugação de **moer** (q. v.), que, no entanto, é completo.

DOER-SE

Conjugação. Verbo pronominal que segue a conjugação de **moer** (q. v.).
Pres. ind.: eu me doo, tu te dóis, ele se dói, nós nos doemos, vós vos doeis, eles se doem
Pret. perf.: eu me doí, tu te doeste, ele se doeu, nós nos doemos, vós vos doestes, eles se doeram

DOIS MILHÕES DE PESSOAS

Concordância nominal. **Milhão** é substantivo masculino. Fica errada a construção, tão ao gosto do povo, "duas milhões de pessoas". O numeral não pode concordar com outra palavra na frase, além de **milhão**.

> Havia dois milhões de pessoas na passeata.

> Esperam-se dois milhões de mulheres.

O mesmo se dá com milhar, bilhão, trilhão etc.

DOIS-PONTOS

Pontuação. Sinal de pontuação (:) usado em variadas situações.

1. Para introduzir uma citação qualquer:

Disse Emerson: "Tudo o que vejo me ensina a acreditar no Criador de tudo aquilo que não vi."

2. Para introduzir um aposto:

Esperava algo de todos: um pouco de paciência.

3. Para introduzir uma oração apositiva:

Só pedia uma coisa: que ficassem quietos um instante.

4. Para introduzir um esclarecimento:

Agiu com tranquilidade: sua mãe estava ali.

5. No vocativo das correspondências, sendo também correto o uso da vírgula:

Caro amigo:

6. Depois de certos termos esclarecedores, como observação, nota, importante, exemplo etc. Podem eles estar abreviados ou não:

Obs.:

Nota:

Ex.:

7. Para introduzir a fala do personagem, no discurso direto:

O comerciante respondeu: – Preciso pensar um pouco.

DOMÍNIO LINGUÍSTICO

Linguística. Área geográfica em que se fala uma língua ou dialeto.

DORMIR

Conjugação. Segue a conjugação de **cobrir** (q. v.), mas tem particípio regular: dormido.

DOURAR

Conjugação. Segue o modelo de **afrouxar** (q. v.).

DUAL

Flexão de número que indica um par de seres. Em português, são resquícios de dual o numeral **ambos** e palavras que, no plural, indicam pares, como **olhos** e **mãos**.

DUPLA

Consoante repetida, típica de certas línguas como o italiano. Na realidade, não se trata da repetição de uma determinada articulação, mas de uma consoante mais longa e mais forte. O mesmo que consoante **geminada** e consoante **dobrada**. Em português, tem-se usado o nome de geminada para as consoantes **r** e **s**, que figuram nos dígrafos **rr** e **ss**. Mas, aqui, convém dizer, essas letras representam consoantes simples, já que em português não há a distinção entre fonema breve e fonema longo.

139

DUPLA PROSÓDIA

Acentuação gráfica. Característica que têm certas palavras de serem pronunciadas com variada colocação do acento tônico, sem alteração de sentido. Quando há dupla prosódia, uma das formas leva acento gráfico:

projétil – projetil

V. **palavras de pronúncia duvidosa**.

DUPLO SENTIDO

V. **ambiguidade**.

DURA LEX SED LEX

Expressão latina que significa "a lei é dura, mas é lei".

DURAÇÃO

Período de tempo na emissão de uma vogal. O mesmo que **quantidade**.

DURATIVO, aspecto

V. **aspecto** (3).

DÚVIDA

1. Advérbio. V. **advérbio** (3).

2. Adjunto adverbial. V. **adjunto adverbial** (3).

E

E

Quinta letra do alfabeto português.

É PROIBIDO

Concordância nominal. Em expressões desse tipo, formadas pelo verbo **ser** (mais raramente, também com outros verbos de ligação), o adjetivo permanece no masculino singular, caso o substantivo não esteja acompanhado do artigo **a** ou dos demonstrativos **esta**, **essa** ou **aquela**, quando então ocorrerá a flexão:

É proibido entrada.

É necessário paciência.

É proibida a entrada.

É proibida essa entrada.

Assim, ficam erradas frases como "É proibido a entrada" e "É proibida entrada".

Nota: Há frases em que o substantivo vem antes. O critério para a concordância é o mesmo:

Ginástica é ótimo para a saúde. (certo)

A ginástica é ótima para a saúde. (certo)

Ginástica é ótima para a saúde. (errado).

A ginástica é ótimo para a saúde. (errado)

É QUE

1. Verbo **ser** mais a conjunção integrante **que**; a frase tem duas orações:

O certo é / que escreverei o relatório.

2. Locução expletiva ou de realce; há apenas uma oração:

Eu é que não irei.

Observe que a concordância do verbo é com o pronome **eu**: eu irei.

ECDÓTICA

Filologia. O mesmo que **crítica textual** (q. v.).

ECLESIÁSTICO, latim

V. **latim** (5).

ÉCLOGA

O mesmo que **égloga**. V. **poema bucólico** (2).

ECO

Estilística. O mesmo que **assonância** (q. v.).

ECONOMIA LINGUÍSTICA

Tendência do falante ao menor esforço na emissão de palavras, expressões ou frases. Ela se realiza através de reduções de vários tipos como haplologia, síncope, abreviação etc., todos estudados neste livro:

Petrópis, em vez de Petrópolis

Foto, por fotografia

Necessidade sair, por necessidade de sair

ÉCTASE

Gramática Histórica. O mesmo que **diástole**. V. **hiperbibasmo**.

ECTLIPSE

Versificação. Perda da nasalidade final de um vocábulo, facilitando sua ligação com o vocábulo seguinte. Recurso muito utilizado por poetas para reduzir o número de sílabas métricas do verso:

"... Pudesse um dia conversar co'a minha!" (Casimiro de Abreu)

A palavra **com**, no verso, perde a nasalidade representada graficamente pela letra **m**, o que permite a fusão de **com** e **a** numa única sílaba.

Nota: No português atual, não se emprega o apóstrofo. Escreve-se **coa** (pronúncia: quá).

EDIÇÃO

Filologia. Impressão de uma obra.

1. Edição anotada

Aquela que encerra anotações explicativas sobre o texto ou o que porventura ele sugira.

2. Edição crítica

Aquela que traz correções de erros encontrados no texto; tenta esclarecer pontos obscuros, por meio do confronto entre diversas edições, objetivando chegar à edição que o autor considerava a ideal. A primeira fase se chama **recensão**, aquela em que se reúnem todos os elementos disponíveis nas edições diplomáticas de um texto. A segunda se chama **colação**, que consiste em comparar o conteúdo de todos os elementos obtidos na primeira fase.

3. Edição fac-similada ou fotografada

Aquela reproduzida por processos fotográficos, com base nos manuscritos ou na primeira edição.

4. Edição *princeps*

A primeira edição da obra.

5. Edição diplomática ou paleográfica
A que visa a reproduzir com fidelidade o texto.

6. Edição vulgar ou escolar
A que apresenta o texto com comentários gramaticais.

EDITAL

Redação oficial. Documento publicado em órgão da imprensa para comunicar algo, convocar pessoas, abrir concorrência etc. Deve apresentar todos os dados necessários à orientação dos interessados.

ÉGLOGA

O mesmo que **écloga**. V. **poema bucólico** (2)

ELEGIA

Composição de tristeza e luto. O mesmo que **treno**. Há três tipos.

1. Epitáfio
Inscrição tumular.

2. Endecha ou romancilho
Expressa tristeza íntima e desenganos.

3. Nênia ou epicédio
Lamento pela morte de alguém.

ELEMENTO CONECTOR

O mesmo que **conectivo** (q. v.).

ELEMENTO LINGUÍSTICO

Linguística. Parte de um todo linguístico, passível de separação por análise. Por exemplo, os fonemas de uma sílaba; os morfemas, o acento e as sílabas de uma palavra; o sujeito e o predicado de uma oração etc.

ELEMENTO MÓRFICO

Estrutura das palavras. O mesmo que **morfema** (q. v.).

ELEVAÇÃO DA LÍNGUA

Critério de classificação das vogais não abonado pela NGB (Nomenclatura Gramatical Brasileira). Sem ele, determinados fonemas, distintos, teriam a mesma classificação. Veja a classificação das vogais em **vogal**[2].

ELIPSE

Estilística. Figura que consiste na omissão de um termo qualquer da frase:
Espero por você. (eu)
Estavam pensativos, os olhos cheios de lágrimas. (com)
Por essa rua, rápido! (vamos)

ELISÃO

Versificação. União da vogal final de uma palavra com a vogal que inicia a palavra seguinte, com o desaparecimento de uma delas. V. **sinalefa²**.

"Eu durm**o e** vivo ao sol como um cigano..." (Álvares de Azevedo)

Observe a pronúncia: durm**i**vivo. O desaparecimento da vogal final de **durmo** é conhecido como elisão.

ELOCUÇÃO

Parte da retórica que trata da seleção e disposição das palavras e frases.

EM

Preposição essencial de valores semânticos variados.

1. Lugar:

Ficamos em Copacabana.

2. Tempo:

Estávamos em junho.

3. Modo:

Caminhávamos em grupo.

4. Preço:

O carro foi avaliado em cinquenta mil reais.

5. Sucessão:

Bateu de porta em porta.

6. Fim:

Pediu a jovem em casamento.

7. Estado:

Estava em desespero.

EM ANEXO

Concordância nominal. V. **anexo**.

EM CORES

A expressão vem sendo substituída, indevidamente, por **a cores**. Diz-se, com correção, "televisão em cores", "fantasia em cores" etc.

EM CURTO PRAZO

Expressão correta. Está errado **a curto prazo**:

Pagarei a dívida em curto prazo. (certo)

Pagarei a dívida a curto prazo. (errado)

EM DOMICÍLIO

Locução adverbial usada com verbos ou nomes que regem a preposição **em**:

Entregamos em domicílio.

Entregas em domicílio.

Nota: O emprego de **a domicílio** com esse tipo de palavra constitui um erro de regência muito comum. Mas não é errado o emprego de **a** quando o verbo ou o nome regem essa preposição:

Iremos a domicílio.

EM FÉRIAS

V. **de férias**.

EM GREVE

Expressão correta. Evite-se "de greve", sem apoio no português culto:

Os trabalhadores estão em greve. (certo)
Os trabalhadores estão de greve. (errado)

EM LONGO PRAZO

Expressão correta. Não se diz "a longo prazo", que apresenta erro de regência:

Ele fará o trabalho em longo prazo. (certo)
Ele fará o trabalho a longo prazo. (errado)

EM MÉDIO PRAZO

Essa é a construção perfeita. Está errada a expressão "a médio prazo":

Quitarei minha dívida em médio prazo. (certo)
Quitarei minha dívida a médio prazo. (errado)

EM NÍVEL DE

Tal é a expressão correta. Não se diz "a nivel de", já bastante difundida:

Resolveremos o problema em nível de diretoria. (certo)
Resolveremos o problema a nível de diretoria. (errado)

EM QUE PESE A

Trata-se de uma locução prepositiva, portanto termina por uma preposição simples. Em outras palavras, o **a** final não pode ser omitido. Significa "apesar de":

Em que pese ao temporal, eles saíram para jantar.

Nota: A vogal tônica de **pese** é fechada. Pronúncia: pêse.

EM PRINCÍPIO

V. **a princípio**.

EM SEGUNDA MÃO

Construção perfeita, da mesma forma que "de segunda mão":

Comprei uma geladeira em segunda mão.
Comprei uma geladeira de segunda mão.

EM VEZ DE

V. **ao invés de**.

EMBANDEIRAR

Conjugação. Conjuga-se como **aleijar** (q. v.).

145

EMENTA
Redação oficial. O mesmo que **rubrica**. V. **lei²**.

EMERGIR
Conjugação. Verbo abundante, com dois particípios: emergido e emerso.

Pres. ind.: emerjo, emerges, emerge, emergimos, emergis, emergem
Pret. perf.: emergi, emergiste, emergiu, emergimos, emergistes, emergiram
Pret. imperf.: emergia, emergias, emergia, emergíamos, emergíeis, emergiam
Pret. m.-q.-perf.: emergira, emergiras, emergira, emergíramos, emergíreis, emergiram
Fut. pres.: emergirei, emergirás, emergirá, emergiremos, emergireis, emergirão
Fut. pret.: emergiria, emergirias, emergiria, emergiríamos, emergiríeis, emergiriam
Pres. subj.: emerja, emerjas, emerja, emerjamos, emerjais, emerjam
Imperf. subj.: emergisse, emergisses, emergisse, emergíssemos, semergísseis, emergissem
Fut. subj.: emergir, emergires, emergir, emergirmos, emergirdes, emergirem
Imper. afirm.: emerge, emerja, emerjamos, emergi, emerjam
Imper. neg.: não emerjas, não emerja, não emerjamos, não emerjais, não emerjam
Inf. impess.: emergir
Inf. pess.: emergir, emergires, emergir, emergirmos, emergirdes, emergirem
Ger.: emergindo
Part.: emergido e emerso

Por ele se conjugam imergir e submergir.

EMISSOR
Teoria da comunicação. O mesmo que **codificador** (q. v.).

EMOTIVA
Funções da linguagem. Uma das seis funções da linguagem de Roman Jakobson. Está centrada no emissor, transmitindo suas emoções, sentimentos, ideias. Emprego de interjeições. Presente em cartas de cunho pessoal, em poemas líricos etc. Predominância da primeira pessoa. Corresponde à função **expressiva** (q. v.) do linguista Karl Bühler:

> Sinto muito a sua falta.
>
> "... Ó terra de meus pais! ó minha terra!" (Luís Guimarães Júnior)

EMPARELHADAS
Versificação. Quanto à disposição na estrofe, são rimas que aparecem em sequência (aa, bb etc.). O mesmo que **geminadas** e **paralelas**:

> "São duas flores **unidas**,
> São duas rosas **nascidas**
> Talvez no mesmo arrebol..." (Castro Alves)

EMPREGO
Utilização de uma palavra ligada a outras numa frase. Opondo-se a **sentido**, designa a significação de uma palavra de acordo com o contexto em que ela se apresenta. Sob esse aspecto, a palavra, para alguns linguistas, não tem sentido próprio, mas somente empregos. O emprego de uma palavra pode ser usual ou inusual.

EMPREGO DE MAIÚSCULAS E MINÚSCULAS

1. Usual

Emprego comum de uma palavra no dia a dia. A repetição muitas vezes leva ao que se conhece como **chavão** (q. v.).

2. Inusual

Emprego fora do usual, fora do comum. Pode ter efeito estilístico, como nas figuras de linguagem.

EMPREGO DE MAIÚSCULAS E MINÚSCULAS

V. **inicial maiúscula** e **inicial minúscula**.

EMPREGO DE PRONOMES

1. Eu e tu, mim e ti.

Eu e **tu** são empregados como sujeito da oração (mais raramente, como predicativo); **mim** e **ti**, como complementos ou adjuntos adverbiais:

> Esse livro é para mim.
> Esse livro é para ti.
> Nada existe entre mim e ti.
> Esse livro é para eu ler.
> Esse livro é para tu leres.

Nota: Nas duas últimas frases, **eu** e **tu** foram usados porque se trata do sujeito da oração que tem o verbo no infinitivo. Nas outras, isso não ocorre.

2. Consigo

É pronome reflexivo, só podendo, então, ser usado em relação ao sujeito da oração. Em outros casos, usa-se **contigo** ou **com você**:

> A jovem levava consigo o relógio.
> Pedi ao homem que levasse consigo o relógio.
> Desejo falar contigo.
> Desejo falar com você.

Como se vê, não se usa **consigo** em relação à pessoa com quem se fala.

3. Com nós, conosco

É correto dizer **com nós** e **com vós**, desde que estejam reforçados por palavras como **todos**, **mesmos**, **próprios**, **dois** etc. Caso contrário, usa-se **conosco** e **convosco**:

> Pretendem estudar com nós próprios.
> Falarei com vós mesmos.
> Pretendem estudar conosco.
> Falarei convosco.

4. O, lhe

O pronome oblíquo **o** (e flexões), quando complemento, é objeto direto; **lhe** (e lhes), quando complemento, objeto indireto. **O** equivale a "alguma coisa" ou "alguém"; **lhe**, a "a alguém" (mais raramente, "a alguma coisa"):

EMPREGO DO HÍFEN

Comprei o caderno. Comprei-o. (comprei alguma coisa)
Levei minha filha. Levei-a. (levei alguém)
Ofereci o cargo ao rapaz. Ofereci-lhe o cargo. (ofereci a alguém)

Nota: Não se diz "Eu lhe encontrei ontem", porque quem encontra encontra alguém, e não a alguém. O certo é "Encontrei-o ontem".

5. Este, esse, aquele. V. **demonstrativo**.

EMPREGO DO HÍFEN
V. **hífen**.

EMPREGO DO INFINITIVO
V. **formas nominais do verbo**.

EMPRÉSTIMO
Filologia. Elemento linguístico proveniente de outra língua, adaptado fonológica e morfologicamente à língua portuguesa. O mesmo que **importação linguística** e **adoção linguística**. Em português, há empréstimos de línguas variadas. Temos, entre outros, enriquecendo nosso idioma: africanismo, anglicismo, arabismo, espanholismo, galicismo, germanismo, hebraísmo, helenismo, italianismo e tupinismo. V. esses verbetes.

EMUDECIMENTO
Desaparecimento de fonema:
Jacob > Jacó
Psalmo > salmo

ENÁLAGE
Estilística. Figura de linguagem que consiste na troca de um tempo verbal por outro, com o fim de conferir à frase maior expressividade:
Se acertasse o alvo, levava o prêmio. (levava, em vez de levaria)

ENCADEADAS
Versificação. Rimas que ocorrem entre o final de um verso e o interior do seguinte:
"Senhora! A Poesia outrora era a **Estrangeira**,
Pálida, **aventureira**, errante a viajar..." (Castro Alves)

ENCADEAMENTO
Versificação. O mesmo que *enjambement* (q. v.).

ENCANTO
Regência nominal. Pede complemento introduzido pelas preposições **para** ou **por**:
As flores são um encanto para todos.
Tenho grande encanto por música.

ÊNCLISE

Colocação pronominal. Colocação do pronome átono após o verbo. Opõe-se à **próclise** (q. v.) e à **mesóclise** (q. v.). O pronome assim colocado se diz **enclítico**. Casos de ênclise obrigatória:

1. No início do período:

Levantei-me de madrugada.

2. Com o imperativo afirmativo:

Meus amigos, preparem-se!

Nota: Se a frase não começar pelo vocativo, teremos início de período, que, como vimos no item **1**, também exige ênclise:

Preparem-se, meus amigos!

3. Com o gerúndio que inicia oração:

Aprendeu a matéria, estudando-a atentamente.

Nota: Para casos facultativos, consulte o verbete **próclise**.

ENCLÍTICO

Colocação pronominal. Diz-se do pronome átono colocado em **ênclise** (q. v.).

ENCOBRIR

Conjugação. Segue a conjugação de **cobrir** (q. v.).

ENCODIZAÇÃO

Teoria da comunicação. O mesmo que **codificação** (q. v.).

ENCÔMIO

Poema de estilo laudatório que homenageia um general vitorioso.

ENCONTRO CONSONANTAL

Grupo de duas ou mais consoantes numa mesma sílaba ou em sílabas diferentes. O mesmo que **encontro consonântico**, **grupo consonantal** e **grupo consonântico**:

a**br**aço, ri**tm**o, su**bst**ância, fe**ldsp**ato

Nota: em palavras como **canto** e **tampa**, não há encontro consonantal, pois as letras **n** e **m** são sinais de nasalização da vogal anterior (/kãtu/ e /tãpa/), e não consoantes.

Quanto à divisão silábica, temos o seguinte:

1. Não se separam os grupos próprios, que são os que terminam em **l** ou **r**:

a-tle-ta, en-trar

2. Separam-se os grupos impróprios (demais casos). Havendo mais de duas consoantes, a última se destaca para formar sílaba com a vogal seguinte:

op-tar, ac-ne, subs-tra-to, tungs-tê-nio, felds-pa-to

Nota: Em **substrato**, o **t** forma sílaba com **r**, pois os dois constituem um grupo próprio.

149

ENCONTRO CONSONÂNTICO

ENCONTRO CONSONÂNTICO

O mesmo que **encontro consonantal** (q. v.).

ENCONTRO VOCÁLICO

Encontro de fonemas vocálicos (vogais e semivogais). Pode ser **ditongo**, **tritongo** ou **hiato**. V. esses verbetes. O mesmo que **grupo vocálico**.

ENDECHA

O mesmo que **romancilho**. V. **elegia** (2).

ENDEUSAR

Conjugação. Mantém o ditongo **eu**, fechado, em toda a conjugação.

Pres. ind.: endeuso, endeusas, endeusa, endeusamos, endeusais, endeusam

Pret. perf.: endeusei, endeusaste, endeusou, endeusamos, endeusastes, endeusaram

Pres. subj.: endeuse, endeuses, endeuse, endeusemos, endeuseis, endeusem

Imper. afirm.: endeusa, endeuse, endeusemos, endeusai, endeusem

Imper. neg.: não endeuses, não endeuse, não endeusemos, não endeuseis, não endeusem

Pronúncia: endêuso, endêuse etc. Por ele se conjuga enfiteusar.

ENDÓFORA

Linguística. Ligação de um termo, dito **endofórico**, a outro dentro do texto. Engloba a **anáfora** (v. **anáfora²**) e a **catáfora** (q. v.), conforme se refira, respectivamente, a termo passado ou a termo que ainda vai aparecer:

> Queria ser médico, o que exigiu dele enorme esforço.
>
> (o = queria ser médico)

ENDOFÓRICO

Linguística. Relativo à **endófora** (q. v.).

ENEASSÍLABO

Versificação. Verso de nove sílabas. Na versificação tradicional, apresenta dois ritmos principais:

1. Acentuação predominante na 3ª, 6ª e 9ª sílabas métricas:

> "Ó Guer**rei**ros da **Ta**ba sa**gra**da,
>
> Ó Guer**rei**ros da **Tri**bo Tu**pi**..." (Gonçalves Dias)

2. Acentuação predominante na 4ª e 9ª sílabas métricas:

> "... E à margem **tris**te do lago **mor**to
>
> Sonha um cas**te**lo medie**val**..." (Fernando Pessoa)

ÊNFASE

Estilística. Recurso estilístico que visa a valorizar um enunciado. Pode ser fonética, léxica ou sintática.

ENFÁTICO

1. Ênfase fonética

Realce de determinada palavra, o que se pode conseguir de várias formas, tais como:

a) dividindo a palavra em sílabas:

O que você diz é to-li-ce.

b) alongando uma vogal ou sílaba:

Vou repetir: nãããão!

c) destacando, na pronúncia, a sílaba tônica:

Preciso vê-lo aGOra.

2. ênfase léxica

Escolha de uma palavra forte e impressionante. Pode ser um exagero, uma repetição etc.:

Ele não corre, voa.

Vamos agora, já disse, agora, agora mesmo.

3. Ênfase sintática

Emprego de uma ordem pouco comum, de uma concordância especial ideológica etc.:

Amigo meu não passa por dificuldades.

Os artistas somos sonhadores.

ENFÁTICO

Estilística. Em que há **ênfase** (q. v.).

ENFITEUSAR

Conjugação. Conjuga-se como **endeusar** (q. v.).

ENGOLIR

Conjugação. Segue a conjugação de **cobrir** (q. v.), mas tem particípio regular: engolido.

ENJAMBEMENT

Versificação. Prosseguimento de um verso no outro, o que resulta na anulação da pequena pausa que geralmente há entre eles. O mesmo que **cavalgamento**, **encadeamento** e **debordamento**:

"Sete anos de pastor Jacó **servia**

Labão, pai de Raquel, serrana bela..." (Camões)

ENLAÇADAS

Versificação. Quanto à disposição na estrofe, são as rimas que ocorrem num esquema abba, ou seja, duas palavras rimando entre duas outras, que também rimam. O mesmo que **interpoladas** e **opostas**:

"Fez-se noite com tal **mistério**,

Tão sem rumor, tão <u>devagar</u>,

Que o crepúsculo é como um <u>luar</u>

Iluminando um **cemitério**..." (Cecília Meireles)

151

ENREDO
Tipologia textual. V. **narração**.

ENSURDECIMENTO
Gramática Histórica. Passagem de fonema sonoro a surdo. É um metaplasmo raro. Opõe-se à **sonorização** (q. v.), este, sim, bastante comum na evolução do latim para o português. Houve ensurdecimento, por exemplo, na passagem do árabe **xarubi** para **xarope** (b > p), exemplo colhido em Zélio dos Santos Jota.

ENTENDIDO
Regência nominal. Pede complemento introduzido pela preposição **em**:

> Alberto é entendido em numismática.

ENTOAÇÃO
> Forma variante de **entonação** (q. v.).

ENTONAÇÃO
1. Modulação na voz de quem fala:

> –Você quer açúcar? – Não.

> – Você quer açúcar? – Não!

A entonação dada à palavra **não** no segundo exemplo deixa mais clara, mais ostensiva, a intenção de não consumir o açúcar. No primeiro caso, abre-se espaço para que o interlocutor insista no oferecimento; no segundo, isso dificilmente ocorrerá, em virtude da entonação incisiva dada à palavra.

2. Na enunciação das frases, é a escala de elevação e abaixamento da voz, ou seja, o tom com que as pronunciamos, a linha melódica em que a voz sobe e desce, em relação à posição do acento frasal.

Essa variação determina, na língua falada, os tipos de frase: declarativa, interrogativa, exclamativa e imperativa. V. esses verbetes.

> Ele está em casa.

> Ele está em casa?

> Cuidado com o buraco!

> Cuidado com o buraco? Por quê?

A entonação, como se vê pelos exemplos, é um fenômeno importantíssimo que chega a contribuir para a mudança de sentido de palavras e frases.

Notas:

1ª) Na língua escrita, essas variações de entonação são marcadas por sinais de pontuação.

2ª) Forma variante, tanto para o item **1**, como para o item **2**: **entoação**.

ENTRADA
> O mesmo que **recolhido**. V. **parágrafo**[1].

ENTRE[1]

Flexão do verbo entrar:

Não entre no quarto.

ENTRE[2]

Preposição essencial, com sentidos diversos.

1. Lugar:

Ficou entre as árvores.

2. Reciprocidade:

Nada restou entre eles.

3. Tempo:

Estive lá entre setembro e dezembro.

4. Aproximação:

Trabalha entre duas e três horas por dia.

ENTRE-

Prefixo de origem latina que corresponde à preposição homônima. Só se separa por meio de hífen quando a palavra seguinte começa por **h** ou **e**:

entre-hostil entre-eixo; entreaberta, entrecortar, entredizer, entressafra

ENTREABRIR

Conjugação. Segue o modelo de **abrir** (q. v.).

ENTREDIZER

Conjugação. Segue a conjugação de **dizer** (q. v.).

ENTUPIR

Conjugação. Verbo abundante no presente do indicativo e, consequentemente, no imperativo afirmativo.

Pres. ind.: entupo, entopes (ou entupes), entope (ou entupe), entupimos, entupis, entopem (ou entupem)

Pret. perf.: entupi, entupiste, entupiu, entupimos, entupistes, entupiram

Pres. subj.: entupa, entupas, entupa, entupamos, entupais, entupam

Imper. afirm.: entope (ou entupe), entupa, entupamos, entupi, entupam

Imper. neg.: não entupas, não entupa, não entupamos, não entupais, não entupam

Por ele se conjuga o verbo desentupir.

ENTUSIASMADO

Regência nominal. Pede complemento introduzido pelas preposições **com** ou **por**:

Vive entusiasmado com a pesquisa.

Entusiasmado por alguns amigos, sentiu-se mais forte.

ENUMERATIVO

O mesmo que **distributivo**. V. **aposto** (2).

ENUNCIAÇÃO

Ato de expressar-se, oralmente ou por escrito. Fazer uma enunciação é manifestar-se, enunciar alguma coisa.

ENUNCIADO

O que se declara, se expõe, se enuncia. Por exemplo, o enunciado de uma questão é a apresentação, o grupo de frases que a propõem.

ENUNCIATIVA, frase

O mesmo que **declarativa** (q. v.).

ENVIAR

Conjugação. Conjuga-se como **abreviar** (q. v.).

ENVOLVER

Regência verbal. Verbo transitivo direto, ou transitivo direto e indireto regendo a preposição **em**:

> Sua simpatia envolve os amigos.
>
> Ele envolveu muita gente no problema.

Nota: Se o objeto direto for um pronome reflexivo, o objeto indireto será introduzido pelas preposições **com** ou **em**:

> O homem se envolveu com a política.
>
> Não me envolverei em confusão alguma.

ENVOLVIDO

Regência nominal. Pede complemento introduzido pelas preposições **em**, **por** ou **com**:

> Estava envolvido em algo escuso.
>
> Continuo envolvido pelo otimismo.
>
> Jamais estive envolvido com aquela mulher.

ENVOLVIMENTO

Regência nominal. Pede complemento iniciado pelas preposições **em** ou **com**:

> Não teve envolvimento no caso.
>
> Não quero envolvimento com esse tipo de pessoa.

ENXAGUAR

Conjugação. Segue a conjugação de **aguar** (q. v.).

EPANADIPLOSE

Estilística. Repetição de palavra ou expressão no início de um verso ou período e no final do seguinte:

> **Estavam** bastante alegres. Não há dúvida de que **estavam**.

Nota: É parecida com a **epanalepse** (q. v.).

EPANÁFORA
Estilística. V. **anáfora[1]**.

EPANALEPSE
Estilística. Repetição de palavra ou expressão no início e no final de um mesmo verso ou período:

Tranquilos, todos permaneciam **tranquilos**.

Nota: Difere da **epanadiplose** (q. v.), em que a repetição se faz em períodos ou versos diferentes.

EPANÁSTROFE
Estilística. Repetição de um verso ou oração, com a inversão da ordem das palavras:

"E zumbia e voava, e voava, e zumbia..." (Machado de Assis)

EPÂNODO
Estilística. Repetição de palavras, com explicações em separado para cada uma delas:

"Admirável foi Davi na harpa e na funda; com a harpa afugentava demônios, com a funda derrubava gigantes." (Padre Antônio Vieira)

EPANORTOSE
Estilística. Acréscimo que se faz para corrigir o que se disse antes, explicando melhor o que se deseja transmitir:

Fiquei admirado, mais que isso, petrificado com sua atitude.

"Foi desgraça, meu Deus!... Não!... Foi loucura..." (Castro Alves)

EPÊNTESE
Gramática Histórica. Acréscimo de fonema no interior da palavra:

stella > est**r**ela, area > are**i**a, tonare > t**r**oar

EPICÉDIO
O mesmo que **nênia**. V. **elegia** (3).

EPICENO
Tipo de substantivo uniforme quanto ao gênero. V. **gênero** (1).

ÉPICO
V. **poema épico**.

EPÍGRAFE[1]
Citação curta colocada no frontispício de livro, na entrada de um capítulo ou de uma composição poética etc.

EPÍGRAFE[2]
Redação oficial. O mesmo que **título**. Veja **lei[2]**.

EPIGRAMA
Poema breve e satírico.

EPINÍCIO

Cântico ou poema em que se louva uma vitória; hino triunfal.

EPÍSTROFE

Estilística. Repetição de palavra ou expressão no final de versos, orações ou períodos:

Sempre fui desconfiado, quero continuar desconfiado.

EPITÁFIO

V. **elegia** (1).

EPITALÂMIO

Poema que celebra bodas e núpcias. Tem, evidentemente, um tom festivo.

EPÍTESE

Gramática Histórica. O mesmo que **paragoge** (q. v.).

EPÍTETO

Estilística. Tipo especial de **pleonasmo** (q. v.) que consiste em atribuir a um substantivo uma qualidade a ele inerente. Também chamado de **epíteto de natureza**:

O fogo quente me assustava.

Tomou às pressas o branco leite.

"Em duro granito repousa o gigante..." (Gonçalves Dias)

EPÍTETO DE NATUREZA

Estilística. O mesmo que **epíteto** (q. v.).

EPIZEUXE

Estilística. Repetição seguida de uma palavra:

Veja, veja aquela montanha.

"Teus olhos são negros, negros..." (Castro Alves)

"No teu perfil de áspide triste, triste..." (Cruz e Sousa)

EPÔNIMO

Pessoa que, em virtude de seus atos, dá ou empresta seu nome a alguma coisa, país ou povo:

Sócrates, que dá seu nome a um método pedagógico: socrático.

Rômulo, que dá seu nome a uma cidade: Roma.

Bolívar, que dá seu nome a um país: Bolívia.

EPOPEIA

O mesmo que **poema épico** (q. v.).

EQUIPARAÇÃO

Regência nominal. Pede complemento introduzido pelas preposições **a**, **com** ou **entre**:

Solicitei equiparação aos demais funcionários.

Buscava equiparação com os mais experientes.

Não existe equiparação entre as duas coisas.

EQUIPARADO

Regência nominal. Pede complemento introduzido pelas preposições **a** ou **com**:
Ele foi equiparado a uma máquina.
O projeto foi equiparado com o primeiro.

EQUIPARÁVEL

Regência nominal. Rege as preposições **a** ou **com**:
Nada é equiparável ao que me apresentaste.
Sua inteligência é equiparável com a de um cientista.

EQUIVALENTE

Regência nominal. Pede complemento introduzido pelas preposições **a** ou **de**:
Meu trabalho é equivalente ao dele.
Este termo é equivalente do outro.

EQUIVALER

1. Conjugação. Conjuga-se como **valer** (q. v.).

2. Regência verbal. Verbo transitivo indireto; rege a preposição **a**:
Esse texto equivale a uma enciclopédia.

ERA UMA VEZ

Concordância verbal. V. **ser** (2).

ERGA OMNES

Expressão latina que significa "para todos".

ERRATA

Lista dos erros tipográficos de uma obra, com a indicação das correções.

ERROS DE LINGUAGEM

V. **vícios de linguagem**.

ERUDITO

Filologia. Vocábulo de origem latina que se introduziu tardiamente no português, por iniciativa de meios sociais cultos que sabiam latim. Difere do vocábulo **popular**, porque provém do próprio latim clássico, sem apresentar alterações fonéticas em relação à forma originária. No máximo, sofre algumas adaptações para ajustar-se ao modelo da língua. Em outras palavras, o vocábulo erudito, ou **cultismo**, vem diretamente do latim; o vocábulo popular, proveniente do latim vulgar, passa por transformações (metaplasmos) até chegar ao português.

A introdução de vocábulos eruditos se intensificou no século XVI, com o Renascimento. Foi uma maneira de enriquecer a língua, de vocabulário muito pobre até então. Camões foi um dos escritores que mais contribuiu para tal enriquecimento. Veja alguns exemplos de vocábulos eruditos:

recuperar (recuperare), ânimo (animu), castelo (castellu), calúnia (calumnia), lacuna (lacuna).

ESCANDIR

Nota: A maioria dos termos eruditos coexistem com os populares; são os **alótropos** (q. v.), como **frígido** (erudito) e **frio** (popular), do latim **frigidu**.

ESCANDIR

Versificação. Ato de separar as sílabas métricas de um verso Para tal, leva-se em conta a pronúncia das vogais e encontros vocálicos. Podendo ser pronunciados juntos, faz-se a união. Geralmente essa união ocorre entre átono e átono (pá**tria a**mada) e entre átono e tônico (mo**ça al**ta). A contagem se faz até a última sílaba tônica do verso. A tal separação se dá o nome de **escansão**:

> "Já / não / sei / o / que / va/**le a** / no/**va i**/dei/a,
> Quan/**do a** / ve/jo / nas / ru/as / des/gre/nha/da,
> Tor/va / **no as**/pec/**to, à/** luz / da / bar/ri/ca/da,
> Co/mo / ba/can/**te a**/pós / lú/bri/ca / cei/a..." (Antero de Quental)

Nota: A escansão nos mostra que os quatro versos têm dez sílabas métricas. Desprezam-se, na contagem, as sílabas átonas finais.

ESCANSÃO

Versificação. O ato de **escandir** (q. v.).

ESCAPULIR

Conjugação. Segue o modelo de **acudir** (q. v.).

ESCASSEZ

Regência nominal. Pede complemento iniciado pela preposição **de**:

> Existe uma grande escassez de oportunidades.

ESCASSO

Regência nominal. Pede complemento introduzido pela preposição **de**:

> O atleta era escasso de recursos.

ESCOLA[1]

Estabelecimento que transmite sistematicamente ensinamentos. É nela que se apresenta a modalidade culta de uma língua a seu usuário.

ESCOLA[2]

Grupo de pessoas afins que exercem uma atividade mental com um objetivo comum. Assim se diz escola romântica, escola clássica, escola de Alexandria, escola de Atenas, escola de Frankfurt etc. Particularmente importantes são as escolas linguísticas, trabalhando cada uma delas determinados aspectos dos idiomas; muito se deve, por exemplo, à escola neogramática, à escola de Praga, à escola de Genebra, à escola de Copenhague, à escola de Londres etc.

ESCOLAR, edição

Filologia. O mesmo que **vulgar**. V. **edição** (6).

ESCREVER

Conjugação. Sua irregularidade ocorre apenas no particípio: escrito. Não existe **escrevido**.

Pres. ind.: escrevo, escreves, escreve, escrevemos, escreveis, escrevem
Pret. perf.: escrevi, escreveste, escreveu, escrevemos, escrevestes, escreveram
Pres. subj.: escreva, escrevas, escreva, escrevamos, escrevais, escrevam
Imper. afirm.: escreve, escreva, escrevamos, escrevei, escrevam
Imper. neg.: não escrevas, não escreva, não escrevamos, não escrevais, não escrevam

O mesmo se diz dos verbos circunscrever, descrever, inscrever, prescrever, proscrever, reescrever (e a variante rescrever), sobrescrever, subscrever e transcrever.

ESCRITA[1]

Representação gráfica da linguagem. Para tal, valem-se as línguas do mundo, tirando as que são apenas faladas, de sinais que se combinam de maneiras particulares, de acordo com a estrutura de cada uma.

1. Escrita alfabética

Sistema em que grafemas (letras, til, ideogramas etc.) representam os sons da língua, embora nem sempre correspondam exatamente a eles. Ou seja, na escrita alfabética certos fonemas podem ser representados por mais de uma letra, e vice-versa. V. **grafema**.

Nota: Chama-se **escrita fonológica** a um tipo especial de escrita alfabética em que cada fonema corresponde a uma letra. Alguns preferem dizer **escrita fonética**. Por exemplo, a escrita do esperanto.

2. Escrita cuneiforme

Tipo de escrita da antiga Mesopotâmia, gravada em tabuinhas de argila fresca. Caracteriza-se por seus elementos em forma de cravo ou cunha. **Cuneiforme** significa "em forma de cunha".

3. Escrita consonântica

Tipo de escrita em que só existem consoantes; as palavras são representadas por seus radicais. É o caso da escrita do árabe e do hebraico.

4. Escrita ideográfica

Escrita representada por ideogramas, ou seja, sinais gráficos que são a imagem figurativa do objeto. Por exemplo, a escrita chinesa e a dos antigos egípcios, formada por hieróglifos, que são um tipo de ideograma. Também é ideográfica a escrita cuneiforme, vista no item 2.

5. Escrita silábica

Tipo de escrita em que cada sinal corresponde a uma sílaba.

ESCRITA[2], língua

V. **falada**.

ESDRÚXULAS

Versificação. Quanto à posição do acento tônico, são as rimas formadas por palavras proparoxítonas:

> "Oh! Pitágoras da última **aritmética**,
> Continua a contar na paz **ascética**
> Dos tábidos carneiros sepulcrais..." (Augusto dos Anjos)

Nota: Também se consideram rimas esdrúxulas as que ocorrem entre palavras proparoxítonas que não tenham, no final, identidade de sons: árvore e próximo, rápido e zênite, bólido e máximo etc. Cecília Meireles utiliza rimas esdrúxulas desse tipo no poema Madrugada no Campo: lânguida, lágrima, pétalas e última.

ESDRÚXULOS

Versificação. Versos terminados em palavras proparoxítonas:

> "Pálida estrela! o canto do **crepúsculo**..." (Álvares de Azevedo)
> "Seremos ainda **românticos**..." (Cecília Meireles)

ESPANHOL

Filologia. Língua românica falada em boa parte do mundo, sendo a língua oficial da Espanha, do México, dos países da América do Sul (com exceção do Brasil) e da América central, incluindo-se o Caribe. É um prolongamento histórico do dialeto de Castela, na Península Ibérica. Por isso mesmo é também chamado de **castelhano**.

ESPANHOLISMO

Filologia. Palavra emprestada à língua portuguesa pelo espanhol. O mesmo que **castelhanismo** e **hispanismo**.

> bolero, ampulheta, façanha, mochila, neblina, realejo, rebelde, trecho

ESPECIAL[1], dicionário
V. **dicionário** (5).

ESPECIAL[2], língua
V. **língua** (4).

ESPECIFICATIVO
V. **aposto** (4).

ESPERANTO
V. **língua** (2).

ESQUECER

Regência verbal

1. Transitivo direto:

> Esqueci o teu aniversário.
> Esqueci os livros.
> Esqueci-os.

ESSENCIAIS[1]

2. Transitivo indireto, numa construção literária em que a coisa esquecida funciona como sujeito da oração, e a pessoa como objeto indireto:

> Esqueceu-me aquela época agradável.

> (aquela época agradável: sujeito; me: objeto indireto)

Como pronominal (esquecer-se) exige a preposição **de**:

> Eu me esqueci do teu aniversário.

Nota: Assim, está errada a frase "Esqueci do teu aniversário", que na realidade é um cruzamento das duas corretas, citadas anteriormente.

ESSENCIAIS[1]

V. **preposições**.

ESSENCIAIS[2]

Termos da oração. São eles o sujeito e o predicado. V. esses verbetes.

ESTABELECER

Regência verbal. Verbo de inúmeros significados. É normalmente transitivo direto:

> Estabelecemos as diretrizes do projeto.

ESTABELECER-SE

Regência verbal. Pede adjunto adjunto adverbial introduzido pela preposição **em**, e não **a**. O pronome é seu objeto direto:

> Ele se estabeleceu naquele bairro.

ESTAGNAR

Conjugação. V. **consignar**.

ESTANÇA

O mesmo que **estrofe** (q. v.).

ESTÂNCIA

O mesmo que **estrofe** (q. v.).

ESTAR

1. Conjugação. Na primeira pessoa do singular do presente do indicativo não apresenta a desinência **o**, como ocorre em quase todos os verbos da língua, e sim o ditongo **ou**: **estou**. O presente do subjuntivo não se forma dessa pessoa, apresentando o radical **estej**. No pretérito perfeito e derivados, o radical passa a **estiv**:

Pres. ind.: estou, estás, está, estamos, estais, estão

Pret. perf.: estive, estiveste, esteve, estivemos, estivestes, estiveram

Pret. imperf.: estava, estavas, estava, estávamos, estáveis, estavam

Pret. m.-q.-perf.: estivera, estiveras, estivera, estivéramos, estivéreis, estiveram

Fut. pres.: estarei, estarás, estará, estaremos, estareis, estarão

Fut. pret.: estaria, estarias, estaria, estaríamos, estaríeis, estariam

Pres. subj.: esteja, estejas, esteja, estejamos, estejais, estejam

Imperf. subj.: estivesse, estivesses, estivesse, estivéssemos, estivésseis, estivessem

ESTILÍSTICA

Fut. subj.: estiver, estiveres, estiver, estivermos, estiverdes, estiverem
Imper. afirm.: está, esteja, estejamos, estai, estejam
Imper. neg.: não estejas, não esteja, não estejamos, não estejais, não estejam
Inf. impess.: estar
Inf. pess.: estar, estares, estar, estarmos, estardes, estarem
Ger.: estando
Part.: estado

2. Regência verbal

a) Verbo de ligação

Quando indica estado e vem acompanhado de um predicativo do sujeito:

O pretendente estava nervoso.

(estava: verbo de ligação; nervoso: predicativo do sujeito)

b) Verbo intransitivo

Quando acompanhado de adjunto adverbial:

Graça estava na escola.

(estava: verbo intransitivo; na escola: adjunto adverbial de lugar)

Estava tarde.

(estava: verbo intransitivo; tarde: adjunto adverbial de tempo)

3. Emprego

Além se ser empregado como forma simples, pode constituir locução. Como tal, pode ser:

a) Verbo auxiliar

Compõe locução verbal com as três formas nominais do verbo:

Marcos estava estudando.

Ele estava a estudar.

O trabalho estava corrigido.

Nota: Em Portugal, dá-se preferência à forma "estava a estudar"; entre nós, prefere-se "estava estudando".

b) Verbo principal de uma locução, quando pode ser intransitivo ou de ligação.

Quero estar no Brasil logo.

Tenho estado confiante.

ESTILÍSTICA

Disciplina que estuda o valor afetivo dos fatos da linguagem, sua expressividade, ou seja, sua capacidade de emocionar e sugestionar. A expressividade pode se dar de várias formas, daí termos diferentes modalidades de estilística.

1. Estilística fônica

Destaca a expressividade dos fonemas. Por exemplo, com aliterações e assonâncias:

"Vozes veladas, veludosas vozes" (Cruz e Sousa)

Veja como a repetição do fonema /Vê/ sugere o ato de cochichar, o que vai ao encontro do significado do verso, valorizando-o sobremaneira.

ESTILO[1]

2. Estilística semântica

Explora o valor conotativo dos vocábulos, fugindo ao emprego usual dos termos:

Tocou suavemente as maçãs de seu rosto.

Literalmente, ninguém tem maçãs no rosto. Porém, extrapolando esse sentido básico, denotativo da palavra, falar em maçãs do rosto é chamar a atenção, de maneira expressiva, para o avermelhado das bochechas.

3. Estilística sintática

Explora colocações inusitadas dos vocábulos, fugindo ao rigor estabelecido pela gramática:

As árvores parece que têm frutos saborosos.

Veja como a antecipação do termo **árvores** cria expressividade para o texto, valorizando-se esse substantivo. Dizer, dentro dos padrões convencionais, "Parece que as árvores têm frutos saborosos" é algo banal, corriqueiro, insosso.

Nota: O leitor deve ter percebido o valor expressivo da palavra **insosso**, que fecha o parágrafo anterior. Fizemo-lo de propósito, já que se ajusta ao que estamos falando. **Insosso**, literalmente, é "sem sal". Comida sem sal não é, normalmente, saborosa. Assim, usando-se a palavra em relação a uma frase, passa-se a ideia de algo, se não desagradável, pelo menos muito simples e pobre.

ESTILO[1]

Modo de expressar-se de um escritor, de um grupo ou de um período literário. Por exemplo, estilo machadiano, neoclássico etc.

ESTILO[2]

Uso individual do idioma.

ESTIMAR

Regência verbal. Verbo transitivo direto. V. **adorar**.

ESTOURAR

Conjugação. Conjuga-se como **afrouxar** (q. v.).

ESTRANGEIRISMO

Filologia. Palavra proveniente de outra língua, usada em português sem adaptação fonológica ou morfológica. Difere do **empréstimo** (q. v.), pois neste a palavra está adaptada. Por não ter a forma portuguesa, deve, no texto, ser colocada entre aspas ou em itálico:

performance (inglês), *camping* (inglês), *pizza* (italiano), *dèjá-vu* (francês)

ESTRANHO

Regência nominal. Pede complemento introduzido pela preposição **a**:

Isso é estranho ao estatuto.

ESTREAR

Conjugação. V. **bloquear** (nota).

ESTRELINHA

O mesmo que **asterisco** (q. v.).

ESTRIBILHO

Versificação. Verso ou grupo de versos que se repetem no final de cada estrofe ou em algumas estrofes de um poema. O mesmo que **refrão**.

ESTROFE

Versificação. Agrupamento de versos em um poema. O mesmo que **estância** e **estança**.

1. De acordo com o número de versos, a estrofe pode ser: dístico (ou parelha), terceto, quarteto (ou quadra), quintilha, sextilha, setilha, oitava, nona e décima. V. esses verbetes.

2. Quanto à medida dos versos, classifica-se em isométrica (ou simples), quando formada por versos de mesma medida, e heterométrica (ou composta), quando formada por versos de diferentes medidas. V. os verbetes **isométrica** e **heterométrica**.

ESTRUTURA DAS PALAVRAS

Disposição dos elementos que constituem as palavras. A cada um desses elementos se dá o nome de **morfema** (q. v.) ou **elemento mórfico**. Os constituintes da palavra são: radical, raiz, afixo, vogal temática, tema, desinência, vogal de ligação e consoante de ligação. V. esses verbetes.

Uma palavra pode ser dividida de formas diferentes. Tomemos para exemplo a forma verbal **falássemos**.

1. Divisão em fonemas: /Fê/, /a/, /Lê/, /a/, /Sê/, /e/, /Mê/, /u/, /Sê/. São esses os 9 sons constituintes de falássemos, ou seja, seus fonemas.

2. Divisão em letras: f, a, l, a, s, s, e, m, o, s. A palavra tem 10 letras.

3. Divisão em sílabas: fa, las, se, mos. A palavra tem 4 sílabas.

4. Divisão em elementos mórficos: fal, a, sse, mos. A palavra tem 4 elementos mórficos, que são, respectivamente, radical, vogal temática, desinência modo-temporal e desinência número-pessoal.

Neste último caso, temos a estrutura das palavras.

ESTRUTURALISMO

Linguística. Característica dos elementos linguísticos de uma língua de se concatenarem, seja por meio de correlações, seja por meio de oposições. Essa concatenação cria na mente do usuário da língua uma rede de associações, que podemos chamar de estrutura. É exatamente por isso que se diz que a língua é um **sistema** (q. v.).

ESTUDIOSO

Regência nominal. Pede complemento introduzido pela preposição **de**:

Ele é estudioso de Matemática.

ET ALII

Expressão latina que significa "e outros".

ETC.

Abreviatura do latim ***et cetera*** (e as demais coisas). Hoje se usa não apenas em relação a coisas, mas também a pessoas. É sempre seguida de um ponto, que indica ser ela uma abreviatura. Pode estar seguida de outro sinal de pontuação, que deverá seguir--se ao ponto da palavra, a menos que seja outro ponto, quando então será empregado apenas um:

> Comprei legumes, verduras, leite etc., mas ainda não paguei.

> Houve chuva, raios, trovoadas etc. Felizmente, estávamos em casa.

Antes da palavra, pode-se usar ou não uma vírgula. É preferível, parece-nos, na atualidade, a omissão dessa vírgula.

ÉTIMO

Gramática Histórica. Palavra latina, ou mesmo de outra língua, da qual se origina uma palavra da língua portuguesa. Diz-se, por exemplo, que o étimo da palavra **abelha** é o latim ***apicula***, de cujas transformações ela surgiu. Há dois tipos de étimo: próximo ou imediato, aquele de que proveio imediatamente a palavra portuguesa; mediato ou remoto, aquele mais afastado que originou o étimo próximo. Por exemplo, vinagre tem como étimo próximo o espanhol *vinagre*; como étimo remoto, o latim *vinum acre*, pois é deste que surgiu a palavra espanhola. Pode-se dizer que nossa palavra **vinagre** nos veio através do espanhol ***vinagre***. Veja, então:

> vinum acre (latim) → vinagre (espanhol) → vinagre (português)

ETIMOLOGIA

Ciência que estuda a origem das palavras, ou seja, os étimos que elas possuem. Por exemplo, dizer que a palavra **cedo** tem como étimo o latim ***citu*** é um problema de etimologia.

ETIMOLOGIA POPULAR

Forma de corrupção da língua que consiste em alterar as palavras em decorrência da analogia:

> umidecer (em lugar de umedecer), por analogia com úmido

> diminuitivo (em lugar de diminutivo), por analogia com diminuir

> toráxico (em lugar de torácico), por analogia com tórax

ETIMOLÓGICO[1]

Referente à **etimologia** (q. v.).

ETIMOLÓGICO[2], dicionário

V. **dicionário** (1).

ETRUSCOS

História. Povo encontrado pelos primitivos romanos na região do **Lácio** (q. v.). Os etruscos ensinaram aos romanos o alfabeto. Tiveram enorme influência sobre Roma, a ponto de três imperadores romanos serem etruscos. Sua língua, de mesmo nome, tem origem obscura e deixou poucos traços no latim.

EU E TU

V. emprego de pronomes (1).

EUFEMISMO

Estilística. Figura de linguagem que consiste na suavização de uma ideia desagradável:

Ele é pouco inteligente. (ignorante)

Pegou algo que não era seu. (roubou)

Está com aquela doença. (câncer)

É bem conhecido o eufemismo criado por Manuel Bandeira em seu poema Consoada: "Quando a Indesejada das gentes chegar..." Isto é, quando a morte chegar.

Nota: Quando a atenuação é feita pela negação do seu contrário, é sinônimo de **lítotes** (q. v.):

Ronaldo não é gentil. (é estúpido)

EUFONIA

Combinação agradável de fonemas. Literalmente, "bom som". Não é válido associar eufonia e expressividade, pois esta tem a capacidade de emocionar a pessoa, ao sugestionar determinadas coisas. A eufonia tem uma carga muito grande de subjetividade, pois as pessoas são diferentes: o que agrada a uma pode não agradar a outra. Até que ponto uma coisa é agradável ao ouvido? De qualquer forma, há situações que parecem inquestionáveis. Observemos a evolução da palavra **areia**: arena > arẽa > area > areia. O aparecimento de um fonema **i** na forma **area** facilitou e tornou mais agradável a pronúncia.

EUFÔNICAS, formas

V. **consoante de ligação** e **vogal de ligação**.

EVOLUÇÃO

Gramática Histórica. Conjunto de mudanças que sofre uma língua ao longo do tempo e que constitui a sua história interna. Essas mudanças, também chamadas **câmbios**, podem ser fonéticas, mórficas, sintáticas, léxicas e semânticas. O português atual é fruto de uma série de mudanças ocorridas desde o tempo da língua arcaica, o galego--português. Não se deve entender evolução como progresso, o que levaria à ideia de que as línguas estariam caminhando para um estágio perfeito. Muitos linguistas recusam essa conotação da palavra.

EX-

Prefixo de origem latina ou grega. Com o sentido de "o que não é mais", exige o hífen:

ex-diretor, ex-deputado, ex-presidente

EX ABRUPTO

Expressão latina que significa "sem preparação".

EX ADVERSO

Expressão latina que significa "pelo contrário".

EX BONA FIDE
Expressão latina que significa "de boa fé".

EX CATHEDRA
Expressão latina que significa "com autoridade de quem tem título".

EX JURE
Expressão latina que significa "de acordo com o direito".

EX LEGE
Expressão latina que significa "de acordo com a lei".

EX MORE
Expressão latina que significa "de acordo com o costume".

EX NUNC
Expressão latina que significa "de agora em diante", "sem efeito retroativo".

EX OFFICIO
Expressão latina que significa "em razão do cargo".

EX TUNC
Expressão latina que significa "desde então", "com efeito retroativo".

EX VANO
Expressão latina que significa "sem fundamento".

EX VI LEGIS
Expressão latina que significa "por força de lei".

EXAME
Regência nominal. Pede complemento introduzido pela preposição **de**:
> Fez exame de sangue.

EXCEÇÃO
Diz-se de qualquer forma linguística que não se encaixa numa dada regra gramatical. Por exemplo, as formas verbais **sou**, **vou** e **estou**, que não seguem o paradigma de flexão da primeira pessoa do singular do presente do indicativo: canto, ando, falo, digo, ponho, ou seja, com a desinência **-o**.

EXCEDER
Regência verbal. Indiferentemente transitivo direto ou indireto regendo a preposição **a**:
> Excedi o limite de tempo.
> Excedi ao limite de tempo.

EXCEDER-SE
Regência verbal. Rege a preposição **em**.
> Miro excedeu-se nos comentários.

167

EXCLAMAÇÃO
Pontuação. O mesmo que **ponto de exclamação** (q. v.).

EXCLAMATIVA
Tipo de frase com que o falante transmite, com entonação específica, emoção, admiração etc. Frequentemente é introduzida pela palavra **que**:

Que bela noite!

EXCLUIR
Conjugação. Segue o modelo de **atribuir** (q. v.).

EXCLUSÃO
V. **palavra denotativa** (2).

EXEMPLI GRATIA
Expressão latina que significa "por exemplo".

EXISTIR
Concordância verbal. V. **haver** (2).

EXÓFORA
Linguística. Ligação de um termo, dito **exofórico**, a uma situação extralinguística. Opõe--se à **endófora** (q. v.), que é ligação com algo existente no próprio texto. Numa frase como "Eu sou brasileiro", o pronome **eu** tem valor exofórico, pois sua decodificação ocorre em função de conhecimento independente do texto.

EXOFÓRICO
Linguística. V. **exófora**.

EXÓRDIO
V. **discurso²** (1)

EXPANDIR
V. **expansão**.

EXPANSÃO
Ato de expandir. Processo gramatical em que se acrescentam elementos a uma dada construção, sem que isso afete a estrutura fundamental:

Ele saiu. Ele saiu cedo. Ele e ela saíram cedo.

A moça pediu água. A moça bonita pediu água. A moça bonita pediu água fresca.

EXPANSÃO DE SENTIDO
O mesmo que **extensão de sentido** (q. v.).

EXPELIR
Conjugação. Segue o modelo de **aderir** (q. v.).

EXPLETIVA

Palavra ou partícula que pode ser retirada da frase, sem alteração de sentido ou de análise. Diz-se também **palavra** ou **partícula de realce**:

Quase que não consigo.

Vou-me para casa.

EXPLICAÇÃO

V. **palavra denotativa** (3).

EXPLICATIVA

1. Conjunção. V. **conjunção coordenativa** (5).

2. Oração. V. **oração coordenada** (5).

3. Oração subordinada adjetiva que se assemelha a um aposto, pois pode ser retirada do texto sem prejuízo do sentido fundamental. Separa-se da principal por meio de vírgula. Pode ser desenvolvida ou reduzida:

Colombo, que descobriu a América, era genovês. (desenvolvida)

A Itália, transformada em nação, é exemplo de democracia. (reduzida de particípio)

Nota: A oração desenvolvida começa por um pronome relativo: que, o qual, quem, cujo etc.

EXPLICATIVO

V. **aposto** (1).

EXPLODIR

Conjugação. Já foi considerado defectivo. Hoje pode ser conjugado integralmente. Na primeira pessoa do singular do presente do indicativo, a letra **o** passa a **u**; consequentemente, também em todo o presente do subjuntivo e nas formas do imperativo daí originadas:

Pres. ind.: expludo, explodes, explode, explodimos, explodis, explodem

Pret. perf.: explodi, explodiste, explodiu, explodimos, explodistes, explodiram

Pres. subj.: expluda, expludas, expluda, expludamos, expludais, expludam

Imper. afirm.: explode, expluda, expludamos, explodi, expludam

Imper. neg.: não expludas, não expluda, não expludamos, não expludais, não expludam

EXPOR

Conjugação. Segue o modelo do primitivo, **pôr** (q. v.).

EXPOSIÇÃO DE MOTIVOS

Redação oficial. Documento dirigido ao chefe do Poder Executivo por autoridade que lhe está diretamente subordinada, geralmente ministro de Estado, com o fim de justificar medidas propostas ou de submeter à deliberação assuntos de sua administração.

EXPOSITIVA, Gramática

O mesmo que **descritiva** e **sincrônica**. V. **Gramática** (2).

EXPRESSÃO
1. Manifestação do pensamento por meio de palavra ou gesto.
2. Qualquer constituinte de um enunciado: palavra, locução etc.
3. O mesmo que **locução**, para alguns autores.

EXPRESSÃO IDIOMÁTICA
V. **fossilização**.

EXPRESSIVA
Funções da linguagem. Uma das três funções da linguagem do linguista Karl Bühler. Valoriza o emissor, seus sentimentos e emoções. Muito comum nas histórias de amor e nos poemas líricos. A linguagem é em primeira pessoa. Presença marcante de interjeições. Corresponde à função **emotiva** (q. v.) de Roman Jakobson:

> Preciso muito de ajuda.
> "Quero iludir-me para ser feliz!" (Olegário Mariano)

EXPRESSIVIDADE
Maneira significativa, enérgica de exprimir alguma ideia.

EXPRESSIVO, vocábulo
Estilística. V. **onomatopeia**.

EXPULSAR
Conjugação. Verbo abundante. Tem dois particípios: expulsado e expulso.

EXTENSÃO
Conjunto de seres que uma palavra pode abranger. Por exemplo, **flor** tem uma grande extensão, pois se aplica a uma grande quantidade de seres (rosas, margaridas etc.). Se do grupo das flores pegarmos uma em especial, digamos rosa, sua extensão será menor. Pode-se pensar em rosa branca, rosa vermelha e mais algumas poucas coisas. Assim, quanto maior for a extensão de uma palavra, menor será sua compreensão. Falar de flor, insistindo no exemplo, é falar de algo vago, em virtude da grande quantidade de flores que existem.

EXTENSÃO DE SENTIDO
Alargamento do campo semântico de uma palavra. O mesmo que **expansão de sentido**. Por exemplo, **dente** teve seu sentido estendido, expandido em **dente de alho**, uma vez que não existe um termo específico para **dente** nessa expressão. A conotação é uma das grandes fontes da extensão de sentido. V. **catacrese**.

EXTINTA, língua
V. **língua** (5).

EXTORQUIR
Conjugação. Verbo defectivo. Conjuga-se como **abolir** (q. v.).

Nota: Seu complemento não pode ser a pessoa. Está errado dizer "Extorquiam o empresário". O que se extorque é o dinheiro de alguém. Assim, o correto é "Extorquiam dinheiro do empresário".

170

EXTRA-

Prefixo de origem latina que significa "posição exterior", "fora de". O timbre da vogal é fechado: êxtra. Pede hífen antes de **h** e **a**:

extra-atmosférico, extra-humano; extrarregulamentar, extrassolar, extracontinental, extratorácico.

EXTRALINGUÍSTICO

Que não está contido no texto; exterior ao campo da língua, como idade e sexo dos falantes.

F

F

Sexta letra do alfabeto português.

FÁBULA

Narrativa que apresenta animais como personagens e encerra ensinamentos morais. São famosas as fábulas de Esopo, grego nascido no séc. VII a.C. Quando em verso, chama-se **poema alegórico moral** (q. v.).

FAC SIMILE

Expressão latina que significa "fazer semelhante". Termo aportuguesado, **fac-símile**, com o sentido de "cópia fotomecânica de texto ou gravura".

FAC-SIMILADA, edição

O mesmo que **fotografada**. V. **edição** (3).

FAC TOTUM

Expressão latina que significa "que faz tudo", versátil".

FACTITIVOS, verbos

O mesmo que **causativos** (q. v.).

FACULTATIVO

Que não é obrigatório. O mesmo que **optativo**. Em gramática, o termo aparece com frequência. Diz-se, por exemplo, crase facultativa, ou seja, o acento de crase pode ser ou não utilizado, sem alteração de sentido.

FALA

Língua é o sistema de que o homem se vale para expressar as suas ideias. Fala é a realização, a atividade linguística, o uso oral ou escrito da língua. Essa dicotomia língua / fala é encontrada em Ferdinand de Saussure, que as chamava, respectivamente, de *langue* e *parole*.

FALADA, língua

Utilização oral da **fala** (q. v.). Opõe-se à língua escrita, que é a utilização gráfica, ou seja, com o auxílio de sinais gráficos como letras e ideogramas.

FALANTE
Teoria da comunicação. O mesmo que **codificador** (q. v.).

FALANTE NATIVO
Linguística. Pessoa que tem uma determinada língua como sua língua materna, também conhecida como língua nativa ou primeira língua. É aquele que, tendo-a adquirido na infância, interiorizou as regras de sua gramática a ponto de reconhecer as frases corretas, as que têm o mesmo sentido etc. Pode, por isso, emitir sobre ela julgamentos seguros e confiáveis.

FALARES
Línguas de pequenas regiões que apresentam entre si oposições superficiais, levando-se em conta o sistema geral que as reúne como uma língua única. Não são, portanto, dialetos ou línguas diferentes, e sim variações pequenas de uma mesma língua. Por isso se diz, em Portugal, falar minhoto e falar beirão, e, no Brasil, falar do Norte e falar do Sul.

FALIR
1. Conjugação. Verbo defectivo. Segue o modelo de **adequar** (q. v.).

2. Regência verbal. Verbo intransitivo:

> A firma faliu.

Nota: Não pode ser construído com objeto direto, prática relativamente comum. Não se diz, portanto, que ele faliu a firma, mas que a firma faliu.

FALSEAR
Conjugação. Segue a conjugação de **bloquear** (q. v.).

FAMÍLIA DE LÍNGUAS
Conjunto de línguas oriundas de uma língua comum, chamada **língua-mãe** ou **protolíngua**. Por exemplo, as línguas românicas constituem uma família de línguas, cuja protolíngua é o latim. V. **língua**.

FAMÍLIA DE PALAVRAS
V. **cognatos**.

FAMÍLIA LÉXICA
V. **cognatos**.

FAMÍLIA LINGUÍSTICA
V. **cognatos**.

FAMILIAR, língua
O mesmo que **coloquial** (q. v.).

FÁTICA

Funções da linguagem. Uma das seis funções da linguagem estabelecidas pelo linguista Roman Jakobson. Segundo ele, é a função da linguagem que, centrada no canal, busca iniciar ou reiniciar uma comunicação. Quase sempre constituída de frases curtas, é um modo de testar o canal para ver se é possível estabelecer a comunicação:

> Olá, tudo bem?

Pode ser que o falante não esteja interessado em saber se o ouvinte está passando bem. Esse tipo de frase é uma tentativa de iniciar a comunicação.

FATO

Tipologia textual. V. **narração**.

FAVOR

> V. **adjunto adverbial** (15).

FAVORÁVEL

Regência nominal. Pede complemento introduzido pela preposição **a**:

> Não sou favorável a esse tipo de coisa.

FAVORAVELMENTE

Regência nominal. Pede complemento introduzido pela preposição **a**:

> Todos agiram favoravelmente a você.

FAVORECER

Regência verbal. Verbo transitivo direto; não pede a preposição **a**:

> Ele quis favorecer o amigo. (certo)
> Ele quis favorecer ao amigo. (errado)

FAZER

1. Conjugação. Verbo irregular que altera o radical algumas vezes: faz – faç, fiz, fa, fez, feit.

Pres. ind.: faço, fazes, faz, fazemos, fazeis, fazem
Pret. perf.: fiz, fizeste, fez, fizemos, fizestes, fizeram
Pret. imperf.: fazia, fazias, fazia, fazíamos, fazíeis, faziam
Pret. m.-q.-perf.: fizera, fizeras, fizera, fizéramos, fizéreis, fizeram
Fut. pres.: farei, farás, fará, faremos, fareis, farão
Fut. pret.: faria, farias, faria, faríamos, faríeis, fariam
Pres. subj.: faça, faças, faça, façamos, façais, façam
Imperf. subj.: fizesse, fizesses, fizesse, fizéssemos, fizésseis, fizessem
Fut. subj.: fizer, fizeres, fizer, fizermos, fizerdes, fizerem
Imper. afirm.: faze (ou faz), faça, façamos, fazei, façam
Imper. neg.: não faças, não faça, não façamos, não façais, não façam
Inf. impess.: fazer
Inf. pess.: fazer, fazeres, fazer, fazermos, fazerdes, fazerem
Ger.: fazendo
Part.: feito

FECHADAS, vogais

Por ele se conjugam os verbos desfazer, liquefazer, perfazer, rarefazer, refazer e satisfazer. Os verbos benfazer e malfazer são empregados, atualmente, apenas no infinitivo e no particípio.

2. Concordância verbal. Quando indica tempo decorrido ou meteorológico, é verbo impessoal, não admitindo, portanto, o plural:

> Já faz dez dias que não conversamos. (certo)
> Já fazem dez dias que não conversamos. (errado)
> Ontem fez trinta graus. (certo)
> Ontem fizeram trinta graus. (errado)

Nota: Se ele for o verbo principal de uma locução, seu auxiliar também não poderá ir ao plural:

> Deve fazer dois anos que estou aqui. (certo)
> Devem fazer dois anos que estou aqui. (errado)
> Amanhã deverá fazer trinta graus. (certo)
> Amanhã deverão fazer trinta graus. (errado).

FECHADAS, vogais

V. **vogal**² (3).

FECHADO

Timbre da vogal, em oposição a **aberto**. V. **timbre**.

FECHAR

Conjugação. Verbo regular. A vogal **e** tem sempre som fechado: fecho, fechas, feche, fechem. Pronúncia: fêcho, fêchas, fêche, fêchem.

FECHO

Tipologia textual. O mesmo que **conclusão**. V. **dissertação** (3).

FEDER

Conjugação. Verbo defectivo. Segue a conjugação de **abolir** (q. v.).

FEEDBACK

Teoria da comunicação. O mesmo que **retroalimentação** (q. v.).

FELICIDADE

Regência nominal. Pede complemento introduzido pelas preposições **de** ou **em**:

> Só pensa na felicidade do filho.
> Esperam felicidade no projeto.

FELICITAR

Regência verbal. Verbo transitivo direto. Não pede a preposição **a**:

> Marcos felicitou o amigo.
> Felicitei-o.

175

FELIZ

Regência nominal. Adjetivo de regência variada. Rege as preposições **com**, **de** e **em**:

Fiquei feliz com sua resposta.

Parece feliz de estar no grupo.

Sou feliz em tudo que faço.

FELIZMENTE

Regência nominal. Pede complemento iniciado pela preposição **para**:

Felizmente para você, haverá nova entrevista.

FÊMEA

Maneira de distinguir linguisticamente o sexo de certos animais. V. **epiceno**.

FEMININAS

Versificação. Rimas formadas por palavras paroxítonas. O mesmo que **graves**:

"Para que o menino

Durma **sossegado**,

Sentada a seu **lado**

A mãezinha canta..." (Manuel Bandeira)

FEMININO

V. **gênero** e **flexão nominal** (2).

FENÔMENOS FONÉTICOS DO VERSO

Versificação. Alterações de pronúncia, às vezes com reflexo na grafia, que sofrem determinadas palavras no verso, por necessidade de metrificação. Assim, um ditongo pode ser lido como hiato, e vice-versa; as palavras podem perder fonemas, ou sua nasalidade. E assim por diante. São fenômenos fonéticos do verso: aférese, apócope, crase, diérese, ectlipse, elisão, enjambement, sinafia, sinalefa, síncope e sinérese. V. esses verbetes.

FERIR

Conjugação. Segue a conjugação de **aderir** (q. v.).

FIGURADO

Diz-se do termo que foge ao sentido literal, denotativo. Assim, se dizemos "É necessário mergulhar no texto", temos um emprego figurado do verbo, porquanto **mergulhar**, literalmente, é "entrar no líquido". Aqui o verbo passa a significar "ler profundamente", "estudar". O sentido figurado tem base na conotação.

FIGURAS DE LINGUAGEM

Estilística. Emprego especial de palavras, expressões ou frases, característico, embora não exclusivo, da linguagem literária. Sob o título geral de figuras de linguagem, temos as **figuras de palavras** e as **figuras de pensamento**, cada grupo comportando as suas divisões.

FIGURAS DE PALAVRAS

Nota: A divisão das figuras de linguagem, bem como as subdivisões que elas comportam, podem ser feitas de mais de uma forma. Há figuras que se enquadram, perfeitamente, em mais de um grupo. Não se admire, pois, o leitor com as aparentes contradições que tal divisão parece apresentar. Em verdade, o importante mesmo é que se entenda cada uma das figuras estudadas.

FIGURAS DE PALAVRAS

Estilística. Aquelas que modificam, de maneira expressiva, a estrutura e a pronúncia das palavras. Distribuem-se em 3 subgrupos:

1. Tropos

As palavras não são empregadas em seu sentido próprio. São tropos a metáfora, a catacrese, o símbolo, a metonímia e a antonomásia. V. esses verbetes. Os três primeiros, por similaridade, e os dois últimos, por contiguidade.

2. Figuras de sintaxe ou construção

Envolvem problemas de sintaxe (ordem, repetição etc.).

a) Por omissão: assíndeto, elipse, zeugma. V. esses verbetes.

b) Por repetição ou excesso: polissíndeto, pleonasmo, epíteto de natureza, anadiplose, epizeuxe, diácope, anáfora, epístrofe, símploce, antanáclase. antimetábole, epanadiplose, epanalepse, epanástrofe, epânodo e quiasmo. V. esses verbetes.

c) Por transposição: hipérbato, anástrofe e parêntese. V. esses verbetes.

d) Por discordância: anacoluto, hipálage, enálage, silepse e hendíadis. V. esses verbetes.

3. Figuras de harmonia

Aquelas que exploram os efeitos sonoros dos vocábulos. São figuras de harmonia: onomatopeia, aliteração, sinestesia, assonância e paronomásia. V. esses verbetes.

FIGURAS DE PENSAMENTO

Estilística. Aquelas que valorizam o pensamento, a emoção ou a paixão que as palavras expressam. São elas: antítese, cominação, deprecação, gradação (clímax e anticlímax), eufemismo, prosopopeia, prolepse, hipérbole, comparação, alusão, perífrase, apóstrofe, ironia, paradoxo, lítotes e sujeição. V. esses verbetes.

FIGURATIVO

V. **poema figurativo**.

FILOLOGIA

Ciência histórica que estuda os fatos linguísticos através de textos, com a finalidade de conhecer as civilizações passadas. Deduz-se, assim, que só há Filologia onde há documentos escritos. Difere da **Linguística** (q. v.), que estuda a língua oral por meio de entrevistas com seus falantes.

1. Filologia Românica

A que estuda as línguas provenientes do latim.

2. Filologia Portuguesa

A que estuda a língua e a literatura da língua portuguesa.

177

3. Filologia Clássica

A que estuda o grego e o latim.

FILÓLOGO

Estudioso da **Filologia** (q. v.). Tem como função principal estabelecer e editar os textos antigos.

FIM

O mesmo que **finalidade**. V. **adjunto adverbial** (18).

FINAL

1. Conjunção. V. **conjunção subordinativa** (7).

2. Oração subordinada adverbial que indica finalidade. Pode ser desenvolvida ou reduzida:

> Chegou cedo a fim de que não houvesse discussões. (desenvolvida)
> Correu para não ser visto. (reduzida de infinitivo)

FINALIDADE

O mesmo que **fim**. V. **adjunto adverbial** (18).

FINITO

Diz-se do verbo nos modos indicativo, subjuntivo e imperativo, em oposição a infinito, que corresponde às formas nominais: infinitivo, gerúndio e particípio. Hoje, dá-se preferência a **formas nominais**, utilizando-se a palavra **infinito** como sinônima de **infinitivo**.

FIRME

Regência nominal. Pede complemento introduzido pela preposição **em**:

> Era muito firme em suas decisões.

FIRMEZA

Regência nominal. Pede complemento introduzido pela preposições **de, em** ou **para**:

> Admiro sua firmeza de caráter.
> Hoje tenho mais firmeza em minha fé.
> Sempre teve firmeza para esculpir.

FIXAÇÃO DE UM TEXTO

Filologia. Determinação do que seria o original de um texto. Para tal, recorre o filólogo ao estudo crítico de suas cópias ou reedições.

FLEXÃO

Variação de vocábulos por meio de desinências nominais ou verbais. A palavra que admite flexão chama-se **variável**, **flexional** ou **flexionável**.

FLEXÃO NOMINAL

Flexão de gênero e número de determinados nomes.

1. Flexão de número: singular e plural.

Principais casos:

a) Na maioria das vezes, o plural se faz com o acréscimo de **S** final:

janela – janelas, alto – altos, aquele – aqueles

b) Palavras terminadas em R ou Z: plural com ES:

açúcar – açúcares, gravidez – gravidezes

c) Palavras terminadas em S: se oxítonas, ganham ES; se paroxítonas ou proparoxítonas, são invariáveis:

ananás – ananases, lilás – lilases

o atlas – os atlas, o ônibus – os ônibus

d) Palavras terminadas em IL átono: trocam IL por EIS:

dócil – dóceis, fóssil – fósseis

e) Palavras terminadas em IL tônico: trocam L por S:

barril – barris, funil – funis

f) Palavras terminadas em EL átono: plural em EIS:

nível – níveis, incrível – incríveis

g) Palavras terminadas em EL tônico: plural em ÉIS:

anel – anéis, pastel – pastéis

h) Palavras terminadas em OL: trocam L por IS:

farol – faróis, atol – atóis

i) Palavras terminadas em X são invariáveis:

o tórax – os tórax, o clímax – os clímax

j) Casos especiais:

júnior – juniores (sílaba tônica: o)

sênior – seniores (sílaba tônica: o)

caráter – caracteres (sílaba tônica: te)

aval – avales ou avais

cal – cales ou cais

cônsul – cônsules

cós – coses ou cós

fel – feles ou féis

mal – males

qualquer – quaisquer

gol – goles ou gois

Nota: Oficialmente, o plural de **gol** é **goles** ou **gois**. No entanto, a forma coloquial **gols** está enraizada na língua portuguesa, sendo praticamente impossível eliminá-la.

Veja também os seguintes verbetes: plural das palavras em ão, plural dos compostos, plural das letras, plural dos diminutivos, plural dos nomes próprios e metafonia[2].

FLEXÃO VERBAL

2. Flexão de gênero: masculino e feminino.

Em português a flexão de gênero ocorre por meio da desinência **a**, do feminino. Ela pode substituir a vogal temática (**o** ou **e**), ou ligar-se diretamente a palavra que termine por consoante:

> lobo – loba
> mestre – mestra
> cantor – cantora
> juiz – juíza

O que acabamos de mostrar se chama **flexão**, ou seja, emprego da desinência nominal de gênero. Mas o feminino de uma palavra pode expressar-se de outras formas. Vejamos, então.

a) Por meio de sufixos, às vezes com alterações do radical:

> duque – duquesa
> leão – leoa

b) Por meio de uma palavra diferente, ou seja, com outro radical. É o problema da **heteronímia**; as palavras são conhecidas como **heterônimos**.

> homem – mulher
> bode – cabra

c) Por meio da mudança de timbre:

> avô – avó

Notas:

1ª) Veja, no verbete **gênero**, alguns casos especiais.

2ª) Além de masculino e feminino, existe o **neutro**, categoria gramatical de gênero que se opõe, no latim e em outras línguas indo-europeias, ao masculino e ao feminino. Não passou às línguas românicas, inclusive o português. Há, no entanto, resquícios em nossa língua nos pronomes indefinidos e demonstrativos que apresentam semelhante oposição. Assim, palavras como tudo, algo, isto, isso, aquilo e o (= aquilo) se aproximam bastante da noção latina de neutro. Veja as oposições: tudo (todo e toda), algo (algum e alguma), isto (este e esta), isso (esse e essa), aquilo (aquele e aquela), o (o e a, sendo esse **o** relativo ao masculino).

FLEXÃO VERBAL

Variação de número, pessoa, tempo, modo e voz que sofrem os verbos durante sua conjugação.

1. Flexão de número

> Singular e plural:
> estou (singular), estamos (plural)

2. Flexão de pessoa

Primeira, segunda e terceira, no singular e no plural; correspondem aos pronomes pessoais eu, tu, ele, nós, vós, eles:

> espero, esperas espera (1ª, 2ª e 3ª do singular)
> esperamos, esperais, esperam (1ª, 2ª e 3ª do plural)

FLEXIONADO

3. Flexão de tempo

Presente, pretérito (passado) e futuro. V. esses verbetes.

caminho (presente), caminhei (pretérito), caminharei (futuro)

4. Flexão de modo

Indicativo, subjuntivo, imperativo. V. esses verbetes:

andava (indicativo), andasse (subjuntivo), ande! (imperativo)

Notas:

1ª) Para a flexão de voz, v. **voz verbal**.

2ª) Para a flexão completa, veja os verbetes **conjugação²** e **tempo composto**.

FLEXIONADO

Que sofreu **flexão** (q. v.).

FLEXIONAL¹

O mesmo que **variável**. V. **flexão**.

FLEXIONAL²

Tipo de língua em que as categorias gramaticais são expressas pelas flexões; no caso da língua portuguesa, que é flexional, isso se dá por meio de desinências. O mesmo que **flexiva**. Opõe-se à língua **aglutinante** e à língua **isolante**. V. esses verbetes.

FLEXIONÁVEL

O mesmo que **variável** (q. v.).

FLEXIVA, língua

V. **flexional²**.

FLUTUAÇÃO

Possibilidade de pronunciar fonemas distintos sem que haja alteração de sentido. Por exemplo, português e purtuguês. É o que caracteriza o debordamento. V. **debordamento** e **neutralização**.

FOLCLORE

Aportuguesamento do inglês *folklore*. Riquíssimo conjunto de costumes e tradições populares que abarca não apenas literatura, com adágios, contos, poemas etc., mas também mitologia, magia, jogos, festas, cantigas infantis etc.

FOLHEAR

Conjugação. Segue o modelo de **bloquear** (q. v.).

FONAÇÃO

Ato humano de emitir sons vocais, considerando-se apenas seu aspecto articulatório e acústico. Se a fonação é colocada a serviço da comunicação, chama-se **fala** (q. v.).

FONASCIA
O mesmo que **fonástica** (q. v.).

FONASTENIA
Dificuldade na emissão dos sons.

FONÁSTICA
Ato de exercitar a voz. O mesmo que **fonascia**.

FONE
Som da fala, em oposição ao fonema, som da língua. Os fones são estudados na fonética; os fonemas, na fonologia. Pode-se dizer que o fone é a realização do **fonema** (q. v.).

FONEMA
Menor unidade distintiva no sistema de sons de uma língua. Pode-se dizer que uma dada língua tem um certo número de fonemas, que constam nos livros especializados. Quando os fonemas são realizados pela fala, surgem os fones. As possíveis variantes, que não têm traço distintivo e, portanto, não se acham previstas no sistema fonológico da língua, não são consideradas fonemas, e sim alofones, ou seja, "outros fones". A característica marcante do fonema é o **traço distintivo** (q. v.).

FONEMA ASSILÁBICO
V. **assilábico**.

FONEMA CONSONANTAL
V. **consoante²**.

FONEMA SILÁBICO
V. **assilábico**.

FONEMAS HOMORGÂNICOS
Aqueles que só se distinguem quanto ao papel das cordas vocais, ou seja, surdos e sonoros. São homorgânicas as consoantes /Pê/ e /Bê/, /Tê/ e /Dê/, /Kê/ e /GUê/, /Fê/ e /Vê/, /Sê/ e /Zê/, /Xê/ e /Jê/.

Para tornar mais claro o assunto, tomemos o primeiro par de consoantes homorgânicas: /Pê/ e /Bê/. Por exemplo, em palavras como **pato** e **bato**. O fonema /Pê/, da primeira palavra, é uma consoante oclusiva, bilabial, surda, oral; o fonema /Bê/, da palavra **bato**, é uma consoante oclusiva, bilabial, sonora, oral. Ou seja, a única distinção é que um é surdo, e o outro, sonoro.

FONEMÁTICA
O mesmo que **fonêmica** (q. v.). Tem uso mais restrito entre os linguistas.

FONÊMICA
Parte da **fonologia** (q. v.) que estuda especificamente os fonemas. Os linguistas da escola de Praga consideram-na o mesmo que **fonologia**.

FONÉTICA

Estudo dos sons da fala, chamados **fones**. Atualmente, o termo **fonética**, em gramáticas, vem substituindo **fonologia**. Aliás, para as duas ciências, há mais controvérsias do que consenso. Convém que fiquemos com o que houver de mais atual, no que toca à língua portuguesa. Em nossa Gramática Objetiva da Língua Portuguesa, preferimos o termo **fonética**, ao estudarmos os fonemas existentes em nossa língua. Isso porque entendemos, como alguns linguistas, que a fonologia seria parte da fonética.

FONIA

Som ou timbre da voz.

FÔNICO

1. Sonoro, acústico

2. Relativo ao som da fala.

FONOLOGIA

Estudo dos fonemas, que são os sons da língua. Há inúmeras definições e conceituações para fonologia no meio linguístico. Mattoso Câmara, em seu Dicionário de Linguista e Gramática, afirma, com autoridade: "Termo usado, conforme o tratadista, em sentidos diversos e até contraditórios...". V. **fonética**.

FONTE[1]

Filologia. Texto ou documento original.

FONTE[2]

Ponto de origem de uma mensagem. Corresponde ao emissor, na teoria da comunicação.

FORMA

1. Qualquer unidade linguística provida de significado. Também se diz **forma linguística**.

2. Aspecto sob o qual se apresenta um termo ou um enunciado.

3. Estrutura da língua não interpretada semanticamente e que se opõe ao sentido, ao conteúdo.

FORMA ANALÓGICA

V. **analogia**.

FORMA ARRIZOTÔNICA

V. **forma rizotônica**.

FORMA DEPENDENTE

Linguística. V. **forma livre**.

183

FORMA ERUDITA

O mesmo que **vocábulo erudito**. V. **erudito**.

FORMA HIPOTÉTICA

Gramática Histórica. Forma não documentada, tida como provável na cadeia evolutiva de uma palavra. Vem assinalada por asterisco nos livros especializados:

factu > *faito > feito

A forma **faito,** nessa cadeia, é hipotética.

FORMA LINGUÍSTICA

V. **forma** (1).

FORMA LIVRE

Linguística. Qualquer forma capaz de ocorrer em um enunciado sem se ligar a uma outra; pode, sozinha, constituir frase. São formas livres as palavras, os sintagmas e as frases. Opõe-se à **forma presa** e à **forma dependente**. Forma dependente é o vocábulo que só existe em função de um outro, como os artigos e as preposições. Forma presa é a que se liga morfologicamente a uma outra. São formas presas os morfemas em geral.

Almoço em casa.

Quem almoça em casa? Eu.

Você almoça em casa? Almoço.

Onde você almoça? Em casa.

Assim, **eu**, **almoço** e **em casa**, que podem constituir sozinhos uma frase, são formas livres. Já a preposição **em**, que não pode fazê-lo, é uma forma dependente. Ou seja, é um vocábulo da língua que sempre está na dependência de outro. Agora, se pegarmos o vocábulo **almoço**, diremos que o **o** final, morfema que caracteriza o número e a pessoa, é uma forma presa.

FORMA LIVRE MÍNIMA

Linguística. Menor forma linguística que pode aparecer sozinha como um enunciado. É o que conhecemos em gramática como vocábulo ou palavra.

FORMA PERIFRÁSTICA

V. **conjugação perifrástica**.

FORMA POPULAR

O mesmo que **vocábulo popular**. V. **erudito**.

FORMA PRESA

Linguística. V. **forma livre**.

FORMA RIZOTÔNICA

Forma verbal que tem o acento tônico no radical. A que tem o acento tônico fora do radical chama-se **arrizotônica**:

falo → rizotônica

falas → rizotônica

fala → rizotônica
Falamos → arrizotônica
falais → arrizotônica
falam → rizotônica

FORMAÇÃO DE PALAVRAS

Existem quatro tipos de palavras quanto à formação.

1. Simples

Aquela que tem apenas um radical:

flor, lago, árvore, beleza

2. Composta

A que tem mais de um radical:

beija-flor, pernilongo, arranha-céu

Os tipos de palavras compostas são estudados no verbete **composição**.

3. Primitiva

Aquela que não se formou de nenhuma outra palavra. V. **formas primitivas**:

sal, rocha, útil, ter

4. Derivada

A que provém de uma outra palavra, quase sempre por meio de um ou mais afixos:

saleiro, rochedo, utilidade, conter

Os tipos de palavras derivadas são estudados no verbete **derivação**.

Nota: Existem, além desses dois processos de formação, a abreviação, a reduplicação, a conversão, o hibridismo e a sigla. V. esses verbetes.

FORMAÇÃO LATINA

V. **formação vernácula**.

FORMAÇÃO VERNÁCULA

Aquela que se verificou dentro da própria língua. Por exemplo, o superlativo **magríssimo**, em oposição a **macérrimo**, de formação latina. Diz-se que a palavra tem formação latina quando está calcada em algum termo do latim. No caso do exemplo, **macérrimo** tem como origem o latim **macer**. A **analogia** (q. v.) contribui sobremaneira para a formação vernácula.

FORMAL, língua.

O mesmo que **culta** (q. v.).

FORMAS CONVERGENTES

Gramática Histórica. V. **convergência²**.

FORMAS DIVERGENTES

Gramática Histórica. O mesmo que **alótropos** (q. v.).

185

FORMAS EUFÔNICAS

FORMAS EUFÔNICAS

Estrutura das palavras. Assim são chamadas a **consoante de ligação** e a **vogal de ligação**. V. esses verbetes.

FORMAS NOMINAIS DO VERBO

Assim são chamados o infinitivo, o gerúndio e o particípio. Alguns as chamam de **verboides**. Por exemplo, as formas nominais do verbo **vender** são **vender**, **vendendo** e **vendido**.

O infinitivo é uma forma verbal de emprego delicado, até mesmo controvertido. Vejamo-lo, então.

1. Infinitivo impessoal

Aquele que não tem sujeito:

Pensar é fundamental para o desenvolvimento.

2. Infinitivo pessoal

Aquele que tem sujeito próprio; pode ser flexionado ou não. Apresenta as mesmas desinências do futuro do subjuntivo:

É necessário **estudarmos** sempre.

Emprego

I) Do infinitivo pessoal não flexionado

a) Substituindo o imperativo:

Avançar, soldados!

b) Funcionando como complemento nominal de certos adjetivos; antecedido da preposição **de**:

É trabalho difícil de fazer.

Nota: Equivale ao verbo **ser** mais particípio: de ser feito.

c) Equivalendo a um gerúndio:

Ficaram a reclamar da situação. (reclamando da situação)

d) Sendo o verbo principal de uma oração:

Quero pedir sua atenção.

II) Do infinitivo pessoal flexionado

a) Estando seu sujeito expresso na oração:

O importante seria conversarem eles sobre o problema.

b) Estando o sujeito implícito na desinência verbal:

É necessário não ficarmos nervosos.

c) Estando na terceira pessoa do plural, para indeterminar o sujeito:

Deixei alugarem a casa.

FORMAS PARALELAS

III) Do infinitivo opcionalmente flexionado

a) Introduzindo orações subordinadas adverbiais:

Voltaram correndo para <u>trabalhar</u>.

Voltaram correndo para <u>trabalharem</u>.

b) Introduzindo orações subordinadas substantivas objetivas indiretas ou completivas nominais:

Induziu os parentes a <u>comparecer</u>.

Induziu os parentes a <u>comparecerem</u>.

Estavam dispostos a <u>colaborar</u>.

Estavam dispostos a <u>colaborarem</u>.

c) Sendo o verbo da oração principal causativo (mandar, fazer, deixar) ou sensitivo (ver, sentir, ouvir):

Mandei <u>voltar</u> os empregados.

Mandei <u>voltarem</u> os empregados.

Mandei os empregados <u>voltar</u>.

Mandei os empregados <u>voltarem</u>.

Nota: Se o sujeito do infinitivo for um pronome átono, a flexão de plural é impossível:

Mandei-os <u>sair</u>. (certo)

Mandei-os <u>saírem</u>. (errado)

FORMAS PARALELAS

V. **formas variantes**.

FORMAS PRIMITIVAS

Designação das formas que, na sincronia de uma língua, constituem o ponto de partida para outras, chamadas **derivadas**. No processo de **derivação** (q. v.), formas primitivas são palavras como **doce**, **mel** e **bom**, das quais se originam termos como **docinho**, **melado** e **boníssimo**.

FORMAS PRIMITIVAS DO VERBO

V. **derivação de tempos**.

FORMAS VARIANTES

Duas ou mais palavras semelhantes na forma e de mesma significação. Geralmente, uma provém da outra. O mesmo que **formas paralelas**. Veja algumas.

abdome ou abdômen	neblina ou nebrina
aluguel ou aluguer	nenê ou neném
anchova ou enchova	nômade ou nômada
arranco ou arranque	percentagem ou porcentagem
assobiar ou assoviar	piaçava ou piaçaba
bêbado ou bêbedo	quadriênio ou quatriênio

187

FOSSAS NASAIS

botijão ou bujão
câimbra ou cãibra
caminhão ou camião
carroceria ou carroçaria
champanha ou champanhe
chimpanzé ou chipanzé
coisa ou cousa
cuspe ou cuspo
diabetes ou diabete
doirar ou dourar
duradouro ou duradoiro
flauta ou frauta
flecha ou frecha
floco ou froco
germe ou gérmen
húmus ou humo
infarto, enfarte ou enfarto
leiteria ou leitaria
louro ou loiro

quatorze ou catorze
quociente ou cociente
quota ou cota
quotidiano ou cotidiano
radioativo ou radiativo
reescrever ou rescrever
registrar ou registar
ruptura ou rotura
serenar ou asserenar
soprar ou assoprar
taberna ou taverna
terraplenagem ou terraplanagem
toucinho ou toicinho
traje ou trajo
transladar ou trasladar
trilhão ou trilião
voleibol ou volibol
xale ou xaile

FOSSAS NASAIS
V. **aparelho fonador**.

FOSSILIZAÇÃO
Fixação sistemática de uso daquilo que, a princípio, era fortuito. A fraseologia (frases feitas) ou expressão idiomática, idiotismo ou, ainda, idiotismo exemplifica bem a fossilização. Por exemplo, "perder o norte", fixado, cristalizado na língua com o sentido de "ficar desorientado". Também certas metáforas e metonímias que acabam por incorporar-se à língua constituem casos de fossilização. É o caso, por exemplo, de "maçã do rosto", em que a ideia da fruta se perdeu completamente.

FOTOGRAFADA, edição
O mesmo que **fac-similada**. V. **edição** (3).

FRAÇÕES
Concordância verbal. V. **um terço dos alunos**.

FRACIONÁRIO
Numeral que indica fração:

meio, terço, quarto, décimo, undécimo (ou onze avos), duodécimo (ou doze avos), vigésimo, centésimo, centésimo quinto, ducentésimo oitavo, milésimo etc.

Nota: Em **um terço**, **um quarto** etc., o numeral fracionário é **terço**, **quarto** etc.; **um** é numeral **cardinal** (q. v.).

FRANCA, língua
V. **língua** (6).

FRANCÊS
Filologia. Língua românica falada na França, em parte da Bélgica, em parte da Suíça, em Mônaco, no Canadá e em muitas outras regiões do mundo. É a língua oficial da França e tem vasta e importante literatura.

FRANCESISMO
Filologia. O mesmo que **galicismo** (q. v.).

FRANCO-PROVENÇAL
Filologia. Dialeto românico falado nos vales alpinos italianos (inclusive a Suíça romana) e em determinadas regiões da França. Apresenta caracteres do francês e do provençal. Não tem feição literária, não se justificando a classificação de língua, que alguns lhe conferem.

FRASE
Todo enunciado de sentido completo.

1. Frase nominal
Sem verbo:
> Cuidado!

2. Frase verbal
Com um ou mais verbos:
> Estou sozinho em casa.
> Ele disse que também escreveria.

A frase pode ser declarativa, exclamativa, interrogativa, optativa e imperativa. V. esses verbetes.

FRASEOLOGIA
Estudo das frases feitas. V. **fossilização**.

FREQUENTATIVO, aspecto
V. **aspecto** (5).

FRICATIVAS, consoantes
V. **consoante²** (1).

FRIGIR
Conjugação. No presente do indicativo, o **i** do radical passa a **e** na segunda e na terceira pessoas do singular, bem como na terceira pessoa do plural. O mesmo se dá,

FRONTEIRA LINGUÍSTICA

consequentemente, na segunda pessoa do singular do imperativo afirmativo. Em todos os outros casos, mantém-se a letra **i** do infinitivo. Tem dois particípios: frigido e frito.

Pres. ind.: frijo, freges, frege, frigimos, frigis, fregem
Pret. perf.: frigi, frigiste, frigiu, frigimos, frigistes, frigiram
Pret. imperf.: frigia, frigias, frigia, frigíamos, frigíeis, frigiam
Pret. m.-q.-perf.: frigira, frigiras, frigira, frigíramos, frigíreis, frigiram
Fut. pres.: frigirei, frigirás, frigirá, frigiremos, frigireis, firgirão
Fut. pret.: frigiria, frigirias, frigiria, frigiríamos, frigiríeis, frigiriam
Pres. subj.: frija, frijas, frija, frijamos, frijais, frijam
Imperf. subj.: frigisse, frigisses, frigisse, frigíssemos, frigísseis, frigissem
Fut. subj.: frigir, frigires, frigir, frigirmos, frigirdes, frigirem
Imper. afirm.: frege, frija, frijamos, frigi, frijam
Imper. neg.: não frijas, não frija, não frijamos, não frijais, não frijam
Inf. impess.: frigir
Inf. pess.: frigir, frigires, frigir, frigirmos, frigirdes, frigirem
Ger.: frigindo
Part.: frigido e frito

FRONTEIRA LINGUÍSTICA

Linguística. Linha que separa, num mapa linguístico, duas línguas ou dialetos. Se a separação é de duas línguas, a linha é bem nítida; se a separação é de dois dialetos, ela é flutuante, de delineamento variável em função dos traços tomados como característicos.

FRUIR

Conjugação. Verbo defectivo. Segue a conjugação de **abolir** (q. v.).

FUGIR

Conjugação. Segue o modelo de **acudir** (q. v.).

FUNÇÃO

Papel que cada elemento linguístico representa na estrutura gramatical de um enunciado. Assim, por exemplo, a função da vogal **a** na palavra **bondosa** é a de marcar o gênero feminino, e a função do termo **o livro** na frase "Encontrei o livro" é a de completar o sentido do verbo, ou seja, seu objeto.

FUNÇÃO APELATIVA

Funções da linguagem. V. **apelativa**.

FUNÇÃO CONATIVA

Funções da linguagem. V. **conativa**.

FUNÇÃO EMOTIVA

Funções da linguagem. V. **emotiva**.

FUNÇÃO EXPRESSIVA

Funções da linguagem. V. **expressiva**.

FUNÇÃO FÁTICA
Funções da linguagem. V. **fática**.

FUNÇÃO METALINGUÍSTICA
Funções da linguagem. V. **metalinguística**.

FUNÇÃO POÉTICA
Funções da linguagem. V. **poética**.

FUNÇÃO REFERENCIAL
Funções da linguagem. V. **referencial**.

FUNÇÃO REPRESENTATIVA
Funções da linguagem. V. **representativa**.

FUNÇÕES DA LINGUAGEM
Aspectos de que se reveste a linguagem em função do objetivo daquele que a utiliza. O primeiro linguista a se ocupar das funções da linguagem foi o psicólogo Karl Bühler. Em 1934 ele apresentou suas três funções: representativa, expressiva e apelativa. V. esse verbetes. Depois, o linguista Roman Jakobson apresenta as suas seis funções: referencial, emotiva, conativa, fática, metalinguística e poética. V. esses verbetes. As três primeiras correspondem às de Bühler.

FUNDAMENTO DO PODER DE LEGISLAR
Redação oficial. V. **lei²**.

FUTURO
Tempo verbal que expressa processo ainda não realizado. Pode ser do indicativo ou do subjuntivo.

1. Futuro do indicativo
Divide-se em dois:

a) futuro do presente
Indica processo que se realizará num futuro definido ou não. Sua desinência é **ra** (com a variante **re**) tônica:

chora**re**i, chora**rá**s, chora**rá**, chora**re**mos, chora**re**is, chora**rã**o

Nota: Às vezes substitui o imperativo:

Dirás somente a verdade!

b) futuro do pretérito
Indica fatos que talvez jamais se realizem, por causa de certas condições. Também pode indicar ação posterior ao momento sobre o qual se diz alguma coisa. Sua desinência é **ria** (com a variante **rie**):

volta**ria**, volta**ria**s, volta**ria**, volta**ría**mos, volta**rie**is, volta**ria**m

FUTURO

2. Futuro do subjuntivo

Indica fato que ainda vai ocorrer, mas depende de outra ação também futura. Na frase, é antecedido por conjunção (quando, se, assim que etc.) ou pronome (que, quem, o qual etc.). Sua desinência é **r**:

chega**r**, chega**r**es, chega**r**, chega**r**mos, chega**r**des, chega**r**em

G

G

Sétima letra do alfabeto português.

GALAICO-PORTUGUÊS

Filologia. O mesmo que **galego-português** (q. v.).

GALEGO

Filologia. Dialeto da Galiza, hoje Galícia. V. **galego-português**.

GALEGO-PORTUGUÊS

Filologia. O mesmo que **galaico-português**. Língua comum aos povos que habitavam o condado portucalense (hoje Portugal) e a Galiza (hoje Galícia), no reino de Leão e Castela (hoje Espanha). Com o desenvolvimento da nação portuguesa, o galego--português utilizado no condado evoluiu, transformando-se na língua portuguesa. Na região da Galiza, o galego-português caminhou mais devagar, tendo-se transformado no galego, dialeto daquela região espanhola, de espírito arcaizante.

GALICISMO

Filologia. Palavra ou expressão de procedência francesa utilizada na língua portuguesa, com ou sem adaptações. O mesmo que **francesismo**:

> gauche, prêt-à-porter, abajur, chique

Quando a palavra mantém sua forma original (as duas primeiras), é considerada **estrangeirismo** (q. v.). Quando se adapta ao português (as duas últimas), **empréstimo** (q. v.).

Nota: O galicismo pode ser sintático, como em "Teve lugar uma disputa interessante", em vez de "Realizou-se uma disputa interessante".

GALIZA

História. V. **galego-português**.

GANHAR

Conjugação. A única irregularidade é a abundância no particípio: ganhado e ganho. A forma regular (ganhado) é empregada com os verbos **ter** e **haver**. A forma irregular, tanto com os verbos **ter** e **haver**, como com os verbos da voz passiva: **ser**, **estar** etc.:

GASCÃO

Ele tem ganhado muito prestígio.
Paulo havia ganhado o jogo.
Paulo tinha ganho o jogo.
Paulo havia ganho o jogo.
O jogo tinha sido ganho por Paulo. (e não ganhado)
O jogo foi ganho por Paulo. (e não ganhado)

O mesmo se dá com os verbos gastar e pagar.

GASCÃO

Filologia. Dialeto românico falado na Gasconha, França. Alguns filólogos o consideram língua, e não dialeto.

GASTAR

Conjugação. Verbo abundante. V. **ganhar**.

GEMINADA, consoante

O mesmo que **dupla** (q. v.).

GEMINADAS, rimas

Versificação. O mesmo que **emparelhadas** (q. v.).

GÊNERO

Há dois gêneros em português: masculino e feminino. Veja o verbete **flexão de gênero**.

Casos especiais

1. Substantivos uniformes

Têm uma única forma para masculino e feminino.

a) Comuns de dois gêneros

Os que podem ser masculinos ou femininos, dependendo do artigo:

o estudante, a estudante
o patriota, a patriota
o gerente, a gerente
o mártir, a mártir
o ouvinte, a ouvinte
o jovem, a jovem
o vidente, a vidente
o colega, a colega
o acrobata, a acrobata
o médium, a médium
o selvagem, a selvagem
o consorte, a consorte

GÊNERO

b) Sobrecomuns

Aqueles que têm apenas um gênero, mas designam ambos os sexos.

a pessoa	o carrasco
o cônjuge	o verdugo
a testemunha	o indivíduo
o algoz	a vítima
o apóstolo	

c) Epicenos

Os que têm apenas um gênero, mas designam animais dos dois sexos:

o jacaré	a baleia
o tatu	o gavião
a girafa	o crocodilo
o condor	o rouxinol
a onça	a barata
a cobra	a águia

Nota: Havendo necessidade de se especificar o sexo, usam-se as palavras **macho** e **fêmea**: onça macho, onça fêmea.

2. Substantivos de gênero duvidoso

Veja uma pequena relação de palavras cujo gênero as pessoas às vezes trocam.

a) Masculinos:

o anátema	o herpes
o araçá	o hosana
o axioma	o lança-perfume
o champanha	o mármore
o dó	o milhar
o eclipse	o pernoite
o estratagema	o saca-rolhas
o grama (massa)	o telefonema

b) Femininos:

a aguardente	a ênfase
a alface	a ioga
a apendicite	a grama (relva)
a atenuante	a mascote
a bólide	a matinê
a cal	a musse
a cólera	a omoplata
a dinamite	

GÊNERO

3. Substantivos que têm dois gêneros:

> o avestruz, a avestruz
> o caudal, a caudal
> o diabetes, a diabetes
> o íris, a íris
> o laringe, a laringe
> o suéter, a suéter,
> o usucapião, a usucapião

Alguns femininos importantes

abade – abadessa

afegão – afegã

anfitrião – anfitriã ou anfitrioa

ateu – ateia

bispo – episcopisa

capiau – capioa

cavaleiro – amazona

cavalheiro – dama

cônego – canonisa

confrade – confreira

corujão – coruja

czar – czarina

deus – deusa, deia ou diva

diácono – diaconisa

druida – druidesa ou druidisa

embaixador – embaixatriz (esposa) ou
  embaixadora (funcionária)

elefante – elefanta ou aliá (uma espécie)

faquir – faquiresa

fariseu – fariseia

folião – foliona

formigão – formiga

frade – freira

frei – sóror

hebreu – hebreia

píton – pitonisa

ilhéu – ilhoa

jabuti – jabota

javali – javalina ou gironda

jogral – jogralesa

judeu – judia

ladrão – ladra

lebrão – lebre

maestro – maestrina

marajá – marani

moleque – moleca

monge – monja

oficial – oficiala

padre – madre

pavão – pavoa

peão – peona ou peoa

pierrô – pierrete

poeta – poetisa

pulgo – pulga

rajá – rani

rinoceronte – abada

sapo – sapa

sultão – sultana

tecelão – tecelã ou teceloa

zangão – abelha

GENETLÍACO
Composição poética que canta nascimentos e aniversários. Tem, naturalmente, um tom festivo.

GENITIVO
Filologia. Na declinação do latim, é o caso que expressa adjunto adnominal.

GENTÍLICO
Adjetivo referente a nomes ou coisas de um dado país ou região. O mesmo que **pátrio**:

brasileiro, russo, mineiro, carioca, gaúcho, parisiense, minhoto, londrino

GEOGRAFIA LINGUÍSTICA
O mesmo que **Dialetologia** (q. v.).

GEOLINGUÍSTICA
O mesmo que **Dialetologia** (q. v.).

GERAL¹, língua
V. **língua** (7).

GERAL², Linguística
V. **Linguística Geral**.

GERIR
Conjugação. Segue o modelo de **aderir** (q. v.).

GERMANISMO
Filologia. Palavra ou expressão de procedência alemã utilizada por empréstimo na língua portuguesa:

elmo, estribo, guerra, feudo, garbo, agasalhar, brandir

GERÚNDIO
V. **formas nominais do verbo**.

GERUNDIVO
Filologia. Em latim, era uma forma nominal do verbo, espécie de gerúndio de conteúdo passivo e futuro. Não há propriamente em português, mas encontramos resquícios dele em palavras como **formando**, **doutorando** e **professorando**.

GESTA
O mesmo que **canção de gesta**. V. **canção** (2).

GESTOS
Teoria da comunicação. Tipo de código utilizado pelo emissor de uma mensagem. Por exemplo, o dedo polegar levantado, destacando-se dos demais, passa a mensagem

de "tudo bem", "tudo certo", que será entendida pelo receptor, evidentemente se ele também conhecer o código.

GÍRIA

Linguagem especial, que se desvia da língua comum, típica daqueles que exercem uma mesma profissão, ou que pertencem ao mesmo grupo social. A finalidade, a princípio, é de se distinguirem dos demais falantes. É conhecida também como **jargão**. Com o passar do tempo, por causa de sua expressividade, se estende à linguagem familiar, descontraída, chegando mesmo a ser absorvida pelo vocabulário oficial. Enquanto permanece sob a condição de gíria, o vocábulo deve ser empregado entre aspas.

GLOSA[1]

Poema que parte de um motivo, chamado **mote**, previamente estabelecido. O mote deve ser repetido à medida que a composição se desenvolve, ou, pelo menos, ao final dela.

GLOSA[2]

Filologia. Anotação concisa, de caráter esclarecedor, colocada acima ou à margem de uma palavra ou expressão, encontrada em alguns manuscritos.

GLOSSA

V. **língua** (2).

GLOSSÁRIO

Dicionário especial que arrola palavras antigas, raras, técnicas, estrangeiras etc.

GLÓTICA

Sinônimo pouco usado de **Linguística** (q. v.).

GLOTOLOGIA

Sinônimo pouco usado de **Linguística** (q. v.).

GOLPEAR

Conjugação. Conjuga-se como **bloquear** (q. v.).

GOSTAR

Regência verbal.

1. Transitivo indireto, com o sentido de "estimar"; rege a preposição **de**:

Ela sempre gostou de museus.

2. Transitivo direto, com o sentido de "provar".

Gostou o chá com muito cuidado.

GRADAÇÃO

Estilística. Emprego de palavras ou expressões que aumentam ou diminuem de valor; por isso mesmo, pode ser ascendente ou descendente.

GRADAÇÃO ASCENDENTE
Estilística. O mesmo que **clímax** (q. v.).

GRADAÇÃO DESCENDENTE
Estilística. O mesmo que **anticlímax** (q. v.).

GRADUAÇÃO
Regência nominal. Pede complemento introduzido pela preposição **em**:
> Tenho graduação em Letras.

GRADUADO
Regência nominal. Pede complemento introduzido pela preposição **em**:
> Era graduado em Ciências Sociais.

GRAFEMA
Linguística. Símbolo gráfico uno, formado por traços distintivos. Na escrita alfabética, corresponde às letras, ao hífen, ao til, às iniciais maiúsculas, aos sinais de pontuação, aos números etc. Na escrita ideográfica, aos ideogramas. Assim, o hífen distingue termos como ar-condicionado e ar condicionado; a maiúscula, Direito e direito; as letras, cela e sela. É essa capacidade de fazer distinção que caracteriza o grafema.

GRAFIA
Representação escrita das palavras; escrita. Diz-se, por exemplo, que uma palavra apresenta erro de grafia, que está grafada ou escrita com incorreção. É o que ocorre quando escrevemos **excessão** e **previlégio**, em vez de **exceção** e **privilégio**. V. **ortografia**. A seguir, algumas palavras que suscitam dúvida quanto à grafia.

Certo	Errado	Certo	Errado
abóbada	abóboda	incorporar	encorporar
abóbora	abobra	lagartixa	largatixa
adivinhar	advinhar	má-criação	malcriação
aforismo	aforisma	meado	meiado
asterisco	asterístico	mendigo	mendingo
bandeja	bandeija	meteorologia	metereologia
beneficência	beneficiência	mortadela	mortandela
bicarbonato	bicabornato	muçulmano	mulçumano
berinjela	brinjela	prazeroso	prazeiroso
braguilha	barriguilha	privilégio	previlégio
cabeçalho	cabeçário	próprio	própio
caramanchão	carramanchão	prostrar	prostar
caranguejo	carangueijo	romeno	rumeno

GRAMÁTICA

cataclismo	cataclisma	salsicha	salchicha
digladiar	degladiar	samambaia	sambambaia
disenteria	desinteria	satisfação	sastifação
empecilho	impecilho	silvícola	selvícola
engajar	enganjar	umedecer	umidecer
estrambótico	estrambólico	xifópago	xipófago
frustrar	frustar		

GRAMÁTICA

Há inúmeras definições para gramática. Entre elas, que seria a ciência que estuda o sistema de uma língua. Pode-se citar pelo menos quatro tipos de gramática:

1. Normativa

A que estabelece normas de bem falar para os usuários, com base na camada mais culta da sociedade, incluindo-se aí os escritores clássicos.

2. Descritiva, Expositiva ou Sincrônica

Aquela que apenas relaciona, expõe os fatos de uma língua, sem qualquer preocupação com a noção de certo e errado, em certas épocas dessa língua.

3. Histórica ou Diacrônica

A que apresenta os fatos de um língua numa dada época, porém a partir de fases anteriores. Mostra a língua sob seu aspecto evolutivo.

4. Comparada ou Comparativa

A que estuda, por meio de comparações, línguas da mesma família. Por exemplo, estudar línguas como português, francês e espanhol para alcançar conhecimentos do latim vulgar, de onde essas línguas provêm. V. o verbete **Linguística**.

GRAMATICAIS

V. **categorias gramaticais**[1] e **classes gramaticais**.

GRAMATICAL[1], concordância

V. **concordância nominal** e **concordância verbal**.

GRAMATICAL[2], dicionário

V. **dicionário** (6).

GRAMATICALIZAÇÃO

Transformação de um morfema ou vocábulo lexical, de significação interna, em um lexema ou vocábulo lexical, de significação externa. V. **vocábulo gramatical**. É o contrário de **lexicalização** (q. v.). Ocorre gramaticalização, por exemplo, quando um substantivo, que é um morfema ou vocábulo lexical, passa a ser usado com função adjetiva, como na frase "Tenho camisas laranja". Pode-se dizer que o vocábulo **laranja** gramaticalizou-se.

GRANDE PARTE DE
Concordância verbal. V. **a maioria de**.

GRATO

1. Concordância nominal. O mesmo que **obrigado** (q. v.).

2. Regência nominal. Pede complemento introduzido pelas preposições **a**, **para** ou **por**:
Era grato aos amigos.
Sua presença é grata para mim.
Seja grato pelo que recebe.

GRAU
Variação de quantidade ou intensidade que sofrem determinados nomes.

1. Grau do substantivo

a) Normal (ou positivo): caderno

b) Aumentativo
{
sintético: cadernão
analítico: caderno grande
}

c) Diminutivo
{
sintético: livrinho
analítico: livro pequeno
}

Nota: Um grau se diz **sintético** quando expresso por um sufixo (cadern**ão**, cadern**inho**); **analítico**, quando por uma palavra auxiliar (caderno grande, pequeno, enorme, diminuto etc.). Isso também vale, evidentemente, para o grau do adjetivo, como veremos adiante.

Diminutivos eruditos

corpo – corpúsculo	obra – opúsculo
parte – partícula	ovo – óvulo
folha – folícula	pele – película
globo – glóbulo	porção – porciúncula
gota – gotícula	questão – questiúncula
grão – grânulo	raiz – radícula
homem – homúnculo	rede – retículo
nó – nódulo	verso – versículo

GRAU

2. Grau do adjetivo

a) Normal (ou positivo): forte

b) Comparativo

- de superioridade: mais forte que (ou do que)
- de inferioridade: menos forte que (ou do que)
- de igualdade: tão forte quanto (ou como)

c) Superlativo

- relativo:
  - de superioridade: o mais forte de
  - de inferioridade: o menos forte de
- absoluto:
  - sintético: fortíssimo
  - analítico: muito forte

Nota: Os adjetivos **maior**, **menor**, **melhor** e **pior** formam graus de superioridade:

O gato é menor do que o boi. (mais pequeno que)
menor: grau comparativo de superioridade
Ele é o menor do grupo. (o mais pequeno)
menor: grau superlativo relativo de superioridade

Superlativos absolutos sintéticos eruditos

ágil – agílimo	mísero – misérrimo
agradável – agradabilíssimo	miúdo – minutíssimo
agudo – acutíssimo	necessário – necessariíssimo
antigo – antiquíssimo	negro – nigérrimo
áspero – aspérrimo	nobre – nobilíssimo
atroz – atrocíssimo	pobre – paupérrimo
benévolo – benevolentíssimo	provável – probabilíssimo
célebre – celebérrimo	sábio – sapientíssimo
cristão – cristianíssimo	sagrado – sacratíssimo
doce – dulcíssimo	são – saníssimo
fiel – fidelíssimo	sensível – sensibilíssimo
frágil – fragílimo	sério – seriíssimo
frio – frigidíssimo	simpático – simpaticíssimo
humilde – humílimo	soberbo – superbíssimo
jovem – juveníssimo	terrível – terribilíssimo

202

livre – libérrimo

magnífico – magnificentíssimo

manso – mansuetíssimo

miserável – miserabilíssimo

vão – vaníssimo

veloz – velocíssimo

visível – visibilíssimo

voraz – voracíssimo

Nota: Existem algumas variantes, como **pobríssimo**, **negríssimo**, **humildíssimo** etc., registradas em boas gramáticas. Parece-nos, no entanto, preferível o emprego das formas eruditas, que são inquestionáveis.

Superlativos anômalos

alto – supremo ou sumo

baixo – ínfimo

bom – ótimo

grande – máximo

mau – péssimo

pequeno – mínimo

Nota: Esses adjetivos têm, também, os superlativos regulares. São eles, respectivamente: altíssimo, baixíssimo, boníssimo, grandíssimo, malíssimo e pequeníssimo.

GRAVE

Acento gráfico (`) usado para marcar o fenômeno da **crase**, união da preposição **a** com um outro **a**. V. **crase** (3):

Dirigiu-se à portaria.

GRAVES[1]

Versificação. Classificação de rimas. O mesmo que **femininas** (q. v.).

GRAVES[2]

Versificação. Versos terminados em palavras paroxítonas:

"Vozes do mar, das árvores, do vento!" (Antero de Quental)

GREGO

Filologia. Importante língua indo-europeia falada na Grécia e em Chipre. O grego antigo, falado pelos antigos helenos, exerceu profunda influência no latim. Na realidade, havia inúmeros falares gregos, todos muito parecidos: o jônico-ático (jônico e ático), o aqueu, o eólio e o dórico. O ático, do grupo jônico-ático, era o falar de Atenas, em que foram escritas as principais obras gregas. Com o passar do tempo, os diferentes dialetos foram desaparecendo em favor do ático, até que a região passa a ter uma língua comum, a coiné, da qual provém o grego moderno, conhecido como romaico ou demótico.

GREGOS

História. Povo que habitava a Grécia antiga, na realidade um agrupamento de cidades, entre as quais sobressaíam Atenas e Esparta. A civilização helênica ou grega desenvolveu-se a partir de pequenas aldeias que cresceram gradualmente, entre 1.100 e 500 a. C., transformando-se em cidades-estado que se espalharam pelos vales da região. O mundo moderno deve muito aos gregos antigos no que toca às ciências e às artes, notadamente àqueles que viveram entre 500 e 400 a. C., século conhecido como Idade da Grécia Clássica. A cultura grega, incluindo-se a língua, influenciou sobremaneira a cultura romana e, por extensão, o mundo atual.

GRUPO CONSONANTAL

O mesmo que **encontro consonantal** (q. v.).

GRUPO CONSONÂNTICO

O mesmo que **encontro consonantal** (q. v.).

GRUPO DE FORÇA

Dois ou mais vocábulos que constituem numa frase um conjunto fonético significativo. Não há pausa entre seus constituintes, e um deles prevalece quanto ao acento tônico. Constituem grupos de força, por exemplo, o substantivo e seus adjuntos, o verbo e seu sujeito, o verbo e seu complemento etc.:

Meu pai querido, comprei algumas coisas pensando em agradar-lhe.

As palavras, na realidade, formam grupos, que formam frases, que formam textos. O ritmo da leitura é determinado pela distribuição dos acentos tônicos. Essa é a base do verso, em termos de ritmo.

GRUPO IMPRÓPRIO

V. **encontro consonantal**.

GRUPO PRÓPRIO

V. **encontro consonantal**.

GRUPO VOCÁLICO

O mesmo que **encontro vocálico** (q. v.).

H

H
Oitava letra do alfabeto português.

HÁ CERCA DE
V. **a cerca de**.

HABEAS-CORPUS
Expressão latina que significa "liberdade de locomoção".

HÁBIL
Regência nominal. Rege as preposições **em** ou **para**:

Carlos é muito hábil no seu ofício.

Você é hábil para explicar as coisas.

HABILIDADE
Regência nominal. Pede complemento introduzido pelas preposições **de**, **em** ou **para**:

Teve a habilidade de sair escondido.

Demonstraram habilidade em costura.

Marcos tem habilidade para o cargo.

HÁBITAT
Acentuação gráfica. A palavra, antes considerada um latinismo, deve ser acentuada. No entanto, ainda existem dicionários que a registram sem acento gráfico. O ideal, parece-nos, é o emprego do acento, por analogia com **álibi** e **déficit**, atualmente acentuadas.

Nota: o Volp, por equívoco, registra deficit e habitat, sem acento.

HÁBITO
Regência nominal. Pede complemento introduzido pela preposição **de**:

Não tinha o hábito da caminhada.

HABITUADO
Regência nominal. Pede complemento introduzido pelas preposições **a** ou **com**:

Estava habituado a uma vida simples.

Não estou habituado com essas coisas.

HAGIÔNIMO

Nome próprio referente a crenças de quaisquer religiões. O mesmo que **hierônimo**: Deus, Jeová, Maomé, Oxalá, Tupã, Xiva, Natividade, Égira

HAICAI

Poema de origem japonesa constituído de somente uma estrofe de 3 versos. Os versos, pela ordem, têm 5, 7 e 5 sílabas, totalizando 17 sílabas métricas.

HAJA VISTA

Concordância nominal. Expressão usada geralmente como invariável:

Haja vista os resultados, parabenizo-o.

Admite, também, a pluralização de **haja**, bem como a regência da preposição **a**:

Hajam vista os resultados, parabenizo-o.

Haja vista aos resultados, parabenizo-o.

HAPLOGRAFIA

Erro de grafia que consiste em eliminar sílaba que aparece repetida:

paralepípedo (em vez de paralelepípedo)

HAPLOLOGIA

Gramática Histórica. Tipo de **síncope** (v. **síncope**[1]) que consiste na queda de uma sílaba no meio da palavra, por causa da presença de uma outra idêntica ou parecida:

semi**mi**nima > semínima, ido**lo**latria > idolatria

HAPLOLOGIA SINTÁTICA

Haplologia (q. v.) que ocorre entre palavras; é própria da língua descuidada, coloquial:

Necessidade ajuda (em vez de necessidade **de** ajuda)

HASTEAR

Conjugação. Segue o modelo de **bloquear** (q. v.).

HAURIR

Conjugação. Verbo defectivo. Segue o modelo de **abolir** (q. v.).

HAVER

1. Conjugação

Verbo bastante irregular, com inúmeras variantes do radical. É abundante no presente do indicativo.

Pres. ind.: hei, hás, há, havemos (ou hemos), haveis (ou heis), hão

Pret. perf.: houve, houveste, houve, houvemos, houvestes, houveram

Pret. imperf.: havia, havias, havia, havíamos, havíeis, haviam

Pret. m.-q.-perf.: houvera, houveras, houvera, houvéramos, houvéreis, houveram

Fut. pres.: haverei, haverás, haverá, haveremos, havereis, haverão

Fut. pret.: haveria, haverias, haveria, haveríamos, haveríeis, haveriam

Pres. subj.: haja, hajas, haja, hajamos, hajais, hajam
Imperf. subj.: houvesse, houvesses, houvesse, houvéssemos, houvésseis, houvessem
Fut. subj.: houver, houveres, houver, houvermos, houverdes, houverem
Imper. afirm.: há, haja, hajamos, havei, hajam
Imper. neg.: não hajas, não haja, não hajamos, não hajais, não hajam
Inf. impess.: haver
Inf. pess.: haver, haveres, haver, havermos, haverdes, haverem
Ger.: havendo
Part.: havido

2. Concordância verbal.

Quando significa **existir** ou **acontecer**, ou quando indica **tempo decorrido**, é verbo impessoal, ou seja, não tem sujeito; isso faz com que não possa ser empregado no plural:

> Havia muitos erros na prova. (existiam)
> Houve vários acidentes. (aconteceram)
> Estava lá havia dias.

Notas:

1ª) É verbo transitivo direto. Assim, exercem a função de objeto direto (e não de sujeito) os termos **muitos erros**, **vários acidentes** e **dias**.

2ª) Se for o verbo principal de uma locução, seu auxiliar permanecerá no singular:

> Deve haver muitas dúvidas. (devem existir)

3. Emprego

Além de ser empregado como forma simples, pode constituir locução verbal, como auxiliar ou principal.

a) Como auxiliar, integra um tempo composto, ou seja, liga-se a um particípio:

> Havíamos lido o contrato.

b) Como principal, pode estar no infinitivo, no gerúndio ou no particípio:

> Costuma haver dúvidas.
> Está havendo dúvidas.
> Tem havido dúvidas.

Nota: Às vezes, aparece como auxiliar e principal de uma locução:

> Há de haver explicações.

HEBRAÍSMO

Filologia. Palavra ou expressão de origem hebraica usada no português:

> querubim, messias, rabino

HELENISMO

Filologia. Palavra ou expressão de origem grega usada no português. Há uma enorme quantidade de palavras desse tipo, principalmente porque é ao grego que se recorre para a formação de nomes científicos em geral:

> ortografia, acrofobia, psicologia, cronômetro, telepatia

HEMISTÍQUIOS
Versificação. V. **alexandrino**.

HENDECASSÍLABO
Versificação. Verso de onze sílabas métricas. A acentuação predominante recai na 2ª, 5ª, 8ª e 11ª sílabas.

"Quer **se**jam sau**da**des, quer **se**jam de**se**jos..." (Gonçalves Dias)

"A **noi**te é su**bli**me! – Tem **lon**gos quei**xu**mes,

Mis**té**rios pro**fun**dos que eu **mes**mo não **sei**..." (Casimiro de Abreu)

HENDÍADIS
Estilística. Emprego de dois substantivos unidos por conjunção coordenativa, quando o emprego mais lógico seria a subordinação:

"Olha o muro e edifício nunca criado..." (Camões)

muro e edifício: muro edificado

HEPTASSÍLABO
Versificação. Verso de sete sílabas métricas. Também chamado verso de **redondilha maior**:

"Os azuis estão cantando..." (Cecília meireles)

"Outras manchadas de escuro..." (Joaquim Cardozo)

HEROICO[1], decassílabo
Versificação. V. **decassílabo** (1).

HEROICO[2], poema
V. **poema heroico**.

HETEROMÉTRICA
Versificação. Estrofe formada por versos de diferentes medidas. O mesmo que **composta**:

"E – morta – a pomba nunca mais suspira

À beira do caminho;

E como a juriti, – longe dos lares –

Nunca mais chorarei nos meus cantares

Saudades do meu ninho!" (Casimiro de Abreu)

O primeiro, o terceiro e o quarto versos têm dez sílabas métricas; os outros, seis.

HETEROMÉTRICOS
Versificação. Versos de números diferentes de sílabas métricas:

"Senhor Deus, dá que a boca da inocência

Possa ao menos sorrir..." (Castro Alves)

O primeiro tem dez sílabas; o segundo, seis.

HETERONÍMIA
V. **flexão nominal** (2).

HETERÔNIMOS
V. **flexão nominal** (2).

HETERORGÂNICAS
Consoantes que não são **homorgânicas** (q. v.).

HEXASSÍLABO
Versificação. Verso de seis sílabas métricas:
"E o nosso andar é lento..." (Carlos Drummond de Andrade)
"Uma janela aberta..." (Jorge de Lima)

HIATISMO
Sucessão, geralmente desagradável, de fonemas vocálicos:
Chegou ao auge. A aia apareceu.

HIATO
Encontro de duas vogais em sílabas separadas:
s**aú**de, c**oo**perar, r**ai**nha, r**eu**nir, c**aa**tinga

Na divisão silábica, evidentemente, cada vogal fica em uma sílaba:
gra-ú-do, mo-i-nho, pi-a-da, ra-iz

HIATOS OO E EE
Acentuação gráfica. Palavras que possuam esses dois hiatos, com a primeira vogal tônica, não devem ser acentuadas:
voo, enjoo, perdoo, coroo; creem, veem, leem, deem

HIBRIDISMO
Formação de palavras. União de elementos oriundos de línguas diferentes. A palavra híbrida pode ser derivada ou composta:
decímetro (deci: latim; metro: grego)
alcoólatra (álcool: árabe; latra: grego)
monóculo (mono: grego; óculo: latim)
burocracia (buro: francês; cracia: grego)

HIC ET NUNC
Expressão latina que significa "aqui e agora".

HIDRÔNIMO
Nome próprio de cursos de água: rios, mares etc.:
rio Amazonas, mar Morto, oceano Atlântico

HIERÓGLIFOS

V. **escrita** (4).

HIERÔNIMO

O mesmo que **hagiônimo** (q. v.).

HÍFEN

Sinal gráfico (-) empregado em situações variadas e que requer um certo cuidado. O mesmo que **traço de união**.

1. Usa-se o hífen para ligar o pronome átono às formas verbais, o que se conhece como ênclise e mesóclise:

Paulo preparou-se para a prova.

Esperar-te-ei no parque.

2. Emprega-se o hífen em palavras compostas:

guarda-roupa, terça-feira, primeiro-ministro

3. Usa-se o hífen na união de determinados prefixos ao radical:

super-homem, vice-presidente, aquém-mar, contra-argumento

Nota: Ao longo do livro, são estudados os principais prefixos da língua, no que se refere ao emprego do hífen.

Situações especiais

a) Com hífen

água-de-colônia	erva-doce
bem-estar	livre-arbítrio
bem-vindo	má-fé
boa-fé	mais-que-perfeito
cartão-postal	mala-direta
dois-pontos	maus-tratos
edifício-garagem	zero-quilômetro
erva-cidreira	

b) Sem hífen

aperto de mão	meio ambiente
azeite de oliva	obra de arte
boa vontade	óleo de soja
bom senso	olho mágico
cadeira de balanço	chefe de família
cartão de crédito	ponto de vista
disco voador	sangue frio
dor de dente	tão só
má vontade	tão somente
marcha a ré	

c) Sentido definido pelo hífen

Consertamos o ar-condicionado.
Sentiu-se mal no ar condicionado.

Sempre brinquei de cabra-cega.
Morreu minha cabra cega.

Sou um homem bem-educado.
Fui bem educado por minha mãe.

Era um boa-vida.
Sempre teve boa vida.

Fizeram dois abaixo-assinados.
Todos os abaixo assinados são brasileiros.

d) **Rádio** e **vídeo** formam nomes compostos sem hífen e perdem o acento.

radioamador, radiopatrulha, radiotáxi; videocassete, videoclube, videotexto, videoaula

Nota: *Video game* é termo inglês. Em português temos **videojogo**.

HINO

Composição que celebra ideais, sejam cívicos ou religiosos, patrióticos ou profanos. Variante da **ode** (q. v.).

HIPÁLAGE

Estilística. Adjetivação de um termo no lugar de outro:

Era o riso feliz de uma criança.
(criança feliz)
"... A dupla correnteza augusta das fachadas..." (Cesário Verde)
(fachadas augustas)

HIPER-

Prefixo de origem grega que significa "excesso", "posição superior", "além". Pede hífen antes de **h** ou **r**:

hiper-hidrose, hiper-rugoso; hiperespaço, hipersensibilidade

HIPÉRBATO

Estilística. Inversão dos termos de uma oração ou de orações no período:

Nosso carro consertamos ontem.
"Que arcanjo teus olhos veio
Velar, maternos, um dia?" (Fernando Pessoa)

HIPERBIBASMO

Gramática Histórica. Mudança de posição do acento tônico de uma palavra. Há dois tipos de hiperbibasmo.

1. Sístole

Mudança do acento tônico de uma sílaba para a anterior:

benção > bênção, amassemus > amássemos

2. Diástole

Mudança do acento tônico de uma sílaba para a seguinte. O mesmo que **éctase**:

mulíere > mulher, júdice > juiz

HIPÉRBOLE

Estilística. Figura que consiste em exagerar as coisas com o objetivo de alcançar maior expressividade:

Pare, que vou estourar de tanto rir.

Há mil coisas para fazer hoje.

"A branca areia as lágrimas banhavam..." (Camões)

HIPERÔNIMO

Termo de sentido genérico em relação a um outro, de sentido específico, chamado **hipônimo**. Por exemplo, **flor**, que tem sentido amplo, genérico, é um hiperônimo; **rosa**, que tem sentido específico, é um hipônimo.

HIPÉRTESE

Gramática Histórica. O mesmo que **metátese** (q. v.).

HIPOCORÍSTICO

V. **apelido²**.

HIPÔNIMO

V. **hiperônimo**.

HIPOTAXE

O mesmo que **subordinação** (q. v.).

HIPOTÉTICO, período

V. **apódose**.

HISPÂNIA

História. O mesmo que **Península Ibérica**. Portugal e Espanha são os países que se desenvolveram na região. A Hispânia foi totalmente integrada ao Império Romano em 197 a. C. É nela que surgiu o português, a partir do **galego-português** (q. v.).

HISPANISMO

Filologia. O mesmo que **espanholismo** (q. v.).

HISTORIAR

Conjugação. Segue o modelo de **abreviar** (q. v.).

HISTÓRICA¹, Gramática
O mesmo que **diacrônica**. V. **Gramática** (3).

HISTÓRICA², Linguística
O mesmo que **diacrônica**. V. **Linguística** (1).

HISTÓRICO, presente
O mesmo que **narrativo**. V. **presente histórico**.

HOMÓFONOS
Semântica. V. **homônimos** (1).

HOMÓGRAFOS
Semântica. V. **homônimos** (2).

HOMONÍMIA
Semântica. Emprego de **homônimos** (q. v.).

HOMÔNIMOS
Semântica. Palavras que têm identidade de pronúncia ou grafia, ou das duas coisas. É necessário cuidado para não confundi-los com os **parônimos** (q. v.).

1. Homônimos homófonos
Palavras que possuem a mesma pronúncia, sendo diferente a grafia:
serração – cerração

2. Homônimos homógrafos
Palavras que têm a mesma grafia, sendo diferente a pronúncia:
toco (^) – toco (´)

Nota: Pode ser que uma delas tenha acento:
médico – medico

3. Homônimos perfeitos
Palavras de mesma pronúncia e mesma grafia; também se diz **homófonos e homógrafos**:
manga (fruta) – manga (parte da camisa)

Homônimos homófonos importantes

acender – pôr fogo a	cheque – ordem de pagamento
ascender – elevar-se	xeque – lance de um jogo; soberano árabe
acento – inflexão da voz; sinal gráfico	concerto – harmonia; sessão musical
assento – lugar onde se senta	conserto – reparo
asado – com asas, alado	coser – costurar
azado – oportuno, propício	cozer – cozinhar

HOMORGÂNICAS

caçar – perseguir
cassar – anular

empossar – dar posse
empoçar – formar poça

cegar – tirar a visão de
segar – ceifar

esperto – inteligente, vivo
experto – perito

cela – cômodo pequeno
sela – arreio

espiar – olhar
expiar – sofrer castigo

censo – recenseamento
senso – juízo, raciocínio

estático – parado
extático – em êxtase

cerração – nevoeiro
serração – ato de serrar

estrato – camada; tipo de nuvem
extrato – que se extraiu

cessão – ato de ceder
sessão – tempo que dura uma reunião
seção – departamento, divisão

incerto – duvidoso
inserto – inserido

cesto – balaio, pequena cesta
sexto – ordinal de seis

incipiente – que está começando
insipiente – que não sabe, ignorante

chácara – propriedade rural
xácara – narrativa popular
em verso

sidra – uma certa bebida
cidra – uma certa fruta

tacha – tipo de prego
taxa – imposto

HOMORGÂNICAS

Consoantes que só se distinguem quanto ao papel das cordas vocais (surdas e sonoras). São homorgânicas as consoantes /PÊ/ e /Bê/, /Tê/ e /Dê/, /Kê/ e /GUê/, /Fê/ e /Vê/, /Sê/ e /Zê/, /Xê/ e /Jê/. Em cada par, a primeira consoante é surda, e a segunda, sonora. Sonorizar uma palavra é substituir, quando possível, os fonemas surdos pelos homorgânicos correspondentes. Por exemplo, **faca** e **vaga**. Todas as consoantes que não são homorgânicas chamam-se **heterorgânicas**. V. **sonorização**.

HONORIS CAUSA

Expressão latina que significa "por motivo de honra".

HUMILDE

Regência nominal. Pede complemento introduzido pelas preposições **com** ou **de**.

Seja humilde com todos.

Sou humilde de ser operário.

I

I

Nona letra do alfabeto português.

IBEROS

História. Povo antigo que habitava a Península Ibérica antes da chegada dos romanos. Sua língua, o ibero, é de origem incerta.

IBIDEM

Palavra latina que significa "no mesmo lugar", "aí mesmo".

ÍCONE

Tipo de **signo** (q. v.) que tem semelhança com o elemento representado. Bom exemplo de ícone é a fotografia.

ICTO

O mesmo que **acento de intensidade**. V. **acento** (3).

ID EST

Expressão latina que significa "isto é".

IDEAR

Conjugação. V. **bloquear** (nota).

IDEIA

Tipologia Textual. V. **dissertação**.

IDEM

Palavra latina que significa "também", "a mesma coisa".

IDÊNTICO

Regência nominal. Pede complemento regido pela preposição **a**:

Meu projeto é idêntico ao dele.

IDEOGRÁFICA, escrita
V. **escrita**[1] (4).

IDEOGRAMA
V. **escrita**[1] (4).

IDEOLÓGICA, concordância
Estilística. V. **silepse**.

IDEOLÓGICO, dicionário
O mesmo que **analógico**. V. **dicionário** (3).

IDÍLIO
V. **poema bucólico** (1).

IDIOLETO
Linguística. Sistema linguístico próprio de um dado falante numa fase de sua vida, ou seja, sua maneira específica de se expressar.

IDIOMA
Unidade linguística de uma nação em face das demais. A língua tem um caráter mais amplo do que o idioma, que pressupõe uma sociedade organizada da qual ele é o instrumento maior de comunicação. O provençal, por exemplo, é uma língua, mas não um idioma. V. **língua**.

IDIOMÁTICA, expressão
V. **fossilização**.

IDIOMATISMO
V. **fossilização**.

IDIOTISMO
V. **fossilização**.

IDO
V. **língua** (2).

IDONEIDADE
Regência nominal. Pede complemento introduzido pela preposição **para**:
Falta-lhe idoneidade para o cargo.

IGUALDADE
V. **grau** (2).

ILUDIDO

Regência nominal. Pede complemento introduzido pelas preposições **com** ou **por**:
>> Vivia iludido com o futebol.
>> Era um homem iludido pelo poder.

ILUSÃO

Regência nominal. Pede complemento introduzido pelas preposições **com** ou **de**:
>> Não tenha ilusão com esse grupo.
>> Suas palavras me deram a ilusão de que tudo ia bem.

IMAGEM ACÚSTICA

> V. **signo linguístico**.

IMERGIR

Conjugação. Conjuga-se como **emergir** (q. v.).

IMINENCIAL, aspecto

> V. **aspecto** (6).

IMITATIVO, vocábulo

Estilística. V. **onomatopeia**.

IMORTALIZAR

Regência verbal. Verbo transitivo direto. Não pede a preposição **a**.
>> Um único soneto imortalizou aquele poeta.
>> Sua bela obra imortalizou-o.

IMOTIVADO

Linguística. O mesmo que **arbitrário**. V. **signo linguístico** (1).

IMPELIR

Conjugação. Segue o modelo de **aderir** (q. v.).

IMPERATIVA

> Frase com que o falante ordena alguma coisa. Tem verbo no imperativo ou equivalente:
>> Não faça bobagens!
>> Voltar!

IMPERATIVO

Modo verbal que apresenta uma ordem, um pedido ostensivo. Não tem forma própria, sendo extraído dos dois presentes. Não tem a primeira pessoa do singular (eu). Na terceira pessoa o sujeito é você (ou vocês), já que com o imperativo se dão ordens a alguém com quem se fala.

IMPERCEPTÍVEL

1. Imperativo afirmativo

Tu e **vós** saem do presente do indicativo menos a letra **s**; **você**, **nós** e **vocês**, do presente do subjuntivo. Veja o imperativo afirmativo do verbo olhar.

olho	olhe
olhas → olha (tu)	olhes
olha	olhe → olhe (você)
olhamos	olhemos → olhemos (nós)
olhais → olhai (vós)	olheis
olham	olhem → olhem (vocês)

Reunindo, temos: olha, olhe, olhemos, olhai, olhem.

Nota: O único verbo da língua que não segue essa regra é **ser**. A segunda pessoa do singular é **sê**; a segunda do plural, **sede**. V. **ser**.

2. Imperativo negativo

Todas as pessoas são extraídas do presente do subjuntivo, com o acréscimo de **não**. Veja o imperativo negativo de olhar.

olhe

olhes → não olhes (tu)

olhe → não olhe (você)

olhemos → não olhemos (nós)

olheis → não olheis (vós)

olhem → não olhem (vocês)

Assim, temos: não olhes, não olhe, não olhemos, não olheis, não olhem.

IMPERCEPTÍVEL

Regência nominal. Pede complemento introduzido pela preposição **a**:

É um sinal imperceptível aos humanos.

IMPERFEITAS

Versificação. Rimas cuja identidade não é total, por causa de alguma alteração fonética:

"Se um rosto **virgem**

Doce **vertigem**

Me desse n'alma..." (Casimiro de Abreu)

IMPERFEITO[1], decassílabo

Versificação. V. **decassílabo** (3).

IMPERFEITO[2], pretérito

V. **pretérito** (2).

IMPÉRIO ROMANO

História. V. **romanos**.

IMPESSOAL[1]
Tipo de infinitivo. V. **formas nominais do verbo**.

IMPESSOAL[2]
Verbo que não possui sujeito. A impessoalidade faz com que seja usado apenas na terceira pessoa do singular. Forma **oração sem sujeito** (q. v.).

IMPESSOALIDADE
Propriedade de certas formas verbais não se referirem a nenhum sujeito. V. **impessoal[2]**.

IMPLACÁVEL
Regência nominal. Pede complemento introduzido pelas preposições **com**, **contra** ou **para com**:

> É implacável com seus próprios erros.
> Sou implacável contra a corrupção.
> Seja implacável para com as fraudes.

IMPLICAÇÃO
V. **conotação[1]**.

IMPLICAR
Regência verbal.

1. Transitivo direto, quando significa "acarretar" ou "pressupor".
> Sua explicação implicará novas diretrizes.
> Amor autêntico implica respeito e atenção.

2. Transitivo indireto quando significa "perturbar"; rege a preposição **com**:
> Pedro implicou com o colega.

3. Transitivo direto e indireto quando significa "envolver"; rege a preposição **em**:
> Implicaram meu amigo naquele processo.

IMPLORAR
Regência verbal. Transitivo direto e indireto; rege a preposição **a** (mais raramente, **para**):
> Implorou ao diretor uma explicação.
> Implorei ao garçom que trouxesse logo a comida.

Nota: Com complemento oracional, não admite a preposição **para**, a menos que exista a palavra **licença** (ou sinônimos), clara ou oculta:
> Implorei para o mecânico voltar. (errado)
> Implorei para que o mecânico voltasse. (errado)
> Implorei licença para sair. (certo)
> Implorei para sair. (certo)

Têm a mesma regência os verbos suplicar e rogar. Pedir (q. v.) tem regência semelhante.

219

IMPOR
Conjugação. Segue a conjugação do verbo primitivo, **pôr** (q. v.).

IMPORTAÇÃO LINGUÍSTICA
O mesmo que **empréstimo** (q. v.).

IMPRECAÇÃO
Estilística. O mesmo que **cominação** (q. v.).

IMPREGNAR
Conjugação. Segue o modelo de **consignar** (q. v.).

IMPRODUTIVO
Elemento incapaz de produzir. Portanto, é o oposto de **produtivo**. Por exemplo, tornaram-se improdutivas as terminações verbais **er** e **ir**. Hoje os verbos que vão sendo criados recebem o **ar** da primeira conjugação. Por exemplo, aqueles que surgem em função da informática, como **deletar**.

IMPRÓPRIOS, grupos consonantais
V. **encontro consonantal** (2).

IMPUGNAR
Conjugação. Segue o modelo de **consignar** (q. v.).

IN
Palavra latina que significa "em".

IN ACTU
Expressão latina que significa "no ato".

IN DUBIO
Expressão latina que significa "em caso de dúvida".

IN DUBIO PRO REO
Expressão latina que significa "na dúvida, a favor do réu".

IN EXTREMIS
Expressão latina que significa "nos últimos instantes de vida".

IN LIMINE
Expressão latina que significa "preliminarmente", "logo no início".

IN LOCO
Expressão latina que significa "no lugar".

IN MEMORIAM
Expressão latina que significa "em memória", "em lembrança".

IN NATURA
Expressão latina que significa "ao natural", "puro".

IN TOTUM
Expressão latina que significa "totalmente".

IN VITRO
Expressão latina que significa "em meio artificial".

INABALÁVEL
Regência nominal. Pede complemento introduzido por **em**:
>Mostrava-se inabalábel em suas ideias.

INACENTUADO
1. Sem acentuação tônica. V. **átono**[1].

2. Que não leva acento gráfico:
>passo, camisa, jeito, aqui

INADEQUADO
Regência nominal. Pede complemento introduzido pela preposição **a**:
>Seu gesto é inadequado ao ambiente.

INANIMADO
>V. **animado**.

INCENDIAR
Conjugação. V. **ansiar**.

INCLUÍDO
Regência nominal. Pede complemento iniciado pelas preposições **em** ou **entre**:
>Pesquisei no livro incluído na relação.
>Seu trabalho está incluído entre os melhores.

INCLUIR
Conjugação. Segue o modelo de **atribuir** (q. v.).

INCLUSÃO
>V. palavra **denotativa** (4).

INCLUSO
Concordância nominal. É adjetivo, concordando normalmente com o substantivo ou substantivos a que se liga na frase:
>passeio incluso
>passeios inclusos

INCOATIVO, aspecto
V. **aspecto** (1).

INDEFINIDO[1]
V. **artigo** (2).

INDEFINIDO[2]
Pronome, tanto substantivo como adjetivo, que deixa uma palavra ou a frase com sentido vago, indefinido.

1. Variáveis: algum, nenhum, muito, pouco, todo, certo, bastante, vário, um, diverso, qualquer, outro, quanto, tanto, qual:

> Algum colega o ajudará.
> Havia muito feijão no prato.
> Fiz tanta força que desmaiei.
> Uns preferiram voltar.

Nota: Algumas dessas palavras podem ser advérbios de intensidade. Isso ocorre quando a palavra modifica um verbo, um adjetivo ou outro advérbio.

> Ele estuda muito.
> Cláudia é muito alta.
> Todos escrevem muito bem.

2. Invariáveis: alguém, ninguém, outrem, cada, tudo, nada, que, quem, algo:

> Alguém quer falar contigo.
> Cada pessoa pediu algo.
> Que noite linda!
> Quem vier será bem recebido.

INDEPENDENTE
V. **oração coordenada**.

INDETERMINADO
Uma das classificações do sujeito. É aquele que existe, mas não se sabe ou não se quer precisar. Ocorre em duas situações:

1. Com a palavra **se**, **índice de indeterminação do sujeito** (q. v.):

> Precisa-se de trabalhadores.

2. Com o verbo na terceira pessoa do plural, sem o sujeito expresso na frase:

> Disseram a verdade.

INDICATIVO
Modo verbal que apresenta o fato de maneira real, indubitável:

> estudas, caminhava, falaremos

ÍNDICE DE INDETERMINAÇÃO DO SUJEITO
Palavra **se** usada para indeterminar o sujeito. Isso ocorre quando ela significa "alguém" e é empregada com verbo transitivo indireto, intransitivo ou de ligação.

Pode ser confundida com o **pronome apassivador** (q. v.). O mesmo que **símbolo de indeterminação do sujeito** e **pronome indeterminador do sujeito**:

Obedeceu-se à lei.

Falou-se bastante.

Ficou-se triste.

Nota: Também será índice de indeterminação do sujeito, se for empregada com verbo transitivo direto que tenha objeto direto preposicionado:

Ama-se a Deus.

ÍNDICE TEMÁTICO

O mesmo que **vogal temática** (q. v.).

INDÍCIO

O mesmo que **sinal**. V. **sinal²**.

INDIGNAR-SE

Conjugação. Segue o modelo de **consignar** (q. v.).

INDIRETO¹, discurso

Tipologia textual. V. **narração**.

INDIRETO², objeto

V. **objeto indireto**.

INDIRETO³, transitivo

V. **transitivo indireto**.

INDIRETO LIVRE, discurso

Tipologia textual. V. **narração**.

INDO-EUROPEU

Filologia. Língua falada há aproximadamente cinco mil anos, na Europa oriental, que se estendeu até à Ásia e a outras regiões da Europa. Do indo-europeu surgiu boa parte das línguas modernas, entre elas o latim, que formou várias outras. Não há registro algum do indo-europeu. Foi o trabalho de filólogos que permitiu, por comparações feitas entre inúmeras línguas, a conclusão de que teria existido essa língua primitiva. O mesmo que **indo-germânico**.

INDO-GERMÂNICO

Filologia. O mesmo que **indo-europeu** (q. v.).

INERÊNCIA

Relação natural entre um elemento e uma qualidade que lhe é atribuída. Na frase "o cão é um animal", há inerência entre **cão** e **animal**. Já na frase "O cão é bonito", não há inerência entre **cão** e **bonito**.

INEXISTENTE

Denominação inadequada para **oração sem sujeito** (q. v.).

INFANTIL

Modalidade de língua própria das crianças, com vocabulário pequeno em função do pouco tempo de experiência linguística e de vida. Opõe-se à modalidade adulta. V. **adulta**.

INFECTUM

Filologia. V. **perfectum**.

INFERÊNCIA

Palavra bastante vista em interpretação de textos. Significa "conclusão", "indução", "ilação". Parte-se de algo conhecido para, por inferência, chegar ao desconhecido.

INFERIOR

Regência nominal. Pede complemento introduzido pelas preposições **a** ou **em**:

> Seu artigo é inferior ao dele.
> Ele é inferior em tudo.

Nota: Pode ter dois complementos:

> Meu trabalho é inferior ao dele em todos os itens.

INFERIORIDADE[1]

V. **grau** (2).

INFERIORIDADE[2]

Regência nominal. Pede complemento introduzido pelas preposições **de**, **em** ou **para com**:

> Destacava-se a inferioridade de seu caráter.
> Não vejo nele inferioridade nos estudos.
> Não há em você qualquer inferioridade para com os outros.

INFINITIVA

V. **oração infinitiva**.

INFINITIVO

V. **formas nominais do verbo**.

INFINITO

V. **finito**.

INFIXO

Estrutura das palavras. V. **afixo** (4).

INFLEXÃO

Gramática Histórica. O mesmo que **apofonia** (q. v.).

INFLIGIR
Regência verbal. Verbo transitivo direto e indireto; rege a preposição **a**:
>Infligiu uma dura pena ao condenado.

INFLUIR
Conjugação. Segue o modelo de **atribuir** (q. v.).

INFORMAL, língua
>O mesmo que **coloquial** (q. v.).

INFORMANTE
Linguística. Nome que se dá, em Dialetologia, ao falante escolhido pelo pesquisador para cobrir os aspectos fundamentais de uma língua. O trabalho é desenvolvido por meio de um questionário preestabelecido.

INFORMAR
Regência verbal.

1. Transitivo direto e indireto. Pede objeto direto de pessoa e indireto de coisa; rege as preposições **de** ou **sobre**:
>O professor informou o aluno da prova.
>O professor informou-o da prova.
>Informaram-no sobre o acidente.

2. Transitivo direto e indireto. Pede objeto direto de coisa e indireto de pessoa; rege a preposição **a**:
>O professor informou a prova ao aluno.
>O professor informou-lhe a prova.

Nota: Fica errado o emprego de dois objetos diretos ou dois indiretos:
>O professor informou-o a prova.
>O professor informou-lhe da prova.

INFRA-
>Prefixo de origem latina que significa "posição abaixo". Pede hífen antes de **h** ou **a**:
>infra-hepático, infra-acústico; infrarrenal, infrassom, infraescrito, inframencionado

INFRINGIR
Regência verbal. Verbo transitivo direto:
>Ninguém infringiu as leis.

INICIAL
>O mesmo que **assindética**. V. **oração coordenada**.

INICIAL MAIÚSCULA
>Em inúmeras situações, a letra inicial de uma palavra deve ser maiúscula.

INICIAL MINÚSCULA

1. Início de frase:

Os estudantes estavam agitados.

2. Pronomes e expressões de tratamento:

Vossa Senhoria precisa decidir-se.

Ao Ilustríssimo Senhor...

3. Nomes próprios em geral:

Paulo mora em Curitiba. (pessoas, cidades, países etc.)

Estudei o Renascimento. (épocas históricas)

Líamos o Jornal do Brasil. (publicações)

Sou membro da Academia de Ciências. (instituições)

Eles estão estudando os anéis de Júpiter. (corpos siderais)

4. Atos das autoridades da República, com o numeral correspondente:

Está previsto no Decreto 275/07.

Nota: Sem o numeral, inicial minúscula:

Estou analisando o decreto.

5. Nomes de festas religiosas:

Está chegando o Natal.

6. Pontos cardeais, se designam regiões:

Os países do Norte responderam.

7. Nomes de vias públicas (rua, avenida, praça etc.); é facultativo:

Trabalhava na Avenida Passos.

Trabalhava na avenida Passos.

Nota: Usados isoladamente, pedem minúscula:

Estudo naquela avenida.

INICIAL MINÚSCULA

Na maioria das vezes, a letra inicial de uma palavra é minúscula. Em algumas situações, pode haver confusão.

1. Nomes de dias, meses e estações do ano:

No domingo estaremos lá.

Em setembro haverá uma reunião.

Estamos no verão.

2. Nomes de festas populares ou pagãs:

Não gosto de carnaval.

3. Nomes de acidentes geográficos (rio, lagoa etc.):

Avistamos o rio Amazonas.

4. Nomes próprios usados como comuns:

Avistamos um joão-de-barro.

INSCREVER
Conjugação. Conjuga-se como **escrever** (q. v.).

INSERIR
Conjugação. Segue o modelo de **aderir** (q. v.).

INSTRUIR
Conjugação. Segue o modelo de **atribuir** (q. v.).

INSTRUMENTO
V. **adjunto adverbial** (13).

INSULTAR
Regência verbal. Verbo transitivo direto:
> Não insulte o seu colega.

INSULTO
Regência nominal. Rege a preposição **a**:
> Isso é um insulto à inteligência humana.

INTEGRANTE
V. **conjunção subordinativa** (10).

INTEGRANTES
São os seguintes termos da oração: objeto direto, objeto indireto, complemento nominal e agente da passiva. V. esses verbetes.

INTEIRAR
Conjugação. Segue o modelo de **aleijar** (q. v.).

INTENSÃO
O mesmo que **catástase**. V. **articulação**[1] (1).

INTENSIDADE[1]
1. Advérbio. V. **advérbio** (7).

2. Adjunto adverbial. V. **adjunto adverbial** (7).

INTENSIDADE[2], acento de
O mesmo que **icto**. V. **acento** (3).

INTENSIVO
Tudo aquilo que dá relevância maior à significação da palavra. Prefixos como arqui- e super-, os sufixos que formam o superlativo absoluto sintético, certas repetições etc. são elementos intensivos:
> Fui ao supermercado. Ela é bonita, bonita. Sou altíssimo.

INTER-

Prefixo de origem latina que significa "posição intermediária", "reciprocidade". Pede hífen antes de **h** ou **r**:

> inter-humano, inter-resistente; interamericano, intersocial

INTERCALADA

V. **oração intercalada**.

INTERCOMPREENSÃO

Capacidade que têm os falantes de compreender enunciados emitidos por outros falantes da mesma comunidade.

INTERCONSONÂNTICO

Fonema colocado entre duas consoantes.

INTERDIZER

Conjugação. Conjuga-se como **dizer** (q. v.).

INTERESSE, objeto indireto de

O mesmo que **dativo ético**. V. **objeto indireto** (5).

INTERFERÊNCIA

Teoria da comunicação. Qualquer coisa que possa atrapalhar a comunicação. Por exemplo, o som de uma máquina, de um cão latindo, de uma criança chorando etc. Também se consideram interferência fatores de ordem interna como o desconhecimento de uma palavra por parte do decodificador, a má dicção do falante etc. O mesmo que **ruído**.

INTERFERIR

Conjugação. Segue o modelo de **aderir** (q. v.).

INTERFIXO

Estrutura das palavras. V. **afixo** (3).

INTERGLOSSA

V. **língua** (2).

INTERIORES

Versificação. Rimas que ocorrem dentro de um mesmo verso. O mesmo que **iteradas**:

> "O **triste existe** qual a **pedra medra**,
> **Rosa saudosa** do gentil jardim..." (Castro Alves)

INTERJEIÇÃO

Palavra de caráter exclamativo com que transmitimos espontaneamente as nossa emoções; não exerce função sintática:

> Ui! Machuquei a mão!
> Puxa! Você viu aquilo?!

INTERLÍNGUA
V. **língua** (2).

INTERLOCUTOR
Aquele que participa de um diálogo.

INTERMEDIAR
Conjugação. V. **ansiar**.

INTERMEDIÁRIAS, vogais
V. **vogal²** (5).

INTERNACIONAL, língua
V. **língua** (8).

INTERNO, objeto direto
O mesmo que **cognato**. V. **objeto direto** (4).

INTERPOLADAS, rimas
Versificação. O mesmo que **enlaçadas** (q. v.).

INTERPRETAÇÃO
Ato de interpretar, deduzir. É muito comum na vida do estudante a interpretação de textos. Ao interpretar, a pessoa é levada a pensar, a fazer inferências, deduções. Difere da compreensão de textos; nesta, tudo o que se busca pode ser localizado no texto, sendo necessário paciência para encontrar. Hoje, no entanto, há uma tendência de dizer interpretação de textos, nos dois casos.

INTERROGAÇÃO
Pontuação. O mesmo que **ponto de interrogação** (q. v.).

INTERROGAÇÃO DIRETA
V. **advérbio interrogativo**.

INTERROGAÇÃO INDIRETA
V. **advérbio interrogativo**.

INTERROGAÇÃO RETÓRICA
Interrogação formulada com intenção estilística, em que a resposta fica implícita ou é dada pelo próprio indivíduo que pergunta:
> Quem, aqui neste recinto, não se revolta com a situação? Apenas os que não têm compromisso com a verdade.

INTERROGATIVA
Frase com que se faz uma pergunta:
> Ele vai almoçar conosco?

229

INTERROGATIVO[1]

V. **advérbio interrogativo**.

INTERROGATIVO[2]

Pronome utilizado para fazer uma pergunta. São pronomes interrogativos: quem, qual, quanto, que (ou o que). Aparece em interrogações diretas ou indiretas:

Quem reclamou?

Não sabemos quem reclamou.

INTERVIR

Conjugação. Segue o modelo de **vir** (q. v.).

INTERVOCÁLICO

Fonema consonantal entre duas vogais.

INTRA-

Prefixo de origem latina que significa "posição interior". Pede hífen antes de **h** ou **a**: intra-hepático, intra-arterial; intraocular, intrarradial, intrassomático, intracapilar, intraverbal

INTRANSITIVO

Verbo de sentido completo. Não pede objeto direto ou objeto indireto:

A mulher sorriu.

Todos voltaram.

Nota: Alguns verbos intransitivos pedem adjuntos adverbiais, geralmente de lugar:

Ele foi à praia.

Estamos em casa.

INTRODUÇÃO

Tipologia textual. Veja **dissertação** (1).

INUSUAL

V. **emprego** (2).

INVARIÁVEIS

V. **classes gramaticais**.

INVASÃO ÁRABE

História. Os árabes chegaram à Península Ibérica no século VIII. Encontraram-na dominada pelos povos bárbaros, que não se preocupavam com o saber, a cultura. Os árabes, em geral, não eram rudes e ignorantes; alguns califas valorizavam o conhecimento, a ciência e as artes, trazendo para a região boas bibliotecas. Sua presença acelera a desagregação do latim, que acabaria por se transformar nas línguas românicas ou neolatinas.

INVASÃO DOS BÁRBAROS

História. Povos de origem germânica, os bárbaros penetraram na Península Ibérica a partir do século V. Vândalos, suevos, visigodos, todos eram rudes e incultos, chegando mesmo a fechar escolas. Em outras partes já se haviam estabelecido os saxões, os anglos, os francos e os lombardos, também chamados de bárbaros. Foi difícil a convivência dos romanos com esses povos guerreiros, que contribuíram sobremaneira para o fim do Império Romano.

INVERSA

V. **ordem** (2).

IODE

A semivogal **i** (/y/):

pa**i**, colég**i**o

Nota: A semivogal **u** (/w/) é conhecida como **ual** ou **vau**.

IPSIS LITTERIS

Expressão latina que significa "literalmente", "tal como está escrito".

IPSIS VERBIS

Expressão latina que significa "pelas mesmas palavras", "textualmente".

IPSO FACTO

Expressão latina que significa "por isso mesmo".

IR

1. Conjugação. Verbo anômalo, ou seja, com mais de um radical. Na primeira pessoa do singular do presente do indicativo, diferentemente de quase todos os verbos da língua, não apresenta a desinência **o**, e sim o ditongo **ou**.

Pres. ind.: vou, vais, vai, vamos, ides, vão
Pret. perf.: fui, foste, foi, fomos, fostes, foram
Pret. imperf.: ia, ias, ia, íamos, íeis, iam
Pret. m.q.-perf.: fora, foras, fora, fôramos, fôreis, foram
Fut. pres.: irei, irás, irá, iremos, ireis, irão
Fut. pret.: iria, irias, iria, iríamos, iríeis, iriam
Pres. subj.: vá, vás, vá, vamos, vades, vão
Imperf. subj.: fosse, fosses, fosse, fôssemos, fôsseis, fossem
Fut. subj.: for, fores, for, formos, fordes, forem
Imper. afirm.: vai, vá, vamos, ide, vão
Imper. neg.: não vás, não vá, não vamos, não vades, não vão
Inf. impess.: ir
Inf. pess.: ir, ires, ir, irmos, irdes, irem
Ger.: indo
Part.: ido

2. Regência verbal. Pede adjunto adverbial de lugar introduzido pela preposição **a**, ou, em certos casos, **para**.

> Iremos ao jogo.
> Ele foi à cidade.
> Ele foi para a cidade.

Notas:

1ª) A preposição **para** transmite ideia de demora ou fixação.

2ª) É, pois, errado dizer "Ele foi na cidade", tão comum em nosso dia a dia.

3ª) A preposição **em** aparece no adjunto adverbial de meio:

> Ele foi em um caminhão.

IRMÃ, língua

V. **língua** (9).

IRONIA

Estilística. Figura que consiste em dizer o contrário do que se quer, para satirizar ou criticar. O mesmo que **antífrase**:

> Alfredo abandonou a própria mãe. Como é bondoso!

IRREGULAR

Verbo que, durante sua conjugação, apresenta alteração fonética em seu radical ou desinências:

> saber → sei, soube, saiba

ISOGLOSSAS

Dialetologia. Linhas convencionais traçadas em um **mapa linguístico** (q. v.) para assinalar os pontos onde vigora um fenômeno linguístico peculiar. Através da coincidência de traços linguísticos fundamentais, chega-se à área linguística correspondente a um dialeto.O mesmo que **linhas isoglóssicas**. V.

ISOLANTE

Tipo de língua em cujas palavras não se distinguem o radical e os elementos de natureza gramatical. As funções e as categorias gramaticais são expressas por palavras autônomas. O grande exemplo de língua isolante é o chinês. A língua isolante, também chamada **analítica**, opõe-se à **aglutinanate** (q. v.) e à **flexional** (v. **flexional**[2]).

ISOMÉTRICA

Versificação. Estrofe cujos versos são isossilábicos, isto é, têm o mesmo número de sílabas métricas. O mesmo que **simples**:

> "Moreninha, Moreninha,
> Tu és do campo a rainha,
> Tu és senhora de mim;
> Tu matas todos d'amores,
> Faceira, vendendo as flores
> Que colhes no teu jardim." (Casimiro de Abreu)

Observa-se que todos os versos têm sete sílabas métricas.

ISOSSILÁBICOS

Versificação. Versos de mesmo número de sílabas:

"Nasci em leito de rosas

E morro em leito de espinhos...

Ó mães que sois caridosas,

Velai por vossos filhinhos!" (Alphonsus de Guimaraens)

É uma estrofe formada por versos isossilábicos; todos têm sete sílabas métricas.

ITA LEX DICIT

Expressão latina que significa "assim diz a lei".

ITALIANISMO

Filologia. Palavra ou expressão de origem italiana empregada em português:

adágio, aquarela, barcarola, cenário, concerto, piano, soneto, artesão, balcão, risoto, salame, polenta, mortadela

ITALIANO

Filologia. Língua românica falada na Itália, no norte da Córsega, em San Marino, em parte da Suíça meridional e na região de Nice, na França. É uma língua com inúmeras e profundas diferenças regionais. O italiano é, na realidade, o dialeto florentino, da Toscana, alçado à condição de língua comum e literária, em face do prestígio de escritores como Dante, Petrarca e Boccaccio.

ITÁLICO

Filologia. Grupo linguístico indo-europeu do qual se originaram outras línguas, dentre elas o osco, o umbro e o latim. V. esses verbetes.

ITERAÇÃO

Repetição expressiva de um vocábulo:

Estava triste, triste, com a situação.

ITERADAS, rimas

Versificação. O mesmo que **interiores** (q. v.)

ITERATIVO, aspecto

V. **aspecto** (5).

J

J

Décima letra do alfabeto português.

JARGÃO

V. **gíria**.

JAZER

Conjugação. Sua única irregularidade é a perda da vogal **e** na terceira pessoa do singular do presente do indicativo.

Pres. ind.: jazo, jazes, jaz, jazemos, jazeis, jazem
Pret. perf.: jazi, jazeste, jazeu, jazemos, jazestes, jazeram
Pret. imperf.: jazia, jazias, jazia, jazíamos, jazíeis, jaziam
Pret. m.-q.-perf.: jazera, jazeras, jazera, jazêramos, jazêreis, jazeram
Fut. pres.: jazerei, jazerás, jazerá, jazeremos, jazereis, jazerão
Fut. pret.: jazeria, jazerias, jazeria, jazeríamos, jazeríeis, jazeriam
Pres. subj.: jaza, jazas, jaza, jazamos, jazais, jazam
Imperf. subj.: jazesse, jazesses, jazesse, jazêssemos, jazêsseis, jazessem
Fut. subj.: jazer, jazeres, jazer, jazermos, jazerdes, jazerem
Imper. afirm.: jaze, jaza, jazamos, jazei, jazam
Imper. neg.: não jazas, não jaza, não jazamos, não jazais, não jazam
Inf. impess.: jazer
Inf. pess.: jazer, jazeres, jazer, jazermos, jazerdes, jazerem
Ger.: jazendo
Part.: jazido

Por ele se conjugam adjazer, comprazer e descomprazer.

JOGO DE PALAVRAS

Combinação espirituosa de palavras, a partir do duplo sentido de um vocábulo ou de sua semelhança com outro. Geralmente o jogo de palavras tem fins humorísticos:

> "Quem é mais porco? O porco ou o homem que come o porco?" (Barão de Itararé)

JUNTO

1. Regência nominal. Pede complemento introduzido pelas preposições **a** ou **de**:

Permanecia junto à parede.

Estava junto do grupo.

2. Concordância nominal. Como adjetivo, concorda normalmente com o substantivo. Como parte da locução prepositiva (junto a, junto de), é invariável.

Os cientistas retornaram juntos.

Os jogadores estavam junto ao vestiário.

Quero minhas filhas junto de mim.

JUSSIVO

Forma verbal que expressa ordem ou desejo de que alguma coisa se realize. O imperativo é jussivo. Também podem sê-lo o infinitivo e o futuro do presente:

Chegue cedo.

Amarás a todos.

Voltar logo, por favor.

JUSTAPOR

Conjugação. Segue o modelo do verbo primitivo, **pôr** (q. v.).

JUSTAPOSIÇÃO

Formação de palavra. V. **composição** (1).

JUSTAPOSTA, oração

V. **oração justaposta** e **oração conexa**.

L

L

Décima segunda letra do alfabeto português.

LABIODENTAIS, consoantes

V. **consoante²** (2).

LÁCIO

História. Região da Itália onde surgiu o latim, língua do povo romano. É no Lácio que se ergueu a histórica cidade de Roma, capital do Império Romano.

LADEADO

Regência nominal. Pede complemento introduzido pelas preposições **de** ou **por**.

Ele viveu ladeado de amigos.

Sempre estive ladeado por bons colaboradores.

LADEAR

Conjugação. Segue o modelo de **bloquear** (q. v.).

LADINO

Filologia. O mesmo que **rético** (q. v.).

LAMBDACISMO

Linguística. Troca do **r** pelo **l**, comum no linguajar das crianças. Também o japonês, ao falar a nossa língua, costuma fazer esse tipo de troca. Por exemplo, **lato**, em vez de **rato**. É o contrário de **rotacismo** (q. v.).

LAMENTAÇÃO

Regência nominal. Pede complmento introduzido pela preposição **por**:

Era grande a lamentação pelo ocorrido.

LANGUE

Linguística. Termo proposto por Ferdinand de Saussure para distinguir um dos sentidos da palavra **língua**. É a língua sob o aspecto do sistema utilizado por uma comunidade de falantes. Para o ato concreto da fala, ou seja, a realização individual, o desempenho do falante, o discurso, Saussure utilizou o termo **parole**.

LARINGE
V. **aparelho fonador**.

LATERAIS, consoantes
V. **consoante²** (1).

LATIM
Filologia. Importante língua indo-europeia, do grupo itálico, que surgiu numa pequena região do Lácio, na Itália. Documentada desde o século VI a.C., inicialmente tosca e rude, desenvolveu-se e chegou à condição de língua do grande Império Romano, utilizada por escritores maiores como Cícero, Ovídeo, Virgílio, Horácio e César. Falado por boa parte do mundo antigo, o latim se transformou nas chamadas línguas românicas, neolatinas ou novilatinas.

1. Baixo-latim

Latim escrito utilizado na Idade Média, notadamente por monges, um tanto artificial, mas que tinha por base o latim clássico. Substituía as línguas nacionais, numa tentativa de adaptação às condições novas da civilização medieval. É um prolongamento do latim dos primeiros cristãos.

2. Latim arcaico

Período inicial do latim, do século VII a.C., com os primeiros documentos conhecidos, até fins do século II a.C., quando começa a fase do latim clássico.

3. Latim bárbaro

Forma de latim, de mistura com vocábulos de outras línguas, utilizado pelos cartórios da Idade Média. É uma deturpação do baixo-latim.

4. Latim clássico.

Latim culto, utilizado pelos grandes prosadores e poetas. O latim das declinações e casos, ensinado nas escolas e universidades de todo o mundo.

5. Latim eclesiástico

Língua oficial da Igreja, desde o início do cristianismo.

6. Latim medieval

Aquele falado e escrito durante a Idade Média, ou seja, entre a queda do Império Romano (século V) e o advento da Renascença (século XV).

7. Latim vulgar

Latim utilizado de fato pelo povo em todo o Império Romano. Descontraído, diferenciando-se em cada região, acabou por transformar-se nos romanços, que dariam origem às línguas românicas ou neolatinas. Não é, pois, do latim literário, artificial, que provêm línguas como português, francês e espanhol, mas da língua do povo, cheia de erros, conhecida como latim vulgar.

LATINISMOS
Filologia. Palavras ou expressões latinas usadas, sem adaptações, em português:
sic, sine die, habeas corpus, data venia

LATINIZAÇÃO
Filologia. Adaptação de forma ou estrutura aos padrões do latim. Por exemplo, radicais de origem grega, introduzidos em português para nomear novas descobertas da ciência, foram adaptados ao latim.

LATO SENSU
Expressão latina que significa "em sentido amplo".

LAUDATIVO
Qualquer termo que evoca a ideia de algo bom, agradável. Assim, diz-se que têm conteúdo laudativo palavras como honestidade, amizade, beleza, sucesso etc.

LEI[1]
Linguística. A palavra surge no século XIX, por influência das ciências físicas, para designar as mudanças fonológicas, resultantes de leis fonéticas, assim como os fenômenos físicos resultam de leis da natureza.

1. Lei fonética

Designa o princípio da regularidade de uma dada alteração fonética. A expressão é rejeitada por muitos linguistas, que julgam mais acertado dizer **correspondência fonética**. De fato, uma lei pressupõe não apenas regularidade, mas também e principalmente rigorosa realização. O que se conhece como lei fonética nem sempre se concretiza. Por exemplo, na passagem do latim para o português, as consoantes surdas intervocálicas se sonorizam, enquanto as sonoras caem. Há inúmeras situações em que isso não ocorre, o que esvazia naturalmente a palavra **lei**.

2. Lei do menor esforço

Também aqui a palavra **lei** não parece bem aplicada, no entender de alguns estudiosos. Seria, para alguns, uma lei fonética geral, da qual promanam todas as leis fonéticas. Por lei do menor esforço entende-se uma economia de esforço no ato da fala. Em outras palavras, é a tendência do falante de qualquer língua de buscar o caminho mais fácil para a articulação. No latim vulgar, por exemplo, evitava-se a palavra proparoxítona. **Apicula** passou, no linguajar do povo romano, a **apicla**, com a queda (síncope) do fonema **u**. Essa síncope, que é uma lei fonética, ocorre em virtude da lei do menor esforço.

LEI[2]
Redação oficial. Conjunto de prescrições que regem determinado assunto; é norma obrigatória e geral. Contém necessariamente título ou **epígrafe** (número da lei e data), **ementa** (resumo colocado no início do documento), **fundamento do poder de legislar** (identificação da autoridade e da atribuição constitucional em que se funda para promulgar a lei), texto, local e data e assinatura. A epígrafe, a ementa e o fundamento do poder de legislar constituem o **preâmbulo** da lei.

LEIGO
Regência nominal. Pede complemento introduzido pela preposição **em**:
> Ele é leigo nesse assunto.

LEIXA-PRÉM
Versificação. Recurso poético utilizado pelos trovadores (poetas) galego-portugueses. Consiste em começar uma estrofe repetindo o último verso de uma estrofe anterior. Variante: **leixa-pren**.

LEMBRAR
Regência verbal.

1. Transitivo direto:
> Lembrei nossa amizade.
> Lembrei-a.

2. Transitivo indireto, quando é pronominal; rege a preposição **de**:
> Ele se lembrou do amigo.

Nota: É comum, porém errada, a regência "lembrar de". A preposição só pode ser usada se o verbo for pronominal.

3. Transitivo direto e indireto, permitindo então duas construções: "lembrar alguma coisa a alguém" e "lembrar alguém de alguma coisa":
> Lembrei a reunião ao amigo.
> Lembrei o amigo da reunião.
> Lembrei-lhe a reunião.
> Lembrei-o da reunião.

Nota: Tem idêntica regência o verbo **recordar** (q. v.).

LENIR
Conjugação. Verbo defectivo. Segue o modelo de **adequar** (q. v.).

LENIZAÇÃO
Passagem de um fonema de articulção forte para um outro, de articulação fraca. As consoantes oclusivas são fortes, enquanto as constritivas são fracas. Tal ocorre na passagem faba > fava, em que o fonema oclusivo /Bê/ se transformou no constritivo /Vê/. Também são fonemas de articulação forte as consoantes surdas, em relação às sonoras, de articulação fraca. Por isso, o fenômeno da **sonorização** (q. v.) também é um caso de lenização. A palavra **abrandamento** vem sendo dada como sinônimo tanto de lenização como de sonorização. Na realidade, a sonorização é um tipo de abrandamento ou lenização.

LER
Conjugação. Conjuga-se como **crer** (q. v.).

LESO

Concordância nominal. Forma reduzida de lesado. Concorda sempre com o substantivo a que se liga. O composto tem sempre hífen:

Cometeu um crime de lesa-pátria.

Cometeu um crime de leso-patriotismo.

LETRA

Sinal gráfico com que se representam os fonemas. Em português, existem 26 letras, sendo 21 consoantes e 5 vogais. Nem sempre o número de letras corresponde ao número de fonemas:

bola (quatro letras e quatro fonemas)

chave (cinco letras e quatro fonemas)

táxi (quatro letras e cinco fonemas)

Nota: Em **chave**, o **ch** é um dígrafo, ou seja, duas letras representando um único fonema: /Xê/. Em **táxi**, ocorre o contrário: a letra **x** representa dois fonemas: /Kê/ e /Sê/. Pronúncia: tácsi.

LETRAS

1. Emprego. Veja **ortografia**.

2. Plural. Veja **plural das letras**.

LETRAS I, U

Acentuação gráfica. Quando uma delas constitui hiato, deve se acentuada, caso seja a segunda vogal, tônica, sozinha na sílaba ou acompanhada de **s**:

proteína, suíno, caíste

baú, espadaúdo, balaústre

Não são acentuadas quando:

1. formam sílaba com outra letra, que não o **s**:

saindo, raiz, oriundo

2. aparecem repetidas:

vadiice, urucuuba

3. na sílaba seguinte aparece **nh**:

moinho, tainha

Nota: Nesse caso, só há registros de palavras com hiatos cuja segunda vogal é **i**.

4. Em palavras paroxítonas, estão antecedidas por um ditongo.

cauila, boiuna

Nas oxítonas, como Piauí, existe o acento.

LEXEMA

Linguística. Parte principal de um vocábulo, aquela que apresenta a significação geral. Corresponde, na gramática, ao radical. Opõe-se ao **morfema** (q. v.). O mesmo que **semantema**, **morfema lexical** e **monema lexical**.

Nota: Essa variação de terminologia se deve à existência de diferentes escolas linguísticas. Importa, para nós, a significação.

LEXIA

Linguística. Unidade de significação. Pode ser uma palavra simples (árvore), uma palavra composta (guarda-chuva), uma locução (de mãe).

LEXICALIZAÇÃO

Linguística. Transformação de morfema em lexema. É o contrário de **gramaticalização** (q. v.):

>Chegou o vice-diretor.

>Chegou o vice.

Em **vice-diretor**, **vice** é um prefixo, ou seja, um morfema. Na segunda frase, **vice** assume a significação geral, externa, atuando como um lexema, não mais um morfema. Também ocorre lexicalização quando um **vocábulo gramatical** (q. v.) assume a função de um vocábulo lexical. Assim, na frase "Ele fala bem", encontramos o vocábulo gramatical **bem**, assim considerado por ter característica de morfema. Já em "O bem sempre vence", **bem** é um vocábulo lexical, isto é, tem significação externa, por ser um substantivo. O advérbio, pode-se dizer, lexicalizou-se.

LÉXICO

Conjunto de vocábulos de uma língua. O mesmo que **vocabulário**.

LEXICOGÊNICO, caso

V. **acusativo**.

LEXICOGRAFIA

Estudo metódico, feito em dicionário, das palavras de uma língua.

LIBERTAS QUAE SERA TAMEN

Expressão latina que significa "liberdade ainda que tardia". Lema da Inconfidência Mineira e do estado de Minas Gerais.

LIBER HOMUS

Expressão latina que significa "homem livre".

LICENÇA POÉTICA

Versificação. Liberdade de que gozam os poetas de desobedecer às regras gramaticais, em função de necessidade métrica:

>"... Manchei!... Oh! se me creste, gente impia..." (Bocage)

Neste verso, o poeta empregou **impia**, com o segundo **i** tônico, quando o sentido pede **ímpia**. A mudança da acentuação tônica da palavra faz do verso um decassílabo, como os demais do poema.

Nota: Alguns **fenômenos fonéticos do verso** (q. v.) são considerados licenças poéticas.

LIGAÇÃO

V. **verbo de ligação**.

LIMITE

Regência nominal. Rege as preposições **a** ou **de**:

Tem de haver um limite à ambição.

Chegou ao limite de sua paciência.

LINEARIDADE

Linguística. Disposição em sequência, ou seja, linear dos elementos linguísticos durante a fala. Assim, um fonema deve vir antes ou depois de outro fonema, uma palavra antes ou depois de outra palavra etc. Não há concomitância entre os elementos linguísticos no ato da fala. V. **signo linguístico** (2).

LÍNGUA

Conjunto de palavras e expressões usadas por um povo como principal meio de comunicação. Pode ser falada ou escrita e obedece a um conjunto de regras estabelecidas por sua gramática. V. **fala**.

1. Língua ágrafa

Aquela que não faz uso da forma escrita.

2. Língua artificial ou não natural

Língua criada por um indivíduo ou grupo com o propósito de resolver problemas linguísticos de uma dada região ou de todo o mundo. São línguas artificiais, entre outras: esperanto, volapuque, glossa, interglossa, ido, interlíngua, ocidental, solressol e novial.

Nota: Sem dúvida, é o esperanto a mais importante língua artificial. Criado pelo médico polonês Lazaro Ludoviko Zamenhof, tem hoje alguns milhões de falantes espalhados pelo mundo. O movimento esperantista no mundo, em plena atividade, é controlado pela UEA – Universala Esperanto Asocio (Associação Universal de Esperanto), com sede em Rotterdam, Holanda.

3. Língua comum

Conjunto de formas linguísticas, resultante da união de diversos falares, adotado por povos de línguas ou dialetos aparentados, para facilitar a sua intercomunicação.

4. Língua especial

Variação linguística decorrente de certas situações sociais. A **gíria** (q. v.) é um tipo de língua especial, da mesma forma que o **calão** (q. v.), sendo este uma espécie de gíria. Também se entende como língua especial a variação linguística típica de determinadas profissões, por isso mesmo chamada **língua técnica**. Por exemplo, a maneira de se expressar de um médico, de um economista etc., com vocabulário específico de sua área.

5. Língua extinta

Língua que, mesmo tendo existido, não nos legou nenhum documento. Sua existência é deduzida de estudos comparativos. Um bom exemplo é o indo-europeu.

6. Língua franca ou língua de contato

Mistura de duas ou mais línguas, surgida da necessidade de comunicação entre pessoas que, falando línguas diferentes, mantêm contatos costumeiros.

7. Língua geral

Língua baseada no tupi-guarani e utilizada, nos primeiros anos da colonização do Brasil, como língua franca na comunicação entre brancos, negros e índios.

8. Língua internacional

Língua auxiliar de comunicação; pode ser natural ou artificial. O esperanto e o inglês são línguas internacionais.

9. Língua irmã

Cada uma das línguas derivadas de uma mesma língua-mãe, com relação às demais. São línguas irmãs o português, o italiano, o espanhol, o francês etc., cuja língua-mãe é o latim.

10. Língua literária

Expressão mais alta da língua escrita, é a modalidade empregada na literatura.

11. Língua oficial

Língua usada nas situações de domínio público de um país, como educação e imprensa. Há países com mais de uma língua oficial.

12. Língua materna ou nativa

Primeira língua que o indivíduo aprende. O brasileiro, por exemplo, tem como língua materna o português. O mesmo que língua vernácula.

13. Língua morta

A que deixou de ser falada. O sânscrito e o latim são línguas mortas.

14. Língua nacional

A língua mais importante de uma nação. Em países de uma única língua, coincide com a oficial.

15. Língua natural

Qualquer língua que nasceu e evoluiu naturalmente; opõe-se à língua artificial ou não natural.

16. Língua românica, neolatina ou novilatina

Língua proveniente do latim. Há dez línguas românicas: português, espanhol, francês, italiano, romeno (valáquio), provençal, catalão, rético (reto-romano ou ladino), sardo e dalmático. Alguns autores incluem na relação o galego, o franco--provençal e o gascão, que, para outros, são apenas dialetos. V. cada um desses verbetes.

17. Língua viva

Língua utilizada como meio de comunicação de um povo.

LÍNGUA-ALVO

O mesmo que **língua-meta**. V. **língua-fonte** (2).

LÍNGUA-FONTE

1. Língua da qual provém um empréstimo. Por exemplo, com relação à palavra **soneto**, a língua-fonte é o italiano.

2. Língua de um texto que é traduzido. Opõe-se à **língua-meta** ou **língua-alvo**, aquela para a qual se faz a tradução.

LINGUAGEM

Qualquer processo utilizado na comunicação. A mais importante forma de linguagem é a palavra humana, falada ou escrita, de que se ocupa a **Linguística** (q. v.). Pode ocorrer, também, por meio de gestos, sinais, desenhos, ruídos etc.

LINGUAJAR

Modo de falar; fala.

LÍNGUA-MÃE

Numa família de línguas, é a língua que dá origem às outras. O mesmo que **protolíngua**.

LÍNGUA-META

O mesmo que **língua-alvo**. V. **língua-fonte** (2).

LÍNGUA-PADRÃO

Variedade linguística considerada modelo e ensinada nas escolas.

LINGUISTA

Especialista em Linguística.

LINGUÍSTICA

Ciência da linguagem. Seu objeto formal é a língua em si mesma, a língua na qualidade de fato social da linguagem. Não necessariamente uma língua específica, mas o fenômeno geral da linguagem articulada, sua estrutura, sua essência, seus processos; trata da relação das línguas com o pensamento, o sentimento e a vontade. À Linguística interessa toda atividade linguística, por mais simples e insignificante que possa parecer. Assim, o que se diz numa fila de banco, no interior de uma condução, num baile, num botequim, numa praça pública etc. serve ao trabalho do linguista.

A princípio, costuma-se fazer a seguinte divisão da Linguística:

1. Linguística Diacrônica ou Histórica

Estuda os fatos linguísticos levando em conta as mudanças que eles sofrem através dos anos. No âmbito da Linguística Diacrônica se acham a Gramática Histórica, a Gramática Comparada e a Dialetologia.

2. Linguística Sincrônica ou Descritiva

Estuda os fatos linguísticos em uma determinada fase da língua, sem levar em conta o processo evolutivo. É uma ciência recente, tendo surgido no século XIX, quando se concentrava nas alterações linguísticas ocorridas ao longo do tempo (diacronia). Era a Linguística Comparativa, voltada quase sempre para o indo-europeu, utilizando os métodos do comparatismo. A partir de Ferdinand de Saussure, considerado o pai da Linguística moderna, com seu Curso de Linguística Geral, a Linguística amplia seu campo de ação, passando a se ocupar também com a descrição dos fatos linguísticos num dado momento (sincronia). Para alguns, a Linguística é filha da Filologia, pois assim se costuma chamar a Linguística Comparativa, que marca, como acabamos de dizer, o seu aparecimento. Seus sinônimos, **Glotologia** e **Glótica**, são pouco utilizados.

LINGUÍSTICA COMPARATIVA

Estuda uma família ou bloco de línguas. Por exemplo, Linguística indo-europeia. Aqui, vale dizer, Linguística e Filologia se confundem.

LINGUÍSTICA ESPECIAL

Estuda uma dada língua. Por isso se diz Linguística Portuguesa, Linguística Espanhola etc.

LINGUÍSTICA GERAL

Estuda as línguas de um modo geral.

LINGUODENTAIS, consoantes

V. **consoante²** (2).

LINHAS ISOGLÓSSICAS

Dialetologia. O mesmo que **isoglossas** (q. v.).

LÍQUIDA

Ordem de consoantes que engloba a lateral /Lê/ e a vibrante /Rê/.

LITERAL

De acordo com a letra do texto, em oposição ao sentido figurado.

LITERÁRIA, língua

V. **língua** (10).

LITERATURA

Uso refinado e estético, em prosa ou verso, da língua escrita culta; arte literária.

LÍTOTES

Estilística. Afirmação de algo pela negação de seu contrário:

Márcio não é fraco. (é forte)

A lítotes muitas vezes corresponde a uma atenuação, quando então pode ser considerada sinônimo de **eufemismo** (q. v.):

Você não é muito bonito. (você é feio)

LIVRES

Versificação. Versos sem métrica e sem rima, ou seja, livres das regras de versificação:

"Sei que estou fazendo poesia
Porque sinto o teu calor em cada palavra
E ouço tua respiração em cada poema." (J. G. de Araújo Jorge)

LOCATIVA

Oração subordinada adverbial com valor de lugar. Sempre justaposta, ou seja, não é introduzida por conjunção, mas pelo advérbio **onde**. Não consta na Nomenclatura Gramatical Brasileira:

Estudo onde ele trabalha.

Nota: Alguns autores classificam essa oração como subordinada adjetiva restritiva, por considerarem oculto um termo como **no lugar**. O **onde** passaria então a pronome relativo:

Estudo no lugar onde ele trabalha. (no qual ele trabalha).

Em nosso ver, é forçada semelhante análise.

LOCUÇÃO

Grupo de palavras que equivalem a uma só. Várias classes gramaticais podem aparecer sob a forma de locução. Vejamo-las.

1. Locução adjetiva

Grupo de palavras com valor de um adjetivo:

de águia – aquilino	do estômago – gástrico
de galo – alectório	do joelho – genicular
de aranha – aracnídeo	de andorinha – hirundino
de árvore – arbóreo	de fogo – ígneo
de prata – argênteo	de lobo – lupino
de cabelo – capilar	da noz – nucular
do baço – esplênico	de chumbo – plúmbeo
do fêmur – femoral	de macaco – simiesco
de rio – fluvial	da vida – vital

2. Locução adverbial

Grupo de palavras com valor de um advérbio:

Arrumou-se às pressas. (modo)
Chorou de dor. (causa)
Conversávamos às vezes. (tempo)
O homem não vive sem ar. (condição)
Viajou de avião. (meio)
Vivia para a música. (fim)

3. Locução conjuntiva

Grupo de palavras com valor de conjunção:

Logo que chegou, foi ao quintal.

Nota: A locução **logo que** introduz uma oração, função típica das conjunções.

4. Locução interjetiva

Grupo de palavras com valor de interjeição:

Ora bolas! Por que não me avisou?!

5. Locução prepositiva

Grupo de palavras com valor de preposição:

Estava à frente de todos.

Fiquei à espera de ajuda.

Agi de acordo com a situação.

Salvei-me graças a ele.

Nota: Como se vê pelos exemplos, a locução prepositiva, da mesma forma que a preposição simples, liga palavras dentro da frase.

6. Locução pronominal

Grupo de palavras com valor de pronome:

Cada um sabe o que fazer.

7. Locução verbal

Grupo de palavras com valor de verbo. É composto por um verbo auxiliar (o primeiro) e um verbo principal; este sempre está numa forma nominal (infinitivo, gerúndio ou particípio). Pode ser um tempo composto (verbos ter e haver mais o particípio), ou uma forma perifrástica (verbo auxiliar mais infinitivo ou gerúndio). V. **conjugação perifrástica** e **tempo composto**:

Quero dizer uma coisa.

A menina estava cantando.

Tenho entrevistado muita gente.

LOCUÇÃO DE REALCE

V. **locução expletiva**.

LOCUÇÃO EXPLETIVA

Grupo de palavras que pode ser retirado da frase, sem alteração do sentido e da análise do texto. O mesmo que **locução de realce**:

Ele é que não virá. (ele não virá)

LÓGICA, concordância

V. **concordância nominal** e **concordância verbal**.

LONGA MANUS

Expressão latina que significa "braço longo", "prolongamento", "extensão".

LONGO, fonema

O contrário de **breve** (q. v.).

LOUVAR

Regência verbal. Verbo transitivo direto. V. **adorar**.

LUGAR

1. Advérbio. V. **advérbio** (5).

2. Advérbio interrogativo. V. **advérbio interrogativo** (1).

3. Adjunto adverbial. V. **adjunto adverbial** (4).

LUGAR-COMUM

O mesmo que **chavão** (q. v.).

LUSÍADA

O mesmo que **lusitano** (q. v.).

LUSISMO

Filologia. O mesmo que **lusitanismo**. V. **brasileirismo**.

LUSITÂNIA

Uma das três divisões feitas pelos romanos na Península Ibérica. As outras eram a Província Tarraconense e a Bética. A Lusitânia correspondia ao território onde mais tarde se desenvolveria o galego-português, língua comum a Portugal e à Galiza.

LUSITÂNICO, romance

Filologia. Língua intermediária entre o latim e o português.

LUSITANISMO

Filologia. O mesmo que **lusismo**. V. **brasileirismo**.

LUSITANO

Referente à **Lusitânia** (q. v.). Como Portugal corresponde geograficamente, em termos aproximados, à antiga Lusitânia, o lusitano é hoje um sinônimo de português. O mesmo que **luso** e **lusíada**.

LUSO

O mesmo que **lusitano** (q. v.).

LUZ

Teoria da comunicação. Canal natural das comunicações em que o receptor recebe a mensagem por meio de sua visão: língua escrita, gestos, sinais etc. Faltando a luz, evidentemente não haverá esse tipo de comunicação. V. **canal** (1).

M

M
Décima terceira letra do alfabeto português.

MACHO
Palavra usada para distinguir linguisticamente o sexo de certos animais. V. **epiceno**.

MACRO
Forma variante de **mácron** (q. v.).

MACRO-
Elemento de composição de origem grega que significa "grande", "longo"; pede hífen antes de **h** ou **o**:

macro-história; macrocosmo, macroeconômico, macrorregião.

Exceção: macro-jê

MÁCRON
Pequeno traço horizontal que, colocado sobre uma vogal, diz que ela é longa. O contrário de **braquia**, sinal em forma de meia-lua, que indica ser a vogal breve. Forma variante: **macro**. Assim, na palavra latina **colōrem** (cor) a vogal tônica é longa; já na palavra, também latina, **jŏcu** (jogo), a vogal tônica é breve. Esses sinais, na verdade, não existiam na língua latina. Eles foram criados para facilitar o estudo das transformações vocálicas ocorridas do latim para as línguas românicas, como o português.

MADRIGAL
Composição poética, discreta confissão de amor, que encerra pensamentos graciosos, delicados.

MAGOAR
Conjugação. Conjuga-se como **abençoar** (q. v.).

MAIS

Pronome ou advérbio, antônimo de **menos** ou sinônimo de **novamente**. Veja o emprego.

Tenho mais livros que ele. (menos)

Ele estuda mais que a irmã. (menos)

Não farei mais o trabalho. (novamente)

Pode também equivaler a **e**. Por exemplo, "Dois mais dois são quatro", "Vi na sala Helena mais Ricardo".

Nota: Cuidado para não confundi-lo com **mas** (q. v.) e **más** (q. v.).

MAIS DE

Concordância verbal. Seguido de **um**, leva o verbo ao singular; seguido de **dois** (três, quatro etc.), leva o verbo ao plural:

Mais de um jornalista compareceu.

Mais de um compareceu.

Mais de dez jornalistas compareceram.

Mais de dez compareceram.

Mais de um levará o verbo ao plural se estiver repetido, ou se expressar reciprocidade, quando então aparecerá o pronome recíproco **se**:

Mais de um rapaz, mais de uma moça tentaram entender o problema.

Mais de um participante se ofenderam.

Tudo que se disse vale para **menos de**.

MAIS-QUE-PERFEITO

V. **pretérito** (3).

MAIÚSCULA

V. **inicial maiúscula**.

MAJESTÁTICO

V. **plural majestático**.

MAL

Advérbio que, de modo geral, só é empregado quando não é o contrário de **bom**. Assim, usa-se quando pode ser trocado por **bem**, **assim que**, **quase não**:

Ele trabalha mal. (trabalha bem)

Mal entrou, fez carinho no filho. (assim que entrou)

Ganha tão pouco que mal dá para comer. (quase não dá para comer)

Nota: Não confundir com **mau**, antônimo de **bom**:

Era um mau funcionário. (bom funcionário)

MAL-

É o advérbio **mal** usado como elemento de composição; pede hífen antes de **vogal**, **h** e **l**:

mal-amado, mal-estar, mal-humorado, mal-limpo; malpassado, malquerer

Nota: Não confundir com o substantivo **mal**, usado em nomes compostos, quando aparece seguido de adjetivo:

mal-francês, mal-gálico

MALDIZER

Conjugação. Segue o modelo de **dizer** (q. v.).

MALFAZER

Conjugação. Verbo derivado de **fazer** (q. v.) que, atualmente, só se emprega no infinitivo e no particípio: malfazer e malfeito.

MALQUERER

Conjugação. Segue o modelo do primitivo, **querer**. Tem, no entanto, dois particípios: malquerido e malquisto.

MANDANTE

Redação oficial. O mesmo que **constituinte** e **outorgante**. V. **procuração**.

MANDATÁRIO

Redação oficial. O mesmo que **procurador** e **outorgado**. V. **procuração**.

MANTER

Conjugação. Segue o modelo de **ter** (q. v.).

MAPA LINGUÍSTICO

Dialetologia. Folha em que se registra a presença de determinados fatos linguísticos, separados, quando diversos, por linhas conhecidas como isoglossas. Apresenta números que indicam as regiões onde as pesquisas foram realizadas. O mesmo que **carta linguística**. O conjunto de mapas constitui o **atlas linguístico**.

MARCA

Elemento que indica um fato gramatical. Por exemplo, a desinência **a** é marca de gênero em português; o **s** é marca de número. Diz-se, então, que o feminino é **marcado** pela desinência **a**, o plural é marcado pela desinência **s** etc. Por outro lado, diz-se que o masculino é **não marcado**, da mesma forma que o singular.

MARCADO

V. **marca**.

MARGEAR

Conjugação. Segue o modelo de **bloquear** (q. v.).

251

MAS

Conjunção coordenativa adversativa, quando equivale a **porém**; conjunção coordenativa aditiva, quando aparece numa correlação do tipo **não só... mas também**:

Chegou cedo, <u>mas</u> perdeu o trem. (porém perdeu o trem)

Não só pinta, mas também escreve. (pinta e escreve)

Nota: Cuidado para não confundi-lo com **mais** (q. v.) e **más** (q. v.).

MÁS

Feminino plural de **mau**. Só pode ser empregado quando equivale ao contrário de **boas**. Não confundir com **mais** (q. v.) e **mas** (q. v.):

Elas são pessoas más. (pessoas boas).

MASCULINAS, rimas

Versificação. V. **agudas**.

MASCULINO

V. **gênero** e **flexão nominal** (2).

MATAR

Conjugação. Verbo abundante. Tem dois particípios: matado e morto. É verbo regular; sua conjugação, portanto, não oferece dificuldades.

MATÉRIA

V. **adjunto adverbial** (21).

MATERNA, língua

O mesmo que **nativa**. V. **língua** (12).

MATRONÍMICO

1. Relativo ao nome da mãe; sobrenome oriundo do nome da mãe:

O Meneses de seu registro é matronímico.

Nota: A frase nos diz que **Meneses**, sobrenome da mãe, passou ao nome do filho.

2. Sobrenome derivado do nome da mãe. Tal prática não se dá na língua portuguesa. Existe, todavia, em outras línguas, como o inglês. V. **patronímico**.

MAU

V. **mal**.

MÁXIMA

1. O mesmo que **aforismo** (q. v.).

2. Princípio básico e indiscutível de ciência ou arte. O mesmo que **axioma** (3).

MÉDIA, vogal

O mesmo que **central**. V. **vogal²** (1).

MEDIAR
Conjugação. Segue o modelo de **ansiar** (q. v.).

MEDIDA PROVISÓRIA
Redação oficial. Documento expedido pelo presidente da República em casos de urgência ou de relevante interesse público, com vigência imediata e posterior apreciação do Congresso Nacional. É o correspondente atual do antigo decreto-lei.

MEDIEVAL, latim
V. **latim** (6).

MEDO
Regência nominal. Pede complemento com as preposições **de** ou **a**:
> Tinha medo do precipício.
> "Teve mais medo à lama que às balas." (Rui Barbosa)

MEIO¹
V. **adjunto adverbial** (14).

MEIO²
Concordância nominal. Palavra variável ou invariável, conforme a situação.
1. Acompanhando substantivo, é numeral adjetivo, concordando normalmente com ele:
> Comi meio pastel.
> Comi meia bisnaga.

2. Acompanhando adjetivo é advérbio; portanto, invariável.
> A garota voltou meio zangada. (um pouco zangada)

Nota: Alguns gramáticos admitem, no entanto, a flexão do advérbio **meio**. É uma situação polêmica, sendo mais conveniente usá-lo mesmo como invariável:
> A garota voltou meio cansada. (preferível)
> A garota voltou meia cansada.

MEMORANDO
Redação oficial. Documento utilizado como meio de comunicação simples entre unidades administrativas de um mesmo órgão; nele se expõem assuntos referentes à atividade administrativa.

MENOS
Concordância nominal. Palavra invariável. Não existe a forma feminina **menas**:
> Ele leu menos revistas.

MENOS DE
Concordância verbal. V. **mais de**.

MENS LEGIS

Expressão latina que significa "o espírito da lei".

MENS REI

Expressão latina que significa "o espírito da coisa".

MENS SANA IN CORPORE SANO

Expressão latina que significa "mente sadia em corpo sadio".

MENSAGEM[1]

Teoria da comunicação. Aquilo que o codificador transmite ao decodificador durante uma comunicação. Se alguém diz a um ouvinte qualquer "A prova foi adiada", a mensagem é o adiamento da prova.

MENSAGEM[2]

Redação oficial. Ato escrito e solene por meio do qual o chefe do Executivo se dirige, por motivos variados, ao Congresso Nacional. Também a Câmara e o Senado fazem uso de mensagens para comunicar-se com o presidente da República.

MESMO

Concordância nominal. Concorda com a palavra a que se refere na frase.

> Ele mesmo contou a história.
> Ela mesma contou a história.
> Ele contou a mesma história.
> Ela contou mesmo a história.

Nos três primeiros exemplos, **mesmo** é pronome demonstrativo; no último, por modificar o verbo, é um advérbio, não se flexionando.

Nota: A concordância da palavra **próprio** (q. v.) é semelhante.

MESÓCLISE

Colocação pronominal. Colocação do pronome átono dentro do verbo. Opõe-se à **próclise** (q. v.) e à **ânclise** (q. v.). O pronome assim colocado se diz **mesoclítico**. A mesóclise ocorre apenas quando o verbo está no futuro do presente ou no futuro do pretérito. Seu sinônimo, **tmese**, é pouco utilizado:

> Enviá-lo-emos assim que for possível.
> Escrever-te-ia mesmo que não quisesses.

Caso haja antes do verbo uma palavra que exija o emprego da **próclise**, não será possível a mesóclise:

> Não encontrar-te-ei logo mais. (errado)
> Não te encontrarei logo mais. (certo)

Nota: Diacronicamente, a parte final do verbo que tem pronome em mesóclise é o verbo **haver**: amar-te hei, amá-lo hás, amar-te hia (por havia). Perdeu-se, com o passar do tempo, a noção de verbo **haver**, que se gramaticaliza, ou seja, passa a funcionar como terminação verbal. São assim todos os verbos da língua portuguesa, no futuro do presente e no futuro do pretérito.

MESOCLÍTICO
Colocação pronominal. Diz-se do pronome usado em **mesóclise** (q. v.).

METAFONIA[1]
Gramática Histórica. Modificação do timbre de uma vogal por influência da vogal ou semivogal seguintes. O mesmo que **umlaut**.

    feci > fiz

A vogal **e** de **feci** tinha som aberto. Passou a **i**, fechado.

METAFONIA[2]
Passagem do fonema /ô/ a /ó/. Ocorre na flexão de gênero de palavras com o sufixo -oso (formoso/formosa, dengoso/dengosa, famoso/famosa) e em muitas palavras flexionadas em número. Assim, temos:

Plural com metafonia

singular (ô)	plural (ó)	singular (ô)	plural (ó)
antolho	antolhos	miolo	miolos
caroço	caroços	poço	poços
coro	coros	porco	porcos
corvo	corvos	porto	portos
despojo	despojos	posto	postos
destroço	destroços	reforço	reforços
esforço	esforços	socorro	socorros
forno	fornos	tremoço	tremoços
fosso	fossos	troco	trocos
imposto	impostos	troço	troços

Plural sem metafonia

singular (ô)	plural (ô)	singular (ô)	plural (ô)
adorno	adornos	ferrolho	ferrolhos
bojo	bojos	globo	globos
bolso	bolsos	gozo	gozos
endosso	endossos	jorro	jorros
esboço	esboços	logro	logros
esgoto	esgotos	sogro	sogros
esposo	esposos	sopro	sopros
estojo	estojos	toldo	toldos
estorvo	estorvos	transtorno	transtornos

Notas:

1ª) **Sogros** (^) é o plural de **sogro**. **Sogros** (˘) é a reunião do **sogro** e da **sogra**.

2ª) Os femininos não apresentam metafonia:

moça – moças, poça – poças, boca – bocas

METÁFORA

Estilística. Importante figura de linguagem que consiste em uma comparação não enunciada; não aparecem, pois, o elemento comum e o conectivo comparativo:

Essa menina é uma joia.

Se disséssemos "Essa menina é preciosa como uma joia", teríamos uma **comparação** ou **símile** (v. **comparação³**), e não uma metáfora. Outros exemplos:

"Eu sou, Senhor, a ovelha desgarrada..." (Gregório de Matos)

"Teu seio é vaga dourada..." (Castro Alves)

"Um coração sem amor é um corpo sem alma." (Coelho Neto)

Observe a comparação implícita que ocorre em cada exemplo: eu/ovelha, seio/vaga. coração/corpo.

METÁFRASE

Comentário, com palavras simples e inteligíveis, de uma passagem difícil de um texto.

METAGOGE

Estilística. O mesmo que **prosopopeia** (q. v.).

METAGRAMA

Gramática Histórica. O mesmo que **metaplasmo** (q. v.).

METALINGUAGEM

Linguagem utilizada para a descrição de outra linguagem.

METALINGUÍSTICA

Funções da linguagem. Uma das seis funções da linguagem do linguista Roman Jakobson. Centrada no código da comunicação, visa a explicar a própria linguagem. Faz uso, portanto, da **metalinguagem** (q. v.). É a função das definições e conceituações. Um dicionário, por exemplo, é metalinguístico por excelência:

Cilindro é qualquer corpo roliço e alongado que tem o mesmo diâmetro em todo o seu comprimento.

METANÁLISE

Falsa decomposição e interpretação de uma palavra ou locução. Por exemplo, no latim **obispo** o **o** foi falsamente interpretado como artigo. Isso levou à ideia de que a palavra era apenas **bispo**, o que acabou se impondo na língua. A transformação, em si, é um metaplasmo conhecido como **deglutinação** (q. v.).

METAPLASMO

Gramática Histórica. Mudança fonética que sofre uma palavra na sua evolução até o português. O mesmo que **metagrama**, sendo este pouco utilizado. Por exemplo, o latim **amare** passou a **amar**. A queda do fonema final da palavra é um metaplasmo chamado **apócope**.

Há vários tipos de metaplasmos. Vejamos.

1. Metaplasmos por permuta

Consistem na substituição de um fonema por outro. São eles: apofonia, assimilação, consonantização, desnasalação, dissimilação, metafonia, nasalação, sonorização e vocalização. V. esses verbetes.

2. Metaplasmos por aumento

Consistem na adição de fonemas à palavra. São eles: anaptixe (ou suarabácti), epêntese, paragoge (ou epítese) e prótese (ou próstese). V. esses verbetes.

3. Metaplasmos por subtração

Consistem na retirada de fonemas da palavra. São eles: aférese, deglutinação, apócope, crase, haplologia, sinalefa e síncope. V. esses verbetes.

4. Metaplasmos por transposição

Consistem na deslocação de fonema ou de acento tônico da palavra. São eles: hiperbibasmo (diástole e sístole) e metátese (ou hipértese). V. esses verbetes.

METASSEMIA

Qualquer modificação no significado de uma palavra.

METÁSTESE

O mesmo que **distensão**. V. **articulação**[1] (3).

METÁTESE

Gramática Histórica. Transposição de fonemas dentro de uma palavra. O mesmo que **hipértese** e **comutação**:

semper > sempre, pigritia > pegriça > preguiça

Nota: No linguajar de pessoas menos cultas, surgem metáteses interessantes, como **tauba**, **auga** e **perfeito**, no lugar de **tábua**, **água** e **prefeito**.

METONÍMIA

Estilística. Importante figura de linguagem que consiste na substituição de uma palavra por outra, quando há entre elas uma relação objetiva qualquer:

Empreste-me o Celso Cunha.

O que se pede emprestado aqui é, evidentemente, a obra escrita por Celso Cunha, e não o próprio.

Há vários tipos de metonímia, conforme seja a substituição.

1. O autor pela obra:

Leio sempre José de Alencar.

(José de Alencar no lugar de sua obra)

257

2. O abstrato pelo concreto:
>Respeitem a velhice.
>(velhice em vez de velhos)

3. A marca pelo produto:
>Cortou-se com a gilete.
>(gilete em vez de lâmina)

4. O lugar pelo habitante:
>O bairro aplaudiu sua conquista.
>(bairro em vez de moradores)

5. O habitante pelo lugar:
>O francês será campeão do mundo.
>(francês no lugar de França)

6. A causa pelo efeito:
>A subida deixou-o molhado.
>(subida em vez de suor)

7. A parte pelo todo
>Perdi até o meu teto.
>(teto em vez de casa)

8. O singular pelo plural:
>O brasileiro é prestativo.
>(brasileiro no lugar de brasileiros)

9. O gênero pela espécie:
>O felino ronronava feliz.
>(felino no lugar de gato)

Nota: Os três últimos podem ser chamados de **sinédoque**, embora atualmente estejam sendo considerados casos de metonímia. A sinédoque seria um tipo de metonímia que envolve extensão, para mais ou para menos.

MÉTRICA

1. Versificação. Sílaba do verso, a que se chega através da **escansão** (q. v.).

2. O mesmo que **metrificação** e **versificação** (q. v.).

METRIFICAÇÃO

O mesmo que **métrica** e **versificação** (q. v.).

METRO

Versificação. A medida do verso, o número de sílabas que ele tem.

MICRO-

Prefixo de origem grega que significa "pequeno". Pede hífen antes de **h** ou **o**: micro-história, micro-organismo; microinformática, microrregião

MIM E TI

V. emprego de pronomes (1).

MINGUAR

Conjugação. Segue o modelo de **aguar** (q. v.).

MINI-

Prefixo de origem latina que significa "muito pequeno". Pela regra, pede hífen antes de **h** ou **i**; porém, não há oficialmente palavras que a exemplifiquem.

minissaia, minimundo, minissérie, miniconto

Nota: Se criarmos algum neologismo, por exemplo mini-impressora, a regra será aplicada normalmente.

MINÚSCULA

V. **inicial minúscula**.

MISTO

V. **período** (2).

MISTURADAS

Versificação. Rimas que não seguem os padrões estabelecidos quanto à distribuição na estrofe. V. os verbetes emparelhadas, alternadas, enlaçadas, encadeadas, interiores e aliteradas:

"Só o parvo dum poeta, ou um louco
Que fazia filosofia,
Ou um geômetra maduro,
Sobrevive a esse tanto pouco
Que está lá para trás no escuro
E nem a história já historia." (Fernando Pessoa)

MOBILAR

Conjugação. V. **mobiliar**.

MOBILHAR

Conjugação. V. **mobiliar**.

MOBILIAR

Conjugação. O primeiro **i** é tônico nas formas rizotônicas.

Pres. ind.: mobílio, mobílias, mobília, mobiliamos, mobiliais, mobíliam

Pret. perf.: mobiliei, mobiliaste, mobiliou, mobiliamos, mobiliastes, mobiliaram

Pres. subj.: mobílie, mobílies, mobílie, mobiliemos, mobilieis, mobíliem

Imper. afirm.: mobília, mobílie, mobiliemos, mobilieis, mobíliem

Imper. neg.: não mobílies, não mobílie, não mobiliemos, não mobilieis, não mobíliem

Nota: Tem duas variantes: mobilar e mobilhar; igualmente, o **i** é tônico, embora sem acento gráfico: mobilo, mobilas, mobila; mobilhe, mobilhes, mobilhe etc.

MOÇÁRABES

História. Indivíduos da Península Ibérica que adotaram os costumes dos árabes invasores. Falavam o moçárabe, dialeto em que se misturavam elementos do latim e do árabe.

MOÇARÁBICO

História. Relativo aos **moçárabes** (q. v.) ou à sua língua.

MODAL[1]

Tipo de verbo auxiliar que se liga ao infinitivo para indicar como se realiza a ação verbal. Expressa geralmente possibilidade (poder), necessidade (necessitar, precisar), obrigação (dever), desejo (querer, desejar), resultado (chegar, vir, regendo a preposição **a**):

> Ele pode progredir.
> Preciso falar com alguém.
> Ele desejava explicar-se.
> Chegamos a pensar naquilo.

Nota: Além do modal, existe o verbo auxiliar acurativo, que indica duração. V. **aspecto**.

MODAL[2]

Oração subordinada adverbial com valor de modo. É sempre reduzida de gerúndio. Não consta na Nomenclatura Gramatical Brasileira:

> Ele se salvou pulando o muro.

Nota: Alguns autores preferem classificá-la como conformativa. Não nos parece, no entanto, uma análise precisa.

MODERNO

Versificação. V. **alexandrino** (3).

MODÉSTIA, plural de

V. **plural de modéstia**.

MODO

1. Advérbio. V. **advérbio** (6).

2. Advérbio interrogativo. V. **advérbio interrogativo** (3).

3. Adjunto adverbial. V. **adjunto adverbial** (6).

MODO DE ARTICULAÇÃO

V. **consoante**[2] (1).

MODO VERBAL

V. **flexão verbal** (4).

MODO-TEMPORAIS

V. **desinências verbais** (2).

MODUS OPERANDI

Expressão latina que significa "modo de operar"; é a maneira como alguém ou um grupo desenvolve suas atividades.

MODUS VIVENDI

Expressão latina que significa "modo de viver".

MOER

Conjugação. Irregular no presente do indicativo, onde troca **e** por **i** na segunda e na terceira pessoas do singular. A mesma irregularidade se manifesta, consequentemente, na segunda pessoa do singular do imperativo afirmativo.

Pres. ind.: moo, móis, mói, moemos, moeis, moem

Pret. perf.: moí, moeste, moeu, moemos, moestes, moeram

Pret. imperf.: moía, moías, moía, moíamos, moíeis, moíam

Pret. m.-q.-perf.: moera, moeras, moera, moêramos, moêreis, moeram

Fut. pres.: moerei, moerás, moerá, moeremos, moereis, moerão

Fut. pret.: moeria, moerias, moeria, moeríamos, moeríeis, moeriam

Pres. subj.: moa, moas, moa, moamos, moais, moam

Imperf. subj.: moesse, moesses, moesse, moêssemos, moêsseis, moessem

Fut. subj.: moer, moeres, moer, moermos, moerdes, moerem

Imper. afirm.: mói, moa, moamos, moei, moam

Imper. neg.: não moas, não moa, não moamos, não moais, não moam

Inf. impess.: moer

Inf. pess.: moer, moeres, moer, moermos, moerdes, moerem

Ger.: moendo

Part.: moído

Por ele se conjugam condoer-se, corroer, doer (este, só nas terceiras pessoas), doer--se, remoer e roer.

MONEMA

Linguística. Veja **morfema**.

MONOLÍNGUE

O mesmo que **unilíngue** (q. v.).

MONÓLOGO

Fala de alguém consigo mesmo. Sinônimo de **solilóquio**.

MONORREMA

Frase constituída de uma única palavra. Em português, são monorremas, entre outras, as formas verbais com sujeito subentendido:

Fuja! Chegamos. Olhe!

MONORRIMO

Poema que apresenta a mesma rima em todos os versos.

MONOSSEMIA

Sentido único de uma palavra, dita **monossêmica**. São normalmente monossêmicas as palavras que pertencem à terminologia científica: pediatria, anemômetro, cefalalgia. O contrário de **polissemia** (q. v.).

MONOSSÊMICA

V. **monossemia**.

MONOSSÍLABO

1. Vocábulo de apenas uma sílaba:

> já, só, vi, lei, ser

2. Versificação. Verso de apenas uma sílaba. É raro na poesia brasileira:

> "Num leito
> Feito
> De cheirosas
> Rosas,
> Risonhos
> Sonhos
> Sonharemos nós..." (Castro Alves)

O segundo, o quarto e o sexto versos da estrofe são monossílabos.

MONOSSÍLABOS ÁTONOS

Vocábulos de uma sílaba destituídos de acentuação tônica. Apoiam-se nos vocábulos que os seguem ou precedem. Existem poucos. Por exemplo, os artigos (o, a,), as preposições (a, de, em, por, sem, sob), os pronomes pessoais oblíquos átonos (me, te, se, o, a, lhe, nos, vos) etc.:

> Mesa de pedra (dipedra)
> Vamos por ali. (purali)
> Diga-me. (digami)

MONOSSÍLABOS TÔNICOS

1. Vocábulos de somente uma sílaba que têm acentuação tônica. São mais fortes na pronúncia do que os átonos:

> sei, vi, dó, fé, bom

2. Acentuação gráfica. Levam acento gráfico os monossílabos tônicos terminados em **a**, **e**, **o**, seguidos ou não de **s**:

> cá, lê, pó, pás, vês, sós

MONÓSTICO

Versificação. Verso isolado da estrofe, que alguns autores consideram uma estrofe de apenas um verso. É raro na literatura brasileira:

> "Em horizontes de ouro e de basalto
> Indicarei o teu caminho

Entre flores de luar...

Farei uma lenda sobre os teus cabelos..." (Joaquim Cardozo)

O último verso, isolado, é que se conhece como monóstico.

MONOTONGAÇÃO
Gramática Histórica. O mesmo que **coalescência** (q. v.).

MONOTONGO
Gramática Histórica. Vogal resultante da **monotongação**. V. **coalescência**.

MONSTRO
Concordância nominal. Em função adjetiva, é invariável:

Tinha uma força monstro. (monstruosa)

MORADOR
Regência nominal. Pede as preposições **de** ou **em**:

Era um morador daquela rua.

Fui morador na Av. Atlântica.

MORAR
Regência verbal. Pede adjunto adverbial introduzido pela preposição **em**, e não **a**:

Regina mora na Rua da Constituição.

MORFEMA
Linguística. Elemento linguístico que se liga ao **lexema** (q. v.), conferindo-lhe um aspecto gramatical qualquer. O mesmo que **elemento mórfico**. É por causa dos morfemas que sabemos que uma palavra é masculina ou feminina, se está no singular ou no plural, se pertence a esta ou àquela conjugação etc. Diz-se que o morfema tem significação interna, em oposição ao lexema, que tem significação externa.

Ao dividirmos uma palavra em suas unidades significativas, encontramos a parte principal, que encerra a significação geral, que é o lexema ou semantema (radical, na gramática tradicional), e os morfemas, que lhe dão aspectos gramaticais. Assim, se pegarmos uma palavra como **meninas**, teremos a divisão:

a) lexema ou semantema: **menin**;

b) morfemas: **a** (desinência de gênero) e **s** (desinência de número).

Há quem chame **morfema** a qualquer elemento significativo da palavra; com esse sentido, é sinônimo de **monema**, terminologia preferida por alguns linguistas. Assim, podemos fazer a seguinte diferenciação:

a) morfema gramatical (ou monema gramatical): o que se liga ao lexema, como afixos e desinências;

b) morfema lexical (ou monema lexical): o mais importante, ou seja, o próprio lexema.

Também se consideram morfemas os vocábulos que levam a outros determinados valores gramaticais. Assim, por exemplo, todos os determinantes do substantivo, bem

MORFÊMICO

como as palavras de ligação, podem ser considerados morfemas. Por exemplo, em "o bom aluno", "meu amigo" e "casa de madeira", temos os morfemas **o**, **bom**, **meu**, **de madeira** (determinando **casa**) e **de** (ligando duas palavras).

Importante: O estudo dos morfemas é extenso e complexo, fugindo à objetividade deste livro. Consulte, para aprofundamento do assunto, o Dicionário de Linguística e Gramática, de J. Mattoso Camara Jr., editora Vozes, e Princípios de Linguística Geral, do mesmo autor, editora Livraria Acadêmica.

MORFÊMICO

Linguística. O mesmo que **mórfico** e **morfológico**. V. **morfológico** (2).

MÓRFICO

Linguística. O mesmo que **morfêmico** e **morfológico**. V. **morfológico** (2).

MORFOLOGIA

Uma das divisões da gramática, estuda a estrutura das palavras (radical, afixos etc.), sua formação (prefixação, aglutinação etc.), suas classes (substantivos, adjetivos etc.) e suas flexões (gênero, número etc.).

MORFOLÓGICO

1. Relativo a morfologia.

2. Linguística. Relativo a morfema. O mesmo que **morfêmico** e **mórfico**.

MORFOSSINTAXE

Estudo conjunto da **morfologia** (q. v.) e da **sintaxe** (q. v.).

MORRER

Conjugação. Verbo abundante. Tem dois particípios: morrido e morto. É verbo regular. Por isso, não oferece dificuldades.

MORTA, língua

V. **língua** (13).

MOTE

V. **glosa**[1].

MOTU PROPRIO

Expressão latina que significa "por iniciativa própria".

MUDA

Letra que não corresponde a nenhum fonema, mantendo-se apenas em decorrência da tradição. São consideradas mudas:

1. a letra **h** inicial:

hoje, hesitar, hipótese

2. a letra **u** dos dígrafos **gu** e **qu**:

> folguedo, guitarra, leque, séquito

3. a primeira letra dos dígrafos **rr** e **ss**:

> carro, correr, grosso, fossa

MUDANÇAS

O mesmo que **câmbios**. V. **evolução**.

MULTIPLICATIVO

Tipo de numeral que expressa multiplicação:

duplo, triplo, quádruplo

MUSICAL, acento

O mesmo que **acento cromático**. V. **acento** (1).

MUTATIS MUTANDIS

Expressão latina que significa "mudando o que deve ser mudado".

N

N
Décima quarta letra do alfabeto português.

NACIONAL, língua
V. **língua** (14).

NADA
Concordância verbal. V. **concordância verbal** (2).

NAMORAR
Regência verbal. Verbo transitivo direto; não aceita a preposição **com**:
Rodrigo namorava uma alemã. (certo)
Rodrigo namorava com um alemã. (errado)

NÃO MARCADO
V. **marca**.

NÃO NATURAIS, canais
Teoria da comunicação. V. **canal** (2).

NÃO NATURAL, língua
O mesmo que **artificial**. V. **língua** (2).

NÃO VERBAL
Linguagem que não se realiza por meio de palavras. É a linguagem dos gestos, das cores, dos sons, das imagens etc.

NARRAÇÃO
Tipologia textual. Tipo de redação que tem como centro o fato, o acontecimento. Diz-se que a linguagem é narrativa. Vários elementos compõem a narração.
1. Narrador
Aquele que narra, que conta algo observado por ele. Às vezes, participa da trama, ficando a linguagem em primeira pessoa.

NARRAÇÃO

2. Enredo

Aquilo que é transmitido pelo narrador, o tema, o assunto, a trama.

3. Personagens

Pessoas (mais raramente animais ou objetos) que participam da história, da narração.

4. Tempo

A época, o momento em que se situa a narração.

5. Ambiente

O lugar em que se desenvolve a trama

Exemplo de narração

"Corria o oitavo dia do mês de abril, quando o frade pediu que lhe vestissem o seu hábito de beneditino e abrissem de par em par as janelas do quarto, para poder despedir-se da última primavera." (Camilo Castelo Branco)

Embora seja um pequeno trecho do romance, podemos encontrar nele todos os elementos da narrativa: narrador (quem está contando o fato), personagem (o frade), enredo (o pedido do frade), tempo (dia 8 de abril), ambiente (o quarto em que está o frade).

Discurso

É a fala dos personagens. Há três tipos de discurso.

1. Discurso direto

Quando todas as palavras do personagem são utilizadas diretamente, num diálogo ou monólogo. Características: utilização de dois-pontos ou de vírgula, dependendo da ordem, e emprego do travessão:

Marcos disse ao colega: – Preciso de algum dinheiro.

– Minha carteira está vazia, respondeu o colega.

2. Discurso indireto

Quando as palavras do personagem são incorporadas à fala do narrador. Nesse caso, desaparecem os sinais característicos do discurso direto, passando a ser utilizado um conectivo como **que** ou **se**:

Marcos disse ao colega que precisava de dinheiro, e o colega respondeu que sua carteira estava vazia.

Veja que o sentido é o mesmo. Observe também que houve necessidade de adaptações: preciso/precisava, está/estava, minha/sua.

3. Discurso indireto livre

Uma fusão dos anteriores. Percebe-se que se trata das palavras do personagem, mas elas passam a fazer parte das do narrador. Não há os sinais característicos dos discursos direto e indireto:

Fazia frio naquela manhã de junho. O jovem, preocupado com a entrevista, seguia pela estrada deserta. Meu Deus, tudo há de correr bem, por que tamanha ansiedade?

267

NARRADOR

Observe que o último período do texto apresenta a fala do personagem, mas como se fosse do próprio autor. É apenas o sentido que leva a essa conclusão.

NARRADOR
Tipologia textual. V. **narração**.

NARRATIVA
Tipologia textual. V. **narração**.

NARRATIVO, presente
O mesmo que **histórico**. V. **presente histórico**.

NASAIS
1. Consoantes. V. **consoante²** (4).

2. Vogais. V. **vogal²** (4).

NASAL
V. **ditongo** e **tritongo**.

NASALAÇÃO
Gramática Histórica. Passagem de fonema oral a nasal. O mesmo que **nasalização**:

mihi > mi > mim, nec > ne > nem

NASALIDADE
Ressonância nasal em decorrência da passagem do ar pelas fossas nasais. Sinônimo de **nasalização**, e não de **nasalação**. Diz-se, por exemplo, que o til é um sinal de nasalidade ou nasalização, e não de nasalação.

NASALIZAÇÃO
1. Gramática Histórica. O mesmo que **nasalação** (q. v.).

2. O mesmo que **nasalidade** (q. v.).

NATIVA, língua
O mesmo que **materna**. V. **língua** (12).

NATIVO, falante
V. **falante nativo**.

NATURAIS, canais
Teoria da comunicação. V. **canal** (1).

NATURAL, língua
V. **língua** (15).

268

NEGAÇÃO

1. Advérbio. V. **advérbio** (2).

2. Adjunto adverbial. V. **adjunto adverbial** (2).

NEGATIVO, imperativo
V. **imperativo** (2).

NEM UM NEM OUTRO

Concordância verbal. Leva o verbo ao singular.

> Nem um nem outro cavaleiro desistiu da prova.

Nota: Alguns autores admitem a flexão de plural. É preferível, no entanto, o singular.

NENHUM

Concordância nominal. Palavra variável em gênero e número. É pronome adjetivo indefinido e, como tal, concorda normalmente com o substantivo a que se liga na frase:

> Nenhum obstáculo me segura.
>
> Nenhuma dificuldade me segura.
>
> Nenhuns obstáculos me seguram.
>
> Nenhumas dificuldades me seguram.

NÊNIA
O mesmo que **epicédio**. V. **elegia** (3).

NEO-

Prefixo de origem grega que significa "novo". Pede hífen antes de **h** ou **o**:

> neo-helenismo, neo-otoplastia; neorrepublicano, neoacadêmico, neoclassicismo

NEOGRAMÁTICA

Linguística. Escola fundada na Alemanha, no século XIX. Destacava a importância das leis fonéticas, que não teriam exceções, para o estudo histórico das línguas. Seus integrantes, os neogramáticos, eram linguistas de concepções positivistas.

NEOGRAMÁTICO
Linguística. Linguista da escola **neogramática** (q. v.).

NEOLATINA
Filologia. O mesmo que **românica** e **novilatina**. V. **língua** (16).

NEOLINGUISTA
Linguística. Linguista adepto da **Neolinguística** (q. v.).

NEOLINGUÍSTICA

Linguística. Escola italiana surgida no início do século XX que destaca o valor da Geografia Linguística nos estudos diacrônicos da língua. Opondo-se à Neogramática, considera as leis fonéticas fenômenos de ordem psicológica.

NEOLOGISMO

Palavra nova que ainda não faz parte do vocabulário da língua. Se é desnecessário, pode ser considerado um **vício de linguagem**.

NEUROLINGUISTA

Linguística. Especilista da **Neurolinguística** (q. v.).

NEUROLINGUÍSTICA

Linguística. Ciência que trata das perturbações da linguagem e os prejuízos que elas acarretam para as estruturas cerebrais do indivíduo.

NEUTRA, voz

V. **voz verbal** (1).

NEUTRALIZAÇÃO

Linguística. Eliminação de oposições linguísticas em determinados ambientes. A oposição que existe em português entre os fonemas /ô/ e /u/, bem como /ê/ e /i/, quando tônicos (bolo e bulo, beco e bico), é neutralizada quando átonos em posição final. Por exemplo, **alto** (pronunciado apenas **altu**, em determinadas regiões do Brasil). Esse fonema, /u/, que passa a se impor, já que o fonema /ô/ não é pronunciado nessas regiões, é conhecido como **arquifonema**. Chama-se **arquifonema** esse fonema resultante de uma neutralização. Porém, se a palavra tem, numa dada região, flutuação de pronúncia, ou seja, oscilando entre /ô/ e /u/, diz-se que ocorre **debordamento**. V. **debordamento²**.

NEUTRO, gênero

V. **flexão nominal** (2).

NEXIA

Linguística. Agrupamento de nexos. V. **nexo** (1). O parágrafo, por exemplo, é uma nexia.

NEXO

1. Linguística. O mesmo que **frase**.

2. Elemento linguístico que estabelece vínculo entre dois outros. São nexos os conectivos e o verbo de ligação.

NINGUÉM

Concordância verbal. V. **concordância verbal** (2).

NÍVEIS DE LÍNGUA

Diferentes estágios em que a língua se apresenta no processo da comunicação. Sob esse aspecto, a língua pode ser infantil, adulta, chula, coloquial e culta. V. esses verbetes.

NOIVAR

Conjugação. Segue o modelo de **açoitar** (q. v.).

NOME[1]

Em gramática, qualquer palavra que se opõe ao verbo e que admite a flexão de gênero e número. Por isso se diz nome substantivo e nome adjetivo.

NOME[2]

V. **antropônimo**.

NOME COMUM

O mesmo que **substantivo comum**. V. **comum**[1].

NOME DE FAMÍLIA

V. **patronímico** (3).

NOME PRÓPRIO

O mesmo que **substantivo próprio**. V. **comum**[1].

Nota: Quanto à pluralização dos nomes próprios, v. **plural dos nomes próprios**.

NOMEAR

Conjugação. Conjuga-se como **bloquear** (q. v.).

NOMENCLATURA

Conjunto de termos específicos de um ramo do conhecimento, como arte, ciência, religião etc. O mesmo que **terminologia**.

NOMENCLATURA GRAMATICAL BRASILEIRA

Documento oficial que uniformiza a terminologia de todas as partes da gramática do português. Portaria publicada no Diário Oficial de 11 de maio de 1959. Costuma ser citada sob a forma de sigla: NGB.

NOMINAIS, desinências

Estrutura das palavras. V. **desinências nominais**.

NOMINAL[1]

V. **flexão nominal**.

NOMINAL[2]

Predicado formado por verbo de ligação e predicativo do sujeito. O núcleo é o predicativo:

A vendedora <u>estava animada</u>.

estava – verbo de ligação

animada – predicativo do sujeito, núcleo do predicado

NOMINAL[3]

Estrutura das palavras. V. **vogal temática** (1).

NOMINATIVO
Filologia. Na declinação do latim, é o caso que expressa o sujeito da oração.

NONA
Versificação. Estrofe de nove versos:
> "Dentro da noite
> No cerne duro da cidade
> Me sinto protegido.
> Do jardim do convento
> Vem o pio da coruja.
> Doce como um arrulho de pomba.
> Sei que amanhã quando acordar
> Ouvirei o martelo do ferreiro
> Bater corajoso o seu cântico de certezas." (Manuel Bandeira)

NORMA
Numa comunidade linguística, aquilo que se considera o ideal, o correto, com base nos hábitos linguísticos das classses sociais de maior prestígio. Assim, o desvio da norma constitui o que usualmente se conhece como erro. Em gramática, costuma-se dizer **norma culta**.

NORMA CULTA
V. **norma**.

NORMAL, grau
O mesmo que **positivo**. V. **grau**.

NORMATIVA, Gramática
V. **Gramática** (1).

NOTA BENE
Expressão latina que significa "note-se bem".

NOTAÇÃO
Representação de algo por meio de sinais ou símbolos.

1. Notação léxica

Conjunto de sinais utilizados na língua escrita para auxiliar na pronúncia das palavras. Esses sinais são os acentos (agudo, circunflexo e grave), o til, o trema, a cedilha, o apóstrofo e o hífen. V. **sinal diacrítico**.

2. Notação sintática

Conjunto de sinais utilizados na pontuação: vírgula, dois-pontos etc.

3. Notação fonética

Conjunto de símbolos utilizados na **transcrição fonética** (q. v.).

NOVIAL
V. **língua** (2).

NOVILATINA, língua
Filologia. O mesmo que **românica** e **neolatina**. V. **língua** (16).

NÚCLEO
A parte mais importante, significativa de um termo. Assim se diz núcleo do sujeito, núcleo do predicado, núcleo do objeto direto etc.

NUMERAL
Classe gramatical que se refere aos números. Pode ser cardinal, ordinal, multipicatrivo e fracionário. V. esses verbetes.

NÚMERO
Categoria gramatical que leva em conta a quantidade de seres. Assim, fala-se em número singular e número plural. V. **flexão nominal** e **flexão verbal**.

NÚMERO-PESSOAIS
V. **desinências verbais** (1).

O

O¹

Décima quinta letra do alfabeto português.

O²

Vocábulo de diferentes classes gramaticais.

1. Artigo definido masculino singular; acompanha substantivo:

O turista ficou satisfeito.

2. Pronome pessoal oblíquo átono; corresponde a **ele**:

Mostrei-o assim que pude.

3. Pronome substantivo demonstrativo; equivale a **isto**, **isso** ou **aquilo**:

Fizeram o que pedimos.

O-

Prefixo variante de **ob-** (q. v.).

O E LHE

V. **emprego de pronomes** (4).

OB-

Prefixo de origem latina que significa "posição em frente" ou "oposição". Pede hífen diante de **h, r** ou **b**:

ob-repção, ob-rogar

Nota: A forma variante **o-** não admite o hífen:

ocorrer, opor

OBEDECER

Regência verbal. Verbo transitivo indireto; rege a preposição **a**:

Obedeçamos ao regulamento.

Nota: Apesar de ser transitivo indireto, admite voz passiva:

As leis foram obedecidas por todos.

OBEDIÊNCIA
Regência nominal. Pede complemento introduzido pela preposição **a**:
> Sempre teve obediência às leis.

OBEDIENTE
Regência nominal. Pede complemento introduzido pela preposição **a**:
> Seja obediente a seu avô.

OBJEÇÃO
Regência nominal. Rege as preposições **a** ou **contra**.
> Não se fez objeção a teu trabalho.
> Apresentaram uma objeção contra minha ideia.

OBJETIVA DIRETA
Oração subordinada substantiva que funciona como objeto direto da oração principal. Pode ser desenvolvida ou reduzida.
> A turma queria que a prova fosse anulada. (desenvolvida)
> Pedro mandou voltar o funcionário. (reduzida de infinitivo)

OBJETIVA INDIRETA
Oração subordinada substantiva que funciona como objeto indireto da oração principal. Pode ser desenvolvida ou reduzida:
> Preciso de que me expliquem o caso. (desenvolvida)
> Anseio por viver em paz. (reduzida de infinitivo)

OBJETIVO[1]
Relativo a objeto. Assim, por exemplo, chama-se pronome objetivo aquele que atua como objeto de um verbo. V. **subjetivo**[1].

OBJETIVO[2]
Aquilo que não depende de opinião, ou seja, do sujeito. Uma afirmação do tipo "A comida está quente" tem caráter **objetivo**, independe do falante. Já uma do tipo "A comida é gostosa" tem caráter **subjetivo**, porquanto depende do paladar de cada um. Alguns podem achá-la gostosa, outros não.

OBJETO
Tipologia textual. V. **descrição**.

OBJETO DIRETO
Complemento de um verbo **transitivo direto** (q. v.):
> A mulher costurou a camisa.

Veja: quem costura costura alguma coisa. Qual é a coisa costurada? a camisa. Logo, **a camisa** é o objeto direto.

OBJETO INDIRETO

Classificação

1. Objeto direto (sem nome especial)

>> Objeto direto comum, como o do exemplo inicial:
>> O governo abriu <u>uma nova estrada</u>.

2. Objeto direto pleonástico

> Repetição enfática do objeto direto, por meio de um pronome oblíquo:
>> Minha roupa, deixei-<u>a</u> na lavanderia.
>> objeto direto: minha roupa
>> objeto direto pleonástico: a

3. Objeto direto preposicionado

> O que é introduzido por preposição não exigida pelo verbo, que é transitivo direto.
>> Ninguém entende <u>a mim</u>.

Casos de objeto direto preposicionado

a) Com palavras como Deus, Criador, Pai, Jesus, Maria (mãe de Jesus) e semelhantes, caso os verbos expressem sentimentos:
>> Amo <u>à Maria</u>.

b) Com determinados verbos, como puxar, pegar, esperar, cumprir, arrancar, chamar:
>> O soldado puxou <u>da arma</u>.
>> Esperava <u>por nova oportunidade</u>.
>> Todos cumpriram <u>com o dever</u>.

c) Quando se quer expressar porção:
>> Bebemos <u>da água</u>.

d) Com palavras que exigem preposição:
>> Ninguém respeitou <u>a ti</u>.
>> Falei com o professor <u>a quem</u> você recomendou.

e) Com pronomes indefinidos e de tratamento:
>> Receberemos <u>a todos</u>.
>> Cumprimentei <u>a Sua Excelência</u>.

4. Interno ou cognato

> Quando um verbo intransitivo passa a transitivo direto; geralmente, o substantivo tem a raiz do verbo:
>> Vivia <u>uma vida tranquila</u>.

OBJETO INDIRETO

> Complemento de um verbo **transitivo indireto** (q. v.):
>> Ele gosta <u>de música clássica</u>.
>> Referi-me <u>à situação da empresa</u>.
>> Todos confiam <u>em você</u>.

Classificação

1. Objeto indireto (sem nome especial)

Objeto indireto comum, como os dos exemplos dados:

> Aludimos <u>ao problema</u>.

2. Objeto indireto pleonástico

Repetição enfática do objeto indireto, por meio de um pronome oblíquo:

> Ao gerente, não <u>lhe</u> falaram nada.
>
> objeto indireto: ao gerente
>
> objeto indireto pleonástico: lhe

3. Objeto indireto de posse

Representado por um pronome pessoal oblíquo átono (me, te, lhe, nos e vos), quando equivale a um pronome possessivo (meu, teu, seu, nosso e vosso):

> Toquei-lhe os cabelos carinhosamente.
>
> (Toquei os seus cabelos carinhosamente)

Autores há que preferem chamá-lo de **adjunto adnominal** (q. v.), por ser essa a análise do pronome possessivo ao qual ele corresponde.

4. Objeto indireto de opinião

Exprime a opinião de alguém; pode aparecer com verbo de ligação:

> Ele <u>me</u> parece responsável.
>
> <u>Para mim</u>, tudo está errado.

5. Objeto indireto de interesse

Aponta o interesse da pessoa na ação verbal. Também conhecido como **dativo ético**:

> Não <u>me</u> venha agora com essa ideia!

Nota: Não constam na Nomenclatura Gramatical Brasileira os objetos indiretos de posse, de opinião e de interesse.

OBJURGATÓRIA

Estilística. O mesmo que **cominação** (q. v.).

OBLIQUAR

Conjugação. Conjuga-se como **apaziguar** (q. v.).

OBLÍQUO, pronome

V. **pessoal²** (1).

OBRIGADO

Concordância nominal. Concorda normalmente com quem faz o agradecimento. Pode, inclusive, ir ao plural. O mesmo que **grato** e **agradecido**.

> – Obrigado, disse ele.
>
> – Obrigada, disse ela.

OBSCURIDADE

– Obrigados, disseram eles.

– Obrigadas, disseram elas.

Nota: Talvez o ideal, nesse tipo de frase, fosse não flexionar em número a palavra. Porém a gramática tem-se mostrado rígida quanto a isso.

OBSCURIDADE

Falta de clareza de uma frase ou texto.

OBSECRAÇÃO

Estilística. O mesmo que **deprecação** (q. v.).

OBSOLETO

Diz-se do vocábulo que desapareceu do uso geral. Quando algum desses termos chamados obsoletos volta a ser empregado por alguém, temos o que se conhece como **arcaísmo** (q. v.).

OBSTÁCULO

Fechamento ou estreitamento do canal bucal durante a emissão do fonema. Só para a fonação das consoantes existe obstáculo. Sua localização e o modo de transpô-lo distinguem as consoantes umas das outras.

OBSTAR

1. Conjugação. Tem **o** tônico nas formas rizotônicas:

Pres. ind.: obsto, obstas, obsta, obstamos, obstais, obstam

Pres. subj.: obste, obstes, obste, obstemos, obsteis, obstem

Imper. afirm.: obsta, obste, obstemos, obstai, obstem

Imper. neg.: não obstes, não obste, não obstemos, não obsteis, não obstem

Pronúncia: óbsto, óbstas, óbstes, não óbstem etc.

2. Regência verbal.

a) Transitivo direto ou indireto, indiferentemente, com o sentido de "sevir de obstáculo"; como transitivo indireto, rege a preposição **a**:

Nada obsta o desenvolvimento da ciência.

Nada obsta ao desenvolvimento da ciência.

b) Transitivo indireto, regendo a preposição **a**, quando significa "opor-se":

Esse deputado sempre obstou à aprovação da emenda.

OBSTINAÇÃO

Regência nominal. Pede complemento introduzido pela preposição **em**:

Tinha enorme obstinação em conseguir o emprego.

OBSTINADO

Regência nominal. Pede complemento iniciado por **a** ou **em**:

Estava obstinado a voltar para sua cidade.

Sempre foi obstinado em ajudar as pessoas.

OBSTRUIR
Conjugação. Segue o modelo de **atribuir** (q. v.).

OBVIAR
Conjugação. Segue o modelo de **abreviar** (q. v.).

OCIDENTAL
V. **língua** (2).

OCLUSIVAS, consoantes
V. **consoante²** (1).

OCORRÊNCIA
Linguística. Presença de um elemento linguístico num texto. Por exemplo, na frase "Espero que ele diga o que quer", há cinco palavras com uma só ocorrência e uma, **que**, com duas ocorrências.

OCORRER
Conjugação. Verbo defectivo. V. **acontecer**.

OCTOSSÍLABO
Versificação. Verso de oito sílabas métricas:

> "Por ele **so**fro há bem dez **a**nos." (Manuel Bandeira)
> "Lembra-te **bem**! Azul-ce**les**te
> Era essa al**co**va em que te a**mei**." (Olavo Bilac)

Nota: Os versos de oito sílabas têm ritmos muito variados. Nesses do exemplo, as sílabas tônicas predominantes são a quarta e a oitava.

OCULTO
Tipo de sujeito simples. V. **simples³**.

ODE
Poema de forma variável que trata de assuntos sérios, como moral, filosofia etc. Exalta pessoas e coisas, evidencviando sua importância e dignidade.

ODIAR
1. Conjugação. Segue o modelo de **ansiar** (q. v.).

2. Regência verbal. Verbo transitivo direto. V. **adorar**.

OFICIAL, língua
V. **língua** (11).

OFÍCIO

Redação Oficial. Documento utilizado por autoridades do serviço público para tratar de assuntos burocráticos de interesse da administração. Também é documento utilizado por particulares.

OITAVA

Versificação. Estrofe de oito versos:

"Eu era o seu guia
Na noite sombria,
A só alegria
Que Deus lhe deixou:
Em mim se apoiava,
Em mim se firmava,
Em mim descansava,
Que filho lhe sou." (Gonçalves Dias)

OITAVA-RIMA

Versificação. Estrofe de oito versos decassílabos em que rimam entre si: a) o primeiro, o terceiro e o quinto; b) o segundo, o quarto e o sexto; c) o sétimo e o oitavo:

"Cessem do sábio Grego e do Troiano
As navegações grandes que fizeram;
Cale-se de Alexandre e de Trajano
A fama das vitórias que tiveram;
Que eu canto o peito ilustre Lusitano,
A quem Netuno e Marte obedeceram.
Cesse tudo o que a Musa antiga canta,
Que outro valor mais alto se alevanta." (Camões)

OMBREAR

Conjugação. Segue o modelo de **bloquear** (q. v.).

ONDE

Advérbio de lugar ou pronome relativo. É empregado quando o verbo pede a preposição **em**:

Onde ficou o caderno? (advérbio)
Ignoro onde ficou o caderno. (advérbio
A casa onde morei é bonita. (pronome relativo: tem o antecedente **casa**)

Nota: Se o verbo da oração pede a preposição **a**, usa-se **aonde**, que é combinação da preposição **a** com o advérbio ou pronome **onde**:

Aonde vocês irão?
Digam-me aonde vocês irão.
A rua aonde ele foi levado tem muitas árvores.

ONOMASIOLOGIA

Linguística. Estudo das palavras e expressões de uma língua utilizadas para traduzir determinada noção. Dessa forma, estuda os significantes (cadeia fônica) a partir do significado (conceito). Para a compreensão de significante e significado, v. **signo linguístico**. Por exemplo, para o significado, conceito de **cachaça**, há em português uma infinidade de termos linguísticos.

ONOMÁSTICA

Linguística.

1. Conjunto dos nomes próprios de uma língua. Reúne a Antroponímia (nomes de pessoas) e a Toponímia (nomes de lugares).

2. Estudo da origem e significado dos antropônimos e dos topônimos. O mesmo que **Onomatologia**.

ONOMÁSTICO, dicionário

V. **dicionário** (7).

ONOMATOLOGIA

Linguística. V. **Onomástica** (2).

ONOMATOPAICO, vocábulo

Estilística. V. **onomatopeia**.

ONOMATOPEIA

Estilística. Representação gráfica de um som qualquer da natureza. O vocábulo onomatopaico, expressivo ou imitativo, com base nos fonemas disponíveis na língua em que ele é formado, busca fazer, o mais aproximadamente possível, essa representação. Assim, a onomatopeia do relógio é **tique-taque**. É claro que relógio algum produz exatamente esse som. A onomatopeia aproxima, imita os sons; evidentemente, cada língua terá sua maneira específica de fazer tais imitações.

OPINATIVO, texto

Tipologia textual. V. **dissertação**.

OPOR

Conjugação. Segue a conjugação do primitivo, **pôr** (q. v.).

OPOSIÇÃO

Importante princípio da estrutura linguística segundo o qual cada elemento só existe porque existe um outro elemento, com o qual ele se confronta. Por exemplo, oposição entre o sujeito e o predicado, entre o concreto e o abstrato, entre o masculino e o feminino, entre o átono e o tônico etc. Às vezes a oposição é eliminada, no fenômeno conhecido como **neutralização** (q. v.). Por exemplo, na frase "Os gatos miavam de madrugada", a oposição masculino (gatos) e feminino (gatas) desaparece, isto é, neutraliza-se em função da forma **gatos**, que engloba os machos e as fêmeas.

OPOSTAS, rimas
Versificação. O mesmo que **enlaçadas** (q. v.).

OPTAR
Conjugação. Segue o modelo de **adaptar** (q. v.).

OPTATIVA
Tipo de frase que expressa um desejo do falante:
> Deus te acompanhe!
> Boa viagem!

OPTATIVO
O mesmo que **facultativo** (q. v.).

ORAÇÃO
Todo enunciado, de sentido completo ou não, que tenha verbo:
> Pediu a atenção de todos.
> Espero que me compreendam.

No segundo exemplo, observa-se a presença de duas orações: **Espero** e **que me compreendam**. Ao conjunto de orações dá-se o nome de **período** (q. v.). Assim, no primeiro exemplo temos um período com apenas uma oração, o chamado período simples. No segundo, com mais de uma oração, o período composto.

O período também pode ser chamado de frase, já que esta é qualquer enunciado com sentido completo. Mas frase tem um significado mais amplo, pois existem frases que não possuem verbo, ou seja, não constituem oração. São as frases nominais. Por exemplo: Fogo!, Boa viagem! etc. V. **frase**.

ORAÇÃO ABSOLUTA
Oração que forma o período simples:
> Estamos em casa.

ORAÇÃO ASSINDÉTICA
O mesmo que **oração inicial**. V. **oração coordenada**.

ORAÇÃO CLIVADA
Nome que se dá a uma única oração dividida em duas partes, cada uma com um verbo. Diz-se, então, que ocorreu **clivagem**:
> É Paulo que está estudando Português (em vez de Paulo está estudando Português).

Nota: Na realidade, hoje esse **é** não se considera verbo. Ele faz parte da locução expletiva **é que**.

ORAÇÃO CONEXA

Oração introduzida por conectivo:

Fez tudo <u>para ser notado</u>. (com preposição)

Fez tudo <u>para que o notassem</u>. (com conjunção)

Notas:

1ª) Quando introduzida por preposição, diz-se **oração reduzida** (q. v.); quando iniciada por conjunção, **oração desenvolvida** (q. v.).

2ª) Quando não é iniciada por conectivo, chama-se **oração justaposta** (q. v).:

Não sei <u>onde está o caderno</u>. (**onde** é advérbio)

ORAÇÃO COORDENADA

Oração que se liga a outra, também chamada coordenada, sem vínculo sintático. É chamada independente porque não representa termo sintático da outra. A que começa por uma conjunção coordenativa chama-se sindética. A outra, que inicia o período, chama-se assindética ou inicial. As coordenadas sindéticas têm cinco classificações.

1. Aditiva

Não acrescenta nenhuma ideia à oração inicial, apenas soma-se a ela. É introduzida por uma conjunção coordenativa aditiva. As principais conjunções são: e, nem, não só... mas também, tanto... quanto (ou como). Nas duas últimas, temos uma correlação, ou seja, um termo leva a outro:

Fiz o trabalho <u>e mostrei à professora</u>.

Não só pinta, <u>mas também compõe</u>. (ou seja: pinta e compõe)

2. Adversativa

Expressa uma ideia adversa, contrária. Começa por uma conjunção coordenativa adversativa. As principais conjunções são: mas, porém, contudo, todavia, no entanto, entretanto, e (sinônimo de mas):

Perdeu-se na mata, <u>contudo permaneceu calmo</u>.

Tinha um compromisso, <u>no entanto se atrasou</u>.

3. Conclusiva

Indica conclusão em relação à oração inicial. É introduzida por uma conjunção coordenativa conclusiva. As principais conjunções são: logo, portanto, por isso, por conseguinte, pois (esta, quando depois do verbo):

Trabalho no mercado de imóveis, <u>portanto conheço o assunto</u>.

Ele frequenta bibliotecas; <u>é, pois, uma pessoa preparada</u>.

4. Alternativa

Indica alternativa. Inicia-se por uma conjunção coordenativa alternativa, que geralmente vem repetida. Na realidade, apenas a conjunção **ou** pode aparecer sozinha. Principais conjunções: ou, ou... ou, ora... ora, já... já, quer... quer:

<u>Ora falava</u>, <u>ora escrevia</u>.

ORAÇÃO DESENVOLVIDA

5. Explicativa

Exprime explicação, justificativa. É introduzida por uma conjunção coordenativa explicativa. Principais conjunções: que, pois, porque, porquanto:

Fale baixo, que o bebê vai acordar.

Ele está nervoso, porque seus lábios estão tremendo.

Nota: Geralmente, a oração coordenada sindética explicativa aparece depois de verbo no imperativo, como no primeiro exemplo. Costuma ser confundida com a oração subordinada adverbial causal. V. **causal** (2).

ORAÇÃO DESENVOLVIDA

Oração, coordenada ou subordinada, introduzida por uma conjunção ou pronome relativo:

Li o livro e fui para casa. (coordenada desenvolvida)

Cheguei quando amanhecia. (subordinada desenvolvida)

ORAÇÃO EQUIPOLENTE

Oração subordinada que se liga à anterior, também subordinada, por coordenação:

Sabemos que ele virá e dará uma explicação.

A terceira oração do período é subordinada à primeira (Sabemos) e coordenada à segunda (que ele virá). Ambas, a segunda e a terceira, são subordinadas à primeira, mas estão coordenadas entre si. A terceira oração se diz equipolente à segunda.

ORAÇÃO INFINITIVA

Qualquer oração reduzida de infinitivo:

É necessário estudar mais.

Ao voltar, pegue o material.

ORAÇÃO INTERCALADA

Oração sintaticamente independente que se coloca dentro de outra. A mais comum é a que indica a fala do interlocutor:

– Voltarei logo, respondeu o empregado.

– Preciso de uma solução imediata, disse a senhora.

Vou comer só um pouquinho – também sou humano – desse doce.

ORAÇÃO JUSTAPOSTA

Oração, coordenada ou subordinada, que não se inicia por uma conjunção ou pronome relativo. Pode ser iniciada por certos advérbios ou pronomes, ou simplesmente aparecer ao lado de uma outra oração:

Veja onde está o cavalo. (**onde** é advérbio)

Esqueci quem seria o convidado. (**quem** é pronome)

Saiu cedo, não avisou a ninguém.

ORAÇÃO PRINCIPAL

Oração que tem um de seus termos representado por uma oração, dita subordinada:

Convém que sejam breves.

Seu sujeito é a oração seguinte, subordinada a ela.

ORAÇÃO REDUZIDA

Oração, coordenada ou subordinada, sem conjunção ou pronome relativo e com o verbo numa forma nominal (infinitivo, gerúndio, particípio). Por isso mesmo se diz oração reduzida de infinitivo, gerúndio ou particípio.

Estudando, você teria passado.

É proibido falar alto.

Vi um menino chorando.

Nota: Para classificar a oração reduzida, pode-se introduzir o conectivo correspondente, transformando-a em uma desenvolvida. A primeira é subordinada adverbial condicional reduzida de gerúndio; a segunda, subordinada substantiva subjetiva reduzida de infinitivo; a terceira, subordinada adjetiva restritiva reduzida de gerúndio. V. **oração subordinada**.

ORAÇÃO SEM SUJEITO

Oração constituída apenas pelo predicado. Alguns preferem dizer sujeito inexistente, termo não abonado pela NGB. O verbo desse tipo de oração é impessoal. São casos de oração sem sujeito:

1. Verbo **haver** indicando tempo ou significando "existir" ou "acontecer":

Há dias não o vejo.

Havia muitas falhas no sistema.

Houve um grande tumulto.

Nota: No primeiro exemplo, existem duas orações. A primeira é oração sem sujeito.

2. Verbo **fazer** indicando tempo decorrido ou meteorológico:

Já faz três décadas que ocorreu o acidente.

Ontem fez 25 graus.

Nota: No primeiro exemplo, há duas orações. A primeira não tem sujeito.

3. Verbos de fenômeno da natureza:

Ontem ventou muito.

Neva naquela cidade.

Trovejou bastante.

4. Verbo ser indicando tempo:

São dez horas.

Hoje são quatro de novembro.

Nota: A gramática tradicional vê o verbo **ser** desse maneira, por isso aqui vai ele apresentado. Porém, parece-nos mais adequado classificá-lo como intransitivo, sendo seu sujeito o termo no plural que se lhe segue e com o qual concorda.

285

ORAÇÃO SINDÉTICA

V. **oração coordenada**.

ORAÇÃO SUBORDINADA

Desempenha uma função sintática qualquer de outra oração, chamada principal; é, portanto, dependente:

Farei o trabalho se ele pedir.

A oração **se ele pedir** é adjunto adverbial de condição da outra oração, que é a sua principal.

Existem três grupos de orações subordinadas.

1. Subordinada substantiva

Desempenha função sintática própria de substantivo (sujeito, objeto direto etc.). Quando desenvolvida, começa por uma conjunção subordinativa integrante (que ou se). Quando justaposta, começa por certos advérbios ou pronomes (onde, como, quem, qual etc.):

Decidimos que a prova seria adiada.

A oração sublinhada é subordinada substantiva porque desempenha a função sintática de objeto direto da oração principal.

Algo interessante que ajuda a reconhecer uma oração subordinada substantiva é o fato de ela poder ser substituída pela palavra **isto**. No exemplo dado, podemos fazer a transformação para "Decidimos isto".

A oração subordinada substantiva pode ser: subjetiva, objetiva direta, objetiva indireta, completiva nominal, predicativa ou apositiva. V. esses verbetes.

Nota: Existe também a oração agente da passiva, que não é abonada pela Nomenclatura Gramatical Brasileira. V. **agente da passiva** (2).

2. Subordinada adjetiva

Desempenha a função de adjunto adnominal da oração principal. Quando desenvolvida, é introduzida por um pronome relativo, precedido ou não de preposição. Quando justaposta, inicia-se pelo pronome indefinido **quem**.

A pessoa que estuda aprende.

A oração sublinhada é adjunto adnominal da palavra **pessoa**, que está na principal. No exemplo isso fica claro uma vez que se pode dizer **estudiosa**, um adjetivo que se refere ao termo anterior, **pessoa**. A oração adjetiva pode ser restritiva ou explicativa. Veja esses verbetes.

3. Subordinada adverbial

Desempenha a função sintática de adjunto adverbial da principal. É introduzida por uma conjunção subordinativa adverbial (quando, porque, se, para que etc.):

Assim que o ônibus parou, as pessoas se agitaram

A oração sublinhada é adjunto adverbial de tempo da oração principal.

Há nove orações subordinadas adverbiais, segundo a Nomenclatura Gramatical Brasileira: causal, comparativa, concessiva, condicional, conformativa, consecutiva, final, proporcional e temporal. Veja esses verbetes.

Nota: Existem também as orações locativa e modal, não abonadas pela Nomenclatura. V. **locativa** e **modal**[2].

ORACIONAL

Relativo à oração. Um sujeito, por exemplo, é oracional quando é representado por uma oração; da mesma forma um objeto, um predicativo etc.

ORAIS

1. Consoantes. V. **consoante**[2] (4).

2. Vogais. V. **vogal**[2] (4).

ORAL

V. **ditongo** (3) e **tritongo** (1).

ORDEM

Disposição das palavras na frase. Em poruguês, temos:

1. Ordem direta

Sujeito, verbo, complementos e adjuntos:

O jornalista entrevistou algumas pessoas antes da reunião.

2. Ordem inversa

Qualquer alteração na ordem direta:

Antes da reunião, o jornalista entrevistou algumas pessoas.

Entrevistou o jornalista algumas pessoas antes da reunião.

Algumas pessoas o jornalista entrevistou antes da reunião.

Determinadas palavras têm ordem fixa em português. Por exemplo, os artigos sempre precedem o substantivo, sendo impossível deslocá-los. Algumas outras aparecem numa colocação preferível, como os adjetivos, que mais frequentemente se pospõem ao substantivo: lugar interessante, gesto apropriado, homem bondoso, pessoa carismática.

Há casos em que há uma certa liberdade de colocação do adjetivo, sem que haja alteração do sentido; há outros, em que ocorre tal alteração:

distância enorme – enorme distância

funcionário novo – novo funcionário

No segundo exemplo, diferentemente do primeiro, há diferença de sentido: **novo**, na primeira expressão, refere-se à idade; na segunda, indica o funcionário que acaba de ser contratado.

Existem situações em que a mudança da ordem acarreta mudança na classe gramatical da palavra, além da alteração de sentido:

Conheci um certo homem.

Conheci um homem certo.

Na primeira frase, **certo** é pronome indefinido; na segunda, adjetivo.

ORDEM DE SERVIÇO

Redação oficial. Documento de circulação interna de um órgão por meio do qual a autoridade competente fixa normas para o cumprimento de determinado serviço.

ORDINAL

Tipo de numeral que indica ordem de aparecimento. Veja a relação, com os cardinais correspondentes.

cardinais	ordinais	cardinais	ordinais
um	primeiro	noventa	nonagésimo
dois	segundo	cem	centésimo
três	terceiro	duzentos	ducentésimo
quatro	quarto	trezentos	trecentésimo
cinco	quinto	quatrocentos	quadringentésimo
seis	sexto	quinhentos	quingentésimo
sete	sétimo	seiscentos	seiscentésimo
oito	oitavo	setecentos	setingentésimo
nove	nono	oitocentos	octingentésimo
dez	décimo	novecentos	noningentésimo
onze	décimo primeiro	mil	milésimo
doze	décimo segundo	dez mil	dez milésimos
vinte	vigésimo	cem mil	cem milésimos
trinta	trigésimo	um milhão	milionésimo
quarenta	quadragésimo	um bilhão	bilionésimo
cinquenta	quinquagésimo	um trilhão	trilionésimo
sessenta	sexagésimo	um quatrilhão	quatrilionésimo
setenta	setuagésimo	um quintilhão	quintilionésimo
oitenta	octogésimo	um sextilhão	sextilionésimo

Nota: Alguns numerais ordinais têm variantes. Por exemplo: décimo primeiro (ou undécimo), décimo segundo (ou duodécimo), setuagésimo (ou septuagésimo), seiscentésimo (ou sexcentésimo), setingentésimo (ou septingentésimo), noningentésimo (ou nongentésimo).

ORTOEPIA

Parte da gramática que trata da correta pronúncia das palavras. Pronunciar, portanto, **obsolêto**, em vez de **obsoléto**, **mardito**, no lugar de **maldito**, **subzídio**, em vez de **subcídio**, constitui erro de ortoépia. A perfeita colocação do acento tônico da palavra é um tipo de ortoepia chamado **prosódia** (q. v.). O mesmo que **ortofonia**. Variante prosódica: **ortoépia**.

ORTOFONIA

O mesmo que **ortoepia** (q. v.).

ORTOGRAFIA

Parte da gramática que trata da correta grafia das palavras. No que toca ao emprego das letras, algumas regras podem ajudar. Vejamos as mais importantes da língua.

1. O sufixo **eza** (ou ez) é usado em substantivos abstratos derivados de adjetivos:

grande – grandeza
sólido – solidez

2. O sufixo **esa** (ou isa) é empregado na formação de feminino:

duque – duquesa
sacerdote – sacerdotisa

3. Depois de ditongo não se usa **z**, **ch** ou **ss**:

pausa, Neusa, Sousa
caixa, eixo, trouxa
afeição, precaução, feição

Exceções:

a) Palavra **caucho** e derivadas.

b) Diminutivos no plural com a consoante de ligação **z**, como **papeizinhos**.

4. Depois de **en** usa-se **x**:

enxergar, enxerto, enxugar

Exceções:

a) Verbo **encher** e derivados.

b) **Enchova** (variante de anchova).

c) Palavras derivadas de outras grafadas com **ch**, como **encharcar** (de charco).

5. Depois de **me** usa-se **x**:

mexer, México, mexerica

Exceções:

a) Mecha (substantivo) e mechar, verbo dele derivado.

b) Mechoação

6. Usa-se o sufixo **izar** em verbos derivados de nomes:

realizar – real + izar
cristalizar – cristal + izar
amenizar – amen(o) + izar

Notas:

1ª) Se no radical da palavra já existe **s**, conserva-se essa letra:

pesquisar – de pesquisa
alisar – de liso
analisar – de análise

ORTOGRAFIA

2ª) A palavra **catequizar** apresenta o sufixo **izar**, pois o radical de **catequese** se reduziu. Se assim não fosse, teríamos **catequesar**.

7. Mantém-se nas derivadas as letras **s**, **j** e **z**:

> lápis – lapiseira
> loja – lojista
> cruz – cruzar

8. Grafa-se com **ss**:

a) palavra derivada de verbo cujo radical termine por **ced**, **gred**, **prim** ou **met**:

> ceder – cessão
> progredir – progressão
> imprimir – impressão
> remeter – remessa

b) palavra derivada de verbo que termine em **tir**, quando essa terminação desaparece:

> omitir – omissão
> permitir – permissão
> discutir – discussão

9. Grafa-se com **ç**:

a) palavra derivada do verbo **ter** ou de suas derivadas:

> ter – tenção
> reter – retenção

b) palavra derivada de verbo, quando mantém a vogal temática dele:

> coroar – coroação
> partir – partição
> curtir – curtição

c) palavra derivada de outra com **t** no radical:

> optar – opção
> projeto – projeção
> exceto – exceção

10. Grafa-se com **s** a palavra derivada de verbo cujo radical termine por **nd**, **rg** ou **rt**:

> suspender – suspensão
> aspergir – aspersão
> divertir – diversão

Nota: Há palavras que, mesmo derivadas de outras, apresentam alterações em seu radical. Estão entre elas:

> femoral – de fêmur
> torácico – de tórax
> extensão – de estender
> umedecer – de úmido
> discrição – de discreto

OSCO

Filologia. Antiga língua falada ao sul do Lácio. Da mesma forma que o latim, pertence ao grupo itálico, proveniente do indo-europeu. Sobreviveu até o século I.

OUTORGADO

Redação oficial. O mesmo que **mandatário** e **procurador**. V. **procuração**.

OUTORGANTE

Redação oficial. O mesmo que **mandante** e **constituinte**. V. **procuração**.

OUVINTE

Teoria da comunicação. O mesmo que **decodificador** (q. v.).

OXIMORO

Estilística. V. **paradoxo**.

OXÍTONA

Palavra cuja sílaba tônica é a última:

ca**ju**, bo**né**, ilu**são**, atra**vés**, dan**çar**

OXÍTONAS

Acentuação gráfica. Acentuam-se as palavras oxítonas terminadas em **a**(s), **e**(s), **o**(s), **em**, **ens**:

guaraná, atrás, café, vocês, carijó, após, armazém, vinténs

OXITONIZAÇÃO

O mesmo que **acutização** (q. v.).

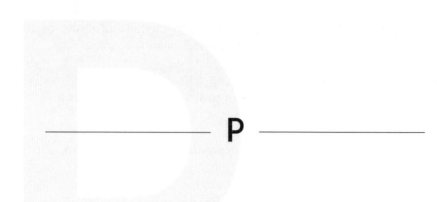

P
Décima sexta letra do alfabeto português.

PACIENTE
V. **agente**.

PADRÃO
Variedade linguística adotada como norma institucionalizada. É o modelo de correção, que se utiliza nos estabelecimentos de ensino. Assim, português-padrão é a modalidade do português considerada culta, perfeita, adequada.

PAGAR
Conjugação. Verbo abundante. V. **ganhar**.

PAÍSES DE LÍNGUA PORTUGUESA
V. **português**.

PALATAIS
1. Consoantes. V. **consoante²** (2).

2. Vogais. O mesmo que **anteriores**. V. **vogal²** (1).

PALAVRA
Unidade linguística com significação externa. Vem sendo dada como sinônimo de **vocábulo** (q. v.).

PALAVRA DE LIGAÇÃO
Palavra que estabelece vínculo entre palavras ou orações. V. **preposição** e **conjunção**.

PALAVRA DENOTATIVA
Palavra semelhante ao advérbio, mas que não chega a constituir circunstância verbal. Em classes gramaticais, é estudada à parte. Veja algumas importantes.

1. De designação: eis:

Eis o seu almoço.

2. De exclusão: só, somente, apenas, salvo, menos, exclusive, exceto etc.:

> Só alguns poderão entrar.
>
> Conhecia as línguas eslavas, exceto o búlgaro.
>
> Todos ficaram satisfeitos, menos a Sueli.

3. De explicação: a saber, por exemplo etc.:

> Observe, por exemplo, a minha situação.

4. De inclusão: inclusive, até, ainda, também, além disso etc.:

> Até minha mãe quis viajar.
>
> O grupo ficou à disposição, inclusive os serventes.

5. De retificação: isto é, aliás, ou melhor etc.:

> Isso é topázio, ou melhor, citrino.

PALAVRA DE REALCE

V. **expletiva**.

PALAVRA ERUDITA

O mesmo que **vocábulo erudito**. V. **erudito**.

PALAVRA EXPLETIVA

V. **expletiva**.

PALAVRA HÍBRIDA

Formação de palavras. V. **hibridismo**.

PALAVRA POPULAR

O mesmo que **vocábulo popular**. V. **erudito**.

PALAVRA VAZIA

Palavra destituída de significação que se introduz em uma estrutura e que tem por fim assegurar a sua gramaticalidade. Em português, um bom exemplo é a preposição **a** que se apresenta em determinadas locuções verbais, como **começar a estudar**, **pôr-se a pesquisar** etc.

PALAVRA-CHAVE

A principal palavra de um contexto, que o torna claro ou o identifica:

> A palavra-chave daquele político é trabalho.
>
> Saudade é uma palavra-chave da obra de Casimiro de Abreu.

PALAVRA-GUIA

Palavra que aparece em obras de referência, como os dicionários, para facilitar a consulta. É usada em par com outra palavra-guia, indicando ambas a primeira e a útima entrada da página.

PALAVRA-ÔNIBUS

Palavra, quase sempre de uso coloquial, que tem uma quantidade muito grande de acepções, servindo para expressar uma infinidade de ideias; palavras como **troço**, **legal**, **bacana**, **coisa** etc. Por exemplo, a palavra **legal** se presta a identificar qualquer coisa de caráter positivo: pessoa legal, livro legal, comida legal, atitude legal, esporte legal etc.

PALAVRAS DE PRONÚNCIA DUVIDOSA

1. Quanto à posição do acento tônico

a) São oxítonas:

con**dor**	o**bus**
han**gar**	re**cém**
mis**ter**	re**fém**
no**vel**	ru**im**
No**bel**	ure**ter**

b) São paroxítonas:

a**va**ro	for**tui**to	misan**tro**po
azi**a**go	gra**tui**to	necrop**si**a
barba**ri**a	**gú**mex	ne**nú**far
ba**ta**vo	i**be**ro	o**pi**mo
celti**be**ro	**ín**dex	pu**di**co
de**ca**no	**lá**tex	quiroman**ci**a
dúplex	li**bi**do	ru**bri**ca
filan**tro**po	maquina**ri**a	simu**la**cro

Nota: Existem **fluido** (substantivo) e **fluído** (verbo); **barbaria** e **barbárie**, formas variantes, que significam "selvageria"; **maquinaria** e **maquinário**, formas variantes. As seis palavras são paroxítonas:

A água é um fluido. A água havia fluído regularmente.

Foi um ato de barbaria. Foi um ato de barbárie.

Comprou maquinaria nova. Comprou maquinário novo.

c) São proparoxítonas:

ágape	bi**ó**tipo	**ô**micron
álacre	**cá**fila	**pé**riplo
al**cí**one	coti**lé**done	**pró**dromo
álibi	cri**sân**temo	pro**tó**tipo
an**tí**frase	**ím**propo	qua**drú**mano
a**rí**ete	**ín**terim	**zé**firo
a**zá**fama	**lê**vedo	**zê**nite
bávaro	mo**nó**lito	
bímano	**ô**mega	

d) Têm dupla prosódia:

acro**ba**ta ou a**cró**bata
alo**pa**ta ou a**ló**pata
ambro**si**a ou am**bró**sia
ani**dri**do ou a**ní**drido
hie**ró**glifo ou hiero**gli**fo
nefeli**ba**ta ou nefe**lí**bata
Ocea**ni**a ou Oce**â**nia

orto**é**pia ou ortoe**pi**a
pro**jé**til ou proje**til**
réptil ou rep**til**
sóror ou so**ror**
xe**rox** ou **xé**rox
zan**gão** ou **zân**gão

2. Quanto ao timbre da vogal tônica. V. **timbre**.

PALEOGRAFIA
Filologia. V. **codicologia**.

PALEOGRÁFICA, edição
Filologia. O mesmo que **diplomática**. V. **edição** (5).

PALIMPSESTO
Papiro (q. v.) ou **pergaminho** (q. v.) cujo texto primitivo foi raspado, para que outro ali se gravasse. Provavelmente, esse reaproveitamento ocorreu por razões de preço ou escassez.

PALÍNDROMO
Palavra ou frase que se pode ler, letra por letra, de trás para frente. As línguas de um modo geral, desde tempos antigos, têm os seus palíndromos. Em português, podemos destacar "anilina", "Oto come mocotó", "Roma me tem amor", "Socorram-me, subi no ônibus em Marrocos". No palíndromo, desprezam-se os sinais de pontuação e as iniciais maiúsculas. V. **anagrama**.

PAN-
Prefixo de origem grega que significa "tudo", "todos". Pede hífen antes de palavra iniciada por **h**, **m**, **n** ou **vogal**:

pan-eslávico, pan-americano, pan-helênico, pan-mastite, pan-negrismo; pangermanismo, panlatino

PANTUM
Tipo de poema de forma fixa constituído apenas por quartetos. O segundo e o quarto versos de cada estrofe formam o primeiro e o terceiro da estrofe seguinte. O último verso do pantum é sempre repetição daquele que o iniciou.

PAPIRO
Folha para escrever ou pintar feita de tiras de uma planta de mesmo nome. Por extensão, é o nome que se dá ao manuscrito antigo gravado nessa folha.

PARA

Preposição essencial que apresenta, principalmente, os seguintes valores semânticos:

1. Finalidade:
> Ele nasceu para pintar.

2. Lugar, com ideia de demora ou fixação:
> Vamos para a cidade.

3. Tempo:
> Temos alimentos para poucos dias.

PARABENIZAR

Regência verbal. Verbo transitivo direto. V. **adorar**.

PARÁBOLA

Narração alegórica que encerra algum ensinamento moral.

PARADIGMA

Modelo que se toma para a flexão de uma determinada classe de elementos. Por exemplo, o verbo **cantar** pode se apontado como paradigma da primeira conjugação, ou seja, serve de modelo para todos os outros; o substantivo **éter**, como paradigma de flexão nominal para os demais substantivos terminados em **r**.

PARADOXO

Estilística. Tipo de **antítese** (q. v.) que consiste num jogo de palavras contrárias que aparentemente se excluem. O mesmo que **antilogia**:
> Sou alegre na minha tristeza.

Nota: Para alguns, também é sinônimo de **oximoro**.

PARÁFRASE

Reescrita de um texto sem alteração do sentido original:
> Preciso muito de que me tragas logo a solução do problema.

Paráfrase: Tenho muita necessidade de que a solução do problema me seja trazida por ti imediatamente.

PARAGOGE

Gramática Histórica. Acréscimo de fonema no final da palavra. O mesmo que **epítese**:
> ante > antes

Nota: Modernamente, encontram-se paragoges em inúmeros empréstimos, como em clube, do inglês *club*; filme, do inglês *film*; chique, do francês *chic* etc.

PARÁGRAFO[1]

Unidade do texto escrito que reúne frases intimamente relacionadas pelo sentido. Graficamente, os parágrafos se distinguem uns dos outros pela mudança de linha e pelo uso do **recolhido** ou **entrada**, como é denominado o afastamento maior, em relação à margem, da primeira linha.

PARÁGRAFO²

Redação oficial. Desdobramento de artigos num texto legal, como leis e decretos. É antecedido por seu símbolo, **§**, a menos que seja único, quando então se diz **parágrafo único**.

PARALELAS, rimas

Versificação. O mesmo que **emparelhadas** (q. v.).

PARALELISMO¹

Identidade de estrutura numa sequência de palavras, expressões ou frases. Tomemos como exemplo uma discriminação de itens.

Recomendamos a todos os sócios:

a) fiscalizar as atividades da empresa;

b) participar de todas as reuniões;

c) acatar as determinações da diretoria;

d) análise da situação de cada funcionário.

Observe a falta de paralelismo do texto. As três primeiras recomendações são expressas por meio de verbos; a última, no entanto, apresenta um substantivo. É necessário restaurar o paralelismo, trocando **análise da situação** por **analisar a situação**.

Outro exemplo nos dá o emprego do verbo preferir. Se dissermos "Prefiro basquete ao vôlei", notaremos que o primeiro complemento não tem artigo (basquete), enquanto o segundo tem (o vôlei). Para que haja paralelismo, ou se usa o artigo nos dois, ou em nenhum deles. Corrija-se, então, para "Prefiro o basquete ao vôlei" ou "prefiro basquete a vôlei".

PARALELISMO²

Versificação. Repetição de ideias de estrofe a estrofe, às vezes com alterações. Muito comum nas cantigas de amigo, da literatura medieval:

"Sedia la fremosa seu sirgo torcendo,

sa voz manselinha fremoso dizendo

cantigas d'amigo.

Sedia la fremosa seu sirgo lavrando,

sa voz manselinha fremoso cantando

cantigas d'amigo." (Estevam Coelho)

São as duas primeiras estrofes de uma cantiga de amigo (namorado), escrita em **galego-português** (q. v.). Observe que o primeiro verso da primeira estrofe se repete na estrofe seguinte, com uma pequena alteração. O mesmo se dá com o segundo verso.

PARALEXEMA

Linguística. Nome que alguns linguistas dão à palavra composta.

PARASSÍNTESE

Formação de palavras. O mesmo que **parassintetismo** e **derivação parassintética**. V. **derivação** (4).

PARASSINTÉTICA, derivação

Formação de palavras. O mesmo que **parassíntese** e **parassintetismo**. V. **derivação** (4)

PARASSINTETISMO

Formação de palavras. O mesmo que **parassíntese** e **derivação parassintética**. V. **derivação** (4).

PARATAXE

O mesmo que **coordenação** (q. v.).

PARECER[1]

Redação oficial. Documento de natureza técnica que se destina, por força da lei ou das circunstâncias, à realização de determinado estudo. Constitui-se normalmente de **ementa** (q. v.), introdução, histórico, apreciação, esclarecimento, fundamentação e conclusão.

PARECER[2]

1. Concordância verbal. Ligado a verbo no infinitivo, apresenta-se nas seguintes situações:

a) Verbo auxiliar, constituindo, pois, uma locução verbal. Pode ser singular ou plural, dependendo do sujeito da oração:

Parece sorrir a menina. (sujeito: a menina)

Parecem sorrir as meninas. (sujeito: as meninas)

b) Verbo seguido de uma oração infinitiva. Nesse caso, não poderá ir ao plural, uma vez que seu sujeito é a oração infinitiva:

Parece sorrirem as meninas.

1ª oração: Parece

2ª oração: sorrirem as meninas. (sujeito de **parece**)

Nota: A flexão de plural da forma verbal **parece** e do infinitivo constitui erro gramatical. Costuma-se dizer que houve uma contaminação sintática. V. **contaminação**. Assim, são inadmissíveis, na língua culta, construções do tipo **parecem sorrirem**, **parecem dizerem** etc. Igualmente não se flexiona o verbo **parecer** se ele estiver seguido de oração iniciada pela conjunção **que**, pois tal oração também será o seu sujeito. Uma frase do tipo "Parecem que as pessoas chegaram felizes" apresenta erro de concordância verbal. Corrija-se para "Parece que as pessoas chegaram felizes".

2. Regência verbal

a) Verbo de ligação, quando seguido de um predicativo do sujeito:

A princesa parecia preocupada.

A tarde parece calma.

b) Verbo intransitivo, quando seguido de sujeito oracional:

Parece que ele viajou.

PARECER-SE
Regência verbal. Transitivo indireto; rege as preposições **a** ou **com**:

O gato se parece ao tigre.

O gato se parece com o tigre.

PARECIDO
Regência nominal. Pede complemento introduzido pelas preposições **a** ou **com**:

Carlos é parecido ao irmão.

Ninguém é parecido com ele.

PARELHA
Versificação. O mesmo que **dístico** (q. v.).

PARÊNESE
Discurso moral; exortação.

PARÊNTESE[1]
Pontuação. Sinal de pontuação, usado quase sempre em dupla, que serve para intercalar no texto uma informação acessória, sem ligação sintática com o ele:

Em meio a grande desordem (a imprensa estava lá e constatou), algumas pessoas sentiram-se mal.

Podem também os parênteses indicar:

1. a sigla correspondente ao termo apresentado:

A Organização da Nações Unidas (ONU) criticou a decisão.

2. a sigla de um estado:

Estávamos em Gramado (RS) nessa época.

3. indicações bibliográficas:

"Como alguns verbos têm a mesma forma na primeira pessoa do plural do presente do indicativo que a do pretérito perfeito do mesmo modo, não há sinal gramatical para as distinguir." (Mário Barreto, Últimos Estudos, pág. 244, Rio de Janeiro, 1986.)

PARÊNTESE[2]
Estilística. Figura que consiste na interposição de expressões ou orações ao sentido geral do texto. Os sinais de pontuação variam: parênteses, vírgulas ou travessões:

Fomos alertados, prefiro falar assim, por uma grande explosão.

"E se viam (convite ameno) o rosto

Antevisto e reaceso, e o caminho alto..." (Jorge de Lima)

PAREQUEMA
Repetição de fonemas finais de uma palavra no início da palavra seguinte:

rapariga galega, moça sapeca, estou ouvindo.

Nota: Não é comum extrair-se do parequema alguma expressividade. Convém, naturalmente, evitá-lo.

PARI PASSU

Expressão latina que significa "simultaneamente", "no mesmo passo".

PARIR

Conjugação. A primeira pessoa do singular do presente do indicativo recebe a letra **i**; tal irregularidade se estende, consequentemente, a todo o presente do subjuntivo e às pessoas correspondentes do imperativo.

Pres. ind.: pairo, pares, pare, parimos, paris, parem
Pret. perf.: pari, pariste, pariu, parimos, paristes, pariram
Pres. subj.: paira, pairas, paira, pairamos, pairais, pairam
Imper. afirm.: pare, paira, pairamos, pari, pairam
Imper. neg.: não pairas, não paira, não pairamos, não pairais, não pairam

PARÓDIA

Imitação de uma obra com objetivo jocoso, satírico.

PAROLE

Linguística. V. *langue*.

PARONÍMIA

Semântica. Emprego de **parônimos** (q. v.).

PARÔNIMOS

Semântica. Palavras muito parecidas. É preciso atenção para não confundi-los com os **homônimos** (q. v.).

Alguns parônimos importantes

aferir – avaliar; conferir
auferir – conseguir

esbaforido – ofegante
espavorido – apavorado

amoral – sem o senso da moral
imoral – contrário à moral

estada – permanência de alguém
estadia – tempo de um navio no porto; permanência de veículos

apóstrofe – chamamento
apóstrofo – tipo de sinal gráfico

estofar – cobrir com estofo
estufar – inchar; pôr em estufa

astral – sideral
austral – que fica no sul

flagrante – evidente; o ato
fragrante – perfumado

atuar – exercer atividade
autuar – processar

fluir – escorrer
fruir – desfrutar

PARÔNIMOS

bocal – abertura de vaso
bucal – relativo à boca

cavaleiro – que anda a cavalo
cavalheiro – educado

comprimento – extensão
cumprimento – saudação; ato de cumprir

conjetura – hipótese
conjuntura – situação; ocorrência

deferir – conceder, atender
diferir – ser diferente; adiar

degredar – desterrar
degradar – rebaixar, aviltar

delatar – denunciar
dilatar – alargar

descrição – ato de descrever
discrição – qualidade de discreto

descriminar – inocentar
discriminar – separar

despensa – local onde se guardam alimentos
dispensa – licença; ato de dispensar

despercebido – sem ser notado
desapercebido – desprevenido

destratar – insultar
distratar – desfazer

devagar – lento
divagar – sair do assunto

inflação – desvalorização do dinheiro
infração – transgressão

infligir – aplicar (castigo ou pena)
infringir – transgredir

intemerato – puro
intimorato – corajoso

locador – proprietário
locatário – inquilino

lustre – candelabro
lustro – cinco anos; brilho

mandado – ordem judicial
mandato – procuração

peão – tipo de trabalhador; peça do jogo de xadrez
pião – tipo de brinquedo

pleito – disputa; pedido
preito – homenagem

prescrever – receitar; expirar (prazo)
proscrever – expulsar, afastar

ratificar – confirmar
retificar – corrigir

sortir – abastecer
surtir – resultar

sustar – suspender
suster – sustentar

tráfego – movimento, trânsito
tráfico – comércio

301

PARONOMÁSIA

emergir – vir à tona
imergir – mergulhar

usuário – aquele que usa
usurário – avaro; agiota

emigrar – sair de um país
imigrar – entrar num país

vestuário – veste
vestiário – local onde se troca de roupa

eminente – destacado, importante
iminente – que está para acontecer

vultoso – grande, volumoso
vultuoso – com vultuosidade (inchado e
vermelho)

PARONOMÁSIA
Estilística. Figura que consiste no emprego expressivo de parônimos:
Nossa despensa, de tão boa, dispensa comentários.

PAROXÍTONA
Palavra cuja sílaba tônica é a penúltima:
a**mi**go, **jeit**o, bon**da**de, es**tan**te, biblio**te**ca

PAROXÍTONAS
Acentuação gráfica. Acentuam-se aquelas terminadas em **l**, **n**, **r**, **x**, **i**(s), **us**, **um**, **uns**, **om**, **ons**, **ã**, **ps**, **ditongo**:
útil, pólen, açúcar, clímax, táxi, bônus, médium, médiuns, rádom, prótons, ímã, bíceps, glória.

Nota: Não se acentuam os prefixos paroxítonos terminados em **i** ou **r**:
anti-higiênico, hiper-realismo

PARTE INTEGRANTE DO VERBO
Vocábulo átono que acompanha os verbos pronominais. São partes integrantes do verbo os vocábulos me, te, se, nos e vos.
queixar-se, queixo-me, queixas-te, queixamo-nos, queixais-vos

PARTICÍPIO
V. **formas nominais do verbo**.

PARTÍCULA
Vocábulo de corpo fônico reduzido que atua sempre como auxiliar num sintagma. São partículas, por exemplo, os artigos, os conectivos em geral, o pronome apassivador etc.

PARTÍCULA APASSIVADORA
O mesmo que **pronome apassivador** (q. v.).

PARTÍCULA DE REALCE
V. **expletiva**.

PARTÍCULA EXPLETIVA
V. **expletiva**.

PARTÍCULA FRASAL
Vocábulo que representa uma frase, como resposta a uma pergunta:

– Desejas continuar?

– Sim.

A palavra **sim**, sozinha, constitui uma frase. É conhecida como partícula frasal.

PARTIR
Conjugação. Verbo regular, paradigma da terceira conjugação. V. **conjugação²**.

PARTITIVO
Vocábulo que designa parte de um todo. A preposição **de** é partitiva na frase "Ele bebeu da água".

PASSADO
Tempo verbal. O mesmo que **pretérito** (q. v.).

PASSEAR
Conjugação. Conjuga-se como **bloquear** (q. v.).

PASSIM
Palavra latina que significa "no mesmo passo", "ao mesmo tempo".

PASSIVA, voz
V. **voz verbal** (2).

PASSIVIDADE
Caráter passivo que um sujeito apresenta em relação ao verbo. É termo genérico, podendo ocorrer não apenas na voz passiva, mas também na ativa:

A grama foi aparada por mim.

Carlos recebeu um elogio.

Na primeira frase, a passividade se expressa pela voz passiva, formada pelo verbo **ser** e o **particípio** do verbo principal. Já na segunda, a passividade se dá numa frase que estruturalmente se encontra na voz ativa: sujeito, verbo e objeto direto. Não obstante isso, o sujeito tem caráter passivo. Pode-se dizer "Carlos foi elogiado por alguém".

PASTORIL, poema
O mesmo que **bucólico** e **campestre**. V. **poema bucólico**.

PÁTRIO
O mesmo que **gentílico** (q. v.).

303

PATRONÍMICO

1. Relativo ao nome do pai; sobrenome oriundo do nome do pai.

O Almeida de seu nome é patronímico.

2. Sobrenome derivado do nome do pai:

Rodrigues (filho de Rodrigo), Fernandes (filho de Fernando)

Nota: Essa era uma prática do português antigo. Hoje, perdeu-se, sem dúvida, o sentido da construção.

3. Nome designativo de uma família, uma linhagem:

Braganças (dinastia portuguesa)

V. **matronímico**.

PAUSA

Qualquer interrupção durante a articução. É um momento de silêncio que, por vários motivos, ocorre durante uma enunciação. Há pausas relativamente grandes, como entre as frases; há pausas pequenas, às vezes ínfimas, dentro das frases. As pausas estão intimamente ligadas à entonação e, na escrita, são marcadas pelos sinais de pontuação. As pausas podem ser intencionais, por razões estilísticas, ou acidentais, por necessidade da leitura.

PEDIR

Regência verbal.

1. Transitivo direto e indireto; rege a preposição **a** (mais raramente **para**):

Maurício pediu uma explicação ao pedreiro.

Pedi ao juiz que anulasse o processo.

2. Transitivo indireto, com o sentido de "interceder"; rege a preposição **por**:

Pediu por sua mãe.

Nota: Com complemento oracional, não admite a preposição **para**, a não ser que haja a palavra **licença** (e sinônimos), clara ou oculta:

Pedimos para o ajudante entrar. (errado)

Pedimos para que o ajudante entrasse. (errado)

Pedimos ao ajudante que entrasse (certo)

Pedi licença para falar. (certo)

Pedi para falar. (certo)

PEJORATIVO

Qualquer termo que transmite ideia depreciativa, desagradável, desfavorável. O mesmo que **depreciativo**:

poetastro, beiço, jornaleco, politicalha, economês

PENEIRAR

Conjugação. Segue o modelo de **aleijar** (q. v.).

PENÍNSULA IBÉRICA

O mesmo que **Hispânia** (q. v.).

PENTASSÍLABO

Versificação. Verso de cinco sílabas. Também chamado verso de **redondilha menor**.

> "Um ponto aparece,
> Que o dia entristece..." (Fagundes Varela)

PENTEAR

Conjugação. Segue o modelo de **bloquear** (q. v.).

PER CAPITA

Expressão latina que significa "por cabeça", "por pessoa".

PERDER

Conjugação. Sua irregularidade está na primeira pessoa do singular do presente do indicativo, que troca o **d** do infinitivo por **c**. Consequentemente, tal mudança ocorre também em todo o presente do subjuntivo e nas formas correspondentes do imperativo.

Pres. ind.: perco, perdes, perde, perdemos, perdeis, perdem

Pret. perf.: perdi, perdeste, perdeu, perdemos, perdestes, perderam

Pres. subj.: perca, percas, perca, percamos, percais, percam

Imper. afirm.: perde, perca, percamos, perdei, perdem

Imper. neg.: não percas, não perca, não percamos, não percais, não percam

Nota: O substantivo dele derivado é **perda**, e não **perca**:

> A perda dos documentos adiou sua posse.

PERDOAR

1. Conjugação. Conjuga-se como **abençoar** (q. v.).

2. Regência verbal. Pede objeto direto de coisa e indireto de pessoa, quando rege a preposição **a**:

> Ele perdoou a falha.
> Ele perdoou ao amigo.
> Ele perdoou a falha ao amigo.

Nota. No último exemplo, o verbo é transitivo direto e indireto. É mais comum, na atualidade, o emprego da preposição **de**. Assim, também é correto dizer "Ele perdoou a falha do amigo". A diferença é de análise: com **de**, o verbo é apenas transitivo direto, sendo **do amigo** adjunto adnominal, e não objeto indireto.

PERFECTUM

Filologia. No latim, agrupamento dos tempos de ação extinta. Opõe-se ao **infectum**, conjunto dos tempos de ação inacabada.

PERFEITAS, rimas

Versificação. O mesmo que **consoantes** (q. v.).

305

PERFEITO

V. **pretérito** (1).

PERFEITO COMPOSTO

V. **tempo composto**.

PERFEITOS, homônimos

Semântica. V. **homônimos** (3).

PERFORMANCE

Linguística. V. **competência**.

PERGAMINHO

Pele, geralmente de caprino ou ovino, trabalhada para servir de material de escrita ou para encadernação. Manuscrito feito nesse tipo de material.

PERÍFRASE

Estilística. Figura que consiste no emprego de muitas palavras em vez de uma ou de poucas. O mesmo que **circunlóquio**:

> O rei dos animais encanta todos os visitantes.
>
> rei dos animais – leão.

Nota: Quando a perífrase substitui um nome próprio, recebe o nome de **antonomásia** (q. v.).

PERIFRÁSTICA, conjugação

V. **conjugação perifrástica**.

PERÍODO

Conjunto de orações. V. **oração**.

1. Simples

Constituído por apenas uma oração:

> Regressamos de madrugada.

2. Composto

Constituído por mais de uma oração:

> Comprei o jornal assim que amanheceu.

a) Composto por coordenação

Aquele formado por orações coordenadas. V. **oração coordenada**:

> Minha avó sorriu, mas não disse nada.
>
> coordenada   coordenada

b) Composto por subordinação

Aquele formado por uma oração principal e pelo menos uma **oração subordinada** (q. v.):

> Disseram-me que não haveria problemas.
>
> principal   subordinada

c) Composto por coordenação e subordinação, também chamado **misto**.
Aquele formado por orações coordenadas e orações subordinadas:

Estudei o assunto que me apresentaram, mas não fiquei satisfeito.
principal   subordinada   coordenada

PERÍODO HIPOTÉTICO
V. **apódose**.

PERISSOLOGIA
O mesmo que **pleonasmo vicioso** (q. v.).

PERITO
Regência nominal. Pede complemento introduzido pela preposição **em**:
Sou perito em navegação.

PERMANSIVO, aspecto
V. **aspecto** (2).

PERMANÊNCIA
Regência nominal. Pede complemento introduzido pela preposição **em** ou pela locução prepositiva **junto a** (ou **de**):
É duradoura minha permanência na diretoria.
Gostou da permanência junto ao instrutor. (ou do instrutor)

PERMISSÃO
Regência nominal. Pede complemento iniciado pelas preposições **de** ou **para**:
Não tenho permissão de sair cedo.
Solicitou permissão para ouvir música.

PERNOITAR
Conjugação. Segue o modelo de **açoitar** (q. v.).

PERORAÇÃO
V. **discurso²** (4).

PERSIGNAR-SE
Conjugação. Segue o modelo de **consignar** (q. v.).

PERSONA GRATA
Expressão latina que significa "pessoa bem-vinda".

PERSONA NON GRATA
Expressão latina que significa "pessoa que não é bem-vinda".

PERSONAGENS
Tipologia textual. V. **narração**.

PERSONIFICAÇÃO
Estilística. O mesmo que **prosopopeia** (q. v.).

PERTINÊNCIA
O mesmo que **relevância**. V. **traço distintivo**.

PERTINENTE
O mesmo que **distintivo**. V. **traço distintivo**.

PERTO DE
Concordância nominal. V. **cerca de**.

PESSOA GRAMATICAL
Pessoa do discurso. Existem três pessoas gramaticais: aquela que fala, aquela com quem se fala e aquela de quem se fala:

quero, queremos (primeira pessoa gramatical)

queres, quereis (segunda pessoa gramatical)

quer, querem (terceira pessoa gramatical)

PESSOAL[1], infinitivo
V. **formas nominais do verbo**.

PESSOAL[2]
Tipo de pronome que designa a pessoa do discurso: aquela que fala (eu), aquela com quem se fala (tu) ou aquela de quem se fala (ele).

1. Pronome pessoal reto

Aquele que exerce a função de sujeito, ou, mais raramente, de predicativo. São pronomes pessoais retos eu, tu, ele (ela), nós, vós, eles (elas):

<u>Tu</u> precisas falar mais.

<u>Ele</u> sabia a verdade.

Espero que <u>vós</u> tenhais paciência.

Não sou <u>ele</u>.

Nota: Nos três primeiros exemplo, os pronomes exercem a função de sujeito; no quarto, de predicativo do sujeito.

2. Pronome pessoal oblíquo

Aquele que exerce a função de complemento ou adjunto adverbial.

a) Átono

É o pronome pessoal oblíquo sem tonicidade; não admite preposição. São pronomes átonos: me, te, se, o (a), lhe, nos, vos, os (as) e lhes:

Deram-<u>me</u> um belo presente.

Ninguém ali <u>nos</u> culpou.

Solicitei-<u>lhes</u> ajuda.

PESSOAL²

b) Tônico

É o pronome pessoal oblíquo provido de tonicidade, sempre antecedido por preposição. São pronomes tônicos: mim, comigo, ti, contigo, si, consigo, conosco, convosco. Também se consideram tônicos os pronomes ele (e flexões), nós e vós, quando atuam como complementos ou adjuntos, situação em que serão preposicionados:

Mandou o formulário para <u>mim</u>.

Preciso muito de <u>ti</u>.

Conversem <u>conosco</u>.

Diga a <u>ele</u> que não irei.

Nota: As formas comigo, contigo, consigo, conosco e convosco têm, nelas, a preposição **com**: com + migo, com + tigo etc.

c) Reflexivo

É o pronome (átono ou tônico) que indica que o sujeito pratica e sofre a ação. São pronomes reflexivos me, te, se, si, consigo, nos e vos:

Feri-<u>me</u> nos espinhos.

Ele sabe de <u>si</u>.

Notas:

1ª) **Se**, **si** e **consigo** são sempre reflexivos; os demais podem ser simples pronomes átonos. O sentido da frase é que determina a análise.

2ª) Quando o pronome de natureza reflexiva indica que a ação é mútua, passa a chamar-se pronome recíproco. É o que ocorre com **se**, **nos** e **vos**:

Os homens <u>se</u> agrediram.

Nós <u>nos</u> abraçamos.

3. Pronome de tratamento

Pronome especial, reto ou oblíquo, usado no relacionamento social. Veja alguns importantes, que podem trazer dúvidas.

• Vossa Senhoria (V. Sa.)

Para funcionários públicos graduados, oficiais até coronel, pessoas com cargos importantes, quando não cabe a elas um tratamento específico. Plural: Vossas Senhorias (V. Sas.).

• Vossa Excelência (V. Exa.)

Para oficiais-generais e grandes autoridades do governo (chefes do Executivo, ministros, senadores, deputados, vereadores, secretários de Estado, embaixadores, juízes, desembargadores etc.). Plural: Vossas Excelências (V. Exas.).

• Vossa Alteza (V. A.)

Para príncipes, duques e arquiduques. Plural: Vossas Altezas (VV. AA.).

• Vossa Majestade (V. M.)

Para reis e imperadores. Plural: Vossas Majestades (VV. MM.).

• Vossa Santidade (V. S.)

Para os papas. Não tem plural.

309

PISAR

- Vossa Eminência (V. Ema.)

  Para os cardeais. Plural: Vossas Eminências (V. Emas.).

- Vossa Magnificência (V. Maga.)

  Para reitores de universidades. Plural: Vossas Magnificências (V. Magas.).

- Vossa Reverendíssima (V. Revma.)

  Para sacerdotes em geral (padres, cônegos, frades etc.). Plural: Vossas Reverendíssimas (V. Revmas.)

- Vossa Excelência Reverendíssima (V. Exa. Revma.)

  Para bispos e arcebispos. Plural: Vossas Excelências Reverendíssimas (V. Exas. Revmas.). Hoje também se usa apenas Vossa Excelência.

Nota: Como vocativo, nos documentos enviados, usam-se, entre outros:

a) Excelentíssimo Senhor (para Vossa Excelência).

b) Excelentíssimo Senhor Doutor (para Vossa Excelência, especificamente em relação a juízes).

c) Ilustríssimo Senhor (para Vossa Senhoria).

d) Eminentíssimo Senhor (para Vossa Eminência).

e) À Sua Santidade Papa ou Ao Beatíssimo Papa (para Vossa Santidade).

PISAR

Regência verbal. Verbo transitivo direto. Evite-se o emprego da preposição **em**:

Pisamos a lama.

Carla pisou a grama.

PLEBEÍSMOS

Vocábulos ou expressões típicos das classes populares, considerados pela comunidade falante como grosseiros ou vulgares. Por exemplo, esculhambar, de saco cheio, sacanear etc.

PLENO JURE

Expressão latina que significa "com direito", "de pleno direito".

PLEONASMO

Estilística. Figura que consiste na repetição enfática de um termo ou de uma ideia. No primeiro caso, o pleonasmo é sintático; no segundo, semântico:

A mim, ninguém me disse nada.

A criança pisou o tapete com seus pezinhos sujos.

No primeiro exemplo, **a mim** e **me** constituem um repetição enfática do objeto indireto. No segundo, o pleonasmo se configura na repetição da ideia, já que pisar só pode ser com os pés.

PLEONASMO VICIOSO

Vício de linguagem que consiste na repetição desnecessária, sem fins estilísticos, de uma ideia. São expressões grosseiras, que convém evitar. O mesmo que **redundância.** Alguns também o chamam de **perissologia** e **tautologia**:

Carlos saiu para fora.

Teve hepatite no fígado.

PLEONÁSTICO

V. **objeto direto** (2) e **objeto indireto** (2).

PLURAL

Categoria gramatical, expressa por uma desinência de número, que traduz a ideia de "mais de um". O contrário de **singular**, que encerra a ideia de "apenas um". Como em português não há desinência de singular, diz-se desinência zero:

colares, dúvidas, mesas

Notas:

1[a]) Há situações especiais em que o plural é aparente, apenas na forma. É o caso de arredores, núpcias, fezes, óculos etc.

2[a]) Pode a ideia de plural estar contida em um nome no singular. É o caso dos coletivos: grupo, povo, multidão etc. Nesse caso, o sentido é de "mais de um", porém a forma é singular.

PLURAL COM METAFONIA

V. **metafonia²**.

PLURAL DAS CORES

Concordância nominal. A palavra que indica cor pode ser simples ou composta.

1. Simples

Flexiona-se caso seja adjetivo; não se flexiona, sendo substantivo:

calças azuis

calças laranja

2. Composta

A segunda palavra se flexiona, quando se trata de dois adjetivos. As duas palavras não se flexionam, se uma das duas for substantivo:

blusas verde-amarelas

blusas verde-abacate (abacate é substantivo)

blusas cinza-claro (cinza é substantivo)

Exceções: **Azul-marinho** e **azul-celeste**, que são invariáveis:

camisas azul-marinho

camisas azul-celeste

Nota: Se os compostos forem substantivos, seguirão normalmente as regras dos nomes compostos. V. **plural dos compostos**:

o azul-claro – os azuis-claros

o verde-abacate – os verdes-abacate (preferível) ou os verdes-abacates

311

PLURAL DAS LETRAS

Pluralizam-se os nomes das letras de duas maneiras:

1. de acordo com as regras gerais de flexão nominal:

os efes, os is, os bês

2. dobrando-se a letra:

os ff, os ii, os bb

PLURAL DAS PALAVRAS EM ÃO

As palavras terminadas em **ão** provêm de palavras latinas terminadas em **anos**, **anes** e **ones**, no acusativo plural. Assim, em português essas palavras fazem o plural, respectivamente, em **ãos**, **ães** e **ões**. Há, no entanto, inúmeras situações duvidosas, além de a terminação **ões** ser utilizada arbitrariamente pelo povo, ao lado daquela que deveria ter a exclusividade. Enfim, é um assunto delicado, controvertido, em que determinadas palavras são analisadas de diferentes maneiras pelos gramáticos da língua no que toca à sua flexão de número. Vejamos algumas, de plural incontestável.

1. Em ãos:

cristãos, cidadãos, pagãos, irmãos, demãos

2. Em ães:

escrivães, capelães, tabeliães, capitães, catalães, alemães

3. Em ões:

corações, melões, balões, gaviões, anfitriões, falcões, noções, ilusões, facões, foliões, sermões

4. Em ãos ou ões:

verãos ou verões, corrimãos ou corrimões, anãos ou anões, hortelãos ou hortelões

5. Em ões ou ães:

cirurgiões ou cirurgiães, alazões ou alazães, charlatões ou charlatães, guardiões ou guardiães

6. Em ãos ou ães:

sacristãos ou sacristães, refrãos ou refrães

7. Em ãos, ães ou ões:

anciãos, anciães ou anciões; ermitãos, ermitães ou ermitões; vilãos, vilães ou vilões; sultãos, sultães ou sultões

Nota: As palavras paroxítonas fazem o plural em **ãos**; os aumentativos, em **ões**:

órgãos, bênçãos, acórdãos, órfãos

dentões, narigões, chapelões, pobretões

PLURAL DE MODÉSTIA

Emprego de **nós** em lugar de **eu**, com o objetivo de transmitir uma ideia de modéstia, como se a pessoa sozinha não tivesse grandes méritos naquilo de que se trata. O verbo concorda com o pronome **nós**, porém o adjetivo, se houver, fica no singular:

Estamos grato pela participação de todos.

PLURAL DOS COMPOSTOS

Para a pluralização dos nomes compostos, é preciso observar quais palavras os constituem.

1. Os dois elementos variam.

Nos compostos formados por substantivo mais palavra variável (substantivo, adjetivo, numeral, pronome):

> tenente-coronel – tenentes-coronéis
> obra-prima – obras-primas
> primeira-dama – primeiras-damas

2. Só o primeiro elemento varia.

  a) Quando há preposição no composto, ainda que oculta:

> água-de-colônia – águas-de-colônia
> cavalo-vapor – cavalos-vapor (de ou a vapor)

  b) Quando o segundo substantivo determina o primeiro (ideias de fim ou semelhança):

> laranja-lima – laranjas-lima

Nota: Em virtude da dificuldade de perceber-se a determinação, há uma tendência, hoje, de flexionar os dois elementos: laranjas-limas. Convém, no entanto, adotar a posição tradicional da língua, que é, como vimos, flexioanr apenas o primeiro substantivo.

3. Apenas o último elemento varia.

  a) Quando os elementos são adjetivos:

> franco-brasileiro – franco-brasileiros

Nota: A exceção é surdo-mudo, que faz surdos-mudos.

  b) Nos compostos com os adjetivos **grão**, **grã** e **bel**:

> grão-mestre – grão-mestres
> grã-duquesa – grã-duquesas
> bel-prazer – bel-prazeres

  c) Nos compostos formados por verbo ou elemento invariável (prefixo, advérbio, interjeição etc.) mais substantivo ou adjetivo:

> tapa-luz – tapa-luzes
> vice-diretor – vice-diretores
> ave-maria – ave-marias
> bem-humorado – bem-humorados

  d) Quando os elementos são repetidos ou constituem uma onomatopeia:

> reco-reco – reco-recos
> tique-taque – tique-taques

Nota: Com verbos repetidos, também é correto colocar no plural os dois elementos:

> corre-corre – corre-corres ou corres-corres

4. Nenhum elemento varia.

  a) Com verbo mais palavra invariável:

> o pisa-mansinho – os pisa-mansinho (mansinho, aqui, é advérbio)

313

b) Com verbos de sentido oposto:

o perde-ganha – os perde-ganha

c) Nas frases substantivas:

o bumba meu boi

Notas:

1ª) Há compostos com mais de um plural. Veja alguns.

pai-nosso – pai-nossos ou pais-nossos

salvo-conduto – salvo-condutos ou salvos-condutos

terra-nova – terra-novas ou terras-novas

fruta-pão – frutas-pão ou frutas-pães

guarda-marinha – guardas-marinha ou guardas-marinhas

xeque-mate – xeques-mate ou xeques-mates

2ª) Alguns compostos não se enquadram nas regras. Veja alguns.

o joão-ninguém – os joões-ninguém

o banho-maria – os banhos-maria

o mapa-múndi – os mapas-múndi

o bem-me-quer – os bem-me-queres

o lugar-tenente – os lugar-tenentes

PLURAL DOS DIMINUTIVOS

Quando um diminutivo tem a consoante de ligação **z** (balãozinho, anelzinho etc.), pluraliza-se a palavra no grau normal, corta-se o **s** e acrescenta-se **zinhos** (ou zinhas):

balãozinho

balões → balõe → balõezinhos

anelzinho

anéis → anéi → aneizinhos

PLURAL DOS NOMES PRÓPRIOS

Os nomes próprios se pluralizam normalmente.; há, no entanto, exemplos em contrário entre os grandes escritores:

Ele se dirigiu aos Melos e aos Nogueiras.

Viveu na Roma dos Césares.

PLURAL MAJESTÁTICO

Emprego, em tom cerimonioso, de **nós** ou **vós** no lugar de **eu** ou **tu**, para representar apenas uma pessoa.

Vós, meu amigo, podereis participar do encontro. (tu poderás)

Nós precisamos de ajuda. (eu preciso)

Notas:

1ª) O plural majestático é assim chamado por ser a prática comum entre reis e imperadores.

2ª) No segundo exemplo, com o pronome **nós**, pode-se dizer também **plural de modéstia** (q. v.).

PLURAL SEM METAFONIA
V. **metafonia²**.

PLURALIZAÇÃO
Ato de pluralizar uma palavra.

PLURILÍNGUE, dicionário
V. **dicionário** (5).

POBRES
Versificação. Rimas entre palavras de mesma classe gramatical:
> "E vai e vai o teu perfil **ansioso**,
> De ondulações fantásticas, **brumoso**." (Cruz e Sousa)

Ansioso e **brumoso** são adjetivos.

PODER
Conjugação. Possui duas variantes do radical: **poss** e **pud**.

Pres. ind.: posso, podes, pode, podemos, podeis, podem
Pret perf.: pude, pudeste, pôde, pudemos, pudestes, puderam
Pret. imperf.: podia, podias, podia, podíamos, podíeis, podiam
Pret. m.-q.-perf.: pudera, puderas, pudera, pudéramos, pudéreis, puderam
Fut. pres.: poderei, poderás, poderá, poderemos, podereis, poderão
Fut. pret.: poderia, poderias, poderia, poderíamos, poderíeis, poderiam
Pres. subjuntivo: possa, possas, possa, possamos, possais, possam
Imperf. subj.: pudesse, pudesses, pudesse, pudéssemos, pudésseis, pudessem
Fut. subj.: puder, puderes, puder, pudermos, puderdes, puderem
Imper. afirm.: pode, possa, possamos, podei, possam
Imper. neg.: não possas, não possa, não possamos, não possais, não possam
Inf. impess.: poder
Inf. pess.: poder, poderes, poder, podermos, poderdes, poderem
Ger.: podendo
Part.: podido

Nota: É preciso cuidado no emprego de **pode** (presente do indicativo) e **pôde** (pretérito perfeito).

POEMA¹
Obra poética em verso. Pode ter forma fixa, como o soneto e a trova, ou livre, como a glosa e o poema bucólico.

1. Lírico
Poema de caráter expositivo em que predominam os sentimentos e emoções do autor. Antigamente o poema lírico prestava-se à música, sendo assim chamado por causa da lira, antigo instrumento musical. São líricos, entre outros, poemas como o acalanto, o poema bucólico e a barcarola.

POEMA²

2. Narrativo

Poema que trata de acontecimentos marcantes, inclusive com personagens. O poema épico, o poema heroico e a xácara, entre outros, são narrativos.

3. Satírico

Poema que visa a zombar dos vícios e das pessoas, expondo-as ao ridículo. Poemas satíricos famosos são as cantigas de escárnio e as de maldizer, da Idade Média.

POEMA²

O mesmo que **poema épico** (q. v.).

POEMA ALEGÓRICO MORAL

Poema que trata da vida dos animais e tem por finalidade uma lição moral. É a **fábula** (q. v.) em verso.

POEMA BUCÓLICO

Poema que diz respeito à vida no campo. O mesmo que **pastoril** e **campestre**. Existem dois tipos.

1. Idílio

Composição em monólogo, que geralmente traduz forte sentimento amoroso.

2. Écloga ou égloga

Apresenta as mesmas características bucólicas do idílio, mas é poema dialogado.

POEMA BURLESCO

Poema que trata jocosamente de assuntos sérios ou trágicos.

POEMA CAMPESTRE

O mesmo que **poema bucólico** (q. v.).

POEMA EM PROSA

V. **prosa poética**.

POEMA ÉPICO

Poema que narra um fato grandioso, heroico, de interesse nacional e social. O mesmo que **epopeia** ou simplesmente **poema**. O maior exemplo, na língua portuguesa, é a obra máxima de Luís de Camões, Os Lusíadas.

POEMA FIGURATIVO

Poema cujas palavras e frases são dispostas graficamente de tal maneira que a forma do objeto evocado é reproduzida. Pode ter suas palavras dispostas com o objetivo de figurar uma cruz, uma taça, uma árvore etc. Por exemplo, um poema de Guilherme de Almeida, em forma de pirâmide, que sugere as enganosas ascensões humanas.

POEMA HEROICO

Poema narrativo, parecido com o **poema épico** (q. v.). Trata de um fato menos importante, embora de interesse geral. Seus personagens são pessoas que impressionaram o povo, conquanto não tenham um caráter universal, como os do poema épico.

O mesmo que **poemeto**. No Brasil, um bom exemplo de poema heroico é Vila Rica, de Cláudio Manuel da Costa.

POEMA PASTORIL
O mesmo que **poema bucólico** (q. v.).

POEMA-PIADA
Composição poética em que o autor brinca com alguém ou alguma coisa. Às vezes, é uma crítica bem-humorada, comum entre os poetas modernistas.

POEMÁTICA
Parte da **Poética** que estuda a estrutura dos poemas.

POEMETO[1]
O mesmo que **poema heroico** (q. v.).

POEMETO[2]
Poema de curta extensão. Por exemplo, o **haicai** (q. v.).

POESIA
Cada estudioso define poesia de uma forma. Pode-se dizer, por exemplo, que ela é a linguagem de conteúdo lírico ou emotivo, quase sempre escrita em verso. Sim, quase sempre, porque há tanto poesia em verso como em prosa. Veja **prosa poética**.

POÉTICA[1]
1. Ciência, estudo ou tratado da poesia ou da estética.

2. Arte de fazer versos. O mesmo que **versificação** (q. v.).

POÉTICA[2]
Funções da linguagem. Uma das seis funções da linguagem do linguista Roman Jakobson. Centrada na mensagem, procura trabalhar bem os signos e o discurso. Emprego da linguagem figurada; forte adjetivação com o intuito de criar expressividade. Apesar do nome, não aparece apenas na poesia:

Teu rosto é uma fonte de inspiração.

POLARIDADE
Linguística. Sistema de oposição do tipo positivo/negativo de uma língua. Pode expressar-se:

1. sintaticamente:

leal – não leal

2. morfologicamente:

leal – desleal

3. lexicalmente:

forte – fraco

317

POLI-

Prefixo de origem grega que significa "numeroso". Pede hífen antes de **h** ou **i**:

poli-híbrido, poli-isopreno; poliartrite, policristal, polirritmia, polissílabo

POLIGLOTA

Aquele que fala muitas línguas.

POLIR

Conjugação. Troca o **o** do infinitivo por **u**, nas formas rizotônicas e em todo o presente do subjuntivo, bem como nas pessoas correspondendes do imperativo.

Pres. ind.: pulo, pules, pule, polimos, polis, pulem

Pret. perf.: poli, poliste, poliu, polimos, polistes, poliram

Pret. imperf.: polia, polias, polia, políamos, políeis, poliam

Pret. m.-q.-perf.: polira, poliras, polira, políramos, políreis, poliram

Fut. pres.: polirei, polirás, polirá, poliremos, polireis, polirão

Fut. pret.: poliria, polirias, poliria, poliríamos, poliríeis, poliriam

Pres. subj.: pula, pulas, pula, pulamos, pulais, pulam

Imperf. subj.: polisse, polisses, polisse, políssemos, polísseis, polissem

Fut. subj.: polir, polires, polir, polirmos, polirdes, polirem

Imper. afirm.: pule, pula, pulamos, poli, pulam

Imper. neg.: não pulas, não pula, não pulamos, não pulais, não pulam

Inf. impess.: polir

Inf. pess.: polir, polires, polir, polirmos, polirdes, polirem

Ger.: polindo

Part.: polido

Conjugam-se como ele os verbos despolir e sortir.

POLISSEMIA

Semântica. Multiplicidade de significações de uma palavra, dita polissêmica. É bastante comum nas línguas naturais. O contrário de **monossemia** (q. v.).

POLISSÊMICA

Semântica. Que apresenta **polissemia** (q. v.).

POLISSÍLABO

Vocábulo de quatro ou mais sílabas:

realização, particular, brevidade, desconfortavelmente

POLISSÍNDETO

Estilística. Figura que consiste na repetição enfática da conjunção aditiva. É o oposto do **assíndeto** (q. v.):

O amor alegra, e enleva, e seduz, e engrandece.

"Fui cisne, e lírio, e águia, e catedral!" (Florbela Espanca)

POLUIR
Conjugação. Segue o modelo de **atribuir** (q. v.).

PONTO
Pontuação. Sinal gráfico (.) usado na pontuação dos textos. Tem vários empregos.

1. Para encerrar um período, situação em que também é chamado **ponto final**:

Pensávamos que não haveria mais tempo.

2. Na maioria das abreviaturas:

s. (substantivo), adv. (advérbio), mod. (moderno)

3. Em certas situações em que também se pode usar o **ponto e vírgula** (q. v.).

PONTO DE EXCLAMAÇÃO
Pontuação. Sinal gráfico (!) usado na pontuação dos textos. Também chamado apenas **exclamação**. Veja os principais empregos.

1. Em frases às quais se quer dar um caráter exclamativo:

Chega de abusos!

Olhe os buracos!

Volte cedo, garoto!

Nota: As três frases poderiam não ser exclamativas, quando então seriam fechadas pelo ponto. É o ponto de exclamação que confere a elas o valor exclamativo que o autor deseja passar ao leitor.

2. Nas interjeições, mesmo que sob a forma de locução:

Ui! Oh! Puxa! Meu Deus!

3. No vocativo, em lugar da vírgula; com isso valoriza-se a exclamação:

Menino! que nota baixa você tirou!

Observe que toda a frase é exclamativa.

PONTO DE INTERROGAÇÃO
Pontuação. Sinal gráfico (?) utilizado basicamente quando se faz um pergunta. Aparece nas interrogações diretas. Também chamado simplesmente **interrogação**:

Onde deixaste a mala?

Quem está aí?

Você quer laranja ou melancia?

Nota: Às vezes é utilizado entre parênteses, sozinho, após uma declaração de que não se tem certeza:

Vimos pardais (?) naquela árvore.

A interrogação aqui passa a ideia de que os passarinhos vistos podem não ser pardais.

PONTO FINAL
Pontuação. V. **ponto** (1).

PONTO E VÍRGULA

Pontuação. Sinal gráfico (;) que marca na escrita uma pausa relativa, teoricamente entre o ponto e a vírgula. Tem vários empregos.

1. Para separar orações coordenadas quando a conjunção está deslocada para depois do verbo:

> Colocou-se à disposição do grupo; ninguém, contudo, o procurou.

Nota: Pode ser substituído por ponto, mas não por uma vírgula.

2. Para separar orações coordenadas quando se deseja criar uma pausa maior. Geralmente é utilizado em períodos extensos:

> Todos os participantes da reunião estavam atentos; porém poucos se manifestaram.

Nota: Admite-se, aqui, tanto a vírgula (mais frequente) como o ponto.

3. Quando se deseja fazer um pausa maior, desde que não haja a obrigatoriedade do ponto e de preferência em frases longas. Aqui, sem dúvida, há um grau elevado de subjetividade:

> Havia muitos pesquisadores, brasileiros e estrangeiros, trabalhando naquelas cavernas profundas; alguns portavam lanternas especiais, sem as quais seria impossível a pesquisa.

4. Para separar partes de uma frase em que se dizem coisas, semelhantes ou não, acerca de seres diferentes:

> Manuel, que não tinha dormido bem, resolveu cochilar um pouco; Osvaldo, sem esse tipo de problema, continuou a trabalhar.

Nota: Admite-se, também, o ponto, mas não a vírgula.

5. Para separar itens de uma enumeração:

> Solicitamos aos colegas o seguinte:
> a) cuidado com os arquivos;
> b) limpeza constante das mesas;
> c) silêncio durante o trabalho;
> d) participação nas reuniões.

PONTUAÇÃO

Emprego de sinais gráficos específicos para separar ou destacar unidades linguísticas e indicar pausas e entoações. V. os verbetes ponto, vírgula, ponto e vírgula, dois-pontos, apóstrofo, aspas, ponto de interrogação, ponto de exclamação, reticências, travessão, parêntese[1], colchetes e chave.

POPULAR, vocábulo

Filologia. V. **erudito**.

POR

Preposição essencial com inúmeros valores semânticos.

POR

1. Lugar:

Irei por Copacabana.

2. Causa:

O funcionário foi promovido por competência.

3. Preço:

Ela comprou a impressora por 400 reais.

4. Meio:

Conversaram por telefone.

5. Modo:

Convocou os clientes por ordem de chegada.

6. Tempo:

Vivemos ali por muito tempo.

7. Favor:

Morreria por ti, se precisasses.

8. Medida:

Comprava sanduíche por metro.

PÔR

Conjugação. Verbo irregular, com inúmeras alterações do radical.

Pres. ind.: ponho, pões, põe, pomos, pondes, põem

Pret. perf.: pus, puseste, pôs, pusemos, pusestes, puseram

Pret. imperf.: punha, punhas, punha, púnhamos, púnheis, punham

Pret. m.-q.-perf.: pusera, puseras, pusera, puséramos, puséreis, puseram

Fut. pres.: porei, porás, porá, poremos, poreis, porão

Fut. pret.: poria, porias, poria, poríamos, poríeis, poriam

Pres. subj.: ponha, ponhas, ponha, ponhamos, ponhais, ponham

Imperf. subj.: pusesse, pusesses, pusesse, puséssemos, pusésseis, pusessem

Fut. subj.: puser, puseres, puser, pusermos, puserdes, puserem

Imper. afirm.: põe, ponha, ponhamos, ponde, ponham

Imper. neg.: não ponhas, não ponha, não ponhamos, não ponhais, não ponham

Inf. impess.: pôr

Inf. pess.: pôr, pores, pôr, pormos, pordes, porem

Ger.: pondo

Part.: posto

Por ele se conjugam dezenas de derivados, como compor, depor, dispor, expor, impor, justapor, opor, propor, repor, sobrepor, supor, transpor etc.

POR ATRAÇÃO, concordância

V. **concordância nominal** e **concordância verbal**.

POR QUANTO

Preposição **por** mais o pronome **quanto**:

Por quanto você venderá o carro?

321

Cuidado para não confundir com **porquanto**, conjunção explicativa ou causal, sinônima de **porque**:

Deixei de explicar, porquanto me pareceu inútil.

POR QUE

São duas palavras, mas que soam como uma só, confundindo-se, pois, com **porque** (q. v.). Veja o emprego correto.

1. Advérbio interrogativo de causa. Pode aparecer no início ou no meio da frase:

Por que ele não veio?

Desconheço por que ele não veio.

Notas:

1ª) Uma maneira prática de perceber isso é fazer a troca pela expressão "por que motivo". Nos exemplos dados, teríamos: "Por que motivo ele não veio?" e "Desconheço por que motivo ele não veio".

2ª) Caso apareça no final da frase, levará acento:

Ele não veio por quê?

2. Pronome relativo **que** precedido da preposição **por**; equivale a "pelo qual" e flexões:

Essa é a empresa por que ele tanto luta. (pela qual ele tanto luta).

POR TANTO

Preposição **por** mais o pronome **tanto**:

Dedicou-se por tanto tempo, que seu trabalho foi reconhecido.

Cuidado para não confundir com **portanto**, conjunção conclusiva, sinônima de **logo**:

Ele é ótimo professor, portanto fará um belo trabalho. (logo fará um belo trabalho)

PORQUANTO

V. **por quanto**.

PORQUE

É conjunção. Equivale a "pois" ou, mais raramente, a "para que":

Fiquei preocupado porque você não apareceu. (pois você não apareceu)

Trabalhava de madrugada porque a filha se tratasse. (para que a filha se tratasse)

Nota: Às vezes encontramos a forma acentuada **porquê**. Trata-se da substantivação da palavra, que passa a ser tônica. A conjunção **porque** é um dissílabo átono, por isso não leva acento:

Nesse caso há um porquê que me incomoda.

PORTANTO

V. **por tanto**.

PORTARIA

Redação oficial. Documento expedido por ministro de Estado, secretário de Estado ou dirigentes de órgãos e entidades da Administração Pública. Tem inúmeras aplicações, como estabelecer normas administrativas, baixar instuções para execução de ato de maior hierarquia, orientar a aplicação de textos legais, disciplinar matéria não regulada em lei etc.

PORTU CALE
Filologia. Condado de Portu Cale ou Portucalense. Região da Península Ibérica, situada entre os rios Minho e Tejo, que se tornaria independente do reino de Leão e Castela, constituindo Portugal. A língua da região era o galego-português, forma primitiva do nosso idioma.

PORTUCALENSE
Filologia. V. **Portu Cale**.

PORTUGUÊS
Filologia. Língua românica que se desenvolveu na Península Ibérica, a partir do romance lusitânico, ao lado de outras duas importantes línguas: o castelhano (espanhol) e o catalão. Há oito países de língua portuguesa no mundo:

1. Portugal, na Europa;

2. Brasil, na América do Sul;

3. Angola, Moçambique, Cabo Verde, Guiné-Bissau e São Tomé e Príncipe, na África;

4. Timor Leste, na Ásia.

PORTUGUÊS ARCAICO
Filologia. Fase inicial da língua portuguesa, entre o século XII, quando surgem os primeiros documentos, e o século XV. É o que se conhece como **galego-português** (q. v.).

PÓS-
Prefixo de origem latina que significa "atrás", "depois". Quando acentuado, exige hífen:

pós-graduação, pós-hipnótico, pós-modernista, pós-socrático

POSITIVO, grau
O mesmo que **normal**. V. **grau**.

POSPOSIÇÃO
Colocação do vocábulo após um outro com o qual constitui um grupo.

POSPOSITIVA, semivogal
O mesmo que **subjuntiva**. V. **ditongo**.

POSSESSIVO
Tipo de pronome que transmite ideia de posse à pessoa gramatical a que se refere.

1. Meu, minha, meus, minhas – primeira pessoa do singular

2. Teu, tua, teus, tuas – segunda pessoa do singular

3. Seu, sua, seus, suas – terceira pessoa do singular

POSSÍVEL

4. Nosso, nossa, nossos, nossas – primeira pessoa do plural

5. Vosso, vossos, vossa, vossas – segunda pessoa do plural

6. Seu, sua, seus, suas – terceira pessoa do plural

Notas:

1ª) Veja a diferença de pessoa, no emprego de seu, sua, seus e suas.

> O menino chorou pois <u>seu</u> brinquedo sumira. (o brinquedo dele)
>
> Os meninos choraram pois <u>seu</u> brinquedo sumira. (o brinquedo deles)

2ª) É facultativo o emprego do artigo antes do pronome possessivo:

> Meu carro está amassado.
>
> O meu carro está amassado.

POSSÍVEL

Concordância nominal. Adjetivo variável apenas em número:

> acordo possível – acordos possíveis

Pode aparecer como palavra de reforço numa construção especial da língua. Concorda, então, com o artigo:

> Montanhas <u>o</u> mais altas <u>possível.</u>
>
> Montanhas <u>as</u> mais altas <u>possíveis.</u>

Usado em relação ao advérbio **quanto**, é sempre invariável:

> Montanhas <u>quanto</u> <u>possível</u> altas.

POST MERIDIEM

Expressão latina que significa "depois do meio-dia".

POST MORTEM

Expressão latina que significa "depois da morte".

POST SCRIPTUM

Expressão latina que significa "escrito depois".

POSTERIORES, vogais

O mesmo que **velares**. V. **vogal**[2] (1).

POSTÔNICA, sílaba

V. **sílaba** (4).

POSTÔNICAS, vogais

V. **vogal**[2] (2).

PÓS-VERBAL

Formação de palavras. O mesmo que **deverbal**. V. **derivação** (5).

POUPAR
Conjugação. Segue o modelo de **afrouxar** (q. v.).

POUSAR
Conjugação. Conjuga-se como **afrouxar** (q. v.).

PRAZER
Conjugação. Verbo defectivo. Só possui a terceira pessoa (singular e plural), em todos os tempos. É irregular, alterando o radical para **prouv**, no pretérito perfeito e seus derivados. Perde a vogal **e** na terceira pessoa do singular do presente do indicativo:

Pres. ind.: praz, prazem
Pret. perf.: prouve, prouveram
Pret. imperf.: prazia, praziam
Pret. m.-q.-perf.: prouvera, prouveram
Fut. pres.: prazerá, prazerão
Fut. pret.: prazeria, prazeriam
Pres. subj.: praza, prazam
Imperf. sub.: prouvesse, prouvessem
Fut. subj.: prouver, prouverem
Imper. afirm.: praza, prazam
Imper. neg.: não praza, não prazam
Inf. impess.: prazer
Inf. pess.: prazer, prazerem
Ger.: prazendo
Part.: prazido

PRÉ-
Prefixo de origem latina com o valor de "diante", "anterioridade", "antecipação". Quando acentuado, exige hífen:

pré-adaptação, pré-cozido, pré-histórico, pré-molar

Nota: Há uma grande quantidade de palavras em que o prefixo é átono, situação em que não ocorre o hífen. Não há regras para isso, ou seja, ser tônico ou átono, devendo as palavras ser memorizadas. Veja algumas sem hífen:

preestabelecer, preexistir, prelevantamento, preencher, prefigurar, prejulgar, preordenar, pressupor

PREÂMBULO
Redação oficial. V. **Lei²**.

PRECAVER-SE
Conjugação. Verbo defectivo. Segue o modelo de **adequar** (q. v.).

PRECE
Regência nominal. Rege as preposições **a** ou **por**:

Uma prece a Deus sempre nos acalma.
Façamos uma prece por ele.

PRECEDER
Regência verbal. Indiferentemente transitivo direto ou indireto; rege, quando indireto, a preposição **a**:
> A primavera precede o verão.
> A primavera precede ao verão.

PRECEDIDO
Regência nominal. Rege as preposições **de** ou **por**:
> Trata-se de substantivo precedido de artigo.
> Esse vocábulo é sempre precedido por preposição.

PRECIOSAS
Versificação. Rimas entre uma palavra e a união de duas outras:
> "E vós passais a mão sobre as escamas
> Do crocodilo... e credes convert**ê-lo**?
> Credes ligá-lo com as finas tramas
> Da *palavra*, mais frágeis que um cab**elo**?" (Antero de Quental)

PRECIOSISMO
Afetação e falta de naturalidade ao escrever.

PREÇO
O mesmo que **valor**.

1. Advérbio interrogativo. V. **advérbio interrogativo** (5).

2. Adjunto adverbial. V. **adjunto adverbial** (16).

PREDICAÇÃO VERBAL
V. **transitividade**.

PREDICADO
Termo essencial da oração, ao lado do sujeito. É tudo aquilo que se diz do sujeito. Formado pelo verbo e seus complementos, adjuntos ou predicativos. Pode ser nominal, verbal e verbo-nominal. V. esses verbetes:
> O trem <u>parou na estação</u>.
> <u>Apareceram no quintal</u> os meus chinelos.
> <u>Caminhávamos pela calçada</u>.

PREDICATIVA
Oração subordinada substantiva que funciona como predicativo da oração principal. Só existe quando a principal tem o verbo **ser** e uma palavra ou expressão que funcione como sujeito. Pode ser desenvolvida ou reduzida:
> O ideal é <u>que ninguém falte</u>. (desenvolvida)
> O bom é <u>estar em casa novamente</u>. (reduzida de infinitivo)

PREDICATIVO
Termo da oração que se refere ao sujeito ou ao objeto, indicando-lhes estado, qualidade, característica etc.

1. Predicativo do sujeito:
> Patrícia é estudiosa.

A palavra **estudiosa** qualifica o sujeito **Patrícia**.

2. Predicativo do objeto direto:
> Deixem limpo o corredor.

A palavra **limpo** qualifica o objeto direto **o corredor**.

3. Predicativo do objeto indireto:
> Chamei-lhe bobo.

A palavra **bobo** qualifica o objeto indireto **lhe**.

PREDIZER
Conjugação. Segue o modelo de **dizer** (q. v.).

PREFERIR
Regência verbal. Transitivo direto e indireto, regendo a preposição **a**:
> Prefiro o salmão ao bacalhau.
> Prefiro ao bacalhau o salmão.
> Ao bacalhau prefiro o salmão.

Observa-se, pelos exemplos, que os objetos podem aparecer em posições diferentes, inclusive antes do verbo. Importante é que um seja direto, e outro, indireto, introduzido pela preposição **a**.

Notas:

1ª) Se não houver artigo antes do primeiro substantivo, não poderá haver antes do segundo:
> Prefiro salmão a bacalhau.

2ª) Não admite qualquer palavra ou expressão de intensidade, bem como a comparativa **que** (ou **do que**). Assim, não se admitem as frases "Prefiro mais o salmão que o bacalhau" e "Prefiro mil vezes o salmão do que o bacalhau".

PREFIXAÇÃO
Formação de palavras. V. **derivação** (1).

PREFIXAÇÃO E SUFIXAÇÃO
Formação de palavras. V. **derivação** (3).

PREFIXAL
Formação de palavras. V. **derivação** (1).

PREFIXO
Estrutura das palavras. V.**afixo** (1).

PREMIAR
Conjugação. Segue o modelo de **abreviar** (q. v.).

PRENOME
Veja **antropônimo**.

PREPOSIÇÃO
Palavra invariável que liga duas palavras dentro da frase.

1. Preposições simples ou essenciais

São 17 as preposições simples: a, ante, após, até, com, contra, de, desde, em, entre, para, perante, por, sem, sob, sobre e trás:

> Começou a chorar.
>
> Saí com meu irmão.
>
> Vim de casa.
>
> Estava sem camisa.

Notas:

1ª) Certas preposições podem combinar-se ou contrair-se com outras palavras:

> Fiquei no escritório. (em + o)
>
> Gosto daquela praça. (de + aquela)
>
> Desejava ir à festa. (a + a)
>
> Sempre lutou pelo bem. (por + o)

2ª) Algumas preposições iniciam orações reduzidas de infinitivo:

> Estava lá para trabalhar.
>
> Não sairei sem mostrar meus desenhos.
>
> Tinha receio de ser mal interpretado.

2. Preposições acidentais

Palavras de outras classes que, eventualmente, funcionam como preposições. Estão nesse caso palavras como conforme, segundo, como, que, salvo, fora, durante etc.:

> Trabalhava conforme a situação.

Observe que a palavra **conforme** liga duas outras: **trabalhava** e **situação**. Está fazendo as vezes de preposição. Se dissermos, porém, "Trabalhava conforme a situação exigia", **conforme** passa a ligar duas orações, sendo, então, uma conjunção.

Nota: Pode a preposição ser representada por uma locução, chamada por isso mesmo prepositiva. V. **locução** (5).

PREPOSICIONADO, objeto direto
V. **objeto direto** (3).

PREPOSITIVA[1], locução
V. **locução** (5).

PREPOSITIVA², semivogal
V. **ditongo**.

PRESA, forma
V. **forma livre**.

PRESCREVER
Conjugação. Segue o modelo do primitivo, **escrever** (q. v.).

PRESENTE
Tempo verbal. Pode ser do indicativo ou do subjuntivo.

1. Presente do indicativo

Pode, principalmente:

a) indicar fatos que ocorrem no momento em que se fala:

Trago revistas. (estou trazendo)

b) indicar ações e estados permanentes:

Ele estuda naquele colégio.

2. Presente do subjuntivo

Pode, principalmente:

a) indicar fato presente, porém hipotético:

Talvez ele tenha a resposta.

b) indicar fato futuro, também hipotético:

Espero que vença o mais preparado.

c) formar frases optativas (exprimem desejo do falante):

Que Deus te proteja!

PRESENTE HISTÓRICO
Presente usado para narrar fatos do passado, como recurso estilístico. O mesmo que **presente narrativo**.

Nesse instante, os soldados **entram** na cidade abandonada. (entraram)

PRESENTE NARRATIVO
O mesmo que **presente histórico** (q. v.).

PRESIDIR
Regência verbal. Indiferentemente transitivo direto ou transitivo indireto, regendo a preposição **a**:

João presidiu o seminário.

João presidiu ao seminário.

PRESTIGIAR
Regência verbal. Verbo transitivo direto:

Sempre prestigiei os funcionários.

PRETERIÇÃO

Estilística. Figura que consiste em fingir que não se quer dizer algo que na realidade é dito:

>Não pretendo expor aqui sua falta de dignidade.

PRETERIR

1. Conjugação. Conjuga-se como **aderir** (q. v.).

2. Regência verbal. Verbo transitivo direto:

>Não pretiro funcionário algum.

PRETÉRITO

Tempo verbal que indica, em geral, fato passado. Pode ser perfeito, imperfeito e mais-que-perfeito.

1. Perfeito

Tempo verbal que indica ação extinta. Como forma simples, só existe no modo indicativo:

>O jornalista <u>concluiu</u> a matéria.
>Já <u>varri</u> o quintal.

2. Imperfeito

Tempo verbal que, como forma simples, ocorre tanto no modo indicativo quanto no modo subjuntivo.

a) Imperfeito do indicativo

Indica basicamente uma ação extinta, mas habitual, prolongada:

>Ele <u>escrevia</u> belas cartas.

Observe que a ação de escrever já não existe mais, porém, quando estava em curso, era prolongada, repetida.

b) Imperfeito do subjuntivo

Indica, basicamente:

- condição ou tempo, em relação ao que aparece numa outra oração do período:
>Seria compreendido se <u>questionasse</u> menos.

- ação passada, mas dependente de outra, também passada; é posterior a ela:
>Pediram que eu <u>estivesse</u> presente.

3. Mais-que-perfeito

Tempo verbal que, como forma simples, só existe no modo indicativo. Indica, principalmente, ação passada em relação a outra ação, também passada:

>Quando você me pediu aquilo, eu já <u>pensara</u> no caso.

Observe que o ato de pensar, passado, é anterior ao ato de pedir, também passado.

PRETÔNICA

V. **sílaba** (3).

PRETÔNICAS, vogais
V. **vogal²** (2).

PREVENIR

1. Conjugação. Segue o modelo de **agredir** (q. v.).

2. Regência verbal.
  a) Transitivo direto e indireto, com objeto direto de pessoa e indireto de coisa; rege a preposição **de**:
> Você preveniu o trabalhador do perigo.
> Você preveniu-o do perigo.

  b) Transitivo direto e indireto, com objeto direto de coisa e indireto de pessoa; rege a preposição **a**:
> Você preveniu o perigo ao trabalhador.
> Você preveniu-lhe o perigo.

Nota: Não se admite o emprego de dois objetos diretos ou dois indiretos:
> Você preveniu-o o perigo.
> Você preveniu-lhe do perigo.

PREVER
Conjugação. Segue o modelo de **ver** (q. v.).

PREZAR
Regência verbal. Verbo transitivo direto. V. **adorar**.

PRIMÁRIO, radical
Estrutura das palavras. V. **radical**.

PRIMITIVA, palavra
V. **formação de palavras** (3) e **composição**.

PRIMOR
Regência nominal. Rege a preposição **de**:
> Ele é um primor de criança.

PRIMOROSO
Regência nominal. Pede complemento iniciado pela preposição **em**:
> Mostrou-se primoroso em matemática.

PRINCEPS, edição
Filologia. V. **edição** (4).

PRINCIPAL¹

Diz-se do verbo que, numa locução verbal, detém o sentido básico do grupo. Fica sempre numa forma nominal e é precedido por um verbo auxiliar:

Estava <u>esperando</u> você.

Quero <u>falar</u>-lhe logo.

Tenho <u>escrito</u> muitas cartas.

PRINCIPAL²

V. **oração principal**.

PRIVAÇÃO

Regência nominal. Rege a preposição **de**:

O rapaz amargava a privação da liberdade.

PRIVADO

Regência nominal. Pede complemento iniciado pela preposição **de**:

Eu me sentia privado de tudo.

PRÓ-

Prefixo de origem latina ou grega que significa "diante de". Quando acentuado, o que é raro, exige hífen:

pró-britânico, pró-homem, pró-ocidental.

PRO FORMA

Espressão latina que significa "por pura formalidade".

PRO LABORE

Expressão latina que significa "pagamento recebido por serviço realizado".

PROCEDER

Regência verbal.

1. Intransitivo, significando "agir" ou "justificar-se":

Todos procederam bem.

Essa atitude não procede.

2. Intransitivo, com o sentido de "vir", "originar-se". Nesse caso, o adjunto adverbial é introduzido pela preposição **de**:

O avião procedia de São Paulo.

3. Transitivo indireto, com o sentido de "dar andamento", "realizar". Pede complemento introduzido pela preposição **a**:

Ele procedeu às investigações.

PROCESSO VERBAL

Ação realizada pelo sujeito da oração.

Mônica colocou as cortinas.

Ele corre muito.

Não há processo verbal nos verbos de ligação e nos transitivos que indicam o resultado de um processo, como conhecer, saber etc.

PRÓCLISE

Colocação pronominal. Colocação do pronome átono antes do verbo. Opõe-se à **ênclise** (q. v.) e à **mesóclise** (q. v.). O pronome assim colocado se diz **proclítico**.

Próclise obrigatória

1. Com os advérbios sem pausa:

Além se encontra uma bela casa.

Nota: Se houver uma vírgula, não será possível utilizar a próclise:

Além, encontra-se uma bela casa.

2. Com os pronomes indefinidos, relativos e interrogativos:

Alguém me procurou ontem.

A história que te contei é verdadeira.

Quem lhe falou do encontro?

3. Com as conjuções subordinativas:

Espero que nos expliquem o caminho.

Tudo ocorreu conforme lhe disseram.

4. Com as frases optativas (exprimem desejo):

Deus nos ajude!

5. Com o gerúndio antecedido da preposição **em**:

Em se explicando o problema, eles entenderão.

Próclise facultativa

Há situações em que é indiferente usar próclise ou ênclise, próclise ou mesóclise. Vejamos.

1. Com os substantivos:

O gerente se confundiu.

O gerente confundiu-se.

O médico se preparará.

O médico preparar-se-á.

2. Com os pronomes pessoais, demonstrativos e possessivos:

Ele me contou o caso.

Ele contou-me o caso.

Isto me acompanhará.

Isto acompanhar-me-á.

Os meus se apresentaram.

Os meus apresentaram-se.

3. Com os numerais:

Os três se levantaram.

Os três levantaram-se.

333

PROCLÍTICO

4. Com as conjunções coordenativas:
> Era calado, mas se preocupava com todos.
> Era calado, mas preocupava-se com todos.

5. Com o infinitivo pessoal precedido de preposição ou palavra negativa:
> Fui contratado para te ajudar.
> Fui contratado para ajudar-te.
> Esforcei-me para não o atrapalhar.
> Esforcei-me para não atrapalhá-lo.

Nota: O advérbio, como tínhamos visto, pede próclise. Aqui, no entanto, está ele seguido de um infinitivo pessoal, o que torna facultativa a próclise.

PROCLÍTICO
Colocação pronominal. Diz-se do pronome átono colocado em **próclise** (q. v.).

PROCURAÇÃO
Redação oficial. Documento por meio do qual alguém passa poderes a outrem para agir em seu nome. Pode ser particular ou pública, sendo esta última lavrada em cartório. Quem passa a procuração chama-se outorgante, mandante ou constituinte; quem a recebe, outorgado, mandatário ou procurador.

PROCURADOR
Redação oficial. O mesmo que **outorgado** e **mandatário**. V. **procuração**.

PRODUTIVO
> V. **improdutivo**.

PROGREDIR
Conjugação. Segue o modelo de **agredir** (q. v.).

PROGRESSIVO, aspecto
> V. **aspecto** (3).

PROIBIR
Regência verbal

1. Verbo transitivo direto e indireto. Pede objeto direto de pessoa e indireto de coisa; rege a preposição **de**:
> Proíbo meu filho da viagem.
> Proíbo-o da viagem.

2. Verbo transitivo direto e indireto. Pede objeto direto de coisa e indireto de pessoa; rege a preposição **a**:
> Proíbo a viagem a meu filho.
> Proíbo-lhe a viagem.

PROLEPSE

Nota: É inadmissível o emprego de dois objetos diretos ou dois indiretos:

Proíbo-o a viagem.

Proíbo-lhe da viagem.

PROLEPSE

Estilística. O mesmo que **antecipação**. Existem dois tipos.

1. Antecipação de um termo sintático, que se desloca de sua oração original:

A vida parece que não passa.

O comum seria "Parece que a vida não passa".

2. Antecipação de uma objeção supostamente elaborada pelo leitor ou interlocutor, objetivando refutá-la ou destruí-la:

"'Ora (direis) ouvir estrelas! Certo

Perdeste o senso!' – E eu vos direi, no entanto,..." (Olavo Bilac)

PROLIXIDADE

Antônimo de **concisão** (q. v.).

PROLIXO

Antônimo de **conciso** (q. v.).

PRONOME

Palavra que substitui ou determina um substantivo, considerando-o como pessoa do discurso. Assim, temos:

1. Pronome substantivo

Aquele que substitui um substantivo, exercendo na oração as mesmas funções sintáticas dele:

Alguém resolveu esclarecer o assunto.

A palavra **alguém** é um pronome substantivo pois se encontra no lugar de um substantivo. Poder-se-ia dizer "Carlos resolveu esclarecer o assunto". Observe que ele funciona como sujeito da oração, a mesma do substantivo Carlos.

2. Pronome adjetivo

Aquele que acompanha, determina um substantivo; funciona, quase sempre, como adjunto adnominal desse substantivo:

Nossa amizade supera as adversidades.

A palavra **nossa** está ligada ao substantivo **amizade**. É o seu adjunto adnominal. Nessas condições, trata-se de um pronome adjetivo.

A primeira divisão que se faz dos pronomes é exatamente essa que apresentamos, ou seja, existem pronomes adjetivos e pronomes substantivos. Mas os pronomes, de acordo com seu significado, têm uma segunda classificação, que é a seguinte: pessoal, demonstrativo, indefinido, interrogativo, possessivo e relativo. V. esses verbetes. Assim, na classificação de um pronome, usam-se normalmente duas palavras: pronome substantivo indefinino, pronome adjetivo demonstrativo etc.

335

PRONOME APASSIVADOR

Pronome **se** utilizado para apassivar uma oração. Só existe com verbo que peça objeto direto. Na prática, nota-se que ele equivale a **alguém**, e é possível passar a oração para a voz passiva com o verbo **ser**. Também se diz **partícula apassivadora**.

Vendeu-se o apartamento. (o apartamento foi vendido)

Alugam-se salas. (salas são alugadas).

Aqui se preparam os sucos. (os sucos são preparados aqui)

Notas:

1ª) Pode ser confundido com o **índice de indeterminação do sujeito** (q. v.). Para que seja pronome apassivador, não pode o verbo pedir preposição, mesmo que ela introduza objeto direto preposicionado:

Bebeu-se a água. (pronome apassivador)

Bebeu-se da água. (índice de indeterminação do sujeito)

2ª) O verbo concorda normalmente com seu sujeito, que é a palavra ou expressão que parece objeto direto:

Compra-se jornal. (sujeito: jornal)

Compram-se jornais. (sujeito: jornais)

Pediu-se desculpa. (sujeito: desculpa)

Pediram-se desculpas. (sujeito: desculpas)

PRONOME ÁTONO

V. **pessoal²** (2).

PRONOME DE TRATAMENTO

V. **pessoal²** (3).

PRONOME ENCLÍTICO

Colocação pronominal. Pronome átono colocado após o verbo e ligado a ele por meio de um hífen:

Entreguei-lhe o material.

Mostre-me o terreno.

Nota: Para o preciso emprego do pronome enclítico, veja o verbete **ênclise**.

PRONOME INDETERMINADOR DO SUJEITO

O mesmo que **símbolo de indeterminação do sujeito** e **índice de indeterminação do sujeito** (q. v.).

PRONOME MESOCLÍTICO

Colocação pronominal. Pronome átono colocado dentro do verbo:

Estudá-lo-ei imediatamente.

Explicar-nos-iam, se pudessem.

Nota: Para o correto emprego do pronome mesoclítico, veja o verbete **mesóclise**.

PRONOME O

V. **transformações do pronome o**.

PRONOME OBLÍQUO
V. **pessoal**[2] (2).

PRONOME PROCLÍTICO
Colocação pronominal. Pronome átono colocado antes do verbo:
> Eu <u>lhe</u> comuniquei o fato.
>
> Não <u>nos</u> avisaram.

Nota: Para o emprego do pronome proclítico, veja o verbete **próclise**.

PRONOME RECÍPROCO
V. **pessoal**[2] (2).

PRONOME REFLEXIVO
V. **pessoal**[2] (2).

PRONOME RETO
V. **pessoal**[2] (1).

PRONOME TÔNICO
V. **pessoal**[2] (2).

PRONOMINAL[1]
V. **verbo pronominal**.

PRONOMINAL[2]
V. **voz verbal** (2).

PRONÚNCIA
Impressão acústica produzida pela fala e que abrange todos os fatos fônicos de uma língua.

PRONÚNCIA DUVIDOSA
V. **palavras de pronúncia duvidosa**.

PROPAROXÍTONAS
Acentuação gráfica. Acentuam-se todas as proparoxítonas da língua portuguesa:
> termômetro, histórico, préstimo, périplo, tácito, amálgama

PROPAROXÍTONO
Vocábulo cuja sílaba tônica é a antepenúltima:
> enigmático, máximo, décuplo

PROPOR
Conjugação. Segue o modelo do primitivo, **pôr** (q. v.).

337

PROPORCIONAL

1. Conjunção. V. **conjunção subordinativa** (8).

2. Oração subordinada adverbial que indica proporção:
>Seremos felizes à medida que ajudarmos os outros.
>Quanto mais nos esforçamos, mais ficamos cansados.

PRÓPRIO[1]

Classificação de substantivo. V. **comum**.

PRÓPRIO[2]

Concordância nominal. Concorda com a palavra a que se refere na frase:
>Ele próprio fez a comida.
>Ela própria fez a comida.
>Ela fez a própria comida.

Nas três frases, a palavra é pronome demonstrativo. Diferentemente de **mesmo** (q. v.), que a ela se assemelha na concordância, não pode ser advérbio.

PRÓPRIOS, grupos consonantais

V. **encontro consonantal** (1).

PROSA

Maneira natural e direta de falar e escrever, sem os elementos constituintes do verso, como a métrica e o ritmo.

PROSA POÉTICA

Prosa de conteúdo lírico e emotivo, bastante conotativa, à semelhança do poema, porém sem os artifícos de que este dispõe, como a estruturaçao em estrofes, o ritmo e a rima. O mesmo que **poema em prosa**. O romance Iracema, de José de Alencar, tem sido apresentado por muitos como um grande exemplo de prosa poética.

PROSCREVER

Conjugação. Segue o modelo do primitivo, **escrever** (q. v.).

PROSÓDIA

Parte da gramática que estuda a pronúncia das palavras, em especial a colocação da sílaba tônica. Pode ser considerada parte da **ortoepia** (q. v.).

PROSOPOPEIA

Estilística. Figura de linguagem que consiste em atribuir ações próprias do ser humano a outros seres. O mesmo que **personificação** e **metagoge**:
>O mar se alegrava com nossa presença.
>"... Nessa risonha manhã!" (Casimiro de Abreu)
>"Deixai à noite que chora..." (Castro Alves)

338

PRÓSTESE
Gramática História. Forma variante de **prótese** (q. v.).

PRÓTASE
O mesmo que **condicionante**. V. **apódose**.

PRÓTESE
Gramática Histórica. Acréscimo de fonema no início do vocábulo. Forma variante: **próstese**:

> stare > **e**star, scutu > **e**scudo

Nota: Às vezes a prótese ocorre pela anexação do artigo:

> mora > **a**mora, minacia > **a**meaça

PROTO-
Prefixo de origem grega que significa "primeiro", "principal". Pede hífen antes de palavra começada por **h** ou **o**:

> proto-história, proto-hitita, proto-organismo; protoeslavo, protofonia, protor-romantismo, protossatélite.

PROTOLÍNGUA
Filologia. O mesmo que **língua-mãe**. V. **família de línguas** e **língua-mãe**.

PROTOPORTUGUÊS
Filologia. Português incipiente, anterior ao galego-português, que, acreditam alguns, teria existido na Lusitânia após a desintegração do latim. Corresponderia à fase do português antigo chamada de proto-história, que se situa entre os séculos IX e XII. A falta de documentação deixa na obscuridade o protoportuguês.

PROVENÇAL
Filologia. Língua românica falada na Provença, França.

PROVER
Conjugação. Embora derivado de **ver**, não se conjuga por ele no pretérito perfeito e seus derivados, bem como no particípio.

Pres. ind.: provejo, provês, provê, provemos, provedes, provêem
Pret. perf.: provi, proveste, proveu, provemos, provestes, proveram
Pret. imperf.: provia, provias, provia, províamos, províeis, proviam
Pret. m.-q.-perf.: provera, proveras, provera, provêramos, provêreis, proveram
Fut. pres.: proverei, proverás, proverá, proveremos, provereis, proverão
Fut. pret.: proveria, proverias, proveria, proveríamos, proveríeis, proveriam
Pres. subj.: proveja, provejas, proveja, provejamos, provejais, provejam
Imperf. subj.: provesse, provesses, provesse, provêssemos, provêsseis, provessem
Fut. subj.: prover, proveres, prover, provermos, proverdes, proverem
Imper. afirm.: provê, proveja, provejamos, provede, provejam

PROVÉRBIO

Imper. neg.: não provejas, não proveja, não provejamos, não provejais, não provejam
Inf. impess.: prover
Inf. pess.: prover, proveres, prover, provermos, proverdes, proverem
gerúndio.: provendo
particípio: provido

PROVÉRBIO

O mesmo que **adágio** (q. v.).

PROVIR

Conjugação. Segue o modelo do primitivo, **vir** (q. v.).

PRÓXIMO

Regência nominal. Pede complemento introduzido pelas preposições **a** ou **de**:

Ele estava próximo ao portão.

O repórter continuava próximo da casa.

PRUDÊNCIA

Regência nominal. Rege as preposições **com**, **de** ou **em**:

Tenha prudência com as palavras.

Ele teve a prudência de se calar.

Aconselhou-me prudência nas atitudes.

PSEUDO-

Prefixo de origem grega que significa "falso". Pede hífen antes de **h** ou **o**:

pseudo-hermafrodita, pseudo-occiptal; pseudoartrose, pseudossigla, pseudo-cientista.

Nota: Por ser prefixo, é invariável. Há, portanto, erro de concordância numa palavra como pseudassábia. Corrija-se para pseudossábia.

PSICOLINGUÍSTICA

Linguística. Ramo da Linguística que estuda os comportamentos verbais em seus aspectos psicológicos.

PUGNAR

Conjugação. Segue o modelo de **consignar** (q. v.).

PURA

O mesmo que **cantiga paralelística** (q. v.).

PURISMO

O mesmo que **casticismo** (q. v.).

Q

Q

Décima sétima letra do alfabeto português.

QUADRA

Versificação. Estrofe de quatro versos. O mesmo que **quarteto**:

"De tudo, ao meu amor serei atento
Antes, e com tal zelo, e sempre, e tanto
Que mesmo em face do maior encanto
Dele se encante mais meu pensamento." (Vinícius de Moraes)

QUANTIDADE

O mesmo que **duração** (q. v.).

QUANTO

Palavra de muitas classes e funções. Vamos estudá-las.

1. Pronome interrogativo

Aparece nas frases interrogativas, diretas ou indiretas. Palavra variável, pode ser pronome substantivo ou pronome adjetivo. No primeiro caso, tem as mesmas funções sintáticas de um substantivo; no segundo, é sempre adjunto adnominal:

Quantos pretendem falar? (sujeito)
Quantos livros estão na prateleria? (adjunto adnominal)

2. Pronome relativo

Equivale a **o qual** (e flexões) e tem como antecedente um pronome indefinido. É variável, funcionando normalmente como sujeito ou objeto direto:

Tudo quanto eu apresentei foi elogiado. (objeto direto)

3. Pronome indefinido

Aparece em frases exclamativas, diretas ou indiretas. Variável, pode ser pronome substantivo ou pronome adjetivo. No primeiro caso, tem as funções próprias do substantivo; no segundo, é adjunto adnominal:

Quantos estão famintos, Senhor! (sujeito)
Quanta gente na sala! (adjunto adnominal)

QUANTUM

4. Advérbio interrogativo de preço ou valor

Aparece em interrogações diretas ou indiretas. Funciona como adjunto adverbial de preço ou valor:

> Quanto custa o apartamento?
>
> Verifique quanto custa o apartamento.

5. Advérbio de intensidade

Equivale a **como** e aparece em exclamações diretas ou indiretas; liga-se ao verbo ou ao adjetivo, intensificando-os. Funciona como adjunto adverbial de intensidade:

> Quanto foi difícil a sua caminhada terrena!
>
> Quanto reclamas, meu Deus!

6. Substantivo

Precedido de algum determinante. Exerce funções sintáticas variadas, como qualquer substantivo:

> Explique-me o quanto. (núcleo do objeto direto)

7. Conjunção coordenativa aditiva

Equivale a **e**, sendo empregado em correlação com **tanto**.

> Ele tanto desenha, quanto pinta. (desenha e pinta)

8. Conjunção subordinativa comparativa

Equivale a **como** e é empregado em correlação com **tanto**:

> A menina sorria tanto quanto o pai.

9. Conjunção subordinativa proporcional

Aparece em correlações do tipo **quanto mais**... **mais**, **quanto menos**... **menos**.

> Quanto mais pesquiso, mais me desenvolvo.

QUANTUM

Palavra latina que significa "qantidade", "percentual".

QUARTETO

Versificação. O mesmo que **quadra** (q. v.).

QUE[1]

Palavra da língua com mais classes e funções sintáticas. Vamos relacionar as principais.

1. Pronome relativo

Equivale a **o qual** (e flexões) e tem um antecedente. É sempre pronome substantivo, variando muito sua função sintática. Inicia oração subordinada adjetiva:

> Encontrei um homem que pedia ajuda. (sujeito)
>
> As flores que colhi são perfumadas. (objeto direto)
>
> Chegou o material de que eu necessitava. (objeto indireto, incluindo a preposição)
>
> Era uma rua de que eu tinha medo. (complemento nominal, incluindo a preposição)

QUE¹

2. Pronome interrogativo

Pode ser pronome substantivo, com funções sintáticas variadas, ou pronome adjetivo, quando funciona como adjunto adnominal. É empregado em frases interrogativas, diretas ou indiretas:

> Que é importante para vocês? (sujeito)
>
> Que museu você sugere? (adjunto adnominal)

Nota: Como pronome substantivo, pode estar antecedido de **o**, de valor enfático. Diz-se, nesse caso, que o pronome é **o que**:

> O que pretendes fazer?

3. Pronome indefinido

Usado em frases interrogativas, diretas ou indiretas, acompanhando substantivo. É pronome adjetivo, portanto sempre um adjunto adnominal:

> Que roupa bonita!
>
> Veja que roupa bonita.

4. Advérbio de intensidade

Usado em frases exclamativas, diretas ou indiretas, acompanhando adjetivo ou advérbio. Funciona como adjunto adverbial de intensidade:

> Que lindo está o céu!
>
> Que perto está a cabana!

5. Substantivo

Com algum tipo de determinante. Leva acento circunflexo e exerce variadas funções sintáticas:

> A moça tem um quê misterioso. (núcleo do objeto direto)

6. Preposição acidental

Quando equivale a **de**, no interior de uma locução verbal:

> Temos que ler o manual.

7. Partícula expletiva ou de realce

Quando pode ser retirado da frase, sem alteração de sentido ou de análise:

> Faz dias que não durmo.

8. Interjeição

Com ponto de exclamação e acento:

> Quê! Você está brincando!

9. Conjunção coordenativa aditiva

Quando equivale a **e**. Inicia oração coordenada sindética aditiva:

> Ele trabalha que trabalha.
>
> Diga-me onde você está, que eu o visitarei.

QUE[1]

10. Conjunção coordenativa adversativa

Quando equivale a **mas**; o verbo fica subentendido. Inicia oração coordenada sindética adversativa:

Diga isso a outro, que não a mim.

11. Conjunção coordenativa explicativa

Equivale a **porque** e inicia oração com valor de explicação, justificativa, isto é, coordenada sindética explicativa. É comum estar o verbo no imperativo:

Fale mais alto, que preciso entender.

12. Conjunção subordinativa integrante

Introduz oração que completa o sentido de outra. Sua oração pode ser substituída por **isto** e se classifica como subordinada substantiva:

Esperamos que a chuva passe logo. (esperamos isto)

Nota: Cuidado para não confundi-lo com o pronome interrogativo e o advérbio de intensidade, que têm função sintática dentro de sua oração:

Não sei que perguntas fazer. (pronome interrogativo)

Veja que bela está a noite. (advérbio de intensidade)

13. Conjunção subordinativa causal

Equivale a **porque** e introduz oração que indica causa, ou seja, subordinada adverbial causal.

Faltei à aula que os ônibus estavam em greve.

Fraco que estava, ficou em casa.

Notas:

1ª) Na primeira frase, é mais comum o emprego de **porque**: Faltei à aula porque os ônibus estavam em greve.

2ª) Na segunda, a palavra aparece intercalada entre o adjetivo e o verbo, que deve estar no modo indicativo. Compare com a conjunção do item 15.

14. Conjunção subordinativa comparativa

Depois de palavras como **mais**, **menos**, **maior** etc. Inicia oração subordinada adverbial comparativa. É comum o verbo ficar subentendido:

Mônica é mais caprichosa que Julieta. (que Julieta é)

Nota: Pode estar antecedido de **do**, enfático:

Mônica é mais caprichosa do que Julieta.

15. Conjunção subordinativa concessiva

Equivale a **embora**. Aparece quase sempre entre o adjetivo e o verbo, que deve estar no subjuntivo. Inicia oração subordinada adverbial concessiva:

Doente que estivesse, iria à festa. (embora estivesse doente...)

Nota: Com o verbo no indicativo, a conjunção é causal. V. o item 13:

Doente que estava, não iria à festa.

344

QUE²

16. Conjunção subordinativa consecutiva

Indica consequência. Na oração principal, sempre antes da subordinada, aparece uma das palavras seguintes: tão, tal, tanto, tamanho. Inicia oração subordinada adverbial consecutiva:

Era tal sua preocupação, que não conseguiu dormir.

Nota: Às vezes essas palavras ficam subentendidas:

Ele é forte que mete medo em qualquer um. (tão forte que)

17. Conjunção subordinativa final

Sinônimo de **para que**. Não é comum na língua. Inicia oração subordinada adverbial final:

Faço votos que você consiga o emprego.

QUE²

Concordância verbal. V. **quem**.

QUEIXA

Regência nominal. Nome de regência variada. Pode reger as preposições **de**, **contra** ou **sobre**, bem como a locução prepositiva **quanto a**:

Ele não tem queixa do meu trabalho.

Surgiu uma queixa contra você.

Nunca houve queixas sobre nossa conduta.

Ele fez queixa quanto às exigências do diretor.

QUEM

Concordância verbal. Quando tem antecedente, pode levar o verbo a concordar com ele, ou a permanecer na terceira pessoa do singular:

Fui eu quem perguntei.

Fui eu quem perguntou.

Nota: Nesse tipo de frase, se o pronome for **que**, a concordância será apenas com o antecedente:

Fui eu que perguntei.

QUERER

1. Conjugação. Altera o radical para **quis**, no pretérito perfeito e derivados. Pode ser considerado abundante, pois na terceira pessoa do singular do presente do indicativo apresenta duas formas: **quer** e **quere**, sendo esta última usada só em Portugal. O radical do presente do subjuntivo, **queir**, não se deriva da primeira pessoa do singular do presente do indicativo, como ocorre com quase todos os verbos da língua.

Pres. ind.: quero, queres, quer, queremos, quereis, querem

Pret. perf.: quis, quiseste, quis, quisemos, quisestes, quiseram

Pret. imperf.: queria, querias, queria, queríamos, queríeis, queriam

Pret. mais-que-perf.: quisera, quiseras, quisera, quiséramos, quiséreis, quiseram

Fut. pres.: quererei, quererás, quererá, quereremos, querereis, quererão

345

QUIASMO

Fut. pret.: quereria, quererias, quereria, quereríamos, quereríeis, quereriam
Pres. do subj.: queira, queiras, queira, queiramos, queirais, queiram
Imperf. subj.: quisesse, quisesses, quisesse, quiséssemos, quisésseis, quisessem
Fut. subj.: quiser, quiseres, quiser, quisermos, quiserdes, quiserem
Imper. afirm.: quere, queira, queiramos, querei, queiram
Imper.neg.: não queiras, não queira, não queiramos, não queirais, não queiram
Inf. impess.: querer
Inf. pess.: querer, quereres, querer, querermos, quererdes, quererem
Gerúndio: querendo
Part.: querido

Nota: É praticamente desusado no imperativo; aparece, às vezes, seguido de infinitivo. Por exemplo, "Queira estudar".

Conjugam-se como ele os verbos desquerer, benquerer e malquerer, sendo que os dois últimos apresentam, além do particípio regular, as formas **benquisto** e **malquisto**.

2. Regência verbal.

a) Transitivo direto significando "desejar":

Queremos outra oportunidade.

b) Transitivo indireto, significando "gostar"; rege a preposição **a**:

Ele quer muito ao neto.

Ele lhe quer muito.

QUIASMO

Estilística. Figura que consiste numa repetição simétrica, na qual as palavras se cruzam como um **x**; pode haver alterações nas palavras.

Fez tudo pelos avós, pelos avós faria qualquer coisa.

"... Alguns então lhe chamam desventura,

Chamam-lhe alguns então felicidade." (Bocage)

"O passarinho dela é azul e encarnado.

Encarnado e azul são as cores do seu desejo." (C. D. de Andrade)

QUIMÓGRAFO

V. **curva oral**.

QUIMOGRAMA

Inscrição obtida no quimógrafo. V. **curva oral**.

QUINTILHA

Versificação. Estrofe de cinco versos:

"Mal no campo me apresento,

Marília (oh Céus!) me aparece:

Logo que os olhos me fita,

O meu coração palpita,

A minha mão desfalece." (Tomás Antônio Gonzaga)

QUITE

Concordância nominal. Adjetivo variável em número, ou seja, tem singular e plural. Concorda, pois, com o substantivo ou pronome a que se refere:

Ele está quite com a faculdade.

Eles estão quites com a faculdade.

Nota: Há uma tendência popular de utilizá-lo sempre no plural, prática, evidentemente, descabida.

R
Décima oitava letra do alfabeto português.

RADICAL
Estrutura das palavras. Parte da palavra que encerra a significação básica da família linguística. Em Linguística é conhecido como **lexema** ou **semantema**. É, portanto, a base da palavra:

   doc e
   doc inho
   doc eiro
   doç ura
  a doç ar

Percebe-se que se trata de uma família de palavras por causa da presença de um elemento comum a todas, **doc**, que é o radical. Ao radical da palavra podem ligar-se vários elementos, vários morfemas gramaticais, como se percebe nos exemplos. O radical sem acréscimo de afixos se chama **radical primário**. Ao radical acrescido de um afixo, **radical secundário,** e assim por diante. Às vezes, o radical sofre alguma alteração fonética, como na palavra **petróleo**, que tem dois radicais, sendo **petr** variação de **pedr**, da palavra primitiva **pedra**. É o que se conhece como **alomorfe** (q. v.) do radical.

RAIZ
Radical primitivo, elemento irredutível da palavra. Sincronicamente, ou seja, levando em conta apenas o estágio atual da língua, raiz é o mesmo que **radical primário**. V. **radical**. Numa análise profunda, diacrônica, ou seja, considerando a evolução da palavra, a raiz pode ser diferente do atual radical. Por isso mesmo, identificar a raiz não é algo simples, pois exige conhecimento da história e evolução da língua. Se tomarmos para exemplo a palavra **completo**, diremos que seu radical primário ou raiz é **complet**. Isso, de acordo com a sincronia da língua. Porém, se analisarmos considerando a diacronia, chegaremos à raiz latina **pl**, de **plenu**. Essa raiz aparece da mesma forma em **pl**êiade, exem**pl**o, ex**pl**etivo, re**pl**eto etc.

Há situações curiosas como o caso do verbo **comer**. Em latim, comer era **edere**, ao qual se uniu a preposição **cum**: cum + edere, que deu **comedere**, ou seja, "comer com", "comer na companhia de alguém". Vejamos a evolução da palavra até o português: comedere > comeere > comeer > comer. Note que o **ed**, do latim **edere**, desapareceu. Nem por isso vamos dizer que o verbo não tem radical. Sincronicamente, o radical ou raiz é **com**. Historicamente, isto é, diacronicamente, e apenas sob esse aspecto, não há raiz, uma vez que o **com** era um prefixo.

RAPTAR

Conjugação. Conjuga-se como **adaptar** (q. v.).

RARAS

Versificação. Rimas entre palavras de terminações incomuns:
> "Senhora minha, deusa das n**oivas**,
> De cauda branca, de brancas luvas,
> Por que de flores roxas eng**oivas**
> As tranças negras da cor das uvas?" (Alphonsus de Guimaraens)

RATIONE PERSONAE

Expressão latina que significa "em razão da pessoa".

RE-

Prefixo de origem latina de significados múltiplos; quase sempre, porém, significa "repetição". Não aceita o hífen:
> reequilibrar, referver, recompor, reabrir, ressocializar

REABRIR

Conjugação. Segue o modelo do primitivo, **abrir** (q. v.).

REALCE

V. **expletiva**.

REAVER

Conjugação. Verbo defectivo. Segue o modelo de **adequar** (q. v.). Por ser derivado de **haver**, mantém o radical deste. Assim, diz-se reouve, e não reavi; reouvera, e não reavera; reouvesse, e não reavesse etc.

RECAPITULATIVO

O mesmo que **resumitivo**. V. **aposto** (3).

RECEAR

Conjugação. Segue o modelo de **bloquear** (q. v.).

RECÉM-

Prefixo de origem latina que significa "ocorrido há pouco". É forma reduzida de **recente**. Sempre com hífen:
> recém-casado, recém-descoberto, recém-publicado, recém-saído

RECENSÃO
Filologia. Primeira fase de uma edição crítica. V. **edição** (2).

RECEPTOR
Teoria da comunicação. O mesmo que **decodificador** (q. v.).

RECIPROCIDADE
V. **adjunto adverbial** (22).

RECÍPROCO, pronome
V. **pessoal²** (2).

RECOBRIR
Conjugação. Conjuga-se como **cobrir** (q. v.).

RECOLHIDO
O mesmo que **entrada**. V. **parágrafo¹**.

RECONSTRUÇÃO
Filologia. Consiste em reconstituir fato gramatical, étimo e até mesmo fonema não documentados, pela utilização do método comparativo. V. **comparação²**. Foi assim que se chegou ao conhecimento do indo-europeu, língua inteiramente reconstituída a partir daquelas que, documentadas, dela se derivaram.

RECONSTRUIR
Conjugação. Verbo abundante. Segue o modelo de **construir** (q. v.).

RECORDAÇÃO
Regência nominal. Rege a preposição **de**:
> Tenho uma saudável recordação da infância.

RECORDAR
Regência verbal.

1. Transitivo direto:
> Recordei aqueles tempos.
> Recordei-os.

2. Transitivo indireto, quando pronominal; rege a preposição **de**:
> Meu amigo se recordou da infância.

Nota: Está errada a regência "recordar de". A preposição **de** só pode ser empregada se o verbo for pronominal.

3. Transitivo direto e indireto; permite duas construções: "recordar alguma coisa a alguém" e "recordar alguém de alguma coisa":
> Recordei o encontro ao professor.
> Rercordei o professor do encontro.

> Recordei-lhe o encontro.
>
> Recordei-o do encontro.

Nota: Tem idêntica regência o verbo **lembrar** (q, v.).

RECREAR

Conjugação. Conjuga-se como **bloquear** (q. v.).

REDIZER

Conjugação. Segue o modelo de **dizer** (q. v.).

REDOBRO

Formação de palavras. Processo de formação que consiste em dobrar, com ou sem alteração, um dos elementos do composto. Pode ter fins afetivos ou onomatopaicos. O mesmo que **reduplicação**:

> mamãe, vovó, titio (afetividade)
>
> teco-teco, pingue-pongue, tique-taque (onomatopeias)

REDONDILHA MAIOR

Versificação. O mesmo que **heptassílabo** (q. v.).

REDONDILHA MENOR

Versificação. O mesmo que **pentassílabo** (q. v.).

REDUNDÂNCIA

O mesmo que **pleonasmo vicioso** (q. v.).

REDUPLICAÇÃO

Formação de palavras. O mesmo que **redobro** (q. v.).

REDUZIDA, oração

V. **oração reduzida**.

REDUZIDAS, vogais

V. **vogal²** (3).

REESCREVER

Conjugação. Tem a variante **rescrever**. Segue o modelo de **escrever** (q. v.).

REFERÊNCIA[1]

Relação de identidade entre as unidades gramaticais de um dado texto. Por exemplo, o pronome relativo se refere a um termo anterior a ele, conhecido em gramática como antecedente. Há, portanto, referência entre o antecedente e o pronome relativo. A palavra à qual uma outra se refere no texto costuma ser chamada de **referente**. É em relação à posição do referente que se fala em **anáfora** (antes) e **catáfora** (depois). V. **anáfora²** e **catáfora**.

REFERÊNCIA²

Regência nominal. Pede complemento introduzido pela preposição **a**:

Fizeram referência ao tratado.

REFERENCIAL

Funções da linguagem. Uma das seis funções da linguagem do linguista Roman Jakobson. Centrada no referente da comunicação (contexto), apresenta linguagem em terceira pessoa. Apenas faz referências, daí a palavra referencial. É a linguagem da ciência. Corresponde à função **representativa** (q. v.) do linguista Karl Bühler:

No caminho da escola, a criança encontrou dois amigos.

REFERENTE¹

Regência nominal. Pede complemento introduzido pela preposição **a**:

A crônica é referente ao primeiro debate.

REFERENTE²

Teoria da comunicação. Situação em que se desenvolve a comunicação. O mesmo que **contexto**.

REFERENTE³

V. **referência¹**

REFERENTEMENTE

Regência nominal. Pede complemento introduzido pela preposição **a**:

Não há dúvidas referentemente a seu pedido.

REFERIR

1. Conjugação. Segue o modelo de **aderir** (q. v.).

2. Regência verbal. Verbo transitivo direto. Significa "contar", "narrar":

Referi o acontecimento.

REFERIR-SE

1. Conjugação. Verbo pronominal. Conjuga-se como **aderir** (q. v.).

2. Regência verbal. Verbo transitivo indireto que significa "fazer alusão"; rege a preposição **a**. Não deve ser confundido com **referir** (q. v.).

Alguém se referiu ao comportamento da turma.

REFLEXIVA, voz

V. **voz verbal** (3).

REFLEXIVO, pronome

V. **pessoal²** (2).

REFLEXO

Gramática Histórica. Fonema resultante da evolução de outro, da língua de origem. Por exemplo, diz-se que o fonema /Bê/ da palavra **lobo** é reflexo do fonema /Pê/ da palavra latina **lupu**.

REFRÃO

1. O mesmo que **adágio** (q. v.).

2. O mesmo que **estribilho** (q. v.).

REGÊNCIA

Relação de subordinação entre palavras ou orações. O elemento mais importante se chama **regente**; o outro, em caráter de dependência, ou seja, o que se liga ao regente, muitas vezes por meio de uma preposição, chama-se **regido**. O mesmo que **regime**, palavra em franco desuso:

Gosto do trabalho.

(regente: gosto; regido: do trabalho)

Tenho confiança no amigo.

(regente: confiança; regido: no amigo)

Quando o termo regente é um verbo, trata-se de regência verbal. Quando o regente é um nome, de regência nominal. Os casos mais importantes de regência são vistos ao longo deste dicionário.

REGENTE

V. **regência**.

REGIDO

V. **regência**.

REGIME

O mesmo que **regência** (q. v.). É palavra praticamente desusada.

REGIONALISMO

Maneira própria de falar de determinadas regiões, em relação à língua comum do país. É regionalismo o emprego, no nordeste brasileiro, da palavra Recife com **e** aberto (ré), pois a língua comum nos aponta a pronúncia fechada (rê). É regionalismo a palavra **sapequeiro** (tipo de terreno), usada apenas nas regiões norte e nordesde. Também se consideram regionalismos palavras usadas somente em Portugal (lusitanismos ou lusismos) ou no Brasil (brasileirismos).

REGISTRO

Linguística. Utilização da língua por parte do falante de acordo com a situação social. Por exemplo, o registro da conversação descontraída, coloquial, no Brasil, com referência à próclise do pronome átono no início da frase (me faça um favor), que se opõe ao registro culto, que pede a ênclise; o registro cerimonioso de uma conferência, que difere do registro familiar etc.

REGRA

Preceito para falar ou escrever com correção. É típica da Gramática Normativa.

REGREDIR
Conjugação. Segue o modelo de **agredir** (q. v.).

REGRESSIVA, derivação
Formação de palavras. O mesmo que **deverbal** e **pós-verbal**. V. **derivação** (5).

REGULAMENTO
Redação oficial. Documento por meio do qual o Poder Executivo esclarece ou complementa uma lei ou decreto, garantindo-lhes a perfeita execução.

REGULAR
Verbo que, durante sua conjugação, não apresenta variação fonética em seu radical ou desinências.

andar → ando, andavas, andarei, andasse, andarmos

RELATIVO[1]
Pronome que substitui, em sua oração, um termo dito **antecedente**, colocado na oração anterior. Muitas vezes, por causa da regência, vem precedido de preposição. Existem oito pronomes relativos na língua, variáveis ou invariáveis.

1. Variáveis: o qual e cujo.

2. Invariáveis: que, quem, como, onde, quanto e quando.

Os pronomes **o qual** e **cujo** são sempre relativos. Os outros o são quando equivalem a "o qual" e flexões.

A história que lhe contei é verdadeira. (a qual lhe contei)
O filme sobre o qual conversamos foi premiado.
Essa é a senhora de quem você cuidará. (da qual você cuidará)
Conversei com o escritor cujo livro acabei de ler.
Moro na casa onde você nasceu. (na qual você nasceu)
O jeito como falou foi estranho. (pelo qual falou)
Tudo quanto trouxemos será aproveitado. (o qual trouxemos)
O dia quando te conheci estava ensolarado. (no qual te conheci)

Notas:

1ª) O pronome **cujo** (e flexões) equivale sempre a um possessivo. No exemplo dado, pode-se dizer "acabei de ler **seu** livro".

2ª) O pronome **quem** só é usado quando o antecedente é pessoa, sendo sempre precedido de preposição.

3ª) Os pronomes relativos **onde**, **como** e **quando** desempenham sempre as seguintes funções sintáticas, respectivamente: adjunto adverbial de lugar, adjunto adverbial de modo e adjunto adverbial de tempo. Os outros pronomes exercem funções variadas.

4ª) Todo pronome relativo introduz oração subordinada adjetiva. V. **oração subordinada** (2).

RELATIVO[2], superlativo
V. **grau** (2).

RELATÓRIO
Redação oficial. Documento que expõe à autoridade superior execução de trabalhos de um órgão, realização de pesquisas, fatos importantes ocorridos etc.

RELER
Conjugação. Segue o modelo do primitivo, **ler** (q. v.).

RELEVÂNCIA
O mesmo que **pertinência**. V. **traço distintivo**.

RELEVANTE
O mesmo que **distintivo**. V. **traço distintivo**.

REMEDIAR
Conjugação. Segue o modelo de **ansiar** (q. v.).

REMIR
Conjugação. Verbo defectivo. Conjuga-se como **adequar** (q. v.).

REMOER
Conjugação. Segue o modelo de **moer** (q. v.).

RENUNCIAR
1. Conjugação. Segue o modelo de **abreviar** (q. v.).

2. Regência verbal. Indiferentemente transitivo direto ou transitivo indireto, regendo, neste caso, a preposição **a**. Mais usado, atualmente, como transitivo indireto.

> Ele renunciou uma posição importante.
> Renunciei ao cargo.

REPELIR
Conjugação. Conjuga-se como **aderir** (q. v.).

REPETIR
Conjugação. Segue o modelo de **aderir** (q. v.).

REPOR
Conjugação. Conjuga-se como o primitivo, **pôr** (q. v.).

REPOUSAR
Conjugação. Conjuga-se como **afrouxar** (q. v.).

REPRESENTATIVA
Funções da linguagem. Uma das três funções da linguagem do linguista Karl Bühler. Centrada no referente da comunicação (o contexto), é objetiva, técnica, científica. A linguagem é em terceira pessoa. Corresponde à função **referencial** (q. v.) do linguista Roman Jakobson:

> O rapaz e a moça conversavam no jardim.

REPTAR
Conjugação. Segue o modelo de **adaptar** (q. v.).

REPUGNAR
Conjugação. Segue o modelo de **consignar** (q. v.).

REQUERER
Conjugação. É verbo derivado de **querer** (q. v.), mas não segue integralmente a sua conjugação. Sua irregularidade está na primeira pessoa do singular e, consequentemente, em todo o presente do subjuntivo e nas pessoas correspondentes do imperativo. O radical **requer** aparece em todos os outros casos. Não segue o verbo **querer** quando ele muda o radical para **quis**.

Pres. ind.: requeiro, requeres, requer, requeremos, requereis, requerem
Pret. perf.: requeri, requereste, requereu, requeremos, requerestes, requereram
Pret. imperf.: requeria, requerias, requeria, requeríamos, requeríeis, requeriam
Pret. mais-que-perf.: requerera, requereras, requerera, requerêramos, requerêreis, requereram
Fut. pres.: requererei, requererás, requererá, requereremos, requerereis, requererão
Fut. pret.: requereria, requererias, requereria, requereríamos, requereríeis, requereriam
Pres. subj.: requeira, requeiras, requeira, requeiramos, requeirais, requeiram
Imperf. subj.: requeresse, requeresses, requeresse, requerêssemos, requerêsseis, requeressem
Fut. subj.: requerer, requereres, requerer, requerermos, requererdes, requererem
Imper. afirm.: requere, requeira, requeiramos, requerei, requeiram
Imper. neg.: não requeiras, não requeira, não requeiramos, não requeirais, não requeiram
Inf. impess.: requerer
Inf. pess.: requerer, requereres, requerer, requerermos, requererdes, requererem
Ger.: requerendo
Part.: requerido

REQUERIMENTO
Redação oficial. Documento com o qual se solicita, de maneira formal, alguma coisa a determinada autoridade.

RES DEBITA
Expressão latina que significa "coisa devida".

RES, NON VERBA
Expressão latina que significa "fatos, e não palavras."

RESCREVER
Conjugação. Variante de **reescrever**. Segue o modelo de **escrever** (q. v.).

RESFOLEGAR
Conjugação. É proparoxítono nas formas rizotônicas, isto é, tem **o** tônico e acentuado. Possui a variante **resfolgar** (q. v.)., que se conjuga regularmente.
Pres. ind.: resfólego, resfólegas, resfólega, resfolegamos, resfolegais, resfólegam

Pret. perf.: resfoleguei, resfolegaste, resfolegou, resfolegamos, resfolegastes, resfolegaram
Pres. subj.: resfólegue, resfólegues, resfólegue, resfoleguemos, resfolegueis, resfóleguem
Imper. afirm.: resfólega, resfólegue, resfoleguemos, resfolegai, resfóleguem
Imper. neg.: Não resfólegues, não resfólegue, não resfoleguemos, não resfolegueis, não resfóleguem

RESFOLGAR
Conjugação. Verbo regular. Variante de **resfolegar** (q. v.).
Pres. ind.: resfolgo, resfolgas, resfolga, resfolgamos, resfolgais, resfolgam
Pres.: subj.: resfolgue, resfolgues, resfolgue, resfolguemos, resfolgueis, resfolguem

RESIDENTE
Regência nominal. Nome que rege as preposições **de** ou **em**:
>Cláudio é residente da Rua Evaristo da Veiga.
>Meu cunhado foi residente na Av. das Américas.

RESIDIR
Regência verbal. Pede adjunto adverbial introduzido pela preposição **em**, e não **a**:
>Todo o grupo reside em bairro pobre.
>Residimos na Rua do Riachuelo.

RESIGNAR-SE
Conjugação. Verbo pronominal. Conjuga-se como **consignar** (q. v.).

RESOLUÇÃO
Redação oficial. Ato de autoridade competente de órgãos de deliberação coletiva que esclarece, soluciona, delibera ou regula certa matéria.

RESPEITAR
Regência verbal.
1. Transitivo indireto com o sentido de "dizer respeito", "tocar"; rege a preposição **a**:
>Agiu bem, no que respeita aos interesses do povo.

2. Transitivo direto, nos demais casos:
>É preciso respeitar o trabalhador.

RESPEITO
Regência nominal. Rege as preposições **a**, **de** ou **por**:
>Ali não há respeito a ninguém.
>Exigia o respeito do patrão.
>Sempre teve respeito pelos colegas.

RESPONDER
Regência verbal.
1. Transitivo direto, em relação à resposta dada:
>Ela respondeu que não estava preparada.

RESSONADOR

2. Transitivo indireto, em relação à pessoa ou coisa a que se dá a resposta; pede a preposição **a**:

Já respondemos à carta.

Responda ao questionário.

Ninguém respondeu ao contador.

Nota: Mesmo como transitivo indireto, admite voz passiva, desde que seu objeto indireto seja coisa:

A carta já foi respondida por nós.

3. Transitivo direto e indireto, regendo a preposição **a**:

Respondeu ao amigo que tomaria uma providência.

RESSONADOR

O mesmo que **caixa de ressonância** (q. v.).

RESSONÂNCIA

Alteração sofrida pelo ar na **caixa de ressonância** (q. v.) durante a fala.

RESTRITIVA

Oração subordinada adjetiva que restringe, limita o significado do antecedente. Não se separa da oração principal por meio de vírgula. Pode ser desenvolvida ou reduzida:

A flor que comprei é perfumada. (desenvolvida)

Encontramos lá duas crianças brincando. (reduzida de gerúndio)

Notas:

1ª) A oração desenvolvida se inicia por pronome relativo: que, o qual, quem, cujo etc. O mesmo ocorre com a adjetiva **explicativa** (q. v.).

2ª) Como justaposta, é introduzida pelo pronome indefinido **quem**:

Essa é uma ideia **de quem estudou o assunto**.

RESTRITIVO

V. **atributivo**.

RESTRITO

Regência nominal. Pede complemento introduzido pela preposição **a**:

É uma sala de uso restrito à diretoria.

RESUMITIVO

O mesmo que **recapitulativo**. V. **aposto** (3).

RETER

Conjugação. Conjuga-se como o verbo primitivo, **ter** (q. v.).

358

RETICÊNCIA

Estilística. Interrupção expressiva da frase para traduzir hesitação ou emoção de quem fala. O mesmo que **aposiopese**:

> "–Mentiste, que um Tupi não chora nunca,
> E tu choraste!... parte; não queremos
> Com carne vil enfraquecer os fortes." (Gonçalves Dias)

RETICÊNCIAS

Pontuação. Sinais gráficos (...) usados principalmente nas seguintes situações:

1. Para marcar a interrupção daquilo que se está dizendo:

> Queria pedir a vocês... bem, pode ficar para outra vez.

2. Para valorizar palavras ou expressões:

> Desejava muitas coisas... supérfluas.

3. Para marcar, com fins estilísticos, uma pausa mais longa do que a da vírgula:

> Seja forte... sereno... confiante.

RÉTICO

Filologia. Língua românica falada no cantão dos Grisões (Suíça), no Tirol (Áustria e Itália) e no Friul (Itália). Tem várias modalidades, sendo o **romanche** a mais culta. Também chamado **reto-romano** ou **ladino**.

RETIFICAÇÃO

V. **palavra denotativa** (5).

RETO, pronome

V. **pessoal²** (1).

RETÓRICA¹

Arte da eloquência, arte de bem argumentar.

RETÓRICA²

Discurso primoroso, mas sem conteúdo.

RETORNADA

O mesmo que **cantiga paralelística** (q. v.).

RETO-ROMANO

Filologia. O mesmo que **rético** (q. v.).

RETORQUIR

Conjugação. Verbo defectivo. V. **abolir**.

RETRIBUIR

Conjugação. Conjuga-se como **atribuir** (q. v.).

RETROALIMENTAÇÃO

Teoria da comunicação. Corresponde à resposta dada pelo receptor, a prova de que ele realmente captou, decodificou a mensagem. O mesmo que **feedback**.

REVER

Conjugação. Segue o modelo do verbo **ver** (q. v.).

RICAS

Versificação. Rimas que ocorrem entre palavras de diferentes classes gramaticais:
> "Meu filho é-me a sombra amiga
> Neste deserto **cruel**!...
> Flor de inocência e candura.
> Favo de amor e de **mel**!" (Castro Alves)
> **Cruel** é adjetivo; **mel**, substantivo.

RICO

Regência nominal. Pede complemento introduzido pelas preposições **de** ou **em**:
> Sou rico de paz.
> Nosso chefe é rico em compreensão.

RÍGIDA, concordância

> V. **concordância nominal** e **concordância verbal**.

RIMA

Versificação. Identidade de sons a partir da vogal tônica, entre palavras dos versos. Diz--se, assim, que há rima entre palavras do tipo **ilusão** e **coração**, **medo** e **segredo**, **doce** e **fosse** etc. É vasta a classifcação das rimas, que se distribuem por determinados grupos.

1. Quanto à identidade a partir da vogal tônica: toantes, consoantes ou imperfeitas. V. esses verbetes.

2. Quanto à posição do acento tônico: agudas, graves ou esdrúxulas. V. esses verbetes.

3. Quanto à classe ou valor da palavra: pobres, ricas, raras ou preciosas. V. esses verbetes.

4. Quanto à disposição na estrofe: emparelhadas, alternadas, enlaçadas, encadeadas, interiores, misturadas ou aliteradas. V. esses verbetes.

RIQUEZA

Regência nominal. Rege as preposições **de** ou **em**:
> Nele há muita riqueza de caráter.
> Meu relatório tem riqueza em detalhes.

RIR

Conjugação. Mantém **ri** em todas as formas da conjugação. Na segunda pessoa do plural do presente do indicativo apresenta a desinência **des**. Curiosamente, tem formas comuns ao pretérito imperfeito do indicativo e ao presente do subjuntivo.

Pres. ind.: rio, ris, ri, rimos, rides, riem
Pret. perf.: ri, riste, riu, rimos, ristes, riram
Pret. imperf.: ria, rias, ria, ríamos, ríeis, riam
Pret. m.-que-perf.: rira, riras, rira, ríramos, ríreis, riram
Fut. pres.: rirei, rirás, rirá, riremos, rireis, rirão
Fut. pret.: riria, ririas, riria, riríamos, riríeis, ririam
Pres. subj.: ria, rias, ria, riamos, riais, riam.
Imperf. subj.: risse, risses, risse, ríssemos, rísseis, rissem
Fut. subj.: rir, rires, rir, rirmos, rirdes, rirem
Imper. afirm.: ri, ria, riamos, ride, riam
Imper. neg.: não rias, não ria, não riamos, não riais, não riam
Inf. impess.: rir
Inf. pess.: rir, rires, rir, rirmos, rirdes, rirem
Ger.: rindo
Part.: rido

Da mesma forma conjuga-se sorrir.

RITMAR

Conjugação. Tem **i** tônico nas formas rizotônicas.

Pres. ind.: ritmo, ritmas, ritma, ritmamos, ritmais, ritmam
Pret. perf.: ritmei, ritmaste, ritmou, ritmamos, ritmastes, ritmaram
Pres. subj.: ritme, ritmes, ritme, ritmemos, ritmeis, ritmem
Imper. afirm.: ritma, ritme, ritmemos, ritmai, ritmem
Imper. neg.: não ritmes, não ritme, não ritmemos, não ritmeis, não ritmem

Pronúncia: rítmo, rítmas, rítmes, não rítmem etc.

RITMO

Versificação. Distribuição harmônica das sílabas tônicas do verso:

"E à **noi**te, nas **ta**bas, se al**guém** duvi**da**va..." (Gonçalves Dias)

Observe como a distribuição das sílabas tônicas, na segunda, na quinta, na oitava e na décima primeira sílabas, dá ao verso uma cadência agradável. A isso se chama ritmo.

RIZOTÔNICA

V. **forma rizotônica**.

RODEAR

Conjugação. Conjuga-se como **bloquear** (q. v.).

ROER

Conjugação. Segue o modelo de **moer** (q. v.).

ROGAR

Regência verbal. V. **implorar**.

ROMAICO
Filologia. Língua grega moderna. O mesmo que **demótico**.

ROMANCES
Filologia. Línguas intermediárias entre o latim e as línguas dele provenientes, como português, italiano e espanhol. Diz-se, por exemplo, romance lusitânico, do qual se desdobrou o português. Variante: **romanços**. V. **criação românica**.

ROMANCHE
Filologia. V. **rético**.

ROMANCILHO
O mesmo que **endecha**. V. **elegia** (2).

ROMANÇOS
Filologia. Variante de **romances** (q. v.).

ROMÂNIA
Filologia. Agrupamento de regiões onde são faladas as línguas provenientes do latim. O italiano e o romeno são falados na românia oriental; as demais, entre elas o português, o espanhol e o francês, na românia ocidental.

ROMÂNICA, língua
Filologia. O mesmo que **neolatina** e **novilatina**. V. **língua** (16).

ROMANÍSTICA
Filologia. Estudo das línguas românicas e de suas literaturas.

ROMANIZAÇÃO
Implantação, nos territórios conquistados, da língua e dos costumes dos antigos romanos.

ROMANOS
História. Povo cuja origem remonta ao século X a.C. Constituíram os romanos, com o passar dos séculos, um grande império, o conhecido Império Romano, que chegou a dominar boa parte do mundo conhecido. Sua língua, o latim, foi levada para as regiões subjugadas, onde surgiriam depois as línguas românicas ou neolatinas. Essa antiga civilização romana ou latina contribuiu sobremaneira para o mundo que hoje conhecemos.

ROMÂNTICO
Versificação. V. **alexandrino** (2).

ROMENO
Filologia. Língua românica falada na Romênia e em algumas regiões vizinhas. É a língua oficial do país e tem literatura própria. Também chamado **valáquio**.

ROTACISMO

1. Linguística. Troca do **l** pelo **r**, no linguajar inculto de uma parcela da população. Por exemplo, **curto**, em vez de **culto**. Contrário de **lambdacismo** (q. v.).

2. Filologia. Mudança de **s** para **r**, no latim arcaico.

ROUBAR

Conjugação. Segue o modelo de **afrouxar** (q. v.).

RUBRICA

Redação oficial. O mesmo que **ementa**. V. **lei**[2].

RUÍDO

Teoria da comunicação. O mesmo que **interferência** (q. v.).

S

S

Décima nona letra do alfabeto português.

SABER

1. Conjugação. O radical da primeira pessoa do singular do presente do indicativo, **sei**, não dá origem ao presente do subjuntivo, cujo radical é **saib**. Além desses, existe **soub**, do pretérito perfeito e seus derivados.

Pres. ind.: sei, sabes, sabe, sabemos, sabeis, sabem

Pret. perf.: soube, soubeste, soube, soubemos, soubestes, souberam

Pret.imperf.: sabia, sabias, sabia, sabíamos, sabíeis, sabiam

Pret. m.-que-perf.: soubera, souberas, soubera, soubéramos, soubéreis, souberam

Fut. pres.: saberei, saberás, saberá, saberemos, sabereis, saberão

Fut. pret.: saberia, saberias, saberia, saberíamos, saberíeis, saberiam

Pres. subj.: saiba, saibas, saiba, saibamos, saibais, saibam

Imperf. subj.: soubesse, soubesses, soubesse, soubéssemos, soubésseis, soubessem

Fut. subj.: souber, souberes, souber, soubermos, souberdes, souberem

Imper. afirm.: sabe, saiba, saibamos, sabei, saibam

Imper. neg.: não saibas, não saiba, não saibamos, nãos saibais, não saibam

Inf. impess.: saber

Inf. pess.: saber, saberes, saber, sabermos, saberdes, saberem

Ger.: sabendo

Part.: sabido

2. Regência verbal.

a) Transitivo direto, com o sentido de "ter conhecimento":

Ninguém sabe a resposta.

b) Transitivo indireto, com o sentido de "ter gosto"; rege a preposição **a**:

Isto sabe a camarão.

SABOREAR

Conjugação. Segue o modelo de **bloquear** (q. v.).

SACUDIR

Conjugação. Conjuga-se como **acudir** (q. v.).

SÁFICO, decassílabo
Versificação. V. **decassílabo** (2).

SANTIGUAR
Conjugação. Segue o modelo de **apaziguar** (q. v.).

SARDO
Filologia. Língua românica falada na Sardenha, Itália.

SATISFAZER
1. Conjugação. Conjuga-se da mesma forma que **fazer** (q. v.).

2. Regência verbal. Indiferentemente transitivo direto ou indireto regendo a preposição **a**:

> Ele satisfez a diretoria.
> Ele satisfez à diretoria.

SAUDADE
Regência nominal. Pede complemento introduzido pelas preposições **de** ou **por**:

> O rapaz tem saudade da namorada.
> Havia grande saudade por aquelas terras.

SAUDAR
Conjugação. Conjuga-se como **abaular** (q. v.).

SE
Palavra de muitas classes e funções. Vamos relacionar as mais importantes.

1. Pronome apassivador

Equivale a **alguém** e só aparece com verbos que peçam objeto direto, que passa a ser classificado como sujeito. O mesmo que **partícula apassivadora**:

> Construiu-<u>se</u> uma nova casa.
> Trocaram-<u>se</u> as baterias.
> Deu-<u>se</u> o recado ao balconista.

Nota: Se o verbo transitivo direto pedir objeto direto preposicionado, o **se** passará a índice de indeterminação do sujeito. V. o item **2**.

2. Índice de indeterminação do sujeito

Equivale a **alguém** e aparece com verbo que não seja transitivo direto. O sujeito da oração fica indeterminado. O mesmo que **símbolo de indeterminação do sujeito** e **pronome indeterminador do sujeito**.

> Trabalha-<u>se</u> bastante.
> Gosta-<u>se</u> dos vizinhos.
> Continuou-<u>se</u> agitado.

Nota: Também será índice de indeterminação do sujeito se o verbo for transitivo direto, mas tiver complemento preposicionado:

> Ama-<u>se</u> a Deus.

365

SE NÃO

3. Pronome reflexivo

Equivale a **a si mesmo** e indica que o sujeito pratica e sofre a ação verbal. Tem três funções sintáticas:

O garoto se machucou nas pedras. (objeto direto)

Ele se dá muito valor. (objeto indireto)

Deixou-se levar pela mão. (sujeito)

Nota: No último exemplo, temos uma situação excepcional em que um pronome átono atua como **sujeito de infinitivo**. V. esse verbete.

4. Pronome recíproco

Tipo especial de pronome reflexivo em que a ação é mútua. O verbo fica sempre na terceira pessoa do plural. Pode ser objeto direto ou, mais raramente, indireto:

Mal-educados, os jogadores se xingaram. (objeto direto)

Os cientistas prometeram-se informações. (objeto indireto)

5. Parte integrante do verbo

Quando pertence ao verbo, dito pronominal. Sua retirada da frase acarreta erro gramatical.

Arrependeu-se de tudo.

Lembrou-se do amigo.

6. Partícula expletiva ou de realce

Quando pode ser retirado da frase, sem alterar-lhe o sentido ou a regência:

Todos já se foram.

7. Conjunção subordinativa integrante

Quando inicia oração que completa o sentido de outra, chamada principal. Sua oração equivale a **isto** e é subordinada substantiva:

Veja se ele está no carro.

8. Conjunção subordinativa condicional

Equivale a **caso** e introduz oração subordinada adverbial condicional:

Faremos a comida se houver ingredientes no armário.

9. Substantivo

Com algum determinante. Desempenha funções sintáticas variadas:

Não consigo analisar este se. (núcleo do objeto direto)

SE NÃO

A palavra **se** é uma conjunção condicional, equivalente de **caso**:

Estude um pouco mais, se não quiser ser reprovado. (caso não queira)

Às vezes é confundida com a palavra **senão**, que significa "porém" ou "do contrário":

Ele não pediu guaraná, senão um suco. (porém um suco)

Esforça-te mais, senão terás muitos problemas. (do contrário terás muitos problemas)

Nota: Se mudarmos, no segundo exemplo, a pontuação, o correto será **se não**:

Esforça-te mais, se não, terás muitos problemas. (se não te esforçares).

SECUNDÁRIO, radical

V. **radical**.

SECUNDUM LEGEM

Expressão latina que significa "segundo a lei".

SEDENTO

Regência. nominal. Pede complemento introduzido pelas preposições **de** ou **por**:

Márcio é sedento de compreensão.

Estavas sedento por justiça.

SEGUIR

Conjugação. Segue o modelo de **aderir** (q. v.).

SEM

Preposição com valor semântico de "ausência", "privação".

Ele saiu sem documentos.

Voltou sem o colega.

Nota: Apresenta sentidos variados quando inicia oração reduzida:

Sem ele pedir, foi atendido. (concessão)

Sem estudar, você não passará. (condição)

Sem comer, sentiu-se tonto. (causa)

SEM-

Trata-se da preposição **sem** (q. v.) usada como prefixo. A origem é latina. Exige hífen, mas é importante verificar se se trata realmente do prefixo:

Há um sem-número de erros na redação.

Era um imóvel sem número.

O sem-vergonha voltou.

Passou a vida toda sem vergonha alguma.

Ele é um sem-teto.

Estou sem teto no momento.

SEM QUE

Locução conjuntiva subordinativa que pode expressar:

1. condição:

Nada será feito sem que ele aprove. (se ele não aprovar)

2. concessão:

Sem que merecesse, o aluno foi repreendido. (embora não merecesse)

SEMANTEMA

Linguística. O mesmo que **lexema**, **morfema lexical** e **monema lexical**. V. **lexema** e **morfema**.

SEMÂNTICA

Parte da gramática que trata da significação das palavras. V. os verbetes homônimos, parônimos, sinônimos, antônimos, polissemia, campo semântico e conotação[2].

SEMEAR

Conjugação. Conjuga-se como **bloquear** (q. v.).

SEMELHANTE

Regência nominal. Pede complemento introduzido pelas preposições **a** ou **em**:
> A zebra é semelhante ao cavalo.
> Elas são semelhantes na fé.

SEMI-

Prefixo de origem latina que significa "metade". Pede hífen antes de **h** ou **i**:
> semi-herbáceo, semi-internato, semi-idolatria; semiárido, semirreta, semissoma, semideus, semifinal, semimorto

SEMICONSOANTE

Som intermediário entre a consoante e a vogal. São semiconsoantes os fonemas i (/y/) e u (/w/) quando antecedem a vogal, ou seja, nos ditongos crescentes. Quando esses fonemas estão depois da vogal, situação em que se diz que o ditongo é decrescente, são chamados de **semivogal** (q. v.):
> lín**gu**a, sér**i**o, ag**u**ar, infân**c**ia.
> ma**u**, pône**i**, bacalha**u**, va**i**

Nos quatro primeiros exemplos, as letras destacadas representam semiconsoantes; nos quatro últimos, semivogais.

Nota: Na Gramática Normativa da língua, aquela que se ensina em escolas e faculdades, usa-se o termo **semivogal** para as duas situações.

SEMIOLOGIA

Linguística. O mesmo que **Semiótica** (q. v.).

SEMIÓTICA

Linguística. Estudo científico de todos os signos, sejam humanos ou animais. V. **signo**.

SEMIVOGAL

Som intermediário entre a consoante e a vogal, constituindo com esta o **ditongo** (q. v.). O mesmo que **vogal assilábica**. São semivogais i (/y/) e u (/w/). A primeira é conhecida como **iode**; a segunda, como **ual** ou **val**. Podem ser grafadas, respectivamente, por **e** ou **i**, **o** ou **u**:
> mãe e lei (/mãy/ e /ley/)
> pão e mau (/pãw/ e /maw/)

368

SENÃO

Observe que **mãe** e **pão** se escrevem com **e** e **o**, mas a pronúncia é **i** e **u**. V. **semiconsoante**.

SENÃO
V. **se não**.

SENSIBILIDADE
Regência nominal. Rege as preposições **a**, **de** ou **por**:
> Tinhas sensibilidade à luz.
> Foi importante a sensibilidade da pesquisadora.
> Temos sensibilidade pelo sofrimento das pessoas.

SENSITIVOS
Assim são chamados os verbos **ver**, **sentir** e **ouvir**. Quando seguidos de um infinitivo, não formam com ele locução verbal, porquanto se trata de orações distintas, cada qual com seu suijeito. O mesmo se dá com os verbos **causativos** (q. v.):
> Vi chegar o trem.
> 1ª oração: Vi
> 2ª oração: chegar o trem

Notas:

1ª) O sujeito da primeira oração é **eu**; da segunda, **o trem**.

2ª) A oração do infinitivo é objeto direto do verbo **ver**.

SENSÍVEL
Regência nominal Pede complemento introduzido pelas preposições **a** ou **para**:
> Sou sensível à radiação solar.
> Sua dor é sensível para mim.

SENTENÇA¹
Nome antigo para oração e período.

SENTENÇA²
O mesmo que **aforismo** (q. v.).

SENTIDO
Significação da palavra no texto, falado ou escrito. Cada palavra tem, normalmente, vários sentidos de acordo com o texto em que é empregada A reunião de todos os sentidos constitui a significação da palavra.

SENTIENDI
Verbo usado no discurso direto e no indireto para indicar a fala de um personagem. Diferentemente do verbo ***dicendi*** (q. v.), serve para exprimir reação psicológica do personagem. São *sentiendi* verbos como berrar, gaguejar, balbuciar, lamentar, lamentar-se etc.:
> – Preciso comparecer, <u>balbuciou</u> o gerente.
> Ele <u>se lamentou</u> de que era tarde.

369

SEPARAÇÃO SILÁBICA

O mesmo que **divisão silábica** (q. v.).

SEQUÊNCIA

O mesmo que **cadeia** (q. v.).

SER

1. Conjugação. Verbo anômalo, isto é, que tem mais de um radical. São eles **s**, **e** e **fu**, muitas vezes alterados, os chamados **alomorfes**. Assim, apresenta formas como **s**ou, **é**s, **fu**i, **fo**ra, **são** e **sej**a. São tantas as irregularidades, que se torna impraticável apontá-las em sua totalidade. Vejamos sua conjugação completa.

Pres. ind.: sou, és, é, somos, sois, são

Pret. perf.: fui, foste, foi, fomos, fostes, foram

Pret. imperf.: era, eras, era, éramos, éreis, eram

Pret. m.-q.-perf.: fora, foras, fora, fôramos, fôreis, foram

Fut. do pres.: serei, serás, será, seremos, sereis, serão

Fut. do pret.: seria, serias, seria, seríamos, seríeis, seriam

Pres. subj.: seja, sejas, seja, sejamos, sejais, sejam

Imperf. subj.: fosse, fosses, fosse, fôssemos, fôsseis, fossem

Fut. sub.: for, fores, for, formos, fordes, forem

Imper. afirm.: sê, seja, sejamos, sede, sejam

Imper. neg.: não sejas, não seja, não sejamos, não sejais, não sejam

Inf. impess.: ser

Inf. pess.: ser, seres, ser, sermos, serdes, serem

Ger.: sendo

Part.: sido

Notas:

1ª) O verbo **ser** é o único da língua que não segue a regra de formação do imperativo afirmativo. Pela regra teríamos **é** (tu) e **soi** (vós), e não **sê** e **sede**. V. **imperativo**.

2ª) Da primeira pessoa do singular do presente do indicativo não se deriva o presente do subjuntivo, como ocorre com a quase totalidade dos verbos portugueses.

2. Concordância verbal. O verbo **ser** tem um capítulo à parte na concordância. É o único verbo da língua que pode não concordar com o sujeito, mas com o predicativo. Vejamos.

a) Indicando horas ou datas, concorda com a expressão numérica:

> Já são quatro horas.
> Já é uma hora.
> Já é uma hora e vinte minutos.
> Já são quinze para o meio-dia.
> Hoje são dez de outubro.
> Hoje é primeiro de outubro.

Nota: Com a palavra **dia** expressa, concorda com ela:

> Hoje é dia dez de outubro.

b) Quando o sujeito é **tudo**, **nada**, **o**, **isto**, **isso** ou **aquilo**, a concordância se faz com o sujeito ou com o predicativo:

> Tudo é dificuldades.
> Tudo são dificuldades.
> O que disse era impropriedades.
> O que disse eram impropriedades.
> Aquilo será problemas para todos.
> Aquilo serão problemas para todos.

c) É invariável em expressões que indicam quantidade, preço ou distância.

> Duzentos quilos será pouco.
> Cem reais é muito.
> Cem reais é o preço.
> Vinte quilômetros era a distância.

d) Concorda sempre com a pessoa ou o pronome pessoal:

> Marcos era as alegrias do pai.
> Ele era as alegrias do pai.
> As alegrias do pai era Marcos.
> As alegrias do pai era ele.

e) Quando o sujeito é **que** (ou **o que**) ou **quem**, pronomes interrogativos, concorda com o predicativo:

> Quem são os participantes?
> Que seriam essas coisas?
> O que seriam essas coisas?

f) Com **cerca de** e **perto de** mais palavra no plural, a concordância é opcional:

> Era perto de dez horas.
> Eram perto de dez horas.
> Seria cerca de quarenta minutos.
> Seriam cerca de quarenta minutos.

g) É invariável na expressão **era uma vez**, que inicia certos contos infantis:

> Era uma vez uma rainha...
> Era uma vez duas rainhas...

3. Regência verbal. O verbo **ser** é, normalmente, de ligação, acompanhado de um predicativo do sujeito:

> Mário era famoso.

Em algumas construções especiais, é verbo intransitivo, sendo empregado então apenas com o sujeito:

> Deus é.

Nota: A gramática tradicional considera-o de ligação em frases do tipo "São duas horas", embora a oração não tenha sujeito. Em nosso ver, ele é intransitivo e concorda normalmente com **duas horas**, que é o seu sujeito. Não é esse, no entanto, o ensinamento que se passa aos alunos nas escolas brasileiras.

SERVIR

1. Conjugação. Segue o modelo de **aderir** (q. v.).

2. Regência verbal. Verbo de regência variada; há discordâncias entre os gramáticos. Tentamos, aqui, uma simplificação.

a) Transitivo direto quando significa "pôr sobre a mesa" ou "estar a serviço":

Serviremos o jantar.

Ele serve os necessitados.

b) Transitivo indireto quando significa "prestar serviços" ou "convir"; rege a preposição **a**:

Ele serve bem ao patrão.

Tal proposta não lhe serve.

c) Transitivo indireto significando "prestar serviços militares"; rege a preposição **em**:

Meu irmão serviu no Exército.

d) Transitivo indireto com o sentido de "ter préstimo, utilidade"; rege a preposição **para**:

Esta farinha não serve para a receita do bolo.

SETILHA

Versificação. Estrofe de sete versos:

"Na hora mais triste que eu sei

Das horas que vêm e vão,

Saudosamente espalhei

Suspiros do coração;

Pois que me nascia, então,

Uma mágoa singular

Entre o sol-posto e o luar." (José Albano)

SEVERO

Regência nominal. Pede complemento introduzido por **com**, **em** ou **para com**:

Não seja severo com ele.

Sou severo em tudo que faço.

Carlos é severo para com os colegas.

SEXTILHA

Versificação. Estrofe de seis versos:

"Fernão Dias Pais Leme agoniza. Um lamento

Chora longo, a rolar na longa voz do vento.

Mugem soturnamente as águas. O céu arde,

Transmonta fulvo o sol. E a natureza assiste,

Na mesma solidão e na mesma hora triste,

À agonia do herói e à agonia da tarde." (Olavo Bilac)

SEXTINA
Versificação. Poema de forma fixa constituído de seis sextilhas e um terceto, com um sistema bem elaborado e rígido de repetição de palavras.

SIBILANTE
Nome especial dado à consoante que, ao ser emitida, lembra o som de um sibilo. São sibilantes as consoantes /Sê/ e /Zê/.

SIC
Palavra latina que significa "assim mesmo", "escrito desta maneira".

SIGLA
Tipo de **braquigrafia** (q. v.) que consiste em se reduzir um título longo, utilizando-se para tal somente algumas letras das palavras, quase sempre as iniciais. O mesmo que **acrografia** e **acrossemia**:

ONU – Organização das Nações Unidas

Algumas siglas importantes

ABI – Associação Brasileira de Imprensa
ABL – Academia Brasileira de Letras
ABNT – Associação Brasileira de Normas Técnicas
Alca – Área de Livre Comércio das Américas
Anvisa – Agência Nacional de Vigilância Sanitária
BNDES – Banco Nacional de Desenvolvimento Econômico e Social
CEP – Código de Endereçamento Postal
CIC – Cartão de Inscrição do Contribuinte
CLT – Consolidação das Leis Trabalhistas
CNBB – Conferência Nacional dos Bispos do Brasil
CNPJ – Cadastro Nacional de Pessoas Jurídicas
CPF – Cadastro de Pessoas Físicas
CTN – Código Tributário Nacional
Detran – Departamento Estadual de Trânsito
DNER – Departamento Nacional de Estradas de Rodagem
Embrapa – Empresa Brasileira de Pesquisa Agropecuária
EMBRATEL – Empresa Brasileira de Telecomunicações
Enem – Exame Nacional do Ensino Médio
FEB – Federação Espírita Brasileira
FEB – Força Expedicionária Brasileira
FGTS – Fundo de Garantia do Tempo de Serviço
FMI – Fundo Monetário Internacional
IBGE – Fundação Instituto Brasileiro de Geografia e Estatística
INPC – Índice Nacional de Preços ao Consumidor
INSS – Instituto Nacional do Seguro Social

IPTU – Imposto Predial e Territorial Urbano
IPVA – Imposto sobre a Propriedade de Veículos Automotores
LBA – Fundação Legião Brasileira de Assistência
LBV – Legião da Boa Vontade
MAM – Museu de Arte Moderna
NGB – Nomenclatura Gramatical Brasileira
OAB – Ordem dos Advogados do Brasil
OEA – Organização dos Estados Americanos
OMC – Organização Mundial do Comércio
OMS – Organização Mundial da Saúde
OTAN – Organização do Tratado do Atlântico Norte
Petrobras – Petróleo Brasileiro S.A.
PNB – Produto Nacional Bruto
SPC – Serviço de Proteção ao Crédito
STF – Supremo Tribunal Federal
TCU – Tribunal de Contas da União
UE – União Europeia
VOLP – Vocabulário Ortográfico da Língua Portuguesa

SIGNIFICAÇÃO

Informação que uma forma linguística qualquer transmite ao usuário da língua. É o sentido básico da palavra. Engloba a **denotação** e a **conotação**. **V. conotação²**. Numa dada palavra há:

1. significação externa, contida no radical;

2. significação interna ou gramatical, contida nos morfemas (prefixo, desinências etc.)

Importante destacar que, em virtude da **polissemia** (q. v.), a significação de uma palavra só pode ser determinada no contexto linguístico. O estudo da significação chama-se **semântica** (q. v.).

SIGNIFICADO

Linguística. V. **signo linguístico**.

SIGNIFICANTE

Linguística. V. **signo linguístico**.

SIGNO

Linguística. Designação genérica de qualquer objeto, forma ou fenômeno que representa alguma coisa diferente de si mesmo. De acordo com sua natureza, o signo pode ser sinal, ícone ou símbolo. V. esses verbetes.

SIGNO LINGUÍSTICO

Linguística. Segundo o linguista Ferdinand de Saussure, a quem se deve o termo, signo linguístico é a unidade mínima da frase. Não é uma abstração, mas um elemento essencialmente psíquico. É a união de um **conceito** a uma **imagem acústica**. Conceito, aqui, é o **significado**; imagem acústica, o **significante**, ou seja, a cadeia sonora captada pelo ouvinte e que remete ao significado. Mas Saussure não vê o significante apenas como o som material, a pronúncia, e sim a impressão psíquica desse som. Os signos linguísticos são, na realidade, as palavras.

Tomemos como exemplo o signo linguístico **árvore**. Seu significante, ou seja, a imagem acústica /árvori/, traz à mente do ouvinte a ideia do que se convenciou chamar de árvore.

Saussure apresenta algumas características essenciais do signo. Vejamos as duas mais importantes.

1. Arbitrariedade do signo linguístico

O elo entre significante e significado é arbitrário. Nada existe de real, concreto, entre a ideia de um objeto como a cadeira e o significante /kadeyra/ que a ele se acha ligado na língua portuguesa. Em outras palavras, essa ligação é arbitrária, convencional. Comprova isso o fato de que cada língua tem o seu significante específico para o conceito de cadeira. Saussure chamava, então, o signo linguístico de **arbitrário** ou **imotivado**, palavras que podemos, aqui, considerar sinônimas.

2. Linearidade do significante

Por ser de natureza auditiva (é a cadeia acústica, como vimos), o significante se desenvolve no tempo, ou seja, um após outro. Assim, os signos constituem uma cadeia, a cadeia da fala, jamais aparecendo de maneira simultânea, mas em sequência.

SÍLABA

Emissão, a um só tempo, de sons vocais. A vogal é a base da sílaba, o que equivale a dizer que não há sílaba sem vogal.

1. Sílaba átona

Aquela cuja vogal é átona. Pode haver várias sílabas átonas em uma palavra:

saudá**vel**, su**co**

2. Sílaba tônica

Aquela cuja vogal é tônica. Só há uma vogal tônica na palavra.

estru**tu**ra, **pró**ximo

3. Sílaba pretônica

A sílaba átona que aparece imediatamente antes da tônica:

amigo, pre**pa**rado

4. Sílaba postônica

A sílaba átona que aparece imediatamente após a tônica:

grande**za**, ó**ti**mo

5. Sílaba subtônica

Aquela em que ocorre o acento secundário. Aparece em palavra derivada de outra, na qual era a sílaba tônica:

a**nei**zinhos, cris**tã**mente

Nota: A classificação que acabamos de ver é, igualmente, a da vogal.

375

SILABAÇÃO
O mesmo que **divisão silábica** (q. v.).

SILABADA
V. **barbarismo** (2).

SILÁBICA, escrita
V. **escrita**[1] (5).

SILÁBICO, fonema
V. **assilábico**.

SILEPSE
Estilística. Figura que consiste numa concordância anormal, feita com a ideia, e não com a palavra presente no texto. Por isso mesmo é conhecida como **concordância ideológica**.

1. Silepse de gênero

Concordância especial entre o substantivo e o adjetivo, quando aquele não está presente na frase:

A criança estava sorrindo. Como é bonito! (menino bonito)

Belo Horizonte é grandiosa. (cidade grandiosa)

2. Silepse de número

Ocorre quando o sujeito da oração é um coletivo no singular, e o verbo, sempre colocado a distância, vai ao plural:

O grupo caminhava lentamente; por precaução, falavam muito baixo.

Nota: Observe o afastamento entre **grupo**, na primeira oração, e **falavam**, na segunda. Não seria aceitável – e é bom que não se culpe a silepse pelo erro – dizer "O grupo caminhavam".

3. Silepse de pessoa

Ambos, sujeito e verbo, ficam no plural, porém em pessoas diferentes:

Os brasileiros éramos os mais esperançosos.

SÍMBOLO
Estilística. Palavra usada como referência, passando a significar alguma coisa. É, pois, um tipo de **signo** (q. v.). Por exemplo, o cão é um símbolo de fidelidade, em função de ser ele um animal extremamente fiel a seu dono. Outros símbolos: Hércules (força), Jó (paciência), espada (força militar), cruz (fé ou sofrimento), lesma (lentidão) etc. O símbolo é, na sua origem, uma metáfora. O uso repetido e aceito universalmente é que lhe confere a condição de símbolo.

SÍMBOLO DE INDETERMINAÇÃO DO SUJEITO
O mesmo que **pronome indeterminador do sujeito** e **índice de indeterminação do sujeito** (q. v.).

SÍMILE
Estilística. O mesmo que **comparação**. V. **comparação³**.

SIMPÁTICO
Regência nominal. Pede complemento introduzido pela preposição **a**:

Sou simpático a essa causa.

SIMPATIZAR
Regência verbal. Verbo transitivo indireto; rege a preposição **com**. Não pode ser pronominal:

Simpatizo bastante com suas ideias. (certo)

Simpatizo-me bastante com suas ideias. (errado)

SIMPLES¹, estrofe
Versificação. Tipo de estrofe. O mesmo que **isométrica** (q. v.).

SIMPLES²
Classificação de substantivo ou adjetivo. V. **composto** (2).

SIMPLES³, sujeito
Classificação de sujeito. É aquele formado por apenas um núcleo:

O cachorro comeu toda a ração.

Bastam algumas palavras.

Nota: O núcleo pode estar subentendido. Diz-se que ele está oculto. Porém, cuidado! Oculto não é classificação de sujeito, e sim uma característica do sujeito simples:

Gostamos do estudo. (nós)

SIMPLES, palavra
Formação de palavras. V. **formação de palavras** (1) e **composição**.

SIMPLES, preposição
V. **preposição** (1).

SÍMPLOCE
Estilística. Figura que consiste na repetição de um termo, no início e no fim da oração ou verso. É o emprego simultâneo da **anáfora** (repetição no início) e da **epístrofe** (repetição no final). V. **anáfora¹** e **epístrofe.**

Agora desejo sua atenção, agora necessito de sua atenção.

"O sono que desce sobre mim,

O sono mental que desce fisicamente sobre mim,

O sono universal que desce individualmente sobre mim..." (Fernando Pessoa)

SINAFIA

Versificação. Inclusão da sílaba átona final de um verso no seguinte, com a finalidade de ajustá-lo aos demais quanto ao número de sílabas:

"Do coração nos refolhos

Solta um ai! num teu suspiro

Eu respiro!

Mas fita ao menos teus olhos

Sobre os meus: eu quero-os ver

Para morrer!" (Álvares de Azevedo)

A estrofe é formada por versos de sete sílabas (1°, 2°, 4° e 5°) e de quatro sílabas (3° e 6°), como ocorre em todo o poema. Porém, o 3° verso conta apenas com 3 sílabas. A sinafia consiste em integrar a sílaba átona final do 2° verso (suspi**ro**) no terceiro, de tal forma que este passe a ter quatro sílabas: ro eu respiro.

SINAL[1]

Traço ou conjunto de traços utilizados na escrita com sentido convencional.

SINAL[2]

Tipo de **signo** (q. v.) em que o elemento sugere um outro elemento. O mesmo que **indício**. Por exemplo, a fumaça é um sinal ou indício de fogo. Ou seja, o elemento fumaça sugere à pessoa que existe um outro elemento, que é o fogo.

SINAL DE NASALIZAÇÃO

Elemento que nasala uma vogal. São sinais de nasalização o **til** e as letras **m** e **n**, normalmente quando formam sílaba com a vogal anterior:

mão, cinto, onda, campo

SINAL DIACRÍTICO

Sinal gráfico que se liga a uma letra para dar-lhe um novo valor. São sinais diacríticos em português: os acentos (agudo, circunflexo e grave), o trema, a cedilha e o til. Também se diz apenas **diacrítico**. O sinal diacrítico é um tipo de **notação léxica**. V. **notação** (1).

SINALEFA[1]

Gramática Histórica. Queda da vogal final de uma palavra, quando a seguinte começa por vogal:

d**e** + in + ante > diante

SINALEFA[2]

Versificação. União da vogal final de uma palavra com a vogal que inicia a palavra seguinte:

"... Diss**e a**deus ao brilhar das açucenas..." (Casimiro de Abreu)

Observe a pronúncia das duas primeiras palavras: diss**ia**deus. Esse ditongo (ia), que surge na junção das duas palavras, é que se chama sinalefa.

Nota: A elisão e a crase são tipos de sinalefa. V. **elisão** e **crase** (1).

SÍNCLISE

Colocação pronominal. Emprego dos pronomes átonos. Daí as palavras **próclise**, **ênclise** e **mesóclise**. V. esses verbetes.

SÍNCOPE[1]

Gramática Histórica. Queda de fonema no interior do vocábulo:

malu > mau, opera > opra (depois, obra), mediu > meio

SÍNCOPE[2]

Versificação. Supressão de sons no meio da palavra, por necessidade de metrificação.

"... A voz, que na soidão só ele escuta, – só..." (Olavo Bilac)

A palavra **solidão** perdeu o **l**, passando a **soidão**.

SINCRONIA

V. **diacronia**.

SINCRÔNICA[1], Gramática

O mesmo que **descritiva** e **expositiva**. V. **Gramática** (2).

SINCRÔNICA[2], Linguística

Linguística. O mesmo que **descritiva**. V. **Linguística** (2).

SINDÉTICA

V. **oração coordenada**.

SINE DIE

Expressão latina que significa "sem data fixa".

SINE JURI

Expressão latina que significa "sem direito".

SINE QUA NON

Expressão latina que significa "indispensável".

SINÉDOQUE

Estilística. V. **metonímia**.

SINENCLÍTICO

Colocação pronominal. Pronome enclítico colocado após outro, também enclítico:

Pediu-se-**lhe** a verdade.

SINÉRESE

Versificação.Transformação de hiato em ditongo, dentro da mesma palavra. O mesmo que **ditongação**:

"Pranteando sobre uma alma que pranteia..." (Álvares de Azevedo)

SINESTESIA

O hiato da palavra **pranteando** (pran-te-an-do) deve ser lido como ditongo (pran-tean-do), pois só assim o verso contará com dez sílabas, como os demais do poema.

SINESTESIA

Estilística. Figura que consiste em reunir sentidos humanos diferentes:

> Era uma cor gostosa.
>
> Senti na sala o seu perfume quente.

SINGULAR

O contrário de **plural** (q. v.).

SINONÍMIA

Semântica. Emprego de **sinôninos** (q. v.).

SINÔNIMOS

Semântica. Palavras de mesma ou quase mesma significação:

> longo e comprido, voltar e retornar, belo e bonito

SINÔNIMOS E ANTÔNIMOS

V. **dicionário** (4).

SÍNQUISE

Estilística. Tipo de **hipérbato** (q. v.) que consiste numa inversão violenta de termos ou de orações, a ponto de prejudicar o entendimento do texto. Alguns autores preferem classificá-la como vício de linguagem:

> "A grita se levanta ao céu, da gente..." (Camões)
>
> Entenda-se: "A grita da gente se levanta ao céu."

SINTAGMA

Conjunto binário em que um dos elementos subordina o outro. Assim, temos no sintagma:

a) um determinante, termo acessório, menos importante, subordinado ao outro;

b) um determinado, termo principal, que encerra a significação principal do grupo e subordina o outro elemento:

> a cadeira
>
> determinado – cadeira
>
> determinanante – a

Tipos de sintagmas

1. Lexical

Aquele formado por uma palavra:

> aluna
>
> determinado – alun (o radical da palavra)
>
> determinante – a (a desinência)

SINTAXE

2. Locucional

Formado por uma expressão, um grupo:

> meu amigo
> determinado – amigo
> determinante – meu

3. Oracional

Formado por uma oração:

> Sueli preencheu os fomulários.
> determinado: Sueli (o sujeito)
> determinante: prencheu os formulários (predicado)

Nota: O sintagma oracional tem como determinado o sujeito, e como determinante o predicado. Se destacarmos um sintagma dentro da oração, ele será chamado de suboracional. Tomando como exemplo a frase dada, poderemos destacar o predicado "preencheu os formulários" e classificá-lo como um sintagma suboracional, em que **preencheu** (verbo, núcleo do predicado) é o determinado, e **os formulários** (o objeto direto), o determinante.

4. Superoracional ou periodológico:

Aquele formado por uma oração principal e uma oração subordinada:

> Sabíamos que haveria dificuldades.
> determinado: sabíamos
> determinante: que haveria dificuldades

Nota: O período composto por coordenação não constitui sintagma superoracional, uma vez que não tem oração principal, que seria o determinado.

SINTAXE

Uma das partes da gramática. Trata da disposição e da relação lógica das palavras na frase e das frases no texto. Engloba a concordância, a regência, a colocação e a análise sintática.

SINTÉTICA

Tipo de voz passiva. V. **voz verbal** (2.).

SINTÉTICO

V. **grau**.

SISTEMA

Conjunto de elementos linguísticos que interagem de maneira funcional. A língua é, portanto, um sistema. V. **estruturalismo**.

SISTENTE, articulação

O mesmo que **tensão**. V. **articulação**[1] (2).

SÍSTOLE

Gramática Histórica. V. **hiperbibasmo** (1).

SITO

Regência nominal. Redução de **situado**. Rege a preposição **em**, e não **a**:

Tem um salão sito na Rua Conde de Bonfim.

SITUADO

Regência nominal. Pede a preposição **em**, e não **a**:

Meu estúdio está situado num bairro bem aconchegante.

SITUAR-SE

Regência verbal. Pede adjunto adverbial iniciado pela preposição **em**, e não **a**:

O escritório situa-se na Av. Presidente Vargas.

SÓ

Concordância nominal. Como adjetivo, equivalente a **sozinho**, variável, pode ir ao plural. Como palavra denotativa de exclusão, equivalente a **apenas**, é invariável:

Ela ficou só. (sozinha)

Elas ficaram sós. (sozinhas)

Só eles entenderam. (apenas)

Precedido da preposição **a**, assume a forma do plural, em qualquer situação:

Ele estava a sós.

Eles estavam a sós.

SOANTES, rimas

Versificação. O mesmo que **consoantes** (q. v.).

SOAR

1. Conjugação. Conjuga-se como **abençoar** (q. v.).

2. Concordância verbal. V. **bater**.

SOB

Preposição com valores semânticos variados.

1. Embaixo de:

Deixei os chinelos sob a cama.

2. De acordo com:

Comprei paletós sob medida.

3. A partir de:

Estude o problema sob um novo aspecto.

4. Durante:

O fato se deu sob o governo de Napoleão.

5. Na dependência de algo ou alguém:

Vivíamos sob uma ditadura militar.

6. Envolvido, influenciado:

Trabalhávamos sob pressão.

SOB-

Prefixo de origem latina que significa "embaixo de". Pede hífen antes de **h**, **r** ou **b**:

sob-rojar, sob-roda; sobpor, sobgrave

SOBRE

Preposição com inúmeros valores semânticos:

1. Acima de:

O gato estava sobre o sofá.

2. A respeito de:

Conversamos sobre a situação da empresa.

3. De encontro a:

Ele se atirou sobre o adversário.

4. Além de:

Estamos todos sobre os quarenta anos.

5. Relação de dominância:

Tem grande influência sobre o irmão.

6. Por causa de:

Ele se entristecia sobre seus atos impensados.

7. Após:

Conquistou espaço na empresa dia sobre dia.

SOBRE-

Prefixo de origem latina que significa "em cima de", "além de", "mais do que". Pede hífen antes de **h** ou **e**:

sobre-humano, sobre-encantar; sobrerrestar, sobressinal, sobreinteligível

SOBRECOMUM

Tipo de substantivo uniforme quanto ao gênero. V. **gênero** (1).

SOBRENOME

O mesmo que **apelido**. V. **antropônimo**.

SOBREPOR

Conjugação. Segue o modelo do verbo **pôr** (q. v.).

SOBRESCREVER

Conjugação. Segue o modelo de **escrever** (q. v.).

SOBREVIR
Conjugação. Segue o modelo de **vir** (q. v.).

SOCIOLINGUÍSTICA
Linguística. Ciência que trata dos usos da linguagem e as variadas modalidades de comunicação que se estabelecem em diferentes grupos sociais. Estuda, pois, os aspectos sociais do emprego da língua, como as variações linguísticas que existem dentro dos grupos, de acordo com as diferentes funções de seus integrantes.

SOER
Conjugação. Verbo defectivo. Não possui, como **abolir** (q. v.), a primeira pessoa do singular do presente do indicativo, bem como todo o presente do subjuntivo. Apresenta, no presente do indicativo, o ditongo **ói**, na segunda e na terceira pessoas do singular: sóis, sói. É verbo de uso muito escasso.

SOLECISMO
Vício de linguagem que consiste em qualquer erro de sintaxe: concordância, regência e colocação pronominal:

Houveram muitos problemas.

Assisti o jogo.

Ninguém avisou-me.

Na primeira frase, ocorreu erro de concordância; o correto é **houve**. Na segunda, erro de regência; o certo é **ao**. Na terceira, erro de colocação pronominal; o correto é **me avisou**.

SOLIDÁRIO
Regência nominal. Pede complemento introduzido pelas preposições **com** ou **em**:

Mostrou-se solidário com nosso problema.

Ele é solidário na dor.

SOLILÓQUIO
O mesmo que **monólogo** (q. v.).

SOLRESSOL
V. **língua** (2).

SOLTOS, versos
Versificação. O mesmo que **brancos** (q. v.).

SOLUÇÃO DE CONTINUIDADE
Expressão que significa "interrupção":

A atividade não sofrerá solução de continuidade. (não será interrompida)

SONETO
Poema de forma fixa constituído de duas quadras e dois tercetos, num total de quatorze versos. É uma das composições mais conhecidas da literatura mundial. Essa é

SONORAS, consoantes

a modalidade mais cultivada, que alguns chamam de soneto italiano ou, simplesmente, soneto. Há, contudo, uma variante formada por três quadras e um dístico, conhecida como soneto inglês.

SONORAS, consoantes
V. **consoante²** (3).

SONORIDADE
Ressonância decorrente da vibração das cordas vocais. Se, na emissão do fonema, as cordas vibram, ele se diz **sonoro**; é o caso de /Vê/. Senão, ele será **surdo**; é o caso de /Fê/. A diferença que existe entre esses dois fonemas é a sonoridade.

SONORIZAÇÃO
Gramática Histórica. Passagem de um fonema surdo intervocálico a um sonoro, que é seu homorgânico. V. **homorgânicas**. Assim, a sonorização consiste na transformação dos fonemas /Pê/, /Tê/, /Kê/, /Fê/, /Sê/ e /Xê/ em, respectivamente, /Bê/, /Dê/, /Guê/, /Vê/, /Zê/ e /Jê/:

> lu**p**u > lo**b**o, ci**t**u > ce**d**o, a**c**e**t**u > a**z**e**d**o

Nota: A sonorização é um tipo de lenização ou abrandamento, passagem de fonema de articulação forte para um de articulação fraca. V. **lenização**.

SORRIR
Conjugação. Conjuga-se como **rir** (q. v.).

SORTIR
Conjugação. Conjuga-se como o verbo **polir** (q. v.). Não confundir com **surtir**, que é regular, portanto sem alteração no radical. Veja o presente do indicativo dos dois verbos:

> sortir – surto, surtes, surte, sortimos, sortis, surtem
>
> surtir – surto, surtes, surte, surtimos, surtis, surtem

SOTA-
Prefixo variante de **soto-** (q. v.).

SOTAQUE
Pronúncia típica de um indivíduo ou de um determinado lugar. No Brasil, país de grande extensão, há vários sotaques, de acordo com a região.

SOTO-
Prefixo de origem latina que significa "posição inferior". Variante: **sota-**. Ambos exigem hífen:

> soto-ministro, soto-soberania, sota-proa

SPONTE SUA
Expressão latina que significa "por vontade própria".

STATU QUO
Expressão latina que significa "no estado atual".

STATUS

Palavra latina que significa "situação", "estado".

STRICTO SENSU

Expressão latina que significa "literal", "no sentido restrito".

SUARABÁCTI

Gramática Histórica. O mesmo que **anaptixe** (q. v.).

SUB-

1. Prefixo de origem latina com inúmeros significados, entre os quais "posição inferior", "de novo", "quase" e "movimento de baixo para cima". Pede hífen antes de **h**, **b** ou **r**:
> sub-hepático, sub-base, sub-região; subdividir, sublegenda

2. Na divisão silábica, temos o seguinte:
  a) Seguido de consoante, não se divide:
  > sub-se-ção, sub-li-nhar

  b) Seguido de vogal, o **b** se desloca para a sílaba seguinte, formando sílaba com essa vogal:
  > su-ba-é-reo, su-ba-tô-mi-co

SUB JUDICE

Expressão latina que significa "sob apreciação judicial".

SUBDIALETO

Filologia. Variante regional de um **dialeto** (q. v.).

SUBIR

Conjugação. Segue o modelo de **acudir** (q. v.). Embora derivado de **ir**, não se conjuga por ele. O prefixo **sub-** (q. v.), nesse caso, significa "movimento de baixo para cima".

SUBJEÇÃO

Estilística. Figura que consiste em se fazer uma pergunta e, a seguir, dar a resposta. O mesmo que **sujeição**:
> Afinal, meus amigos, qual foi o resultado da pesquisa? Um novo remédio contra essa doença.

SUBJETIVA

Oração subordinada substantiva que funciona como sujeito da oração principal. Aparece em situações distintas.

1. Na oração principal há verbo de ligação e predicativo:
> É necessário que nos acompanhem.

2. Na oração principal há verbo unipessoal (urgir, constar, bastar, parecer etc.):
> Consta que ele viajou.
> Parece que nada mudará.

3. Na oração principal há verbo com partícula apassivadora:

Pede-se que ninguém converse.

Notas:

1ª) Como as demais orações substantivas, pode ser reduzida de infinitivo:

É importante esperar mais um pouco.

2ª) Pode ser justaposta, introduzida pelo pronome indefinido **quem**:

Quem leu o regulamento entendeu a explicação.

Alguns gramáticos consideram adjetiva essa oração subordinada, por causa da possibilidade de desdobramento do **quem** (aquele que), sendo esse **que** um pronome relativo. Achamos forçada tal análise.

SUBJETIVO[1]

Relativo ao sujeito. Por isso se chama de pronome subjetivo o pronome pessoal que atua como sujeito. V. **objetivo**[1].

SUBJETIVO[2]

Aquilo que depende de opinião, ou seja, do sujeito. V. **objetivo**[2].

SUBJUNTIVA, semivogal

O mesmo que **pospositiva**. V. **ditongo**.

SUBJUNTIVO

Modo verbal que apresenta o fato de maneira duvidosa. O mesmo que **conjuntivo**, sendo esta uma palavra em desuso na língua:

que eu diga, se eu corresse, quando tu chegares

SUBMERGIR

Conjugação. Segue o modelo de **emergir** (q. v.).

SUBORDINAÇÃO

Relação de dependência entre o termo **subordinante** (q. v.) e seu subordinado. Diz-se que há subordinação entre o sujeito e o verbo, entre o verbo e seu complemento, entre a oração principal e a subordinada etc. O mesmo que **hipotaxe**.

SUBORDINADA

V. **oração subordinada**.

SUBORDINADO

V. **subordinante**.

SUBORDINANTE

Diz-se do termo ao qual se liga um outro, como complemento ou adjunto, estando eles sujeitos às regras da concordância e da regência. O termo subordinante é o principal do grupo, sendo o outro chamado de **subordinado**. Por exemplo, o substantivo é o

SUBORDINATIVA

subordinante em relação aos seus adjuntos; o verbo é o subordinante em relação aos seus complementos etc.

SUBORDINATIVA

Conjunção que subordina uma oração, chamada subordinada, a uma outra, dita principal. V. **conjunção subordinativa**.

SUBSCREVER

Conjugação. Conjuga-se como **escrever** (q. v.).

SUBSTANTIVA

V. **oração subordinada** (1).

SUBSTANTIVAÇÃO

Mudança da classe gramatical de uma palavra, que passa a figurar entre os substantivos. Tal mudança se dá por intermédio de um determinativo masculino, em geral o artigo. V. **conversão**:

Ouvia-se apenas o <u>coaxar</u> das rãs.

Não esperem de mim um <u>cantar</u> que a todos agrade.

SUBSTANTIVADO

Palavra de outra classe tranformada em substantivo. V. **substantivação**.

SUBSTANTIVO

Classe gramatical variável que designa os seres de um modo geral, os sentimentos, as ações, os estados e as qualidades.

planta, casa, coração, armário, saudade, casamento, saúde, honestidade

O substantivo se classifica em: comum, próprio, concreto, abstrato, simples, composto e coletivo. V. cada um desses verbetes.

Quanto à flexão, pode ser:

1. singular ou plural:

pássaro – pássaros

2. masculino ou feminino:

garoto – garota

V. **flexão nominal**.

SUBSTITUIÇÃO

V. **adjunto adverbial** (19).

SUBSTITUIR

Conjugação. Segue o modelo de **atribuir** (q. v.).

SUBSTRATO

Filologia. Influência exercida pela língua do povo subjugado sobre a do povo dominante. Qualquer traço deixado por essa língua, abandonada por seus falantes em virtude da

SUBTÔNICA, sílaba

imposição de uma outra, chama-se substrato. Pode-se chamar de substrato a própria língua abandonada em tais condições. O latim, por exemplo, ganhou inúmeros substratos, em razão do contato com as línguas faladas nas regiões dominadas. V. **superstrato**.

SUBTÔNICA, sílaba
V. **sílaba** (5).

SUBTÔNICAS, vogais
V. **vogal**[2] (2).

SUCEDER
Regência verbal.

1. Transitivo indireto, com o sentido de "vir após"; rege a preposição **a**:

Sucederei ao atual presidente.

2. Transitivo indireto, significando "acontecer". Pede objeto introduzido por **a** ou **com**:

Algo sucedeu ao nosso amigo.

Nada sucederá com o atleta.

3. Intransitivo, quando tem sujeito oracional; significa "acontecer".

Sucede que não há mais tempo.

SUFIXAÇÃO
Formação de palavras. V. **derivação** (2).

SUFIXAL
Formação de palavras. V. **derivação** (2).

SUFIXO
Estrutura das palavras. V. **afixo** (2).

SUI GENERIS
Expressão latina que significa "original", "sem igual".

SUJEIÇÃO
Estilística. O mesmo que **subjeção** (q. v.).

SUJEITO
Termo essencial da oração, ao lado do predicado. Indica a pessoa ou coisa de que se declara algo. Responde às perguntas "quem?" ou "o que?".

Alfredo conversou com a namorada. (quem conversou?)

Surgiu um problema. (o que surgiu?)

A concordância ajuda a reconhecer o sujeito. Assim, diz-se "falta uma questão" e "faltam duas questões". Percebe-se que **uma questão** e **duas questões** atuam como sujeito.

Nota: O sujeito se classifica em simples, composto e indeterminado. V. **simples**[3], **composto**[3] e **indeterminado**. Se não houver sujeito, diz-se **oração sem sujeito** (q. v.).

389

SUJEITO DE INFINITIVO

Caso excepcional em que o sujeito é representado por um pronome átono: me, te, se, o, a, lhe, nos, vos. Isso ocorre apenas com os verbos causativos (mandar, fazer, deixar) e sensitivos (ver, sentir, ouvir) seguidos de uma oração infinitiva:

> Mandei-o voltar logo.
> 1ª oração: mandei
> 2ª oração: o voltar logo
> sujeito da 2ª oração: o

Observe que se poderia dizer "Mandei que ele voltasse logo", onde a palavra **ele** atua como sujeito da oração. V. **formas nominais do verbo**.

SUMIR

Conjugação. Segue o modelo de **acudir** (q. v.).

SUPER-

Prefixo de origem latina de significações variadas, entre elas "em cima de", "demais" e "além de". Pede hífen antes de **h** ou **r**:

> super-herói, super-representar; superestimar, supermercado, superprodução

SUPERIORIDADE

V. **grau** (2).

SUPERLATIVO

V. **grau** (2).

SUPERSTRATO

Filologia. Influência da língua de um povo dominante, a qual deixa de ser falada na região, sobre a do povo subjugado. Qualquer marca deixada nessa outra língua chama--se superstrato, assim como a própria língua. Por exemplo, os povos bárbaros que invadiram e dominaram a Península Ibérica abandonaram suas línguas primitivas para adotar o latim. São consideradas superstratos do latim. V. **substrato**.

SUPLETIVA

Forma gramatical, de raiz diferente, que serve para suprir a falta de um elemento, seja entre os verbos, seja entre os nomes. Ocorre em abundância na formação do feminino. **Égua**, que não tem relação mórfica com **cavalo**, é uma forma supletiva, já que da palavra **cavalo** não se forma o feminino, como em **gato** e **gata**, **leão** e **leoa**, **duque** e **duquesa** etc. Os radicais diferentes que aparecem em certas formas verbais, como **fu** (de fui) em relação a **s** (de ser) são supletivas. Se o radical do infinitivo aparecesse em todas as formas verbais, não existiriam esses elementos supletivos.

SUPLICAR

Regência verbal. V. **implorar**.

SUPOR

Conjugação. Conjuga-se como o verbo primitivo, **pôr** (q. v.).

SUPRA-

Prefixo de origem latina com inúmeros significados, entre outros "acima de", "mais além" e "além de". Pede hífen antes de **h** ou a:

supra-hepático, supra-auricular; supraexcitação, suprarrenal, suprassumo, supracitado, supranormal

SURDAS, consoantes

V. **consoante²** (3).

SURTIR

Conjugação. Verbo regular. Não confundir com **sortir** (q. v.).

T

T

Vigésima letra do alfabeto português.

TABU LINGUÍSTICO

Palavra ou expressão que, por motivos vários, passa a ser evitada por um grupo de falantes. É comum a criação de termos eufemísticos para evitar o seu emprego. A palavra **câncer**, por exemplo, passa a ser substituída por "aquela doença", ou algo que o valha, por parte de uma comunidade linguística. Outros há que transformam em tabu a palavra **diabo** e semelhantes. O tabu linguístico é mais comum do que se pensa. Qualquer falante está sujeito a interditar em si mesmo, até sem o perceber, determinadas palavras ou expressões.

TAL QUAL

Concordância nominal. Numa frase comparativa, **tal** concorda com o primeiro membro; **qual**, com o segundo:

> Ele é tal qual o tio.
> Eles são tais qual o tio.
> Ele é tal quais os tios.
> Eles são tais quais os tios.

TAMPOUCO

Significa "também não". Convém observar com cuidado o texto, para não confundi-la com **tão pouco**, advérbio **tão** mais o advérbio ou pronome **pouco**:

> Ela não canta, tampouco dança.
> (Ela não canta, também não dança.)
> Ele trabalha tão pouco, que jamais fica cansado.

TÃO POUCO

V. **tampouco**.

TAUTOFONIA

Encontro de sons iguais ou semelhantes:

> cabra branca
> cano novo

TAUTOLOGIA

O mesmo que **pleonasmo vicioso** (q. v.).

TÉCNICA, língua

V. **língua** (4).

TECNICISMO

O mesmo que **tecnônimo** (q. v.).

TÉCNICO, dicionário

V. **dicionário** (2).

TECNONÍMIA

V. **tecnônimo**.

TECNÔNIMO

Palavra, expressão ou frase tipicas de uma ciência ou técnica. O mesmo que **tecnicismo**. Chama-se **tecnonímia** o estudo e o emprego dos tecnônimos.

TEMA[1]

Proposição, assunto que se aborda em um texto.

TEMA[2]

Estrutura das palavras. União do **radical** (q. v.) com a **vogal temática** (q. v.):

> partissem
> radical: part (do infinitivo partir)
> voga temática: i (característica da 3ª conjugação)
> tema: parti

O tema pode ser verbal, como o do exemplo, ou nominal. Palavras como **vida**, **ponte** e **bolso** são, elas próprias, os temas, já que **a**, **e** e **o** átonos são vogais temáticas nominais. Quando não há vogal temática, diz-se que a palavra é atemática. São atemáticas, por exemplo, as palavras terminadas em vogal tônica, como **cajá**, bem como em **i** ou **u**, mesmo que átonos, como **táxi**.

TEMÁTICA, vogal

Estrutura das palavras. V. **vogal temática**.

TEMÁTICO, índice

Estrutura das palavras. O mesmo que **vogal temática** (q. v.).

TEMPO[1]

1. Advérbio. V. **advérbio** (4).

2. Advérbio interrogativo. V. **advérbio interrogativo** (2).

3. Adjunto adverbial. V. **adjunto adverbial** (5).

TEMPO²

Tipologia textual. V. **narração** (4).

TEMPO³

V. **flexão verbal** (3).

TEMPO COMPOSTO

Tipo de locução verbal formado pelos verbos **ter** ou **haver** e o particípio do verbo principal:

Tenho lido bastante.

O presente do auxiliar forma o pretérito perfeito composto; o imperfeito constitui o mais-que-perfeito composto:

Temos (ou havemos) estudado. (perfeito composto do indicativo)

Tínhamos (ou havíamos) estudado. (mais-que-perfeito composto do indicativo)

Tenha (ou haja) estudado. (perfeito composto do subjuntivo)

Tivesse (ou houvesse) estudado. (mais-que-perfeito composto do subjuntivo)

Nota: Os demais tempos compostos são classificados de acordo com a classificação do verbo auxiliar:

Teria estudado. (futuro do pretérito composto)

Tendo estudado. (gerúndio composto)

TEMPORAL

1. Conjunção. V. **conjunção subordinativa** (9).

2. Oração subordinada adverbial com valor de tempo. Pode ser desenvolvida ou reduzida:

Estávamos no escritório quando ela desmaiou. (desenvolvida)

Mal nasceu o dia, os trabalhadores se levantaram. (desenvolvida)

Ao sair, apague a luz. (reduzida de infinitivo)

TEMPOS DERIVADOS

V. **derivação de tempos**.

TEMPOS PRIMITIVOS

V. **derivação de tempos**.

TENDÊNCIA¹

Determinada orientação comum, difícil de explicar, que ocorre nas variações linguísticas ao longo do tempo. Por exemplo, o desaparecimento do pretérito perfeito simples em quase todas as línguas românicas. O português, nesse caso, é uma exceção.

TENDÊNCIA²

Regência nominal. Rege as preposições **a**, **de**, **em** ou **para**:

Ele tinha tendência à embriaguez.

Tínhamos a tendência de falar em público.

Jamais perdeu a tendência em escrever à noite.

Tem grande tendência para o estudo.

TENSÃO¹

O mesmo que **articulação sistente**. V. **articulação¹** (2).

TENSÃO²

Regência nominal. Rege a preposição **entre**:

Aumentou a tensão entre os dois países.

TEORIA DA COMUNICAÇÃO

Chama-se comunicação o envio de uma informação de uma fonte para um destinatário. Na teoria da comunicação, estudam-se os seguintes elementos: codificador (emissor, falante ou transmissor), decodificador (receptor, destinatário ou ouvinte), mensagem, código, canal, referente (contexto), retroalimentação (*feedback*) e interferência (ruído). V. esses verbetes.

TER

1. Conjugação. Verbo de profundas irregularidades, algumas sem explicação na sincronia da língua. O radical do infinitivo, **t**, sofre várias modificações durante sua conjugação.

Pres. ind.: tenho, tens, tem, temos, tendes, têm

Pret. perf.: tive, tiveste, teve, tivemos, tivestes, tiveram

Pret. imperf.: tinha, tinhas, tinha, tínhamos, tínheis, tinham

Pret. m.-q.-perf.: tivera, tiveras, tivera, tivéramos, tivéreis, tiveram

Fut. pres.: terei, terás, terá, teremos, tereis, terão

Fut. pret.: teria, terias, teria, teríamos, teríeis, teriam

Pres. subj.: tenha, tenhas, tenha, tenhamos, tenhais, tenham

Imperf. subj.: tivesse, tivesses, tivesse, tivéssemos, tivésseis, tivessem

Fut. subj.: tiver, tiveres, tiver, tivermos, tiverdes, tiverem

Imper. afirm.: tem, tenha, tenhamos, tende, tenham

Imper. neg.: não tenhas, não tenha, não tenhamos, não tenhais, não tenham

Inf. impess.: ter

Inf. pess.: ter, teres, ter, termos, terdes, terem

Ger.: tendo

Part.: tido

2. Emprego. Além de ser empregado como forma simples, pode constituir locução verbal. Assim, temos:

a) Verbo auxiliar dos tempos compostos, quando se liga ao particípio do verbo principal:

Tenho passeado muito.

TER E VIR

b) Verbo auxiliar de formas perifrásticas, sempre ligado ao principal por uma preposição:

Ele tinha de sair logo.

c) Verbo principal, podendo estar em qualquer forma nominal:

Estou tendo problemas.

Começamos a ter esperança.

Ele havia tido orientação.

Nota: O seu emprego como sinônimo de **existir** é coloquial, devendo ser evitado em determinadas situações em que se exige o emprego da modalidade culta da língua:

Tem muita gente na sala. (errado)

Existe muita gente na sala. (certo)

Há muita gente na sala. (certo)

TER E VIR

Acentuação gráfica. Os dois verbos têm em comum a acentuação gráfica da terceira pessoa (singular e plural). No singular, segundo a regra geral da acentuação, não são acentuados: ele tem, ele vem, já que são monossílabos tônicos e não terminam em **a**, **e** ou **o**. No plural, levam acento circunflexo: eles têm, eles vêm.

Quanto a seus derivados, ocorre o seguinte:

1. no singular, seguindo a regra geral. levam acento agudo, por serem oxítonos terminados em **em**:

ele detém, ele convém

2. no plural, levam acento circunflexo:

eles detêm, eles convêm.

TERÇA-RIMA

Poema constituído de tercetos. Ao final, acrescenta-se um verso, solto ou ligado à última estrofe, que passa a ser um quarteto. É a *terza-rima* dos italianos, utilizada por Dante na Divina Comédia.

TERCETO

Versificação. Estrofe de três versos. Comum, por fazer parte do **soneto** (q. v.):

"Há junto à horta uns barrancos,

Onde a mulher, de tamancos,

Distribui milho às galinhas." (B. Lopes)

TERMINAÇÃO

Termo vago, impreciso, que se usa para designar a parte final de um vocábulo. É melhor que se diga **sufixo**, **desinência** etc., reservando **terminação** para os casos em que realmente não haja necessidade de se especificar.

TERMINOLOGIA
O mesmo que **nomenclatura** (q. v.).

TERMO
1. Elemento constituinte de uma oração. Por exemplo, o sujeito é um termo da oração.

2. Vocábulo ou grupo de vocábulos que designam conceito previamente estabelecido, típico de um campo qualquer do conhecimento: arte, ciência, profissão etc. Assim se diz que tangente é um termo da Geometria, que ano-luz é um termo da Astronomia etc.

3. O mesmo que **vocábulo**.

TERMO REGENTE
V. **regência**.

TERMO REGIDO
V. **regência**.

TERMOS DA ORAÇÃO
Na análise sintática, é a divisão da oração, em que se agrupam termos de mesmo valor: os mais importantes (essenciais), nos quais se situam todos os outros, os complementos (integrantes) e os que podem ser retirados (acessórios).

1. Termos essenciais: sujeito e predicado, incluindo-se o predicativo. V. esses verbetes.

2. Termos integrantes: objeto direto, objeto indireto, complemento nominal e agente da passiva. V. esses verbetes.

3. Termos acessórios: adjunto adnominal, adjunto adverbial e aposto. V. esses verbetes.

Nota: Existe também o **vocativo** (q. v.), termo estudado à parte, por não pertencer nem ao sujeito nem ao predicado.

TERRA
Crase. Não aceita o acento de crase quando indica o contrário de **bordo**, ou seja, **terra firme**.

> Os marujos irão a terra ainda hoje.

TESTEMUNHO
Regência nominal. Pede complemento introduzido pela preposição **de**:

> Ele deu testemunho de honestidade.

TETRASSÍLABO
1. Vocábulo de quatro sílabas:

> admiração, arvoredo, livraria

2. Versificação. Verso de quatro sílabas métricas:

> "O sol desponta..." (Gonçalves Dias)
> "Bárbara bela..." (Alvarenga Peixoto)

TEXTO

1. Linguística. Conjunto de enunciados, seja falado ou escrito, que serve como amostra dos comportamentos linguísticos do falante. Indo mais além, há linguistas que consideram texto qualquer enunciado, não importando sua extensão. Uma única palavra, por exemplo, é um texto, tanto quanto a maior das epopeias.

2. No âmbito da gramática, é o trecho de língua escrita ou falada que constitui um todo.

TIL

Sinal gráfico (~) usado para nasalar uma vogal. V. **sinal diacrítico**. É **sinal de nasalização** (q. v.).

> cristão, romã, alemão, clã

TIMBRE

Efeito acústico na emissão das vogais, como resultado do fenômeno da ressonância. Dessa forma, diz-se que a vogal tem som aberto, fechado ou reduzido. V. **vogal²** (3). Para alguns, é sinônimo de **cor**. V. **cor²**.

Existem palavras cuja sílaba tônica tem timbre duvidoso. Vejamos algumas importantes.

Têm som aberto (é)

acerbo	ileso
cassete	lerdo
cassetete	leso
ateto	obeso
coeso	obsoleto
coevo	Tejo
exegeta	terso
grelha	

Têm som fechado (ê)

abeto	fecho (s. e v.)
acervo	ferrete
adrede	ginete
cepa	grumete
cepo	joanete
cerda	labareda
cerebelo	quedo
destra	tredo
destro	vereda
escaravelho	xerelete
extra	

Têm som aberto (ó)

canoro	inodoro
coldre	probo
dolo	suor
ioga	tropo

Têm som fechado (ô)

algoz	lorpa
bodas	olmo
crosta	poça
destroço	tremoço
escolho (s. e v.)	virtuose

Nota: **Badejo** tem sua vogal tônica indiferentemente aberta ou fechada. **Topete** e **blefe** têm, de preferência, vogal tônica fechada.

TIPOLOGIA TEXTUAL

Diferentes maneiras de compor um texto. Alguns usam essa expressão para designar o estudo da **descrição**, da **narração** e da **dissertação**. V. esses verbetes.

TÍTULO

Redação oficial. O mesmo que **epígrafe²**. **V. lei²**.

TMESE

O mesmo que **mesóclise** (q. v.).

TOANTES, rimas

Versificação. A identidade de sons, característica das rimas em geral, faz-se apenas nas vogais tônicas:

"Ó música sonhada,
– Por que não **corresponde**
O desenho que vives
À vida que te **sonhe**...?" (Cecília Meireles)

TOCAR

Concordância verbal. V. **bater**.

TODO

Concordância nominal.

1. Como pronome ou adjetivo, concorda normalmente com o substantivo:

Todo país é assim mesmo.
Toda nação é assim mesmo.
O país todo é assim mesmo.
A nação toda é assim mesmo.

399

TODO-PODEROSO

2. Como advérbio, concorda excepcionalmente com o adjetivo que modifica na frase, ou se mantém no masculino singular; equivale a "totalmente":

>Ele chegou todo molhado.
>
>Ela chegou toda molhada.
>
>Ela chegou todo molhada.

Notas:

1ª) Alguns veem nesse advérbio um pronome indefinido, apenas deslocado. Não pensamos assim, em virtude da equivalência com o advérbio **totalmente**. Se dissermos "Ela toda chegou molhada", **toda** passa a significar **inteira**, não mais **totalmente**.

2ª) A última frase, em que **todo** permanece invariável, é de pouco uso no português atual.

TODO-PODEROSO

Concordância nominal. A palavra **todo**, aqui, é invariável:

>o todo-poderoso
>
>a todo-poderosa
>
>os todo-poderosos
>
>as todo-poderosas

TOLERANTE

Regência nominal. Pede complemento introduzido pelas preposições **com** ou **para com**:

>Minha irmã é tolerante com a vizinha.
>
>Seja tolerante para com a ignorância alheia.

TOM

>O mesmo que **acento de altura**. V. **acento** (1).

TÔNICA

>V. **sílaba** (2).

TÔNICAS, vogais

>V. **vogal²** (2).

TONICIDADE

>Caráter do que é tônico. V. **tônico¹**.

TÔNICO¹

>Elemento, vogal ou sílaba, que tem o acento de intensidade. É, assim, o elemento de pronúncia mais intensa, mais forte, em oposição ao átono. A vogal que tem o acento tônico pode ou não ter acento gráfico. V. **acentuação gráfica**.

TÔNICO²

>Tipo de pronome pessoal oblíquo. V. **pessoal²** (2).

400

TÔNICOS, monossílabos
Acentuação gráfica. V. **monossílabos tônicos**.

TÓPICO FRASAL
Oração ou orações que contêm a ideia principal do parágrafo. É a ideia-núcleo, de que nos fala Othon M. Garcia, no seu Comunicação em Prosa Moderna. O tópico frasal pode iniciar ou não o parágrafo. É, mesmo, recomendável que o faça, uma vez que ele representa a síntese do pensamento, o ponto de partida para o desenvolvimento do parágrafo e mesmo dos seguintes. Isso porque nem todo parágrafo apresenta essa ideia-núcleo, podendo servir apenas para dar sequência ao anterior, com relação ao desenvolvimento daquele tópico. A técnica de iniciar o parágrafo com o tópico frasal é bastante empregada por importantes escritores nacionais.

TOPOLOGIA NAS LOCUÇÕES VERBAIS
Colocação pronominal. Estudo da **próclise** (q. v.), da **ênclise** (q. v.) e da **mesóclise** (q. v.) nas locuções verbais.

1. Com infinitivo ou gerúndio, pode haver ênclise ao verbo auxiliar ou ao verbo principal. Veja as colocações.

> Quero falar-lhe.
> Quero-lhe falar.
> Estou falando-lhe.
> Estou-lhe falando.

Notas:

1ª) Com palavra atrativa, usa-se a próclise ao verbo auxiliar, ou a ênclise ao verbo principal:

> Não lhe quero falar.
> Não quero falar-lhe.
> Não lhe estou falando.
> Não estou falando-lhe.

2ª) Se o pronome estiver solto entre o auxiliar e o principal, teremos uma situação discutível. Alguns autores admitem a colocação; outros, não. No entanto, apesar dessa discussão, que já deveria ter acabado, não se pode mais considerar errada semelhante colocação:

> Quero lhe falar.
> Estou lhe falando.
> Não quero lhe falar.
> Não estou lhe falando.

2. Com particípo, o pronome fica enclítico ao auxiliar. Particípio, não se deve esquecer, não admite ênclise:

> Tenho-lhe falado. (certo)
> Tenho falado-lhe. (errado)

Notas:

1ª) Com palavra atrativa, haverá próclise ao verbo auxiliar:

> Não lhe tenho falado.

2ª) Com pronome solto entre os dois verbos, vale o que se disse para o infinitivo e o gerúndio.

TOPOLOGIA PRONOMINAL

O mesmo que **colocação pronominal** (q. v.).

TOPONÍMIA

Emprego de **topônimos** (q. v.).

TOPÔNIMOS

Nomes próprios de lugar.

Lisboa, Coimbra, Portugal, Itália, Aracaju, Salvador, Florianópolis, Brasil

Os topônimos são muito importantes na história das línguas, pois frequentemente indicam vestígios de outras línguas, em virude de antigas convivências. A toponímia do português de Portugal revela a presença de elementos árabes, germânicos, celtas e iberos. No Brasil, elementos do tupi e de línguas africanas.

TOSSIR

Conjugação. Conjuga-se como **cobrir** (q. v.), mas tem particípio regular: tossido.

TRAÇO

Linguística. Qualquer propriedade típica de um elemento lingüístico.

TRAÇO DISTINTIVO

Linguística. Elemento do fonema que serve para distingui-lo de outro. O mesmo que **traço relevante** e **traço pertinente**. Por exemplo, a sonoridade é o traço distintivo que distingue os fonemas /Pê/ e /Bê/, sendo o primeiro surdo, e o segundo, sonoro. Se assim não fosse, **pato** e **bato** seriam a mesma palavra. Outro exemplo: o timbre da vogal **o** de **troco** (substantivo) é o traço distintivo que distingue tal fonema daquele que aparece em **troco** (verbo). Ao conjunto de traços distintivos dá-se o nome de **pertinência** ou **relevância**.

TRAÇO PERTINENTE

Linguística. O mesmo que **traço distintivo** (q. v.).

TRAÇO RELEVANTE

Linguística. O mesmo que **traço distintivo** (q. v.).

TRAÇO DE UNIÃO

O mesmo que **hífen** (q. v.).

TRADIÇÃO DIPLOMÁTICA

Filologia. Conjunto de manuscritos, impressos ou quaisquer subsídios de um texto literário que permitem ao filólogo estabelecer sua forma ideal, definitiva, a chamada edição diplomática. V. **edição** (5).

TRANSCREVER
Conjugação. Conjuga-se como **escrever** (q. v.).

TRANSCRIÇÃO FONÉTICA
Registro da pronúncia real dos vocábulos, por meio de símbolos criados por estudiosos especialmente para esse fim. Ao conjunto desses símbolos, dessas **notações fonéticas** (q. v.), dá-se o nome de **alfabeto fonético** (q. v.).

TRANSFORMAÇÕES DO PRONOME O
O pronome átono **o** (e flexões) pode sofrer duas alterações, de acordo com a terminação do verbo a que ele se liga, na ênclise ou na mesóclise.

1. Verbo termina em **r**, **s** ou **z**

Caem essas letras, e o pronome **o** passa a **lo**:

> marca**r** + o → marcá-lo
> marca**r**ei + o → marcá-lo-ei
> estudamo**s** + o → estudamo-lo
> refi**z** + o → refi-lo

2. Verbo termina em **m** ou **ditongo nasal**

O pronome **o** passa a **no**:

> d**ão** + o → dão-no
> aluga**m** + o → alugam-no

Nota: Na realidade, em **alugam** também existe um ditongo nasal: /alugãw/.

TRANSGREDIR
1. Conjugação. Conjuga-se como **agredir** (q. v.).

2. Regência verbal. Verbo transitivo direto. Não pede a preposição **a**:

> O trabalhador transgrediu o regulamento.

TRANSITIVIDADE
Característica que têm os verbos e os nomes de exigirem ou não complemento. Com relação ao verbo, é o mesmo que **predicação verbal**. O verbo, quando significativo, pode ser transitivo direto, transitivo indireto, transitivo direto e indireto ou intransitivo. V. esses verbetes. Quando não significativo, verbo de ligação (q. v.).

TRANSITIVO DIRETO
Verbo que exige um complemento, dito objeto direto, sem preposição obrigatória:

> Todos <u>desejam</u> a paz.
> <u>Esperamos</u> a sua decisão.

Nota: Em alguns casos especiais, seu complemento, chamado objeto direto preposicionado, é introduzido por uma preposição, que ele não exige. V. **objeto direto** (3).

403

TRANSITIVO DIRETO E INDIRETO

Verbo que exige dois complementos, sendo um introduzido por preposição obrigatória:

Enviei o telegrama ao supervisor.

Nota: Sendo o complemento indireto um pronome átono, a preposição desaparece:

Enviei-lhe o telegrama.

Pediu-me compreensão.

TRANSITIVO INDIRETO

Verbo que exige complemento, chamado objeto indireto, introduzido por uma preposição obrigatória:

Ninguém duvida de você.

Obedeça ao professor.

Nota: Pode o objeto ser representado por um pronome átono, quando então não aparecerá a preposição:

Obedeça-lhe.

Desobedeceram-me.

TRANSMISSOR

Teoria da comunicação. O mesmo que **codificador** (q. v.).

TRANSPOR

Conjugação. Segue o modelo do verbo primitivo, **pôr** (q. v.).

TRATAMENTO[1]

V. **uniformidade de tratamento**.

TRATAMENTO[2]

Tipo de pronome pessoal. V. **pessoal** (3).

TRAVADA

Sílaba que termina pelas consoantes **r**, **s** ou **l**, por uma semivogal ou por vogal nasal. Também se diz travada a vogal que ocorre nesse tipo de sílaba.

fu**nil**, **per**to, **mês**, **des**pontar, pa**rei**, ro**mã**, **can**tiga

Nota: Quando a sílaba termina por vogal oral, chama-se **aberta**. A sílaba aberta formada por uma consoante e uma vogal tem caráter universal, isto é, existe em todas as línguas do mundo.

TRAVAMENTO

Ato de travar uma sílaba. V. **travada**.

TRAVESSÃO

Pontuação. Sinal gráfico (–) usado em diversas situações.

1. Para substituir a vírgula em termos de natureza explicativa:

Vi uma pessoa – ex-colega de trabalho – caminhando pelo parque.

As árvores daquele bosque – que você considera perdidas – ainda podem ser salvas.

Nota: No primeiro exemplo temos um aposto explicativo; no segundo, uma oração adjetiva explicativa.

2. Para substituir a vírgula no predicativo colocado no meio da oração:

Meus filhos – sempre dignos – só me dão felicidade.

3. Para introduzir a fala dos interlocutores em um diálogo:

– Posso sair agora?

– Sim, esteja à vontade.

4. Para substituir a vírgula nas orações intercaladas:

Não sei como agir – respondeu o viajante.

5. Para separar as datas de nascimento e morte de alguém:

Porto Alegre, 14/10/52 – Curitiba, 22/12/79

6. Para pôr em destaque palavras, expressões, orações, períodos:

Estamos felizes – extremamente felizes – com sua transformação.

TREMA

Acentuação gráfica. Não se usa trema nos grupos gue, gui, que e qui, ainda que a letra **u** seja pronunciada e átona:

aguei, unguento, sagui, linguiça, sequência, cinquenta, quiproquó, líquido, sanguíneo, equivaler, equilátero.

Nas quatro últimas, o **u** pode ser pronunciado ou não.

Notas: O trema subsiste apenas em palavras estrangeiras ou delas derivadas, como em Müller e Mülleriano.

TRENO

O mesmo que **elegia** (q. v.).

TRESDIZER

Conjugação. Segue o modelo de **dizer** (q. v.).

TRESLER

Conjugação. Segue o modelo de **ler** (q. v.).

TRI-

Prefixo de origem latina que significa "três". Pede hífen antes de **h** ou **i**:

tri-híbrido, tri-iodeto; tricampeão, trigêmeo, trimilênio

TRISSÍLABO

1. Vocábulo de três sílabas:

palmeira, carroça, canudo, saúde

TRISTEZA

2. Versificação. Verso de três sílabas métricas:
"Vem a aurora..." (Gonçalves Dias)

TRISTEZA
Regência nominal. Rege a preposição **com**:
Foi grande a tristeza com a derrota.

TRITONGO
1. Fonética. Encontro de semivogal, vogal e semivogal, sempre nessa ordem. Pode ser:
a) oral, quando a vogal é oral:
Paraguai, quais

b) nasal, quando a vogal é nasal:
saguão, enxáguem

Nota: Na palavra **enxáguem**, a letra **m** representa a semivogal /y/.

2. Divisão silábica. O tritongo é sempre indivisível:
i-guais, U-ru-guai

TROCADILHO
Espécie de **jogo de palavras** (q. v.) que consiste no emprego espirituoso de palavras parecidas ou idênticas na pronúncia, porém de significados diferentes. São infinitas as possibilidades de trocadilho, de acordo com a criatividade do falante. Por exemplo, alguém oferece uma cocada a um amigo que, por qualquer motivo, não a pode comer. Diz então o amigo: – Mas você me vem **co cada** ideia!

TROPOS
Estilística. V. **figuras de palavras**.

TROVA
Composição poética formada apenas por uma quadra.

TUDO
Concordância verbal. V. **concordância verbal** (2).

TUPI
Filologia. Antiga língua indígena brasileira, falada ainda hoje em inúmeros estados do Brasil e em outros países da América do Sul.

TUPINISMO
Filologia. Vocábulo do português do Brasil tomado de empréstimo ao tupi. Sua presença maior ocorre na flora, na fauna e na toponímia:
preá, abacaxi, capivara, aipim, Macaé, Ipiranga, Itaúna, Jacarepaguá

U

U

Vigésima primeira letra do alfabeto português.

UAU

O mesmo que **vau**. V. **iode**.

UM DOS QUE

Concordância verbal. Leva o verbo ao singular ou plural, indiferentemente:

Ele era um dos que mais pesquisava.

Ele era um dos que mais pesquisavam.

UM E OUTRO

1. Concordância nominal. Exige substantivo no singular e adjetivo no plural:

Um e outro repórter poderá entrar.

Um e outro repórter experientes poderá entrar.

2. Concordância verbal. Pede verbo no singular ou no plural, indiferentemente:

Um e outro saiu

Um e outro saíram.

Um e outro participante concordou.

Um e outro participante concordaram.

UM OU OUTRO

1. Concordância nominal. Pede substantivo no singular e adjetivo no plural:

Um ou outro trabalhador participará do encontro.

Um ou outro trabalhador dedicados participará do encontro.

2. Concordância verbal. Exige verbo no singular:

Um ou outro fugirá.

Um ou outro animal fugirá.

UM POR CENTO

Concordância verbal. Com expressões de porcentagem, a concordância se estabelece da seguinte forma:

UM TERÇO DOS ALUNOS

1. Quando a expressão não vem seguida de substantivo, a concordância se faz com o numeral:

> Um por cento discordou de tudo.
>
> Vinte por cento discordaram de tudo.

2. Quando se usa o substantivo, a concordância se faz com ele ou com o numeral:

> Um por cento do grupo discordou de tudo.
>
> Um por cento das pessoas discordaram de tudo.
>
> Um por cento das pessoas discordou de tudo.
>
> Dez por cento da turma discordou de tudo.
>
> Dez por cento da turma discordaram de tudo.

UM TERÇO DOS ALUNOS

Concordância verbal. Quando o núcleo do sujeito é uma fração, o verbo concorda com o numerador:

> Um terço dos alunos gostou da mudança.
>
> Dois terços dos alunos gostaram da mudança.

UMA VEZ QUE

Locução conjuntiva subordinativa que pode expressar:

a) causa:

> Uma vez que ele solicitou, a energia foi desligada. (porque ele solicitou)

b) condição:

> Uma vez que peça desculpas, poderá retornar à equipe. (se pedir desculpas)

UMBRO

Filologia. Antiga língua falada em uma região a nordeste do Lácio, do grupo itálico do indo-europeu, da mesma forma que o latim.

UMLAUT

Gramática Histórica. O mesmo que **metafonia**. V. **metafonia**[1].

UNGIR

Conjugação. Verbo defectivo. Segue o modelo de **abolir** (q. v.).

UNI-

Prefixo de origem latina que significa "um", "unidade". Pede hífen antes de **h** ou **i**; porém, não há palavras que oficialmente o exemplifiquem:

> unilateral, unimolecular, unipolar

UNIFORMES

Substantivos de uma única forma para masculino e feminino. V. **gênero** (1).

UNIFORMIDADE DE TRATAMENTO

Emprego da mesma pessoa gramatical com referência ao interlocutor. Se alguém é tratado por **tu**, deve-se seguir com esse tratamento até o final do texto. O mesmo se diz

UNILÍNGUE

para **você** e **vós**. Incluem-se aqui os pronomes pessoais, átonos ou tônicos, bem como os possessivos:

> Explica a tua parte. (tratamento: tu)
>
> Explique a sua parte. (tratamento: você)
>
> Explicai a vossa parte. (tratamento: vós)

Nota: É necessário, para bem escrever, que não se faça mistura de tratamentos. Assim, uma frase como "Eu te falei, mas você não escutou" não está construída com correção pois, em ralação ao interlocutor, estão sendo empregados dois tratamentos: tu e você. Deve-se corrigi-la para "Eu lhe falei, mas você não escutou", ou "Eu te falei, mas tu não escutaste".

UNILÍNGUE

1. V. **dicionário**.

2. Pessoa ou comunidade que se expressa regularmente em apenas uma língua.

> Nas duas situações, é sinônimo de **monolíngue**.

UNIPESSOAL, verbo

> V. **verbo** (10).

URBI ET ORBI

> Expressão latina que significa "por toda a parte".

URGÊNCIA

Regência nominal. Pede complemento iniciado pelas preposições **de** ou **em**:

> Tinham urgência do contrato.
>
> Há urgência em explicar a confusão.

USUAL

> V. **emprego** (1).

USUFRUIR

Regência verbal. Verbo transitivo direto. Não pode, portanto, reger a preposição **de**, como se faz coloquialmente:

> Todos ali usufruem certas regalias.

UT SINGULI

> Expressão latina que significa "em separado".

UT UNIVERSI

> Expressão latina que significa "em conjunto".

ÚTIL

Regência nominal. Pede complemento introduzido pelas preposições **a**, **para** ou **em**:

> Ele é útil à comunidade.
>
> É necessário ser útil para todos.
>
> Sou útil nisto.

UTILIZAR

Regência verbal. Verbo transitivo direto, ou direto e indireto regendo a preposição **em**:

Utilizei adequadamente o material.

Utilizava o tempo em pesquisas importantes.

Nota: Como pronominal, é transitivo indireto, regendo a preposição de:

Utilizou-se das informações.

V

V
Vigésima segunda letra do alfabeto português.

VADE RETRO
Expressão latina que significa "saia daqui", "desapareça".

VALÁQUIO
Filologia. O mesmo que **romeno** (q. v.).

VALER
Conjugação. O radical da primeira pessoa do singular do presente do indicativo é **valh**, que se repete em todo o presente do subjuntivo e nas pessoas correspondentes do imperativo.

Pres. ind.: valho, vales, vale, valemos, valeis, valem

Pret. perf.: vali, valeste, valeu, valemos, valestes, valeram

Pres. subj.: valha, valhas, valha, valhamos, valhais, valham

Imper. afirm.: vale, valha, valhamos, valei, valham

Imper. neg.: não valhas, não valha, não valhamos, não valhais, não valham

VALOR
O mesmo que **preço**.

1. Advérbio interrogativo. V. **advérbio interrogativo** (5).

2. Adjunto adverbial. V. **adjunto adverbial** (16).

VALOR ADJETIVO
Valor atribuído à palavra, expressão ou oração que acompanham substantivo na frase. Têm valor adjetivo o artigo, o adjetivo, o pronome adjetivo, o numeral adjetivo, a locução adjetiva e a oração subordinada adjetiva:

O lápis sumiu.

Tenho bons amigos.

Encontrei meu esquadro.

Só há duas vagas.

É uma história de amor.

O quadro que ele pintou foi premiado.

VALORIZAR

Regência verbal. Verbo transitivo direto:

O empresário valoriza seu empregado.

VANTAJOSO

Regência nominal. Pede complemento iniciado pelas preposições **a** ou **para**:

Esse acordo é vantajoso a todos.

O contrato é vantajoso para você.

VARIANTES

V. **formas variantes**.

VARIÁVEIS, classes

V. **classes gramaticais**.

VARIÁVEL[1]

V. **flexão**.

VARIÁVEL[2]

Regência nominal. Pede complemento introduzido pela preposição **em**:

O adjetivo é variável em número e gênero.

VASCONÇO

Filologia. O mesmo que **basco** (q. v.).

VAU

O mesmo que **uau**. V. **iode**.

VELARES

1. Consoantes. V. **consoante**[2] (2).

2. Vogais. O mesmo que **posteriores**. V. **vogal**[2] (1).

VENERAR

Regência verbal. Verbo transitivo direto:

Ela venerava o amigo.

VER

Conjugação. Verbo bastante irregular. O radical da primeira pessoa do singular do presente do indicativo é **vej**, o qual se repete em todo o presente do subjuntivo e nas pessoas correspondentes do imperativo. No futuro do subjuntivo, a letra **e** passa a **i** (ver → vir), seguindo a alteração do tempo primitivo, o pretérito perfeito.

Pres. ind.: vejo, vês, vê, vemos, vedes, veem

Pret. perf.: vi, viste, viu, vimos, vistes, viram

Pret. imperf.: via, vias, via, víamos, víeis, viam

Pret. m.-q.-perf.: vira, viras, vira, víramos, víreis, viram

VERBAIS, desinências

Fut. pres.: verei, verás, verá, veremos, vereis, verão
Fut. pret.: veria, verias, veria, veríamos, veríeis, veriam
Pres. subj.: veja, vejas, veja, vejamos, vejais, vejam
Imperf. subj.: visse, visses, visse, víssemos, vísseis, vissem
Fut. subj.: vir, vires, vir, virmos, virdes, virem
Imper. afirm.: vê, veja, vejamos, vede, vejam
Imper. neg.: não vejas, não veja, não vejamos, não vejais, não vejam
Inf. impess.: ver
Inf. pess.: ver, veres, ver, vermos, verdes, verem
Ger.: vendo
Part.: visto

VERBAIS, desinências

Estrutura das palavras. V. **desinências verbais**.

VERBAL[1]

Linguagem que se expressa por meio de palavras, pronunciadas ou escritas.

VERBAL[2], flexão

V. **flexão verbal**.

VERBAL[3], vogal temática

Estrutura das palavras. V. **vogal temática** (2).

VERBAL, predicado

Predicado formado por verbo transitivo ou intransitivo. O núcleo é o verbo:

Os sócios escolheram um novo diretor.

escolhereram – verbo transitivo direto, núcleo do predicado

Todos gostam de você.

gostam – verbo transitivo indireto, núcleo do predicado

As meninas passeavam no parque.

passeavam – verbo intransitivo, núcleo do predicado

VERBI GRATIA

Expressão latina que significa "por exemplo". Costuma vir abreviada: v.g.

VERBO

Classe de palavras que exprime ação, estado ou fenômeno e admite flexão de número, pessoa, tempo, modo e voz. Exprime um processo, ou seja, algo que se processa no tempo. Opõe-se a **nome**. V. **nome**[1].

1. Verbo regular

Aquele que, quando se conjuga, não sofre modificações no radical e nas desinências. Segue, rigorosamente, o paradigma de sua conjugação:

voltar – radical: volt

volto, voltas, volta; voltei, voltaste, voltou

VERBO

2. Verbo irregular

Aquele que sofre alterações fonéticas, não apenas gráficas, durante a conjugação:

fazer – radical: faz

faço, fazes, faz; fiz, fizeste, fez

Notas:

1ª) O verbo **ficar** é regular, embora apresente a forma **fiqu**. Ocorre que o emprego de **qu** é necessidade fonética, já que diante de **e** a letra **c** soaria diferente: ficei. Não há, portanto, mudança no radical, apenas uma adaptação. Vale para qualquer verbo nessas condições.

2ª) O radical do verbo irregular se altera no presente do indicativo ou no pretérito perfeito, ou nos dois ao mesmo tempo. Não interessam os outros tempos. Isso ocorre porque o presente do indicativo e o pretérito perfeito são tempos primitivos, de cujos radicais os outros se formam.

3. Verbo principal

O mais importante numa locução verbal. É sempre o último e se apresenta numa forma nominal:

Quero <u>colaborar</u>.

Ele estava <u>cantando</u>.

Já tínhamos <u>saído</u>.

4. Verbo auxiliar

Aquele que antecede o verbo principal num locução:

<u>Desejo</u> fazer algo por eles.

5. Verbo defectivo

O que não se conjuga em todas as pessoas, tempos ou modos:

abolir – pres. ind.: aboles, abole, abolimos, abolis, abolem

6. Verbo abundante

O que possui duas ou mais formas equivalentes, geralmente no particípio:

construir – constróis e construis

acender – acendido e aceso

Nota: O particípio regular, que termina em **-do**, é usado normalmente com os auxiliares **ter** e **haver**, dos tempos compostos; o particípio irregular, com os verbos que constituem a voz passiva, como **ser** e **estar**:

Ele tinha acendido a luz.

A luz foi acesa por ele.

7. Verbo anômalo

Verbo superirregular, formado por mais de um radical. Existem dois verbos anômalos: ser e ir.

8. Verbo pessoal

Aquele que tem sujeito. É a grande maioria:

Comprendemos sua situação. (suj.: nós)

9. Verbo impessoal

O que não tem sujeito. Diz-se, quando isso ocorre, oração sem sujeito:

Venta muito naquele vale.

VERBO DE LIGAÇÃO

10. Verbo unipessoal

O que só se conjuga na terceira pessoa, tanto singular quanto plural. São unipessoais os que indicam vozes de animais, bem como os que têm sujeito oracional; neste caso, só na terceira pessoa do singular:

> Meu cachorro <u>late</u> muito.
>
> Os gatos <u>miavam</u> no telhado.
>
> <u>Consta</u> que ele viajou.
>
> <u>Basta</u> que tenham boa vontade.

VERBO DE LIGAÇÃO

Verbo não significativo que indica estado ou mudança de estado, sempre acompanhado de um predicativo do sujeito. Muitos o chamam de **copulativo**, por fazer ligação entre o sujeito e o predicativo. Podem ser de ligação, principalmente, os seguintes verbos: ser, estar, parecer, ficar, continuar, permanecer, andar, virar, tornar-se e achar-se. Note-se que foi dito "podem". Então, esses verbos nem sempre são de ligação:

> Marlene é corajosa.
>
> O jornalista ficou satisfeito.
>
> Tudo anda diferente.
>
> A loja acha-se pintada.

Nas quatro frases temos verbo de ligação. Observe a presença do predicativo do sujeito (corajosa, satisfeito, diferente e pintada). O **predicativo** (q. v.) é a "garantia" de que o verbo é de ligação. Na última frase, **acha-se** equivale a **está**; quando isso ocorre, trata-se do verbo de ligação **achar-se**, verbo pronominal.

É necessário cuidado nesse tipo de análise. Se dissermos "O jornalista ficou na redação", **ficar** não será mais verbo de ligação, por lhe faltar o predicativo. Trata-se, nesse caso, de um verbo **intransitivo** (q. v.).

Nota: A gramática tradicional considera de ligação o verbo **ser** em frases do tipo "São dez horas", em que não há predicativo. Passamos adiante a informação, embora sob protestos.

VERBO PRONOMINAL

Verbo que se conjuga com pronome, chamado **parte integrante do verbo** (q. v.). Há dois tipos:

1. Verbo essencialmente pronominal

Aquele que não existe sem o pronome átono:

> arrepender-se, queixar-se, esforçar-se, compadecer-se, dignar-se, indignar-se

2. Verbo acidentalmente pronominal

Aquele que em dadas circunstâncias é pronominal. Normalmente, ele e o outro têm regência ou sentido diferentes:

> Juliana esqueceu o material.
>
> Juliana esqueceu-se do material.
>
> Carlos realizou o trabalho.
>
> Carlos realizou-se.

415

VERBO REFLEXIVO

Nos dois primeiros exemplos, o verbo tem o mesmo sentido. Como no segundo ele é transitivo indireto, classifica-se como verbo pronominal. Nos dois últimos, o sentido do verbo não é o mesmo. **Realizar-se**, então, é verbo pronominal.

Nota: A parte integrante do verbo (me, te, se, nos e vos) não tem função sintática; se essas partículas tiverem função, o verbo será reflexivo, da mesma forma que o pronome. No caso do **verbo reflexivo**, pode-se dizer **a mim mesmo**, **a ti mesmo**, **a si mesmo** etc.

> O atleta se machucou. (machucou a si mesmo)
>
> Eu me cortei com a lâmina. (cortei a mim mesmo)

VERBO REFLEXIVO

V. **verbo pronominal**.

VERBOIDES

O mesmo que **formas nominais do verbo** (q. v.).

VERBO-NOMINAL, predicado

Predicado formado por verbo transitivo ou intransitivo e um predicativo, do sujeito ou do objeto. Os núcleos são o verbo e o predicativo:

> Marisa <u>leu o romance extasiada</u>.
>
> leu – verbo transitivo direto, primeiro núcleo do predicado
>
> extasiada – predicativo, segundo núcleo do predicado

VERBUM AD VERBUM

Expressão latina que significa "literalmente", "palavra por palavra".

VERNÁCULO

A língua nacional de um povo. Em relação aos brasileiros, estudar o vernáculo é estudar português.

VERSADO

Regência nominal. Pede complemento introduzido pela preposição **em**:

> Augusto é versado em pintura.

VERSIFICAÇÃO

A arte de fazer versos. O mesmo que **métrica, metrificação** e **poética**. O estudo da versificação é longo, por isso mesmo feito aos poucos neste livro. Consulte os verbetes que lhe interessam, como **verso, rimas, estrofe, alexandrino** etc.

VERSO

Versificação. Cada uma das linhas que constituem um poema. Diz-se, por exemplo, que a trova é um poema de quatro versos; o soneto, de quatorze; o haicai, de três.

VERSUS

Palavra latina que significa "contra", "em comparação com". Costuma vir abreviada: vs.

416

VERUS DOMINUS
Expressão latina que significa "verdadeiro dono".

VESTIR
Conjugação. Conjuga-se como **aderir** (q. v.).

VIBRAÇÃO DAS CORDAS VOCAIS
V. **consoante²** (3).

VIBRANTES, consoantes
V. **consoante²** (1).

VICÁRIO
Termo que substitui outro:

        O cão latia muito. Com certeza <u>ele</u> estava atento. (o cão)

        Acordei cedo, e <u>isso</u> me fez bem. (acordar cedo)

        Se ele agiu assim, <u>é</u> porque estava seguro. (agiu)

VICE-
Prefixo de origem latina que significa "em vez de". Exige hífen:

        vice-campeão, vice-líder, vice-ministro, vice-reitor

VÍCIO DE LINGUAGEM
Nome geral de qualquer desvio da norma culta. São vícios de linguagem: ambiguidade, cacofonia, solecismo, barbarismo, pleonasmo vicioso, neologismo, arcaísmo. V. esses verbetes.

VICIOSO, pleonasmo
V. **pleonasmo vicioso**.

VIDE
Palavra latina que significa "veja". Costuma vir abreviada: v.

VIGER
Conjugação. Verbo defectivo. Segue o modelo de **abolir** (q. v.).

VIR
Conjugação. Verbo de grande irregularidade. Único da língua (incluindo-se, claro, seus derivados) que tem forma única para gerúndio e particípio: vindo.

Pres. ind.: venho, vens, vem, vimos, vindes, vêm

Pret. perf.: vim, vieste, veio, viemos, viestes, vieram

Pret. imperf.: vinha, vinhas, vinha, vínhamos, vínheis, vinham

Pret. m.-q.-perf.: viera, vieras, viera, viéramos, viéreis, vieram

Fut. pres.: virei, virás, virá, viremos, vireis, virão

Fut. pret.: viria, virias, viria, viríamos, viríeis, viriam

417

VÍRGULA

Pres. subj.: venha, venhas, venha, venhamos, venhais, venham
Imperf. subj.: viesse, viesses, viesse, viéssemos, viésseis, viessem
Fut. subj.: vier, vieres, vier, viermos, vierdes, vierem
Imper. afirm.: vem, venha, venhamos, vinde, venham
Imper. neg.: não venhas, não venha, não venhamos, não venhais, não venham
Inf. impess.: vir
Inf. pess.: vir, vires, vir, virmos, virdes, virem
Ger.: vindo
Part.: vindo

Por ele se conjugam advir, avir-se, convir, desavir-se, intervir, provir, sobrevir.

VÍRGULA

Pontuação. Sinal gráfico (,) utilizado em inúmeras situações e que já atormentou a vida de muita gente. Basicamente, corresponde a uma breve pausa na leitura. Em outras palavras, não havendo pelo menos a possibilidade da pausa, não se pensa em vírgula. O mesmo que **coma**, palavra de pouco uso atualmente:

Vou comprar açúcar e manteiga. (sem pausa)

Cheguei cedo, porém perdi o jogo. (com pausa)

Existem termos que não admitem a vírgula, exatamente por não permitirem pausa. Assim, não se usa vírgula nas seguintes situações:

1. Entre o sujeito e o verbo:

Várias pessoas daquela localidade participaram do protesto.

2. Entre o verbo e seu complemento, seja direto ou indireto:

Já revisei o livro.

Alguém ali precisa de algumas aulas.

3. Entre o verbo e o predicativo:

Nossa amiga é talentosa.

4. Entre o nome e seu complemento ou adjunto:

Devemos obediência a Deus.

Era uma casa de alvenaria.

Nota: Nas inversões, a vírgula aparece quando há termo pleonástico:

Minha mulher eu sempre respeitei.

Minha mulher, eu sempre a respeitei.

Ao médico não peço explicações.

Ao médico, não lhe peço explicações.

Situações de vírgula

I) Na coordenação

1. Dentro de uma oração

Os termos de mesma classe gramatical, usados numa sequência, são separados por vírgula:

Ele escreve poemas, crônicas, contos e romances.

VÍRGULA

Como se vê pelo exemplo, a palavra **e**, ligando as duas últimas, dispensa a vírgula. Pode-se usar **e** em todas elas, o que se conhece como polissíndeto. Nesse caso, pode haver vírgulas ou não:

> Ele escreve poemas, e crônicas, e contos, e romances.
>
> Ele escreve poemas e crônicas e contos e romances.

2. Entre orações coordenadas

Usa-se a vírgula para separar as orações coordenadas, com exceção daquelas iniciadas por **e**, caso em que só aparece a vírgula quando há mudança de sujeito:

> Estudei bem o projeto, porém não consegui entendê-lo.
>
> Ou mudas de atitude, ou serás muito infeliz.
>
> Levaram muita comida, logo não precisaram sair.
>
> Os rapazes foram para casa e assistiram ao jogo.
>
> Os rapazes foram para casa, e a moças ficaram no escritório.

Algumas conjunções coordenativas podem ser deslocadas para depois do verbo. Quando isso ocorre, elas ficam entre vírgulas, não sendo mais possível separar as orações por meio de uma vírgula:

> Estudei bem o projeto; não consegui, porém, entendê-lo.
>
> Estudei bem o projeto. Não consegui, porém, entendê-lo.

II) Na subordinação

1. Orações substantivas

Não se separam da principal por meio de vírgula:

> Sei que estou com a razão.
>
> É bom que se calem.

Exceção: A oração apositiva, embora mais frequentemente apareça depois de dois-pontos:

> Uma ideia, que faria os exames, não lhe saía da cabeça.
>
> Uma ideia não lhe saía da cabeça: que faria os exames.

2. Orações adverbiais

Vírgula facultativa na ordem direta; obrigatória, na inversa:

> Começou a gesticular, assim que me viu.
>
> Começou a gesticular assim que me viu.
>
> Assim que me viu, começou a gesticular.

3. Orações adjetivas

As restritivas não se separam da principal por meio de vírgula, o que ocorre com as explicativas, que se assemelham a um aposto e são lidas com pausa.

> Aqui está o prato que você pediu.
>
> Tive medo do leão, que é uma fera.

Outros casos de vírgula

1. Para separar o aposto:

> Carla, minha colega de faculdade, almoçará conosco.

419

VISAR

2. Para separar o vocativo:

> Jânio, posso pedir a comida?

3. Para separar adjuntos adverbiais deslocados, desde que lidos com pausa. É caso facultativo.

> Depois do jogo, os atletas se abraçaram.
> Depois do jogo os atletas se abraçaram.

Nota: A posição normal do adjunto adverbial é no fim da oração, situação em que dispensa a vírgula. No entanto, há situações em que se pode usar a vírgula, dependendo de haver ou não a pausa.

4. Para separar termos intercalados na oração:

> Os homens resolveram falar.
> Os homens, preocupados com a situação, resolveram falar.

Observe que o termo **preocupados com a situação** está intercalado entre o sujeito e o verbo, podendo ser retirado do texto.

5. Nas datações, para isolar o nome do lugar:

> São Paulo, 14 de novembro de 2006.

6. Para separar palavras ou expressões de natureza explicativa ou retificativa, como isto é, ou seja, ou melhor, aliás etc.:

> Ela tem um irmão, ou melhor, dois.

7. Para separar orações que indicam a fala do interlocutor:

> – Preciso dormir um pouco, disse a senhora.

8. Para indicar supressão de palavra:

> Ele pediu comida; ela, um ventilador.

9. Para separar orações reduzidas de gerúndio lidas com pausa:

> O motorista acelerou o carro, deixando para trás o rebanho.

VISAR

Regência verbal.

1. Transitivo direto com o sentido de "pôr o visto", "rubricar":

> O advogado visou o contrato.

2. Transitivo direto com o sentido de "mirar", "olhar fixamente":

> Visei uma pedrinha na estrada.

3. Transitivo indireto quando significa "ter em vista", "pretender", "objetivar"; rege a preposição **a**:

> Só viso ao bem dos funcionários.

VISITAR

Regência verbal. Verbo transitivo direto. Não deve, pois, reger a preposição **a**, a menos que se trate de algum caso de objeto direto preposicionado:

> Ele sempre visitava os avós.

VIVA, língua
V. **língua** (17).

VIZINHO
Regência nominal. Rege as preposições **a** ou **de**:

Moro num distrito vizinho ao seu.

Quero ser vizinho dela.

VOAR
Conjugação. Conjuga-se como **abençoar** (q. v.).

VOCABULÁRIO
O mesmo que **léxico** (q. v.).

VOCÁBULO
Palavra considerada quanto a seu aspecto material. Por exemplo, nas frases "Ele vale muito" e "O vale é arborizado", encontramos o vocábulo **vale**, repetido, se fizermos abstração de seu significado, tomando-o apenas como uma cadeia sonora, constituída de quatro fonemas. Se levarmos em conta a diferença de significação, diremos que as frases apresentam duas palavras distintas: a forma verbal **vale** e o substantivo **vale**. Sob esse aspecto, vocábulo é o mesmo que **termo**. No entanto, há, hoje em dia, uma tendência de considerar sinônimos **vocábulo** e **palavra**.

Não se faz possível tal identidade naquilo que se conhece como **vocábulo fonético** (para outros, vocábulo fonológico). Por exemplo, uma forma como "ofereceu-se-me" soa como um proparoxítono, uma vez que **se** e **me**, que são átonos, se apoiam na sílaba tônica do verbo. O grupo, que tem um elemento principal (o verbo, ao qual os elementos átonos se subordinam), é conhecido como **vocábulo fonético**, formado por três vocábulos distintos.

VOCÁBULO ERUDITO
V. **erudito**.

VOCÁBULO EXPRESSIVO
Estilística. O mesmo que **vocábulo imitativo** e **vocábulo onomatopaico**. V. **onoma-topeia**.

VOCÁBULO FONÉTICO
V. **vocábulo**.

VOCÁBULO GRAMATICAL
Aquele que funciona como um morfema, ou seja, para estabelecer relações gramaticais. Liga-se ao **vocábulo lexical**, que é o mais importante do grupo. Assim, são vocábulos gramaticais os conectivos e as palavras determinantes do substantivo, bem como os advérbios em relação ao verbo. Então, se dizemos "O bom homem saiu cedo", temos os vocábulos lexicais **homem** e **saiu**, e os vocábulos gramaticais **o**, **bom** e **cedo**.

VOCÁBULO IMITATIVO

Estilística. O mesmo que **vocábulo expressivo** e **vocábulo onomatopaico**. V. **onomatopeia**.

VOCÁBULO LEXICAL

V. **vocábulo gramatical**.

VOCÁBULO ONOMATOPAICO

Estilística. O mesmo que **vocábulo expressivo** e **vocábulo imitativo**. V. **onomatopeia**.

VOCÁBULO POPULAR

V. **erudito**.

VOCAL

Referente à voz.

VOCÁLICO

Referente às vogais.

VOCALISMO

Gramática Histórica. Estudo das alterações ocorridas com as vogais na passagem de uma língua às suas derivadas.

VOCALIZAÇÃO

Gramática Histórica. Passagem de consoante a vogal:

perfe**c**tum > perfe**i**to, pa**l**pare > po**u**par

Nota: Ocorre vocalização, na língua atual, numa palavra como **mel**, pronunciada indevidamente **méu**.

VOCATIVO[1]

Termo da oração, independente do sujeito e do predicado, que indica o ser ao qual alguém dirige a palavra. Tem natureza exclamativa, exige vírgulas e pode aparecer em diferentes posições:

Amigo, essa atitude é inconveniente.

Escutem, crianças, os belos sons da natureza.

Deixe isso aí, menino!

VOCATIVO[2]

Filologia. Na declinação do latim, é o caso que expressa o vocativo.

VOGAL[1]

Tipo de letra que se opõe à consoante. Em português há cinco vogais: a, e, i, o, u. Atente-se para a pronúncia: á, é, i, ó, u. Evite-se a pronúncia viciosa ê, ô, para o nome das letras vogais.

VOGAL²

Fonema articulado sem que a corrente de ar encontre obstáculo em sua passagem pela cavidade bucal. Em português, há sete vogais em sílaba tônica: /a/, /é/, /ê/, /i/, /ó/, /ô/, /u/.

Classificação das vogais

1. Quanto à zona de articulação
Avanço ou recuo da língua.

   a) Anteriores ou palatais: /é/, /ê/, /i/
   b) Média ou central: /a/
   c) Posteriores ou velares: /ó/, /ô/, /u/

2. Quanto à intensidade

   a) Tônicas
   Aquelas em que recai o acento tônico; podem ter acento gráfico ou não:
   d**o**ce, caj**u**, mem**ó**ria

   b) Átonas
   Aquelas em que não recai o acento tônico:
   ráp**i**do, duch**a**, bal**a**

Nota: Chamam-se **pretônicas** as vogais átonas que aparecem imediatamente antes da tônica; **postônicas**, as que aparecem imediatamente depois. Também podem ser classificadas como **subtônicas**, quando têm um acento secundário, como em **rapidamente**, sendo **men** a sílaba tônica, e **ra**, a subtônica. V. **sílaba**.

3. Quanto ao timbre

   a) Abertas: /a/, /é/, /ó/:
   f**a**to, s**e**ta, c**o**lo

   b) Fechadas: /ê/, /i/, /ô/. /u/
   v**e**r, f**i**go, n**o**na, m**u**ro

   c) Reduzidas
   Vogais átonas em final de palavras:
   don**o** (u), gent**e** (i), sop**a** (a)

Nota: O timbre da vogal reduzida é intermediário. O assunto é controvertido. Alguns consideram também reduzidas as vogais nasais átonas, como em c**om**prar.

4. Quanto ao papel das cavidades bucal e nasal

   a) Orais
   Aquelas em que a ressonância ocorre na boca:
   p**e**dr**a**, fl**o**r, j**á**

   b) Nasais
   Aquelas que ressoam nas fossas nasais:
   rom**ã**, c**an**tar, p**om**bo

5. Quanto à elevação da língua

Elevação gradual da língua:

    a) Baixa: /a/

    b) Intermediárias: /é/, /ó/, /ê/, /ô/

    c) Altas: /i/, /u/

VOGAL ASSILÁBICA

V. **vogal silábica**.

VOGAL DE APOIO

Gramática Histórica. V. **anaptixe**.

VOGAL DE LIGAÇÂO

Estrutura das palavras. Vogal sem significação que liga dois morfemas na palavra, geralmente radical a radical, ou radical a sufixo. O mesmo que **vogal eufônica**:

    alvinegro, pontiagudo, gasômetro, contrariedade

VOGAL EUFÔNICA

Estrutura das palavras. O mesmo que **vogal de ligação** (q. v.).

VOGAL SILÁBICA

A vogal do ditongo ou do tritongo, em oposição à semivogal, que se diz **vogal assilábica**. O mesmo que **base** e **vogal-base**.

VOGAL TEMÁTICA

Estrutura das palavras. Vogal que se liga ao radical de verbos e de nomes, constituindo com eles o tema da palavra. O mesmo que **índice temático**.

1. Vogal temática nominal

Aquela que se liga ao radical de um nome. Existem três vogais temáticas nominais: **a**, **e** e **o**; são átonas e ocorrem no final da palavra:

    sop**a**, dent**e**, bol**o**

Se a vogal for tônica, pertencerá ao radical. É o caso de jil**ó**. O mesmo se diz das vogais **i** e **u**, mesmo que átonas. Por exemplo, júr**i**. Pode entre a vogal temática e o radical intercalar-se um sufixo. Por exemplo, sopinh**a**.

2. Vogal temática verbal

Aquela que se liga ao radical de um verbo, determinando a sua conjugação. São três as vogais temáticas verbais: **a**, **e** e **i**:

    sonh**a**r, quer**e**r, sa**i**r

Notas:

1ª) A vogal temática geralmente se conserva durante a conjugação do verbo:

    rem**a**r – rem**a**s, rem**a**va, rem**a**rei, rem**a**ssem, rem**a**rmos

2ª) Às vezes a vogal temática verbal se conserva nos nomes derivados do verbo:

    adiant**a**r – adiant**a**mento, coro**a**r – coro**a**ção, part**i**r – part**i**ção

VOGAL-BASE

3ª) A vogal temática verbal pode sofrer modificação. É o que se conhece como variante ou alomorfe da vogal temática. Ocorre nos seguintes casos:

  a) Pretérito perfeito, primeira conjugação, primeira e terceira pessoas do singular: **a** se transforma, respectivamente, em **e** e **o**:

     volt**a**r → volt**e**i, volt**o**u

  b) Todas as pessoas do pretérito imperfeito de verbos da segunda conjugação: **e** se transforma em **i**:

     traz**e**r → traz**i**a, traz**i**as, traz**i**a, traz**í**amos, traz**í**eis, traz**i**am

  c) Presente do indicativo de verbos da terceira conjugação, segunda e terceira pessoas do singular e terceira pessoa do plural: **i** se transforma em **e**:

     dorm**i**r → dorm**e**s, dorm**e**, dorm**e**m

  d) Particípio de verbos da segunda conjugação: **e** se transforma em **i**:

     beb**e**r → beb**i**do

4ª) Há casos em que não existe a vogal temática. Vejamos.

  a) A primeira pessoa do singular do presente do indicativo; a vogal que ali aparece é desinência número-pessoal:

     quer**o**, corr**o**, dig**o**

  b) Todo o presente do subjuntivo; a vogal que ali aparece é a desinência modo-temporal:

     brinqu**e**, torç**a**, sorri**a**

VOGAL-BASE

O mesmo que **vogal silábica** (q. v.).

Nota: Termo utilizado por Mattoso Câmara Jr., que o grafa sem hífen. Parece-nos mais adequada a forma vogal-base.

VOLAPUQUE

V. **língua** (2).

VOX POPULI

Expressão latina que significa "a voz do povo".

VOX POPULI, VOX DEI

Expressão latina que significa "a voz do povo é a voz de Deus".

VOZ

Categoria gramatical típica dos verbos. V. **voz verbal**.

VOZ VERBAL

Forma com que o verbo se apresenta para indicar sua relação com o sujeito. Há três vozes verbais.

1. Voz ativa

O sujeito pratica a ação verbal; diz-se que é um sujeito ativo:

    O operário construiu a varanda.

VULGAR¹

Nota: Quando o verbo não é transitivo direto, a voz pode ser chamada de neutra. Há, no entanto, gramáticos que a consideram ativa, caso o sujeito pratique a ação verbal, mesmo que não seja possível a conversão para a passiva.

2. Voz passiva

O sujeito sofre a ação verbal; é um sujeito passivo. Pode ser:

a) analítica ou verbal

Formada pelo particípio do verbo principal e um auxiliar da passiva, geralmente o verso **ser**:

A varanda foi construída pelo operário.

b) sintética ou pronominal

Formada pelo pronome apassivador **se**:

Construiu-se a varanda.

3. Voz reflexiva

O sujeito pratica e sofre a ação verbal. É formada por um pronome reflexivo:

Eu me sujei.

VULGAR¹

Quer dizer "do povo", "popular". Língua vulgar, por exemplo, é a língua do povo, em oposição à literária.

VULGAR², edição

Filologia. O mesmo que **escolar**. V. **edição** (6).

VULGAR³, latim

Filologia. V. **latim** (7).

VULGARISMO

Qualquer forma linguística que contrarie a norma culta da língua, sendo, por isso mesmo, considerado erro. Ocorre na fonética, na morfologia, na sintaxe e na semântica.

Eu <u>fecho</u> a porta. (pronunciado fécho)

Ele quer <u>vim</u> comigo. (em vez de vir)

<u>Encontrei ele</u> ontem. (no lugar de encontrei-o)

Todos <u>lhe</u> visitaram. (em vez de o)

Não vi as <u>criança</u>. (por crianças)

Ganhou uma quantia <u>vultuosa</u>. (em vez de vultosa)

VULTOS HISTÓRICOS

Crase. Os nomes de vultos históricos não admitem o artigo; consequentemente, não podem ser antecedidos por **a** craseado:

Prestes referia-se a Olga com entusiasmo.

Haverá o acento, se o nome estiver determinado:

Prestes referia-se à valorosa Olga com entusiasmo.

426

X

X

Vigésima quarta letra do alfabeto português.

XÁCARA

Narrativa popular em verso.

Z

Z
Vigésima sexta letra do alfabeto português.

ZERO, desinência
O termo desinência zero indica a ausência de desinência numa dada forma. Seu símbolo é **Ø**.

ZEUGMA
Estilística. Tipo especial de **elipse** (q. v.) que consiste na omissão de um termo, geralmente o verbo, utilizado anteriormente:

> Alberto joga futebol; Pedro, basquete.

ZONA DE ARTICULAÇÃO
V. **consoante**[2] (2) e **vogal**[2] (1).

ZOOSSEMIÓTICA
Linguística. Estudo teórico da comunicação entre os animais.

BIBLIOGRAFIA

ACADEMIA BRASILEIRA DE LETRAS. *Vocabulário ortográfico da língua portuguesa.* 3. ed. Rio de Janeiro: A Academia, 1999.

ALMEIDA, Napoleão Mendes de. *Dicionário de questões vernáculas.* 1. ed. São Paulo: Caminho suave, 1981.

BECHARA, Evanildo. *Gramática escolar da língua portuguesa.* 1. ed. Rio de Janeiro: Lucerna, 2002.

_____ *Moderna gramática portuguesa.* 37. ed. revista e ampliada. Rio de Janeiro: Lucerna, 1999.

CÂMARA JR., J. Mattoso. *Dicionário de linguística e gramática.* 8. ed. Petrópolis: Vozes, 1978.

_____ *Princípios de linguística geral.* 4. ed. revista e aumentada. Rio de Janeiro: Livraria Acadêmica, 1974.

CARVALHO, Sérgio Waldeck de e SOUZA, Luiz Marques de. *Roteiros de comunicação e expressão.* 5. ed. Rio de Janeiro: Eldorado, 1980.

COUTINHO, Ismael de Lima. *Gramática histórica.* 7. ed. revista. Rio de Janeiro: Ao Livro Técnico, 1979.

CRYSTAL, David. *Dicionário de linguística e fonética.* Tradução e adaptação de Maria Carmelita Pádua Dias. 1. ed. Rio de Janeiro: Jorge Zahar Editor, 1988.

CUNHA, Celso e CINTRA, Lindley. *Nova gramática do português contemporâneo.* 2. ed. Rio de Janeiro: Nova Fronteira, 1985.

DUBOIS, Jean et alii. *Dicionário de linguística.* Tradução de Frederico Pessoa de Barros et alii. São Paulo: Editora Cultrix, 1978.

FERNANDES, Francisco. *Dicionário de regimes de substantivos e adjetivos.* 17. ed. Porto Alegre: Globo, 1980.

_____ *Dicionário de verbos e regimes.* 33. ed. Porto Alegre / Rio de Janeiro: Globo, 1983.

FERREIRA, Aurélio Buarque de Holanda. *Novo Aurélio século XXI.* 3. ed. revista e aumentada. Rio de Janeiro: Nova Fronteira, 1986.

GARCIA, Othon M. *Comunicação em prosa moderna.* 8. ed. Rio de Janeiro: FGV, 1980.

HOUAISS, Antônio, VILLAR, Mauro de Salles e FRANCO, Francisco Manoel de Mello. *Dicionário Houaiss da língua portuguesa.* 1. ed. Rio de Janeiro: Objetiva, 2001.

JOTA, Zélio dos Santos. *Dicionário de linguística.* 2. ed. Rio de Janeiro: Presença; Brasília: INL, 1981.

BIBLIOGRAFIA

LIMA, A. Oliveira. *Manual de redação oficial: teoria, modelos e exercícios*. 1. ed. Niterói: Impetus, 2003.

LUFT, Celso Pedro. *Novo guia ortográfico*. 14. ed. Porto Alegre / Rio de Janeiro: Globo, 1983.

MACEDO, Walmírio de. *Dicionário de gramática*. 1. ed. Rio de Janeiro: Tecnoprint, 1979.

MELO, Gladstone Chaves de. *Iniciação à filologia e à linguística portuguesa*. 5. ed. melhorada e atualizada. Rio de Janeiro: Livraria Acadêmica, 1975.

MICHAELIS. *Moderno dicionário da língua portuguesa*. 1. ed. São Paulo: Companhia Melhoramentos, 1998.

REIS, Otelo. *Breviário da conjugação de verbos*. 53. ed. revista e atualizada. Rio de Janeiro: Francisco Alves, 1994.

ROCHA LIMA, Carlos Henrique da. *Gramática normativa da língua portuguesa*. 42. ed. Rio de Janeiro: José Olympio, 2002.

SACCONI, Luiz Antônio. *Nossa gramática "teoria e prática"*. 7. ed. São Paulo: Atual, 1985.

TAVARES, Hênio. *Teoria literária*. 6. ed. revista e atualizada. Belo Horizonte: Itatiaia, 1978.

ANOTAÇÕES

Rua Alexandre Moura, 51
24210-200 – Gragoatá – Niterói – RJ
Telefax: (21) 2621-7007
www.impetus.com.br

Esta obra foi impressa em papel offset 75 grs./m².